中共佛山市委宣传部
佛山市社会科学界联合会　主编

佛山市人文和社科研究丛书
FOSHANSHI RENWEN HE SHEKE YANJIU CONGSHU

明清以来
佛山城市文化景观
演变研究

MINGQING YILAI
FOSHAN CHENGSHI WENHUA JINGGUAN
YANBIAN YANJIU

李 凡 著

中山大学出版社
·广州·

图书在版编目（CIP）数据

明清以来佛山城市文化景观演变研究/李凡著．—广州：中山大学出版社，2014.3
（佛山市人文和社科研究丛书）
ISBN 978－7－306－04746－5

Ⅰ.①明…　Ⅱ.①李…　Ⅲ.①城市文化—文化史—研究—佛山市
Ⅳ.①K296.53

中国版本图书馆CIP数据核字（2013）第286472号

出 版 人：徐　劲
策划编辑：李海东
责任编辑：李海东
封面设计：方楚娟
封面图片：叶曙明
责任校对：李海东
责任技编：何雅涛
出版发行：中山大学出版社
电　　话：编辑部020－84110283，84111996，84111997，84113349
　　　　　发行部020－84111998，84111981，84111160
地　　址：广州市新港西路135号
邮　　编：510275　　传真：020－84036565
网　　址：http：//www.zsup.com.cn　E－mail：zdcbs@mail.sysu.edu.cn
印 刷 者：广州家联印刷有限公司
规　　格：787mm×1092mm　1/16　12插页　18.25印张　364千字
版次印次：2014年3月第1版　2014年3月第1次印刷
定　　价：60.00元

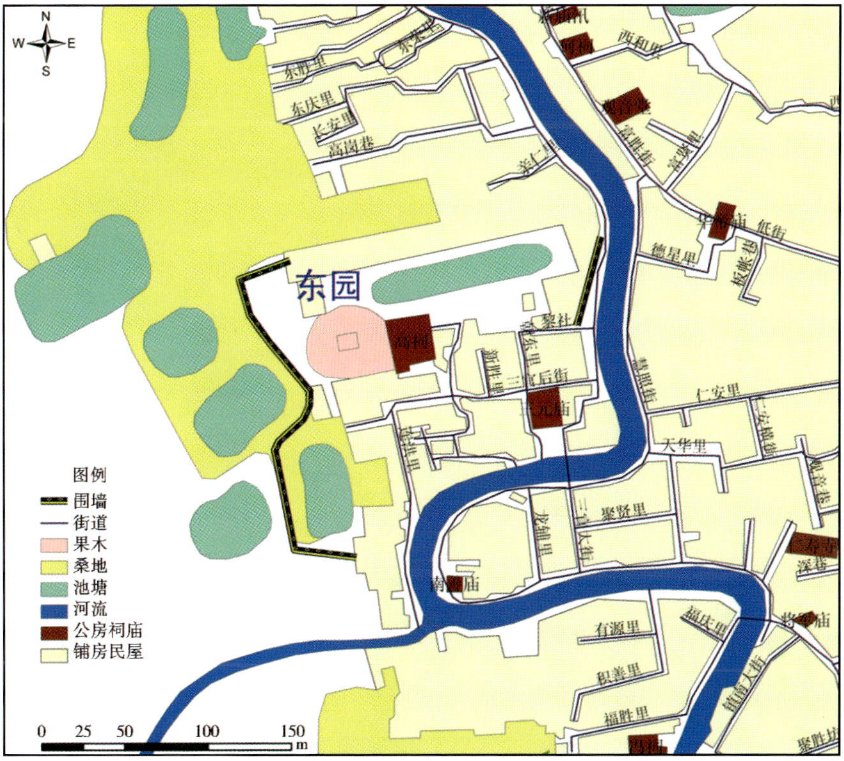

彩图1　佛山镇西部的东园（高氏庄园）

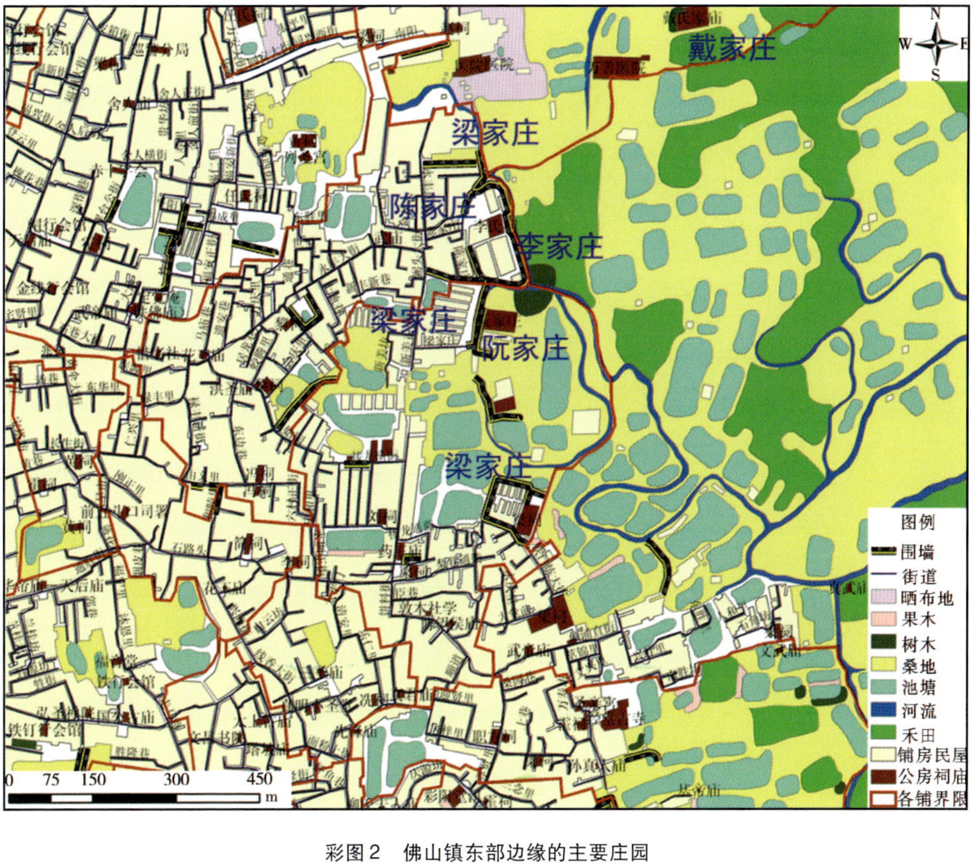

彩图2　佛山镇东部边缘的主要庄园

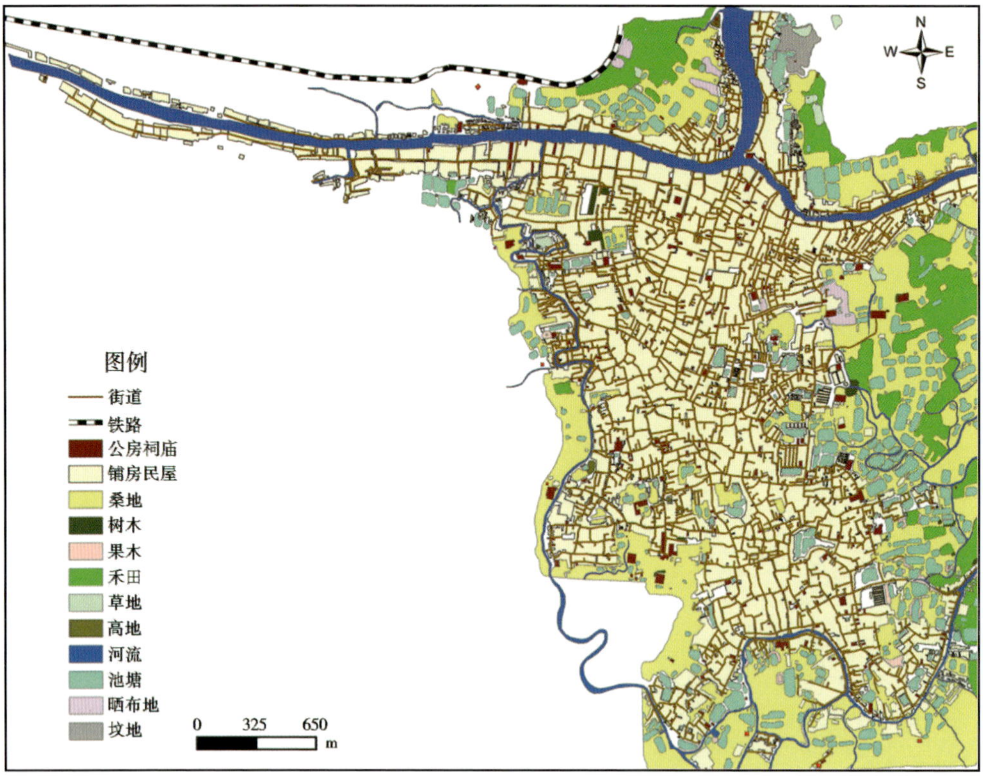

彩图3　清末民初佛山镇的土地利用景观

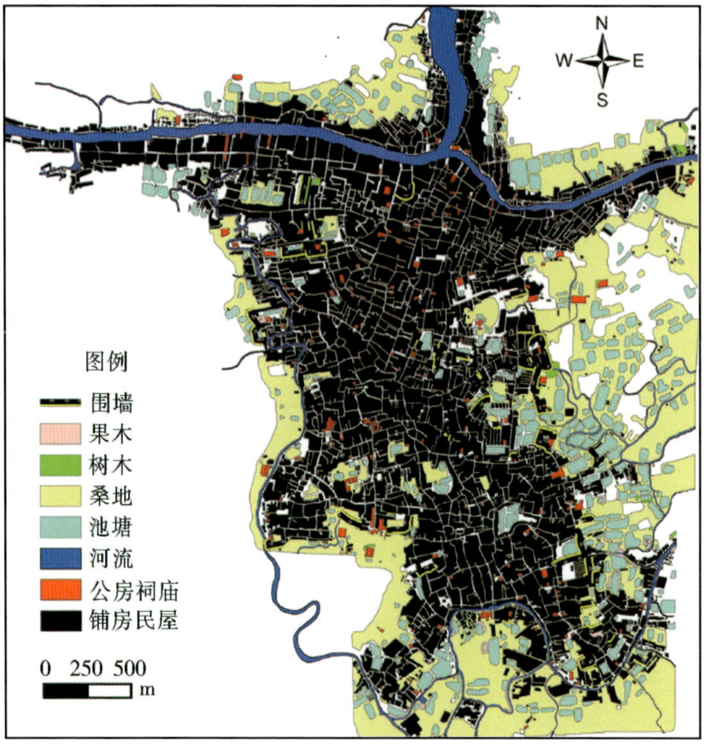

彩图4　佛山镇内的空地

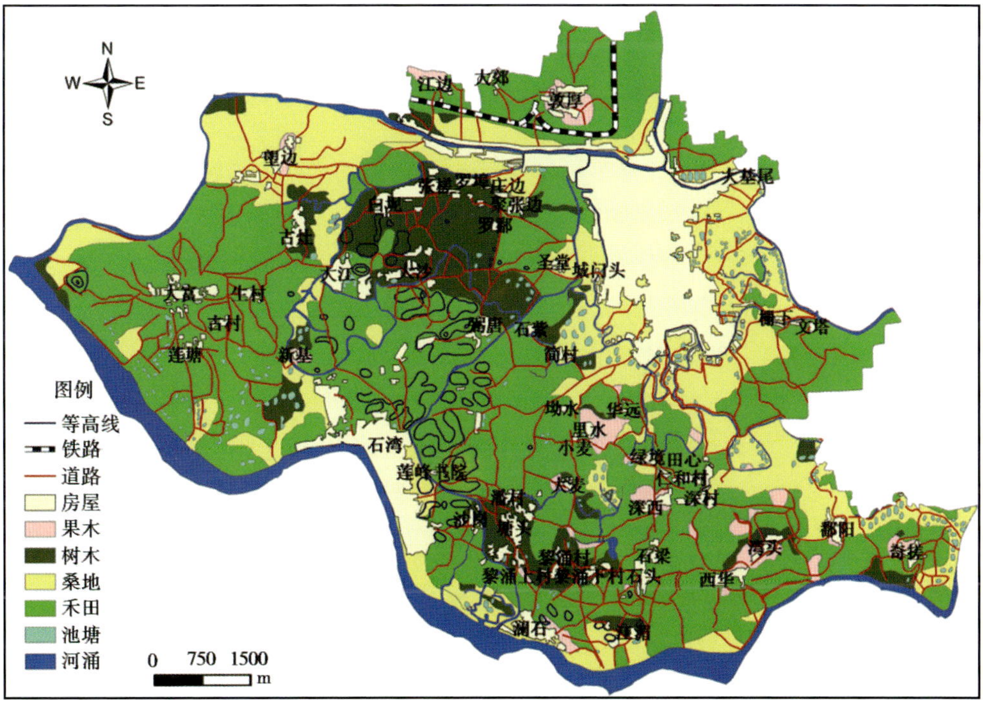

彩图5　清末佛山镇周围的土地利用景观

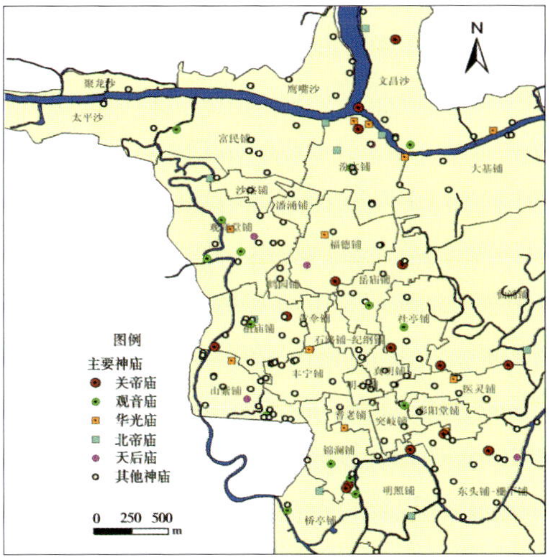

彩图6　佛山镇主要神庙文化景观类型的空间分布

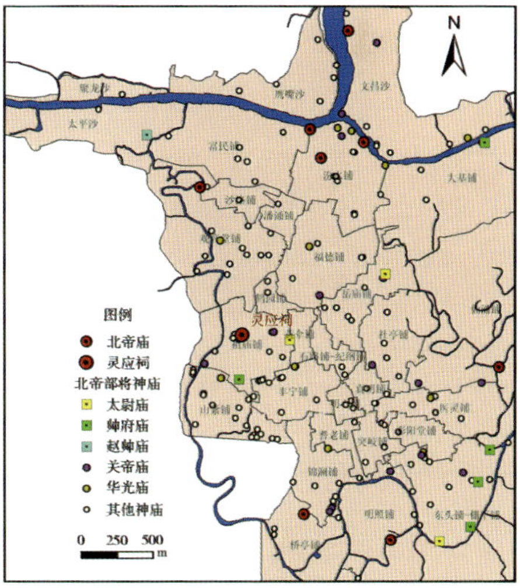

彩图7　佛山镇北帝神庙空间系统空间分布

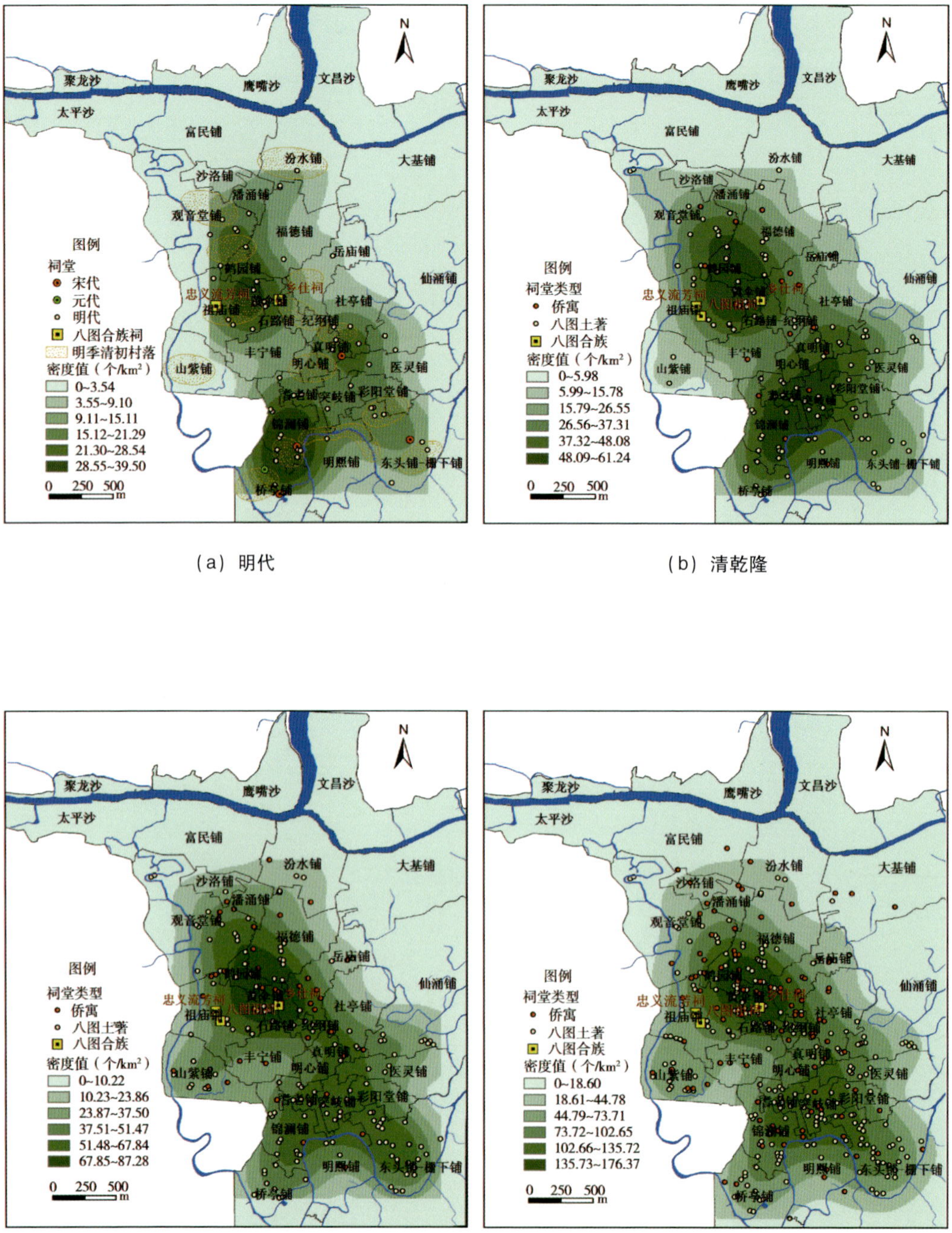

(a) 明代

(b) 清乾隆

(c) 清道光

(d) 民国初

彩图 8　佛山镇祠堂景观的时空变化

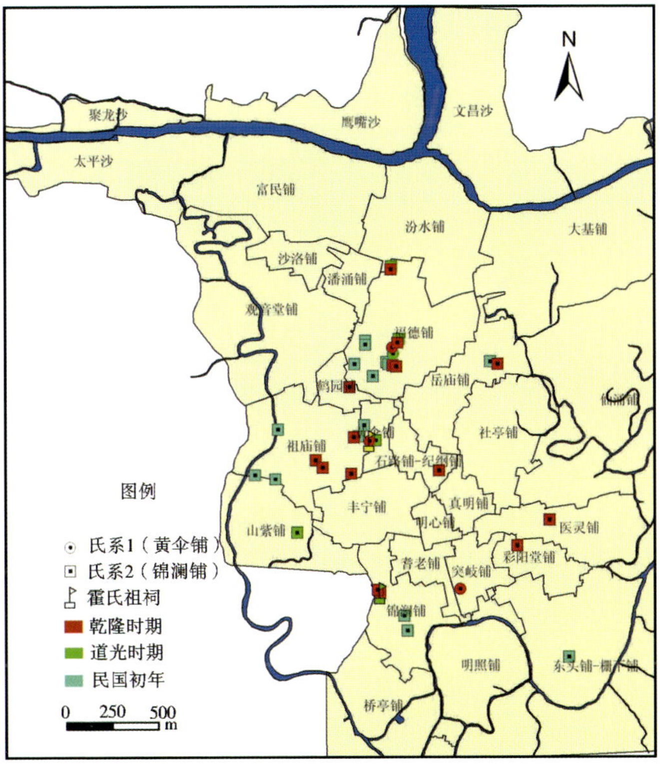
N
聚龙沙
鹰嘴沙
文昌沙
太平沙
富民铺
汾水铺
大基铺
沙洛铺
潘涌铺
观音堂铺
岳庙铺
鹤园铺
仙涌铺
社亭铺
祖庙铺
石路铺-纪纲铺
丰宁铺
真明铺
明心铺
山紫铺
医灵铺
彩阳堂铺
耆老铺
突岐铺
锦澜铺
明照铺
东头铺-栅下铺
桥亭铺
图例
氏系1（黄伞铺）
氏系2（锦澜铺）
霍氏祖祠
乾隆时期
道光时期
民国初年
0 250 500
m

（a）霍氏祠堂

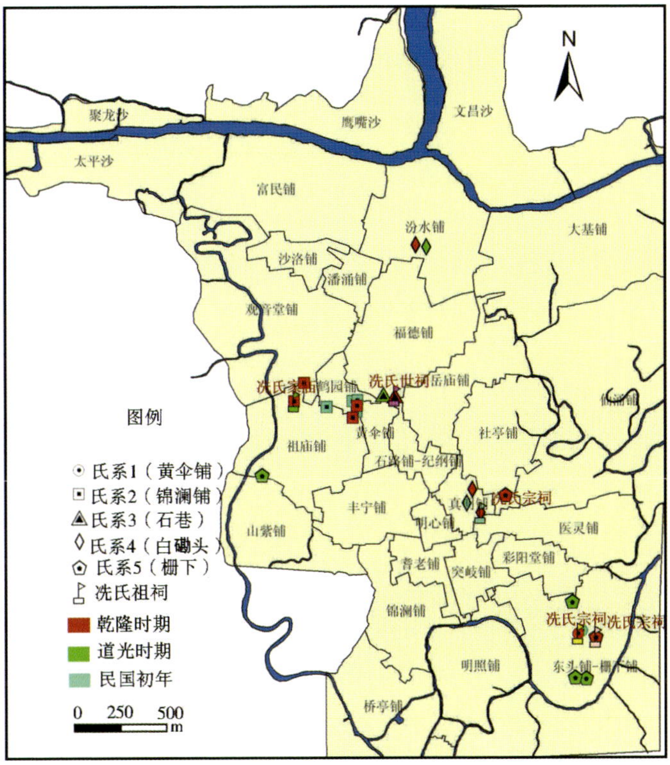
N
聚龙沙
鹰嘴沙
文昌沙
太平沙
富民铺
汾水铺
大基铺
沙洛铺
潘涌铺
观音堂铺
福德铺
冼氏家庙
鹤园铺
冼氏世祠
岳庙铺
仙涌铺
黄伞铺
祖庙铺
社亭铺
石路铺-纪纲铺
丰宁铺
冼氏宗祠
明心铺
山紫铺
医灵铺
耆老铺
突岐铺
彩阳堂铺
锦澜铺
冼氏宗祠
明照铺
东头铺-栅下铺
桥亭铺
图例
氏系1（黄伞铺）
氏系2（锦澜铺）
氏系3（石巷）
氏系4（白磡头）
氏系5（栅下）
冼氏祖祠
乾隆时期
道光时期
民国初年
0 250 500
m

（b）冼氏祠堂

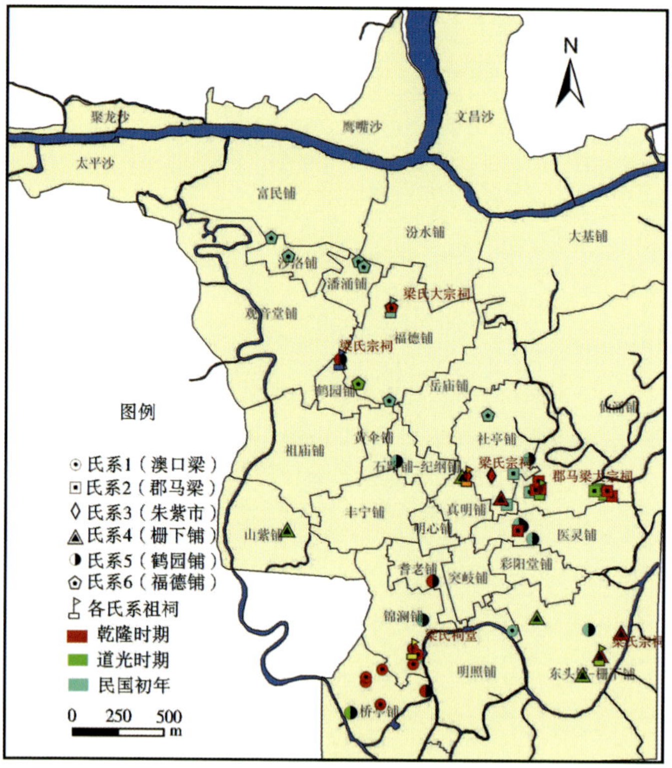
图例
氏系1（澳口梁）
氏系2（郡马梁）
氏系3（朱紫市）
氏系4（栅下铺）
氏系5（鹤园铺）
氏系6（福德铺）
各氏系祖祠
乾隆时期
道光时期
民国初年
0 250 500
m

（c）梁氏祠堂

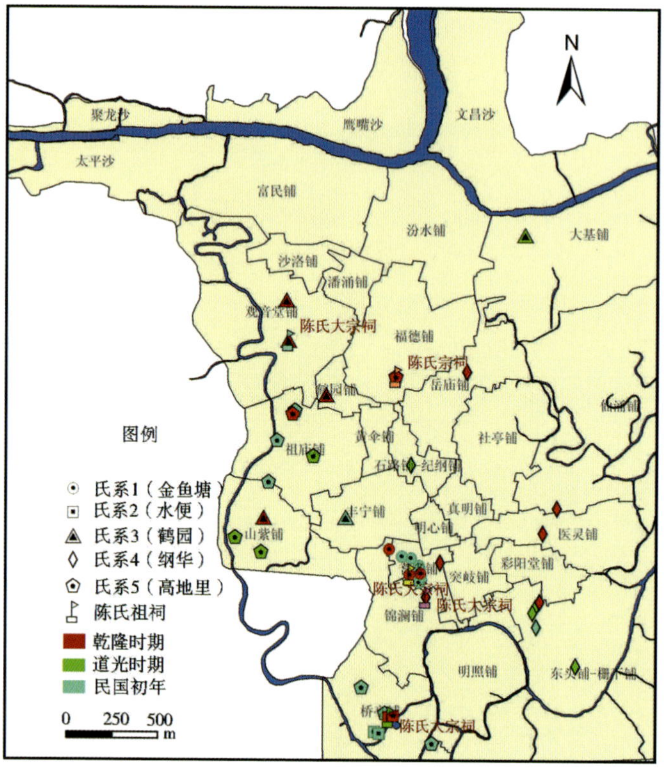
图例
氏系1（金鱼塘）
氏系2（水便）
氏系3（鹤园）
氏系4（纲华）
氏系5（高地里）
陈氏祖祠
乾隆时期
道光时期
民国初年
0 250 500
m

（d）陈氏祠堂

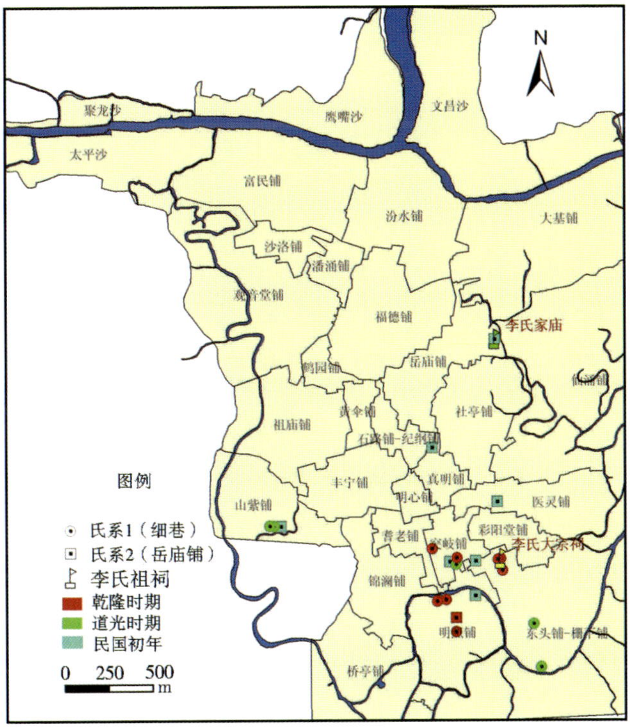

（e）李氏祠堂

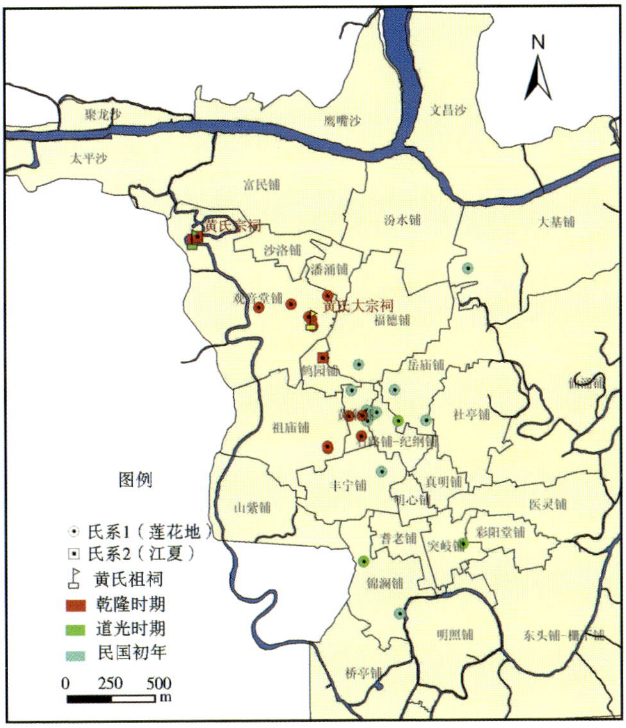

（f）黄氏祠堂

彩图9　佛山镇主要望族大姓的祠堂景观分布

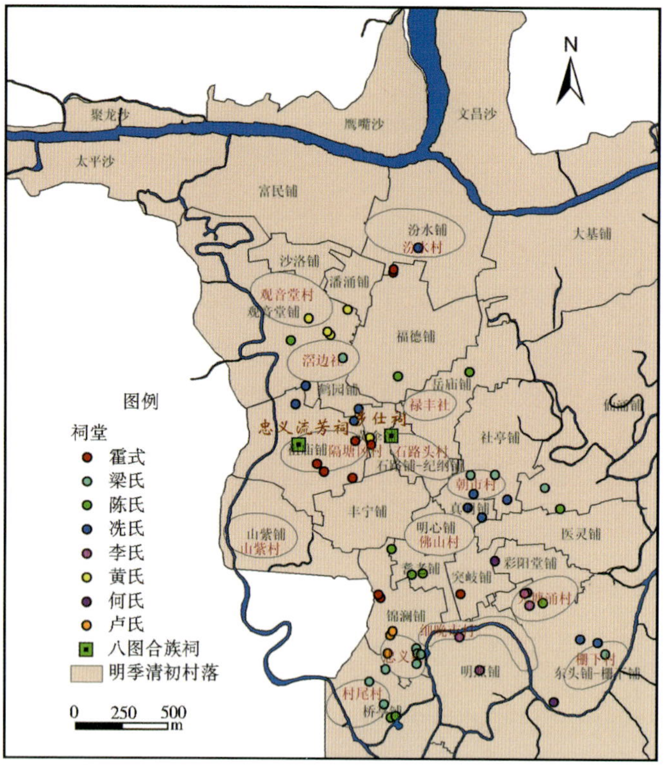

N
聚龙沙
太平沙
鹰嘴沙
文昌沙
富民铺
汾水铺
大基铺
沙洛铺
潘涌铺
观音堂村
福德铺
滘边社
岳庙铺
禄丰社
忠义流芳祠
多仕祠
隔塘园村
石路头村
社亭铺
朝市村
丰宁铺
山紫铺
山紫村
明心铺
佛山村
医灵铺
彩阳堂铺
突岐铺
锦澜铺
村尾村
图例
祠堂
霍式
梁氏
陈氏
冼氏
李氏
黄氏
何氏
卢氏
八图合族祠
明季清初村落
0 250 500
m

（a）明代

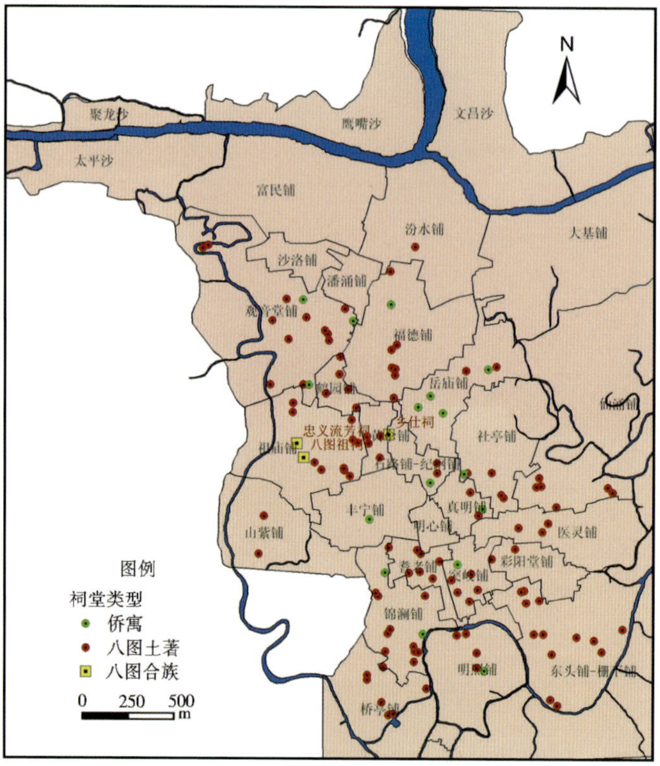

N
聚龙沙
太平沙
鹰嘴沙
文昌沙
富民铺
汾水铺
大基铺
沙洛铺
潘涌铺
观音堂铺
福德铺
岳庙铺
多仕祠
社亭铺
丰宁铺
真明铺
山紫铺
医灵铺
彩阳堂铺
耆老铺
锦澜铺
桥亭铺
图例
祠堂类型
侨寓
八图土著
八图合族
0 250 500
m

（b）清乾隆

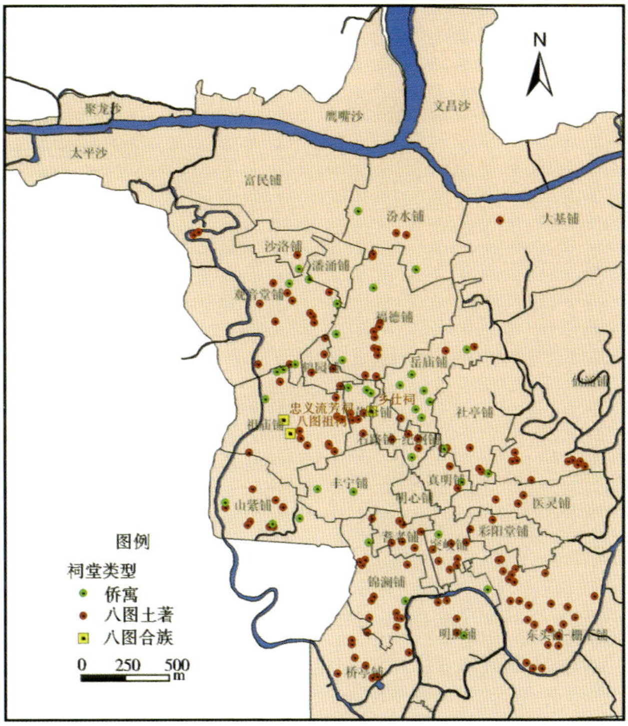

(c) 清道光

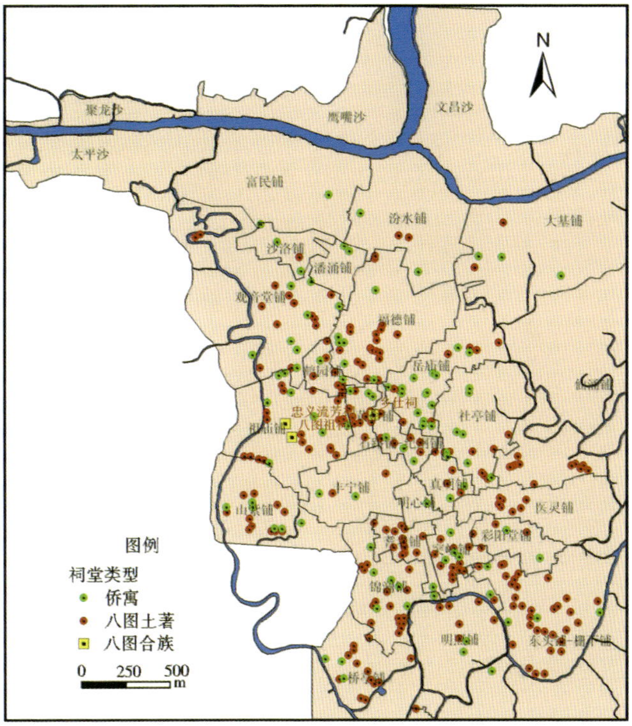

(d) 民国初

彩图 10　佛山镇八图土著和侨寓的祠堂景观分布

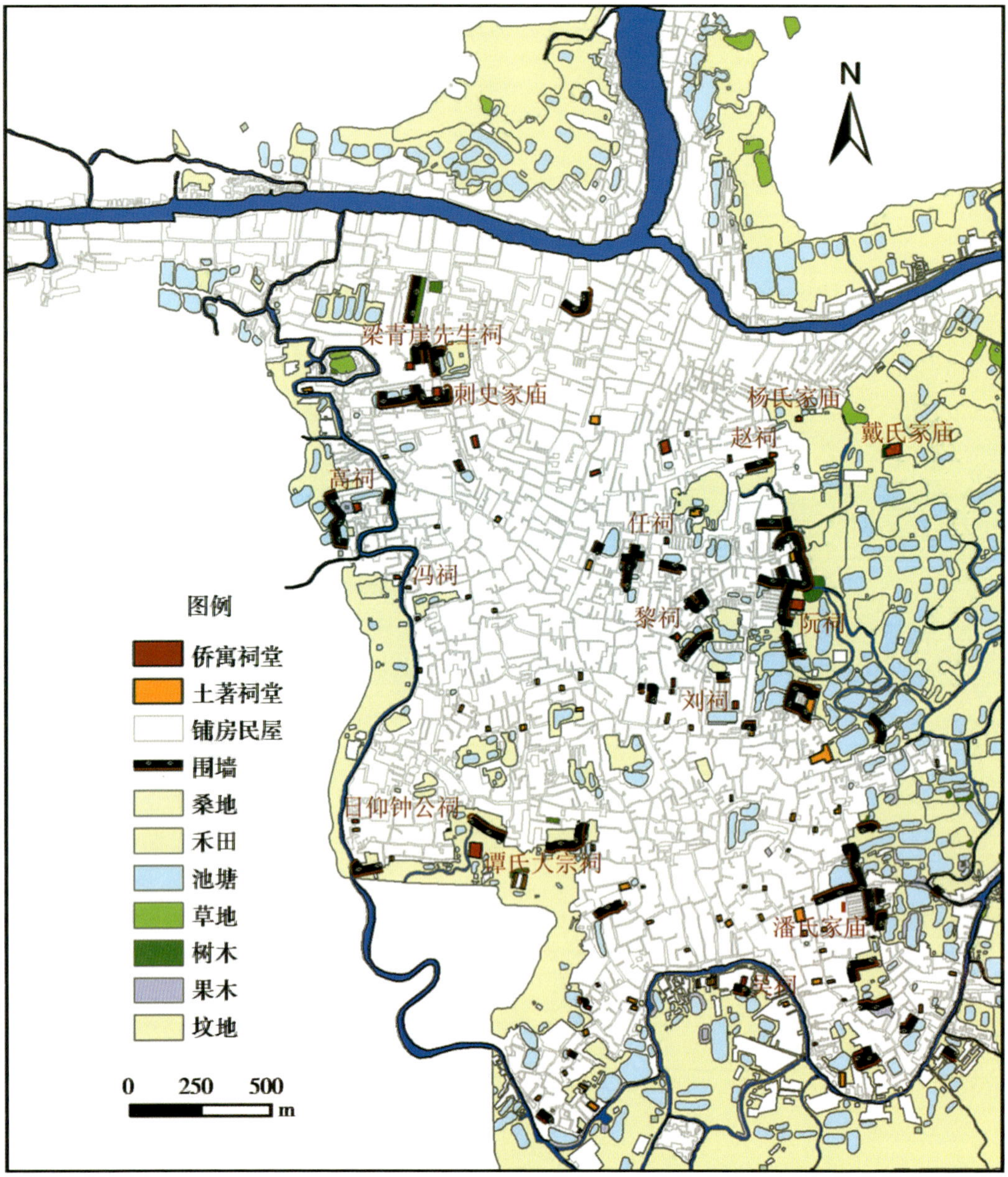

彩图 11　民国初年佛山镇的祠堂景观与庄园围墙的分布

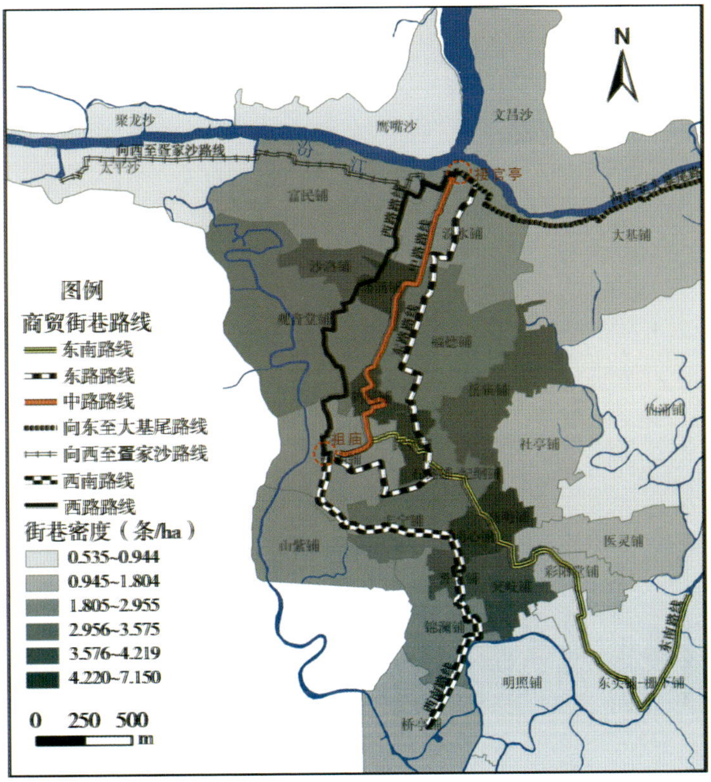

(a) 商贸线路

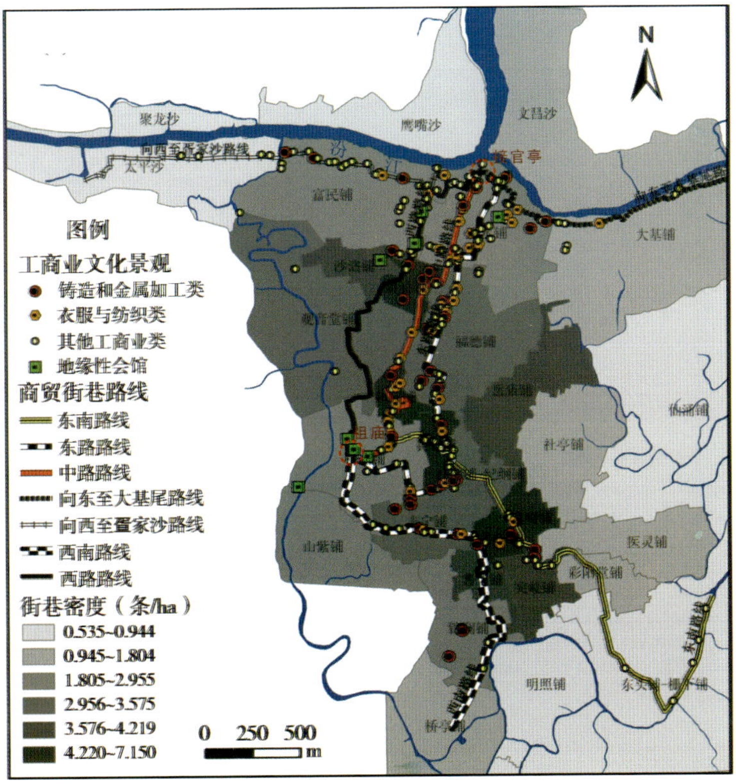

(b) 工商业文化景观与街巷密度

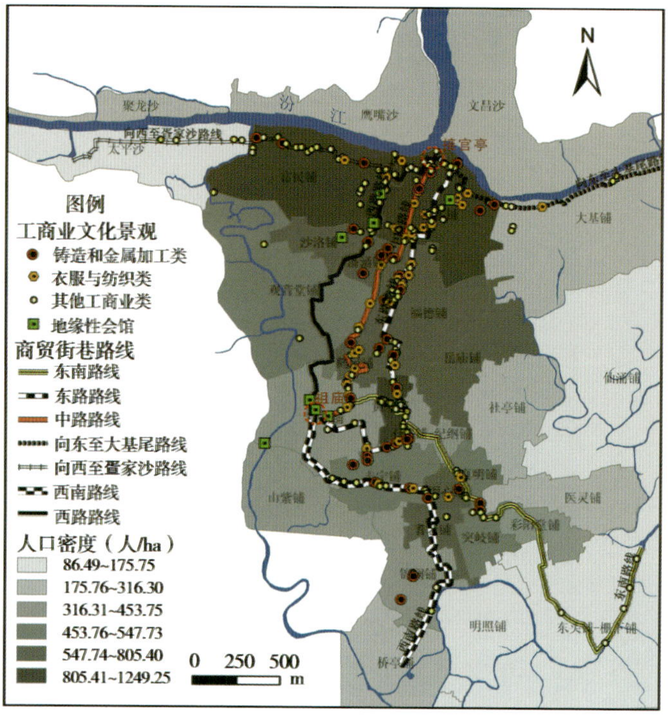

（c）工商业文化景观与人口密度

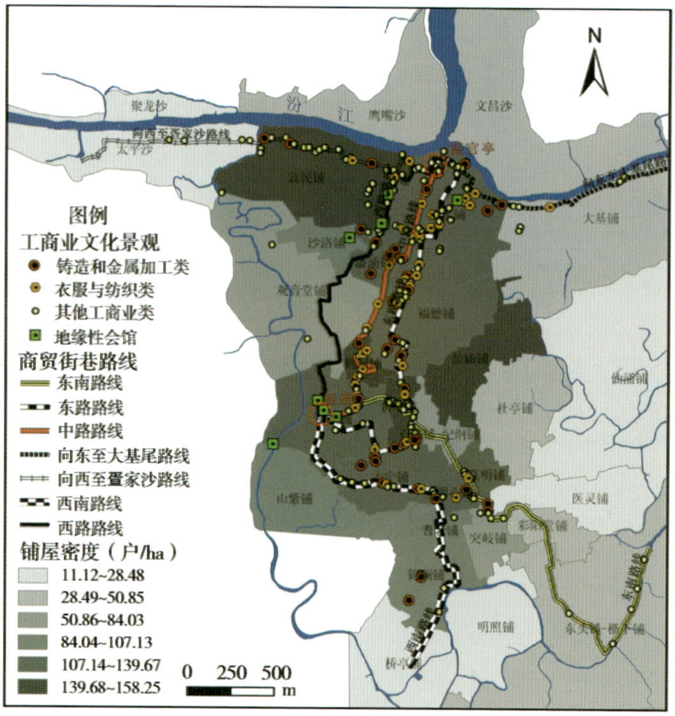

（d）工商业文化景观与铺屋密度

彩图 12 清道光十年佛山镇商贸路线、工商业文化景观分布

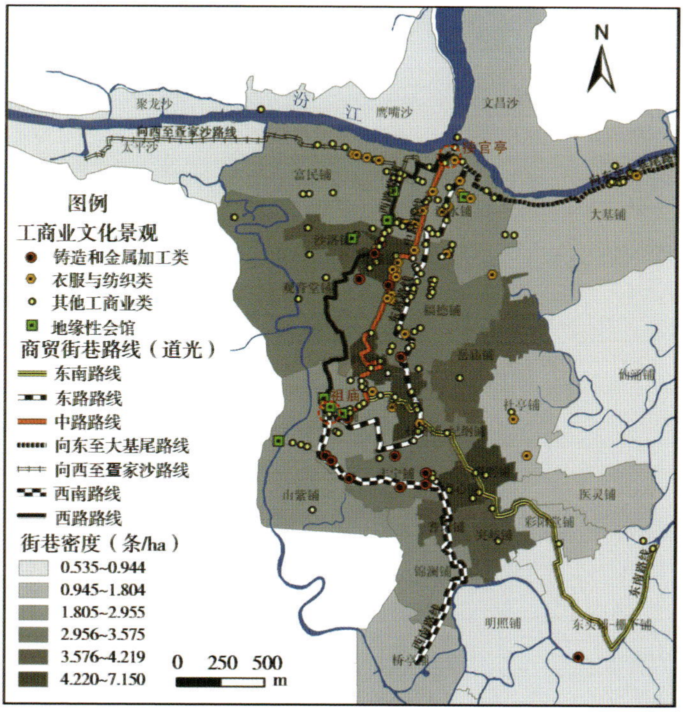

（a）工商业景观类型

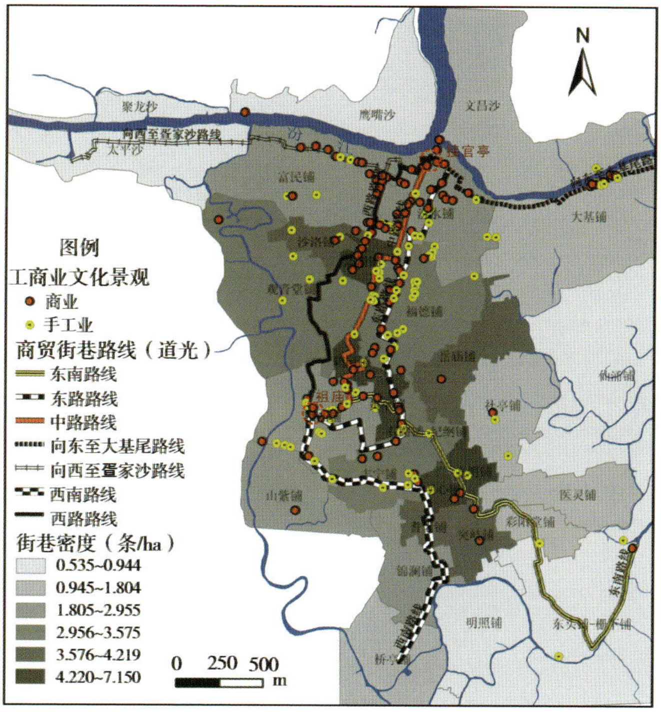

（b）商业和手工业景观

彩图 13 民国初佛山镇工业文化景观分布

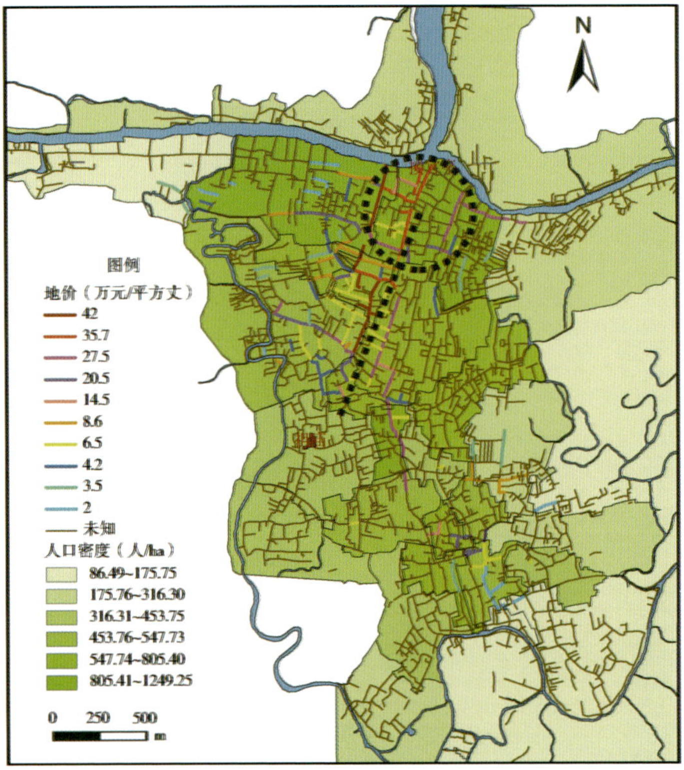

彩图 14　佛山各街区地价（民国 36 年）

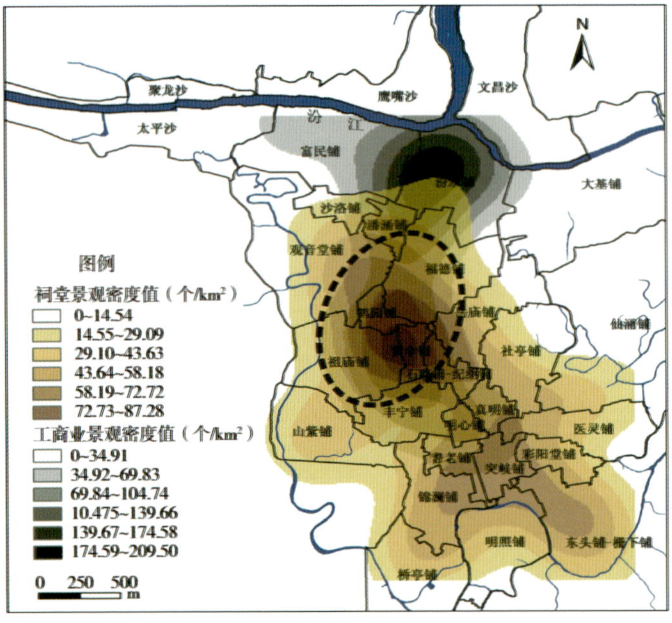

彩图 15　工商业和祠堂景观密度叠置

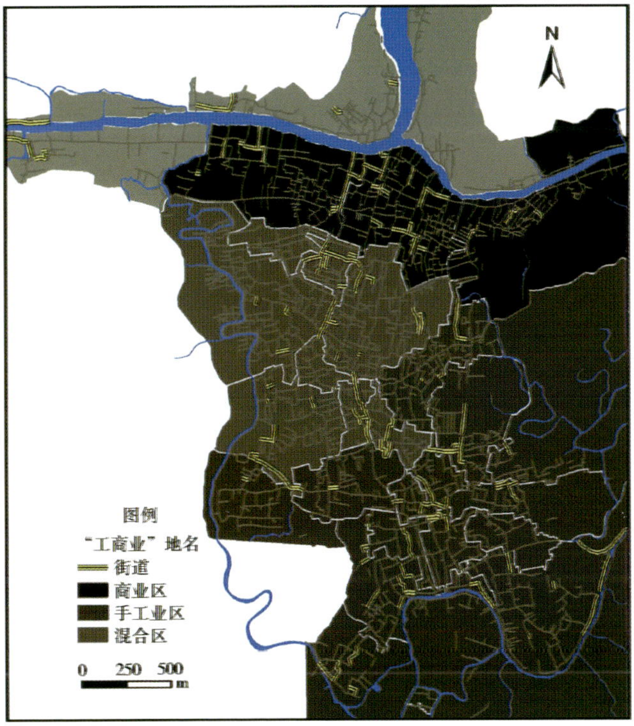

彩图 16　“工商业”街巷地名景观分布

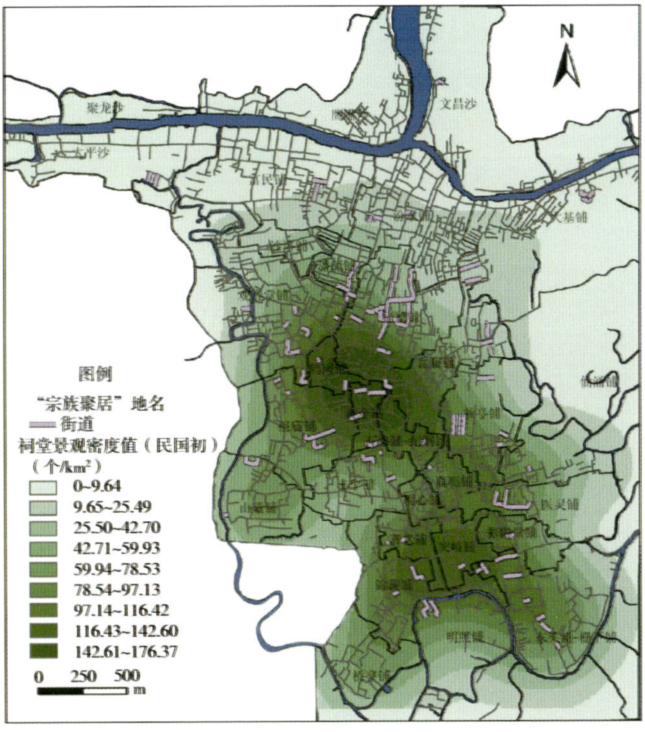

彩图 17　“宗族聚居”街巷地名景观分布

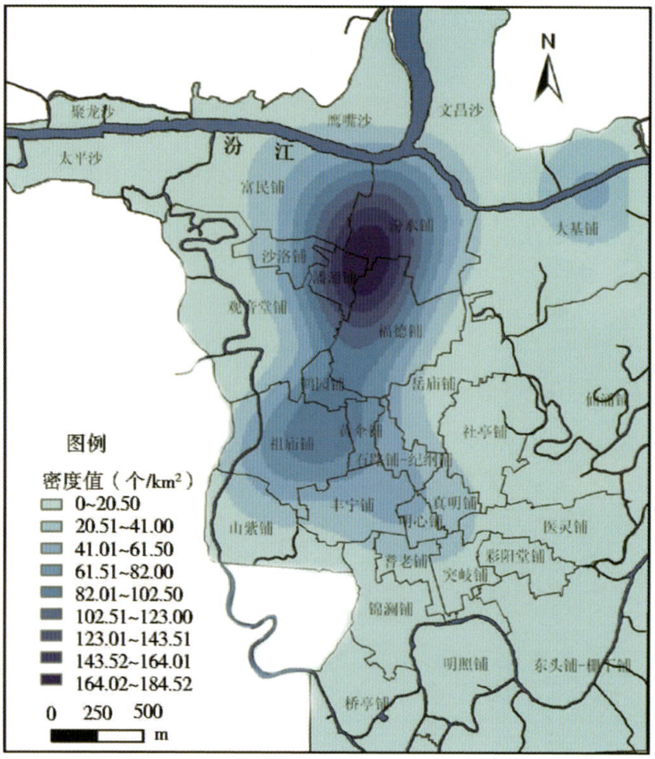
N
聚龙沙
鹰嘴沙
文昌沙
太平沙
汾 江
富民铺
汾水铺
大基铺
沙洛铺
观音堂铺
福德铺
岳庙铺
社亭铺
祖庙铺
丰宁铺
真明铺
山紫铺
医灵铺
彩阳堂铺
耆老铺
突岐铺
锦澜铺
明照铺
桥亭铺
图例
密度值（个/km²）
0~20.50
20.51~41.00
41.01~61.50
61.51~82.00
82.01~102.50
102.51~123.00
123.01~143.51
143.52~164.01
164.02~184.52
0 250 500
m

（a）工商业

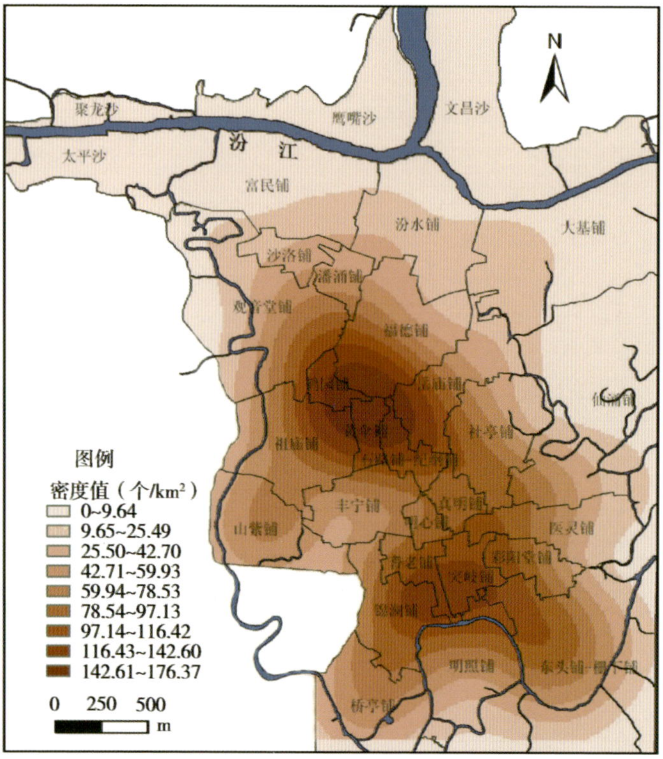
N
聚龙沙
鹰嘴沙
文昌沙
太平沙
汾 江
富民铺
汾水铺
大基铺
沙洛铺
潘涌铺
观音堂铺
福德铺
社亭铺
祖庙铺
丰宁铺
真明铺
山紫铺
医灵铺
耆老铺
明照铺
桥亭铺
图例
密度值（个/km²）
0~9.64
9.65~25.49
25.50~42.70
42.71~59.93
59.94~78.53
78.54~97.13
97.14~116.42
116.43~142.60
142.61~176.37
0 250 500
m

（b）祠堂

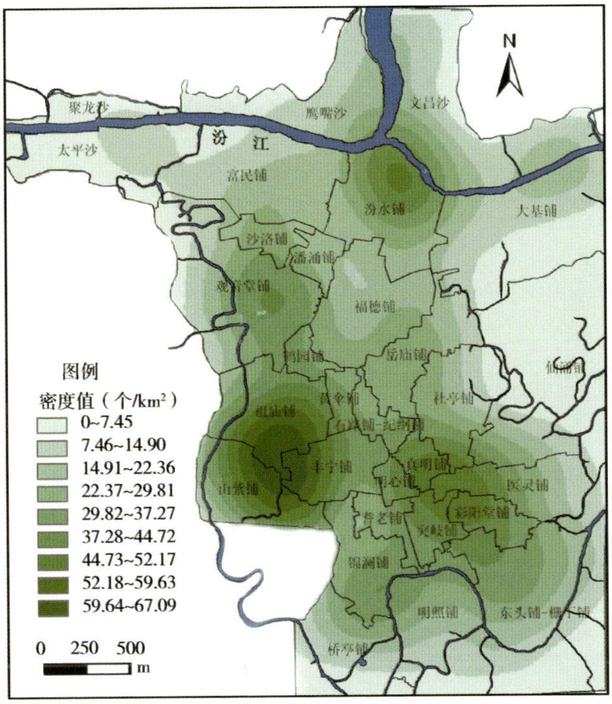

（c）神庙

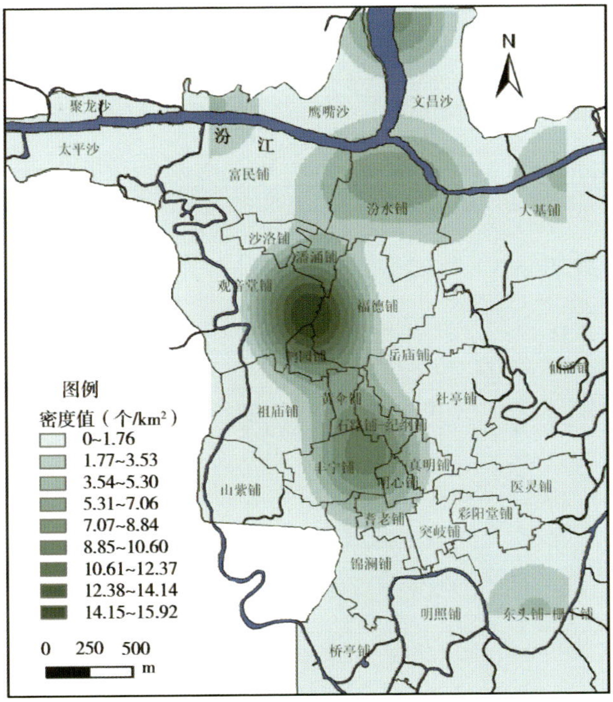

（d）教堂

彩图 18　工商业、宗族和宗教文化景观空间的差异（民国初）

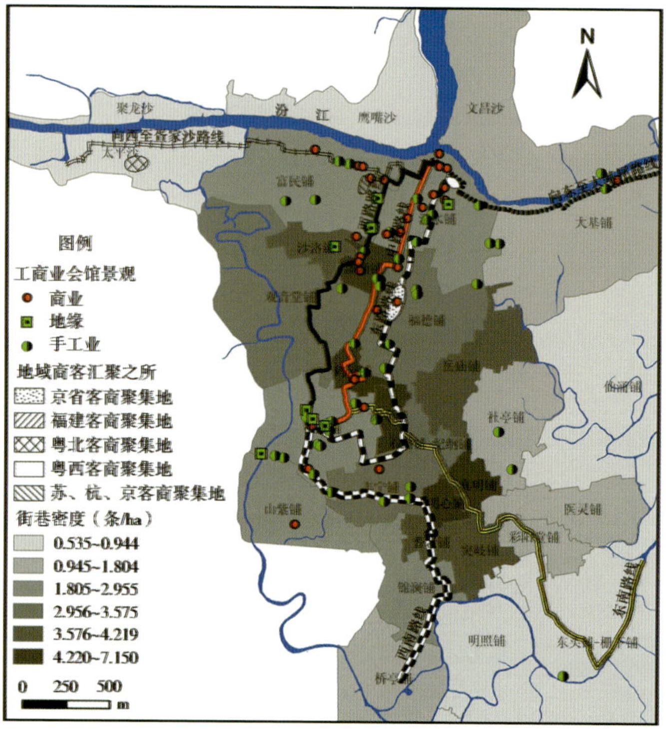

彩图 19　佛山工商业会馆景观分布

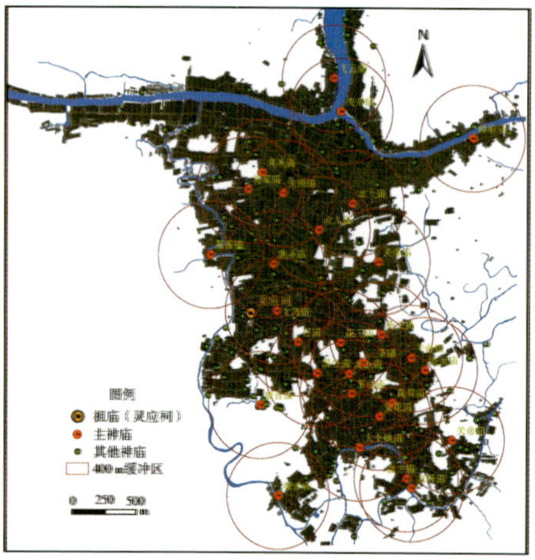

彩图 20　佛山主庙的祭祀圈与神庙分布

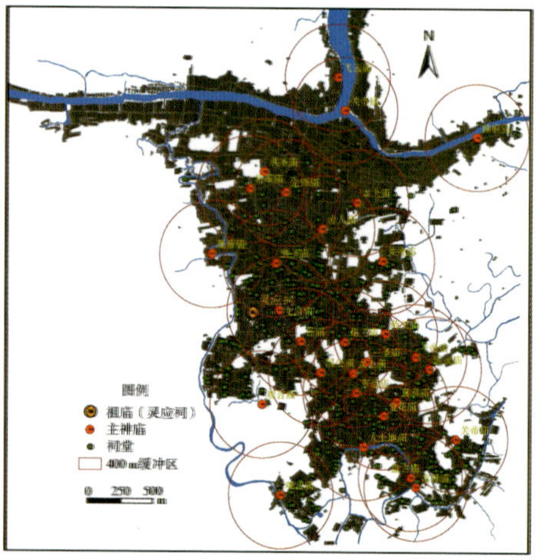

彩图 21　佛山主庙的祭祀圈与祠堂分布

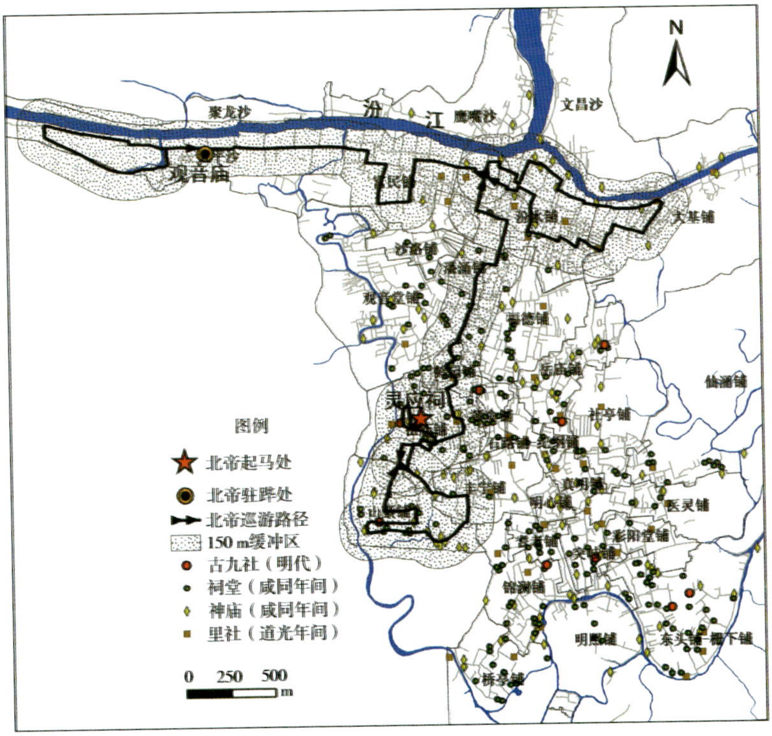

（a）第一天（十月十六日）的巡游路径

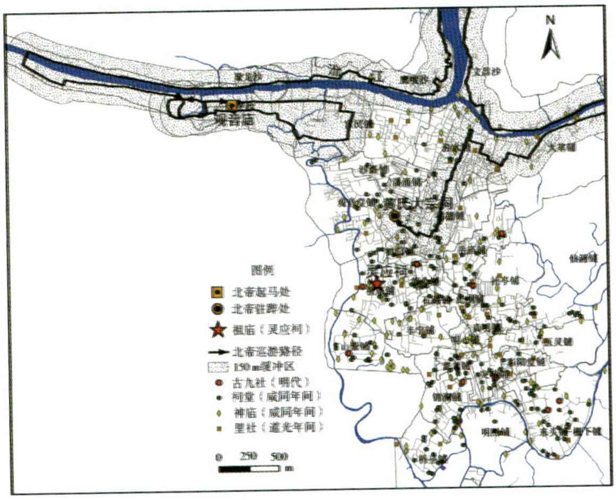

（b）第二天（十月二十七日）的巡游路径

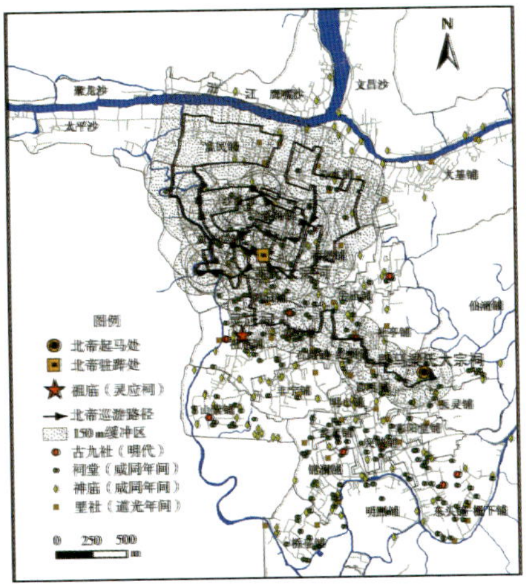

（c）第三天（十月二十八日）的巡游路径

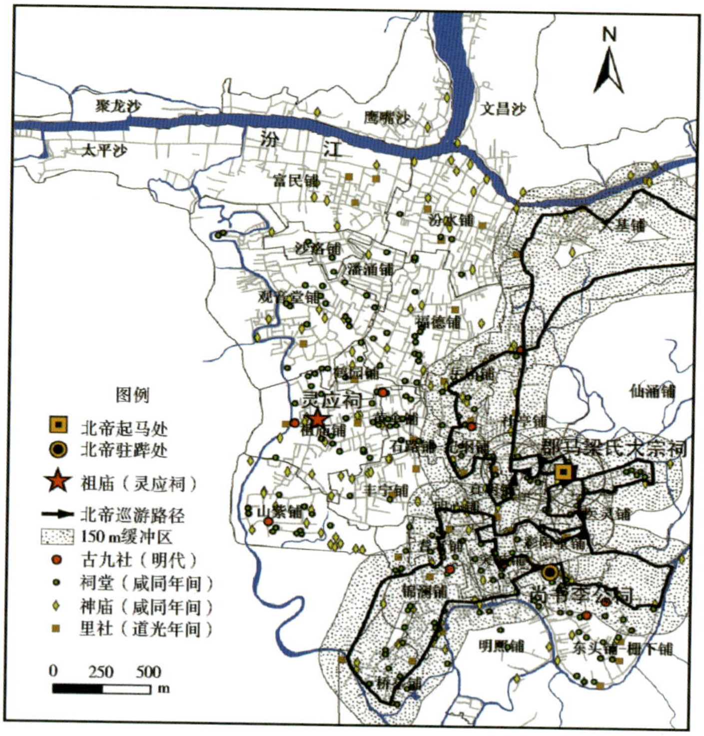

（d）第四天（十月二十九日）的巡游路径

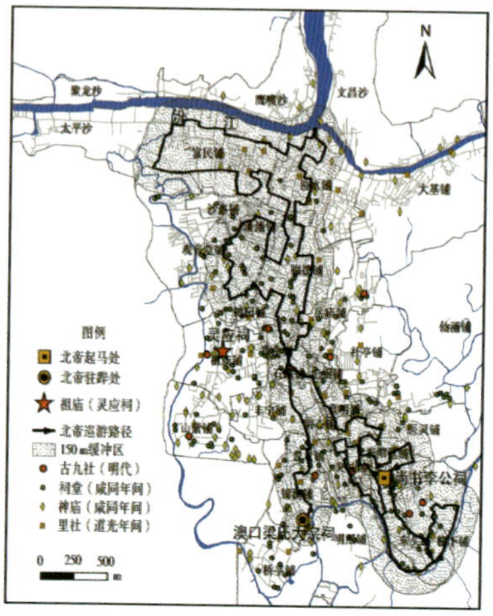

（e）第五天（十月三十日）的巡游路径

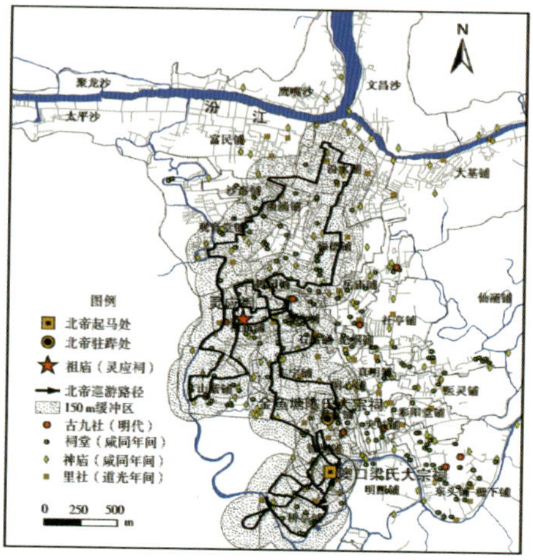

（f）第六天（十一月初一）的巡游路径

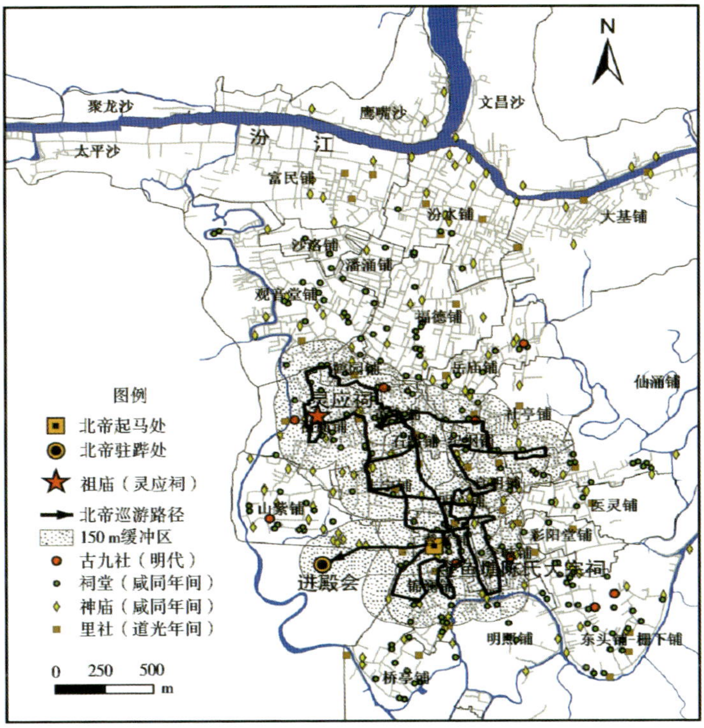

（g）第七天（十一月初二）的巡游路径

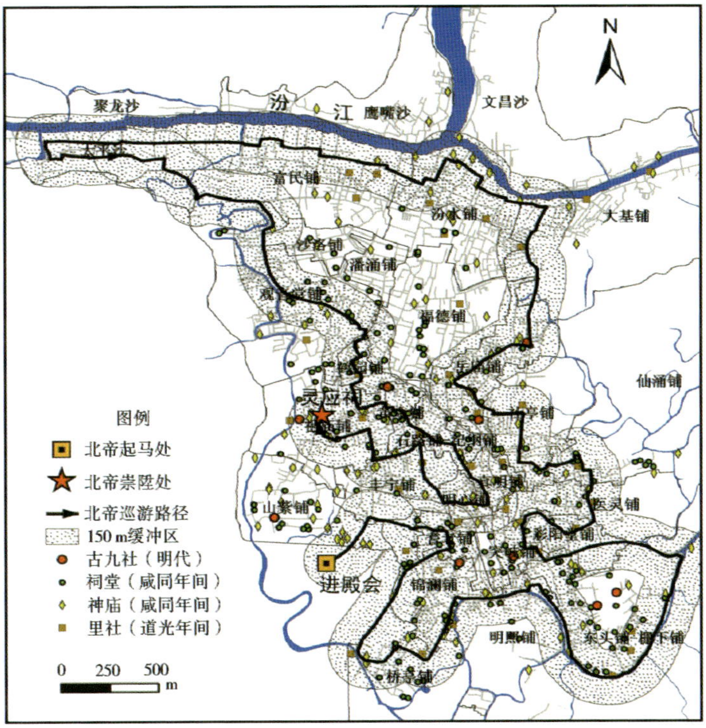

（h）第八天（十一月初二晚至初三卯时）的巡游路径

彩图22 清代佛山镇北帝巡游的路径

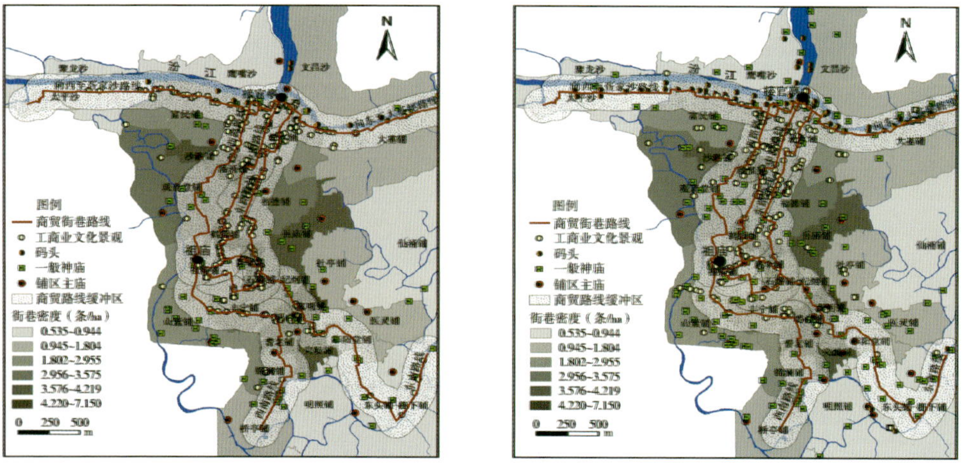

（a）清道光　　　　（b）民国初

彩图 23　佛山商贸路线的缓冲区

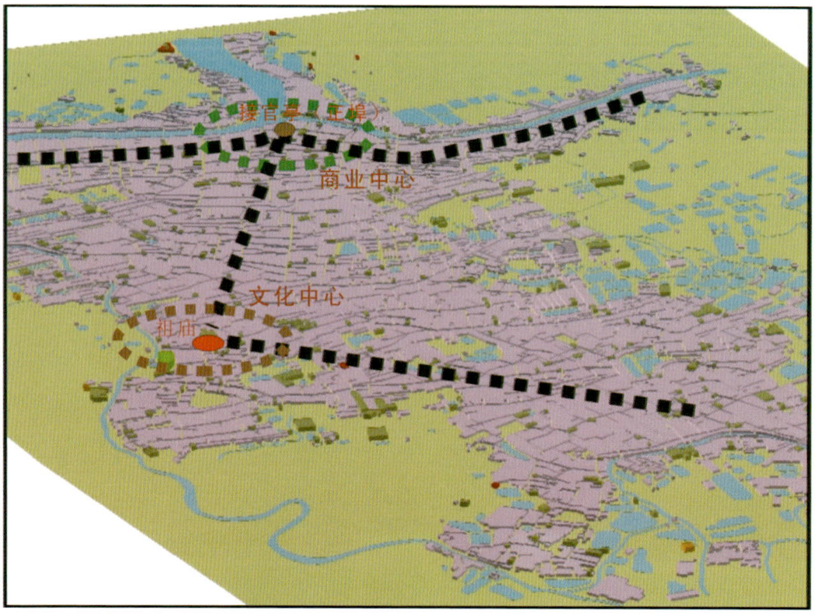

彩图 24　清代佛山点轴式的曲折“T”形城市社会文化空间形态

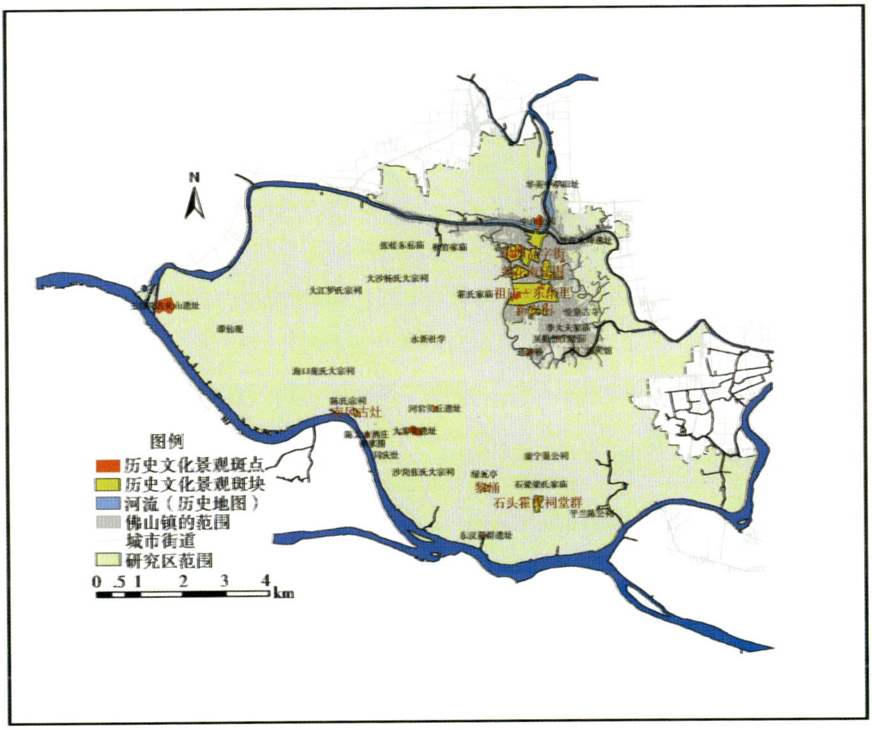

彩图 25　佛山城市历史文化景观的空间结构

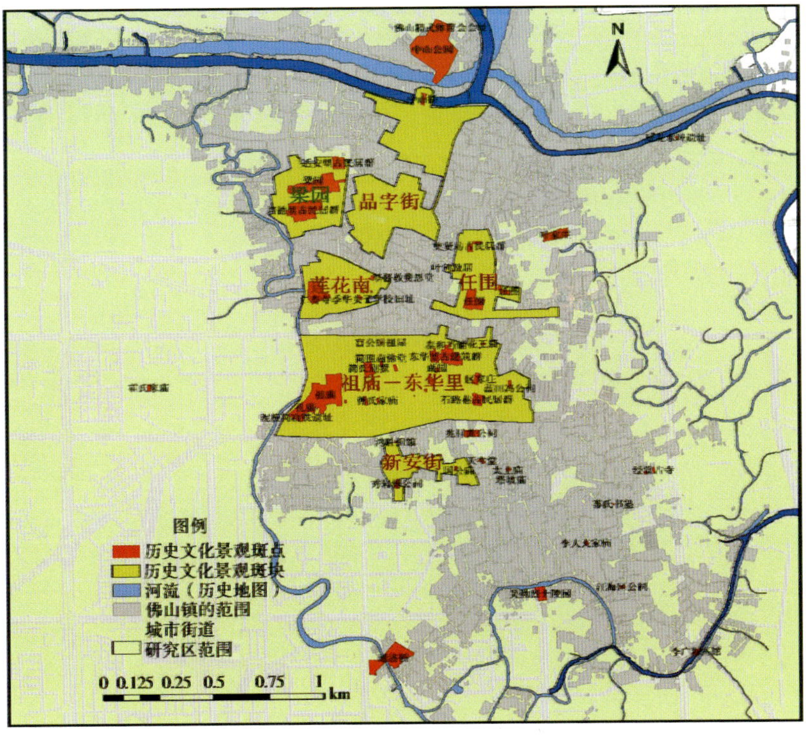

彩图 26　佛山旧城区（佛山镇）城市历史文化景观的空间结构

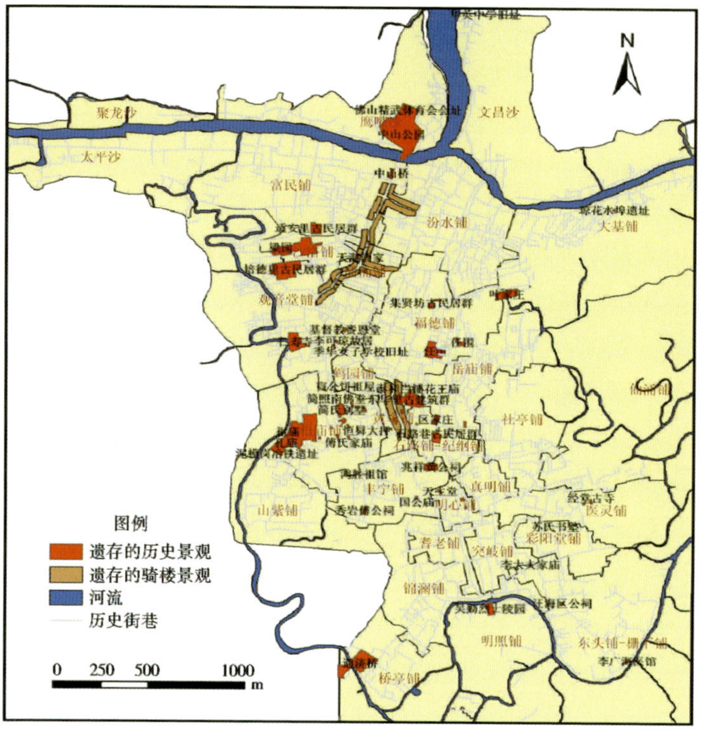

彩图 27　古佛山镇范围内遗存的城市历史文化景观

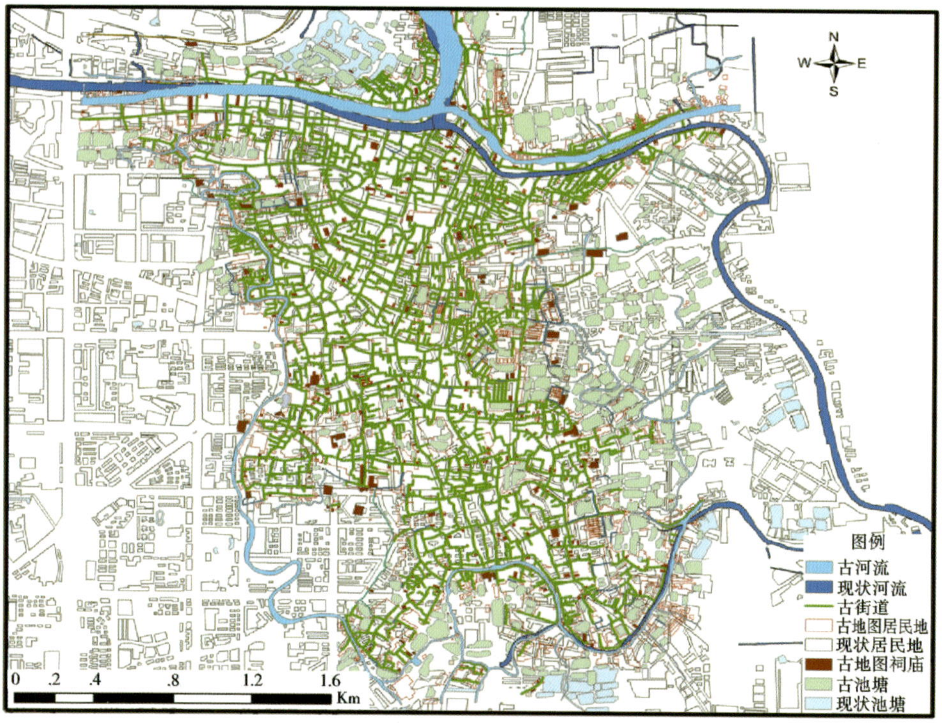

彩图 28　古地图与现状地图的叠加

《佛山市人文和社科研究丛书》出版前言

文化是一座城市的品格和基因，佛山是座历史传统悠久、人文气息浓郁、文化积淀深厚的城市。近年来，佛山经济社会发展日新月异，岭南文化名城建设如火如荼，市、区有关部门及镇街从各自工作职能或地方发展特点出发，陆续编辑出版了一些人文或社科方面的书籍及资料。但从全市层面看，尚无一套完整反映佛山历史文化和人文社科方面的研究丛书，实为佛山社会文化传承的一大憾事。为弥补这不足之处，中共佛山市委宣传部、佛山市社会科学界联合会决定联合全市社会科学研究力量，深入挖掘佛山历史文化资源，梳理佛山哲学社会科学研究成果，编撰出版《佛山市人文和社科研究丛书》，并力争将其打造成为佛山市的人文社科研究品牌和城市文化名片。

本套丛书的策划和编撰，主要基于以下几个方面的考虑：一是体现综合性。丛书从全市层面开展综合性研究，既彰显佛山社会经济文化综合实力，也充分展现佛山人文社科研究水平，避免了只研究单一领域或个别现象，难以形成影响力的缺憾。二是注重广泛性。丛书对佛山历史文化、名人古迹、民俗风情、非物质文化遗产和经济、政治、社会、生态等各个方面都给予关注，而佛山经济社会发展亮点、历史文化闪光点和研究空白领域更是丛书首选。三是突出本土性。丛书选题紧贴佛山实际，具有鲜明的地方特色，作者主要来自佛山本地，也适当吸收外部力量，以锻炼培养一批优秀的人文社科研究人才。四是侧重研究性。丛书严格遵循学术规范，注重学术研究的广度、深度和高度，注重理论的概括、提炼和升华，在题材、风格、构思、观点等方面多有独到之处，具备权威性、整体性、系统性和新颖性，是研究或收藏的好书籍。五是兼顾通俗性。丛书要求语言通俗易懂，行文简洁明了，图文并茂，条理清晰，易于传播，既可作阅读品鉴之用，也是开展对外宣传和交流的好读物。六是坚持优质性。丛书综合考虑研究进度和经费安排，本着宁缺勿滥的原则，采取成熟一本、出版一本的做法，“慢工出细活”，保证研究出版的质量。七是力求系统性。每年从若干选题中精选一批进行资助出版，积沙成塔，形成规模，届时可再按历史文化、哲学社会科学、佛山典籍整理等形成系列，使丛书系列化、规模化、品牌化。八是讲究方便性。每种书一般保持在25万字左右，既是整套丛书的一部分，编排体例、形式风格保持一致，又独立成书，自成一体，各有风采，避免卷帙浩繁，方便携带和交流。

自2012年底正式启动丛书编撰工作以来，编委会多次召开专门会议，讨论确定研究主题、编撰原则、体例标准、出版发行等事宜。最终确定《明清以来佛山城市文化景观演变研究》、《石湾窑文化研究》、《佛山传统童谣辑注》等作为丛书第一批项目，列入我市重点社科理论研究课题予以资助出版。经过选题报告、修改完善、专家审定、编辑校对等环节，最终呈现给读者的就是首批《佛山市人文和社科研究丛书》。今后，编委会将继续从全市各单位、各院校及社会各界广泛征集项目进行论证遴选和资助出版，力争通过数年的持续努力，形成一整套覆盖佛山人文社科方方面面的研究丛书，使之成为建设佛山岭南文化名城、增强地方文化软实力的一项标志性工程。

本套丛书的编辑得到了佛山科学技术学院、佛山市委党校、佛山职业技术学院、顺德职业技术学院等院校和全市广大人文社科工作者的大力支持，中国社会科学院首批学部委员、著名学者杨义教授欣然为丛书作总序，余婉韶、宋德华等一批专家应邀审阅了部分书稿，中山大学出版社为丛书的出版做了大量艰苦细致的工作，在此一并表示衷心的感谢，并对所有关心和支持丛书编撰工作的社会各界人士致以深深的敬意！

佛山市人文和社科研究丛书编委会

2014年3月3日

都来了解佛山的城市自我

——《佛山市人文和社科研究丛书》总序

杨　义

（中国社会科学院首批学部委员）

大凡有文化底蕴的地方，都有它的身份、品格和精神，有它的人物、掌故和地方风物，从而在祖国文化精神总谱系中留下它独特的文化DNA。佛山作为一座朝气蓬勃而又谦逊踏实的岭南名城，自然也有它的身份、品格、精神，有它的人物、掌故、风物和文化DNA。对于佛山人而言，了解这些，就是了解他们的城市自我；对于外来人而言，了解这些，就是接触这个城市的“地气”。

佛山有“肇迹于晋，得名于唐”的说法。汉武帝派张骞通西域之后，中国始通罽宾，即今克什米尔。罽宾属于或近于佛教发祥之地，在东汉魏晋以后的数百年间，多有高僧到中原传播佛教和译经。唐玄奘西行求法，就是从罽宾进入天竺的。据清代《佛山志》，东晋时期，有罽宾国僧人航海东来传教，在广州西面的西江、北江交汇的“河之洲”季华乡结寮讲经，宣传佛教，洲岛上居民因号其地为“经堂”。东晋安帝隆安二年（398），初来僧人弟子三藏法师达昆耶舍尊者，来岛再续传法的香火，在经堂旧址上建立了塔坡寺。因而佛山经堂有对联云：“自东晋卓锡季华，大启丛林，阅年最久；念西土传经上国，重兴法宇，历劫不磨。”其后故寺废弛。到了唐太宗贞观二年（628），居民在塔坡冈下辟地建屋，掘得铜佛三尊和圆顶石碑一块，碑上有“塔坡佛寺”四字，下有联语云：“胜地骤开，一千年前，青山我是佛；莲花极顶，五百载后，说法起何人。”乡人认为这里是佛家之山，立石榜纪念，唐贞观二年镌刻的“佛山”石榜至今犹存。佛山的由来，因珠江冲积成沙洲，为佛僧栽下慧根，终于立下了人灵地杰的根脉。

明清以降的地方志，逐渐发展成为记录地方历史风貌的百科全书。读地方志一类文献，成为了解地方情势，启示就地方而思考“我是谁”的文化记忆遗产。毛泽东喜欢读地方志书。在战争年代，每打下一座县城，就找县志来读。1929年打下兴国县城，获取清代续修的《瑞金县志》，如获至宝，挑灯夜读。新中国成立后，毛泽东到各地视察、开会，总要借阅当地志书。1958年在成都会议之前，就率先借阅《四川通志》、《蜀本纪》、《华阳国志》，后又要来《都江堰水利述要》、《灌县志》，并在书上批、画、圈、点。他在这次成都会议上，提倡在全国编修地方志。1959年，毛泽东上庐山，就借阅民国时期吴宗慈修的《庐山志》及《庐山续志稿》。可见编纂地方人文社会科学文献，是使人明白这个地方“我从何而来”、“我的文化基因若何”，保留历史记忆，增加文化底蕴的重要工程。

从历史记忆可知，佛山之得名，是中外文化交流的一个亮丽的典型。它栽下的慧根，就是以自己的地理因缘和人文胸怀，得经济文化的开放风气之先。因为佛教东传，不只是一个宗教事件，同时也是开拓文化胸襟的历史事件。随同佛教而来的，是优秀的印度、波斯、中亚和希腊文化，它牵动了海上丝绸之路。诸如雕塑、绘画、音乐、美术，物产、珍宝、工艺、科技，思想、话语、逻辑、风习，各种新奇高明的思想文化形式，都借助着航船渡过瀚海，涌入佛山。佛山的眼界、知性、文藻、胸襟，为之一变，文化地位得到提升。

但是佛山胸襟的创造，既是开放的，又是立足本土的。佛山的城市地标上“无山也无佛”，山的精神和佛的慧根，已经化身千千万万，融入这里的河水及沃土。佛山的标志是供奉道教北方玄天大帝（真武）的神庙，而非佛寺，这是发人深省的。清初广东番禺人屈大均的《广东新语》卷六说：“吾粤多真武宫，以南海佛山镇之祠为大，称曰祖庙。”那么为何本土道教的祖庙成了佛山的标志呢？就因为佛山为珠江水流环抱，水是它的生命线，如屈大均接着说的：“南溟之水生于北极，北极为源而南溟为委，祀赤帝者以其治水之委，祀黑帝者以其司水之源也。”于是从北宋元丰年间（1078—1085）起，佛山就建祖庙，宋元以后各宗祠公众议事于此，成为联结各姓的纽带，遂称“祖庙”。祖庙附有孔庙、碑廊、园林，红墙绿瓦，亭廊嵯峨，雕梁画栋，绿荫葱茏，历数百年而逐渐成为一座规模宏大、制作精美、布局严谨、具有浓厚岭南地方特色的庙宇建筑群。

这种脚踏实地的开放胸襟，催生和推动了佛山的社会经济开发的脚步。晋唐时期的佛山，还只是依江临海的沙洲，陆地尚未成片。到了宋代，随着中原移民的大量涌入和海外贸易的兴起，珠江三角洲的进一步开发，佛山得到了进一步发展，于是有“乡之成聚，肇于汴宋”的说法。佛山邻近省城，可以分润省城的人才、文化、交通、商贸需求的便利；但它又不是省城，可以相当程度地摆脱官府权势压力和体制性条条框框的约束，有利于民间资本、技艺、实业和贸易方式的发育。珠江三角洲千里沃野，需要大量铁制的农具，因而带动了佛山的冶炼铸造业。屈大均《广东新语》卷十五说："铁莫良于广铁，……诸炉之铁冶既成，皆输佛山之埠，佛山俗善鼓铸，……诸所铸器，率以佛山为良，陶则以石湾。"生产工具的改进和省会、海外需求的刺激，又进一步带动了以桑基鱼塘为依托的缫丝纺织业。

起源于南越先民的制陶业，也在中原制陶技术的影响下，迅速发展起来了。南宋至元，中原移民把定、汝、官、哥、钧诸名窑的技艺带到佛山石湾，与石湾原有的制陶技艺相融合，在吸取名窑造型、釉色、装饰纹样的基础上，使"石湾集宋代各名窑之大成"。石湾的土，珠江的水，在佛山人手里仿佛具有了灵性，它们在南风古灶里交融裂变、天人合一，幻化出了五彩斑斓的石湾陶。清人李调元《南越笔记》卷六记载："南海之石湾善陶。凡广州陶器，皆出石湾，尤精缸瓦。其为金鱼大缸者，两两相合。出火则俯者为阳，仰者为阴。阴所盛则水浊，阳所盛则水清。试之尽然。谚曰'石湾缸瓦，胜于天下。'"李调元是清乾嘉年间的四川人，晚年著述自娱，这也取材于《广东新语》。水下考古曾在西沙沉没的古代商船中发现许多宋代石湾陶瓷。在东至日本朝鲜、西至西亚的亚曼和东非的坦桑尼亚等地，也有不少石湾陶瓷出土。自明代起，石湾的艺术陶塑、建筑园林陶瓷、手工业用陶器不断输出国外，尤其是园林建筑陶瓷，极受东南亚人民的欢迎。东南亚各国如泰国、越南、新加坡、马来西亚、印度尼西亚等地的出土文物中，石湾陶瓷屡见不鲜。至今在东南亚各地以及香港、澳门、台湾地区庙宇寺院屋檐瓦脊上，完整保留有石湾制造的瓦脊就有近百条之多，建筑饰品更是难以计其数。石湾陶凭借佛山通江达海的交通条件和活跃的海外贸易，走出了国门，创造了"石湾瓦，甲天下"的辉煌。石湾陶瓷史，堪称一部浓缩的佛山文化发展史，也是一部精华版的岭南文化发展史：南粤文化是其底色，中原文化是其彩釉，而外来文化有如海风拂拂，引起了令人惊艳的"窑变"。

佛山真正名扬四海，还因其在明清时期演绎的工商兴市的传奇。明清时期的佛山，城市空间不断拓展，商业空前繁荣，由三墟六市一跃而为二十七铺。佛山的纺织、铸造、陶瓷三大支柱产业，都进入了繁荣昌盛的发展阶段。名商巨贾、名工巧匠、文人士子、贩夫走卒，五方辐辏，汇聚佛山。或借助产业与资本的运作，富甲一方，造福乡梓；或潜心学艺、精益求精，也可创业自强。于是，佛山有了发迹南洋的粤商，有了十八省行商会馆，有了古洛学社和佛山书院，有了诸如铸铁中心、南国丝都、南国陶都、广东银行、工艺美术之乡、民间艺术之乡、中成药之乡、粤剧之乡、武术之乡、美食之乡等让人艳羡的美名，有了陈太吉的酒、源吉林的茶、琼花会馆的戏……百业竞秀、名品荟萃，可见街市之繁华。乡人自豪地宣称："佛山一埠，为天下重镇，工艺之目，咸萃于此。"外地游客也盛赞："商贾丛集，阛阓殷厚，冲天招牌，较京师尤大，万家灯火，百货充盈，省垣不及也。"清道光十年（1830）佛山人口据说已近60万，成为"广南一大都会"，与汉口、景德镇、朱仙镇并称"天下四大镇"，甚至与苏州、汉口、北京共享"天下四大聚"之美誉，即清人刘献廷《广阳杂记》卷四所云："天下有四聚，北则京师，南则佛山，东则苏州，西则汉口。"佛山既非政治中心，亦非军事重镇，它的崛起打破了"郡县城市"的旧模式，开启了中国传统工商城市发展的新途径。它以"工商成市"的模式，丰富了中国城市学的内涵。

近现代的佛山，曾经遭遇过由于交通路线改变，地理优势丧失、经济环境变化的困扰。但是，佛山并没有步同列四大名镇的朱仙镇一蹶不振的后尘，而是在艰难中励志探索，始终没有松懈发展的原动力，在日渐深化的程度上实行现代转型。改革开放以来，佛山又演绎了经济学家津津乐道的"顺德模式"和"南海模式"。前者是一种以集体经济为主、骨干企业为主、工业为主的经济发展方式。借助这种模式，顺德于20世纪80年代完成了从农业社会到初始化工业社会的过渡，完善了有利于科学发展的体制机制，诞生了顺德家电的"四大花旦"——美的、科龙、华宝、万家乐。后者是以草根经济为基础，按照"三大产业齐发展，五个层次一齐上"的方针，调动县、镇、村、组、户各方面的积极性和社会资源，形成中小企业满天星斗的局面。上述两种模式衍生了佛山集群发展的制造基地、各显神通的专业市场、驰名中外的佛山品牌、享誉全国的民营经济。

佛山在自晋至唐的得名过程中埋下了文化精神的基因，又在现代产业经济发展中，培育和彰显一种敢为人先、崇文务实和通济和谐的佛山精神。这种文化基因和文化精神，使佛山人得近代风气之先，走出了一批影响卓著的名人：从民族资本家陈启源到公车上书的康有为，从"近代科学先驱"邹伯奇到"铁路之父"詹天佑，从"岭南诗宗"孙蕡到"我佛山人"吴趼人，从睁眼看世界的梁廷枏到出使西国的张荫桓，从岭南雄狮黄飞鸿到好莱坞功夫巨星李小龙。在现代工商发展方式上也多有创造，从工商巨镇到家电之都，从"三来一补"到经济体制改革，从专业镇建设到大部制改革，从简镇强权到创新型城市建设，百年佛山人在政治、经济、文化领域引领风骚，演绎了一个个岭南传奇。佛山适时地开发了位于中国最具经济实力和发展活力之一的珠江三角洲腹地，位于亚太经济发展活跃的东亚及东南亚的交汇处的地理位置优势，由古代四大名镇之一转型为中国的改革先锋。

佛山人生生不息、与时俱进的创造力，蕴含着深厚的文化血脉和丰富的文化启示，值得进行系统的梳理和深层次的阐释。当代的佛山人，在默默发家致富、务实兴市的同时，应该自觉地了解生于斯、长于斯的这个城市的“自我”，总结这个城市发展的风风雨雨、潮起潮落的足迹，以佛山曾是文献之邦、人文渊薮的传统，来充实自己的人文情怀，提高“佛山之梦”的境界。佛山人也有梦，一百年前“我佛山人”吴趼人在《南方报》上连载过一部《新石头记》，写贾宝玉重入凡世乃是晚清社会，他不满于晚清种种奇怪不平之事，后来偶然误入“文明境界”，目睹境内先进的科技、优良的制度，不胜唏嘘。他呼唤“真正能自由的国民，必要人人能有了自治的能力，能守社会上的规则，能明法律上的界线，才可以说自由”；而那种“野蛮的自由”，只是薛蟠要去的地方。这些佛山文化遗产，是佛山人应该重新唤回记忆，重新加以阐释的。

“我佛山人”是我研究小说史时所熟悉的。我曾到过佛山，与佛山人交流过读书的乐趣和体会，佛山的文化魅力和经济成就也让我感动。略有遗憾的是，当我想深入追踪佛山的历史身份、品味和文化 DNA 时，图书馆和书店里除了旅游手册之类，竟难以找到有丰厚文化底蕴的新读物。“崇文”的佛山，究竟隐藏在繁华都市的何方？“喧嚣”的佛山，可曾还有一方人文的净土？我困惑着，也寻觅着。如今这套《佛山市人文和社科研究丛书》，当可满足我的精神饥渴。它涵盖了佛山的方方面面，政治、经济、文化，历史、人文、地理，城市、人物、事件，时空交错、经纬纵横，一如古镇佛山，繁华而不喧嚣，富有而不夸耀；也如当代佛山，美丽而不失内秀，从容而颇具大气。只要你开卷展读，定会感受到佛山气息，迎面而来；佛山味道，沁人心脾；佛山故事，让人陶醉；佛山人物，让人钦佩；佛山经验，引人深思；佛山传奇，催人奋进。当你游览祖庙圣域、南风古灶、梁园古宅之后，从容体味这些讲述佛山文化的书籍，自会感到精神充实，畅想着佛山的过去、当下和未来。我有一个愿望，这套丛书不止于三四本，而应该是上十本、上百本，因为佛山的智慧和传奇，还在书写着新的篇章，佛山是一部读不完的大书。佛山，又名禅城。佛山于我们，是参不透的禅。这套丛书可以使我们驻足沉思，时有顿悟！

我喜欢谈论人文地理，近来尤其关注包括佛山在内的南中国海历史文化。但是对于佛山，充其量只是走马观花、浮光掠影，爱之有加，知之有限。聊作数言，权作观感，是为序。

2014 年 2 月 9 日

序

佛山是我国历史上“四大聚”和“四大镇”之一，现为国家历史文化名城，以发达的工商业和积淀厚重的历史文化饮誉海内外。基于此，近年来佛山历史文化名城研究蒸蒸蔚起，有关成果不绝如缕；但它们多囿于人文社会科学领域或城市规划、旧城改造、旅游开发等应用方面，研究技术路线和方法也未能突破传统、紧跟当代科学技术发展潮流。这已成为制约名城研究的一个症结所在。正是在这个背景下，李凡教授在其博士学位论文《明清以来佛山城市文化景观演变的研究》基础上修订而成的这部专著，提供了 GIS 应用于历史文化景观研究的值得重视的一例，有重要的学术意义和实际应用价值。

首先，GIS 作为一种新的技术手段，在地理学上应用甚广，但如何结合难以量化的历史文化现象，特别是复原它们的空间分布面目和格局，是一个颇为棘手的问题。该著独辟蹊径，选择历史文化现象复杂纷繁、文化景观类型多种多样、空间分布相对集中的较为典型的名城佛山为研究对象，甚为得当，可谓有的放矢，深得要领。该著运用和发挥 GIS 优势，将尽可能搜集到的历史文献、舆图和实地调查材料等进行坐标转换、图形校正等技术处理、分析和判断，从而在定性与定量分析相结合的基础上，不但复原了佛山历史城区街道分布格局，提供了佛山土地利用、宗教、宗族、工商、地名、民俗等文化景观的一系列历史剖面，及其地域组合的空间分异规律，即划分佛山历史文化区，而且在 GIS 为历史文化地理研究服务上提供了一个成功范例，并展示了 GIS 在这一领域进一步应用的前景。这有助于学科建设和发展，也是该著主要的学术价值所在。

其次，佛山作为一座国家级历史文化名城，又处在我国经济高峰区珠江三角洲腹地。当前，佛山社会经济迅猛发展，正面临着旧城改造、新城扩张、产业转型升级、文化景观日新月异等城市规划和建设的实际问题，而这又离不开佛山文化软实力的支持。正因为如此，该著对佛山历史文化景观的地理学解读，实际上是对佛山历史文化资源做了一次深度发掘、爬梳、整理、诠释和评介，从而为佛山名城保护、开发利用以及文化发展规划的制定提供了决策上不可或缺的参考。

再次，该著非常重视作为地理学第二语言的地图的使用，不但有关佛山的古地图借助于GIS得到较准确的复原，正确地表示古城历史地理风貌，而且佛山各种文化景观的历史变迁和空间分布格局亦有赖大量的地图而更直观、更清楚地显现于世，弥补了文字描述的欠缺。例如风靡省港澳的春节期间佛山北帝神巡游，历时八天，轰动城乡上下，是一项很重要的风俗活动。这方面的记载和研究成果颇丰，但都限于文字描述，巡游的空间概念模糊，实有美中不足之处。该著利用GIS技术，建立起北帝巡游空间路径数据库，绘出北帝八天巡游路径地图，一目了然地表示了巡游沿途经过的各种文化景点，以及由它们组成的社会文化空间特征和区域差异，提供了这种风俗活动的一系列时空轨迹，给人留下非常深刻的印象。尤为值得指出的是，这些巡游路线地图非常精美，达到了较高的科学和艺术水平。

此外，该著除了运用文献、舆图资料以外，还凝聚了大量作者野外调查的成果，包括发放调查问卷、亲到实地考察等，这使该著建立在许多第一手资料基础上，论据坚挺可信，也更有说服力。这也说明，即使在科技昌明、GIS技术发达的背景下，野外考察仍是地理研究不可或缺的手段，这在该著中得到了有力的验证。作者为此付出了辛苦劳动，令人佩服。

最后，值得一提的是，该著是博士学位论文通过五年以后，经作者不断修改、补充、完善而付梓面世的，故对比原先的学位论文，无论学术水平还是文字表达、舆图制作等，都有较大的修正和提高。作者这种从容淡定、远离急功近利、力求完美的治学精神，也是值得称道的。

诚然，我作为作者的学位论文写作指导教师，以上所言，难免有偏爱之虞，不一定正确，请读者见谅。

是为序。

司徒尚纪

2013年12月10日

于中山大学望江斋

目　　录

第一章 绪　　论

第一节 研究背景

一、历史文化名城保护是迫在眉睫的问题

城市化进程的加剧凸显了我国城市文化的问题。经济学研究普遍认为，人均GDP达到3000美元是一个重要的发展临界点，城市发展开始发生结构性的变化并进入相应的转型期。2005年以后，我国东部地区相当多城市人均GDP超过了3000美元，城市居民的需求层次由发展型向享受型过渡。同样的发展阶段在其他发达国家往往需要30～50年，甚至更长时间。在我国则压缩在这样短的时间内，有学者称之为“矛盾凸显期”，表现为城市发展与城市文化之间的各类矛盾非常集中、异常激烈。[1]很多城市在物质建设取得飞速发展的同时，城市文化危机却日趋加剧，出现了大拆大建，城市传统文化被无情摧毁，城市记忆消失，城市建设抄袭、模仿和复制，结果千城一面，缺乏城市文化特色等问题。在这种城市化浪潮下，很多历史文化名城更是面临灭顶之灾。日本千叶大学教授木原启吉指出，日本的文物古迹在近代遭到了四次大的劫难：一是明治维新以后，大量佛寺被毁；二是明治及大正初期开放贸易，大量古代文物外流；三是第二次世界大战，大量文物古迹毁于战火；四是20世纪50年代经济高速增长，不但毁了文物，更破坏了历史环境。而这第四次破坏是最为严重的破坏，远远超过了第二次世界大战的战争破坏。[2]我国也具有类似的特点。有学者认为我国20世纪90年代以后，随着经济高速增长和城市化的加速，对于历史文化名城的破坏比以往任何时期都严重。冯骥才先生曾写道：“城市的历史文化形态，是人类文化的重要财富。凡历史创造的，都是一次性的，失去了便无复再生。尤其那些历史文化名城，都是地球上活着的最大的文物，是千姿百态的人文奇迹，是一个个充满魅力的精神空间。任何文明的民族都懂得，必须珍惜它，保护它，加强它和衍续它。这样做既

是为了先人，更是为了后人。凡是具有历史文化价值的事物，都更具有未来价值。”[3]温家宝总理在全国市长协会第三次代表大会上论及历史文化名城保护时指出：“当前，我国城市建设中存在的突出问题是，一些城市领导只看到了自然遗产和文化遗产的经济价值，而对其丰富、珍贵的历史、科学、文化、艺术价值知之甚少，片面追求经济利益，只重开发，不重保护，以致破坏自然遗产和文化遗产的事件屡屡发生。有些城市领导简单地把高层建筑理解为城市现代化，对保护自然风景和历史文化遗产不够重视，在旧城改造中大拆大建，致使许多具有历史文化价值的传统街区和建筑遭到破坏。还有些城市领导在城市建设中拆除真文物，兴建假古迹，大搞人造景观，花费很大，却搞得不伦不类。对于这些错误做法，必须坚决加以纠正。”[4]可见，历史文化名城保护在我国已经是迫在眉睫的事情了。

二、全球化背景下凸显城市文化景观的重要性

在经济全球化背景下，日益增加的人口、货物、资本、技术和信息的流动使整个世界日趋全球化，这不仅表现在经济和信息领域，文化和价值观念的全球流动也在不断渗透到世界各地人们的意识中。全球化已经不再是一个单纯的经济、政治和社会学问题，它同时也是一个文化的问题。[5]文化全球化的结果，使得各地的文化景观日益呈现出地方性与全球性、个性与共性并存、相互影响、相互冲突、相互促进等动态演变之中。[6]在文化全球化浪潮中，文化发展的趋同之势值得关注。每一种文化都在全球化文化出现的过程中，不得不有所取舍与修改。相对而言，每一种文化都有可能从其他文化中吸取新的因素，以适应新的形势。人们普遍认为，在发达国家里，其城市地区在经济、社会、文化及景观上越来越相似。在欧洲，有伦敦、巴黎及罗马等历史文化名城“美国化”了的说法。在日本，地方城市的形象与景观趋同现象严重，已有“东京 COPE”的说法。[7]26-27因此，沙朗·佐京（Sharon Zukin）提出了“谁的文化？谁的城市？”的问题。她认为文化是控制城市空间的一种有力手段。作为意象与记忆的来源，它象征着“谁属于”的特定的区域，并在基于历史保护或地方传统的市区再发展策略中起着重要的作用。[8]所以，在经济、文化全球化的推进过程中，地方文化和城镇个性的保护显得尤为迫切和重要。

受到中国经济的持续快速发展与全球社会经济联系日益紧密的一体化影响，我国城市社会文化也处于剧烈的变化之中。特别在一些历史文化名城中，城市本底的传统文化受到越来越严重的冲击，诸多能够体现城市个性、历史文脉的景观正在逐渐被现代化和全球化所蚕食。城市到处充斥着缺乏城市个性的“石屎森林”，城市的传统文化景观被挤缩在狭窄的空间内。

城市文化景观作为一种城市符号系统，它蕴含着复杂多样的意义，向人们传递着丰富的历史文化内涵。所以，在全球化的今天，历史文化名城的保护就是要使这些历史文化内涵得以延续，让子孙后代知道我们祖先的生活习俗及奋斗经历。因此，研究历史时期城市文化景观的演变及其特征，有助于对城市传统文化有更深层次的认知和理解，有助于把握城市地方文脉，保护城市历史文化景观，以延续城市发展的连贯性。

三、文化景观成为历史性城市研究的新动向

费孝通先生说，文化是“from the soil”，是从乡土中生长出来的东西。[9]谭其骧先生也认为“任何时代都不存在一种全国共同的文化，只有地域文化”[10]。从本质上说，文化景观根植于地方性，表达了人与地的关系，包含了人类起源和演变、环境和地域特征、民俗和经济状况、艺术和信仰等多种内容，反映了人类与自然相互作用的历史。正是基于对这种人地关系的理解，1992 年联合国教科文组织将文化景观纳入遗产保护中，成为四种类型的世界遗产（文化遗产、自然遗产、自然和文化双遗产、文化景观）之一。我国的历史文化名城是一种特殊类型的城市，它既具有一般城市所具有的全部功能，更保存有丰富的历史文化遗产。任何一个历史文化名城都是在一定的自然环境和政治经济条件下的社会发展的积累过程，有深厚的文化底蕴。它的保护经历了从文物古迹、历史街区到古城基本格局和历史风貌等发展阶段。目前，历史文化名城保护的问题仍然十分突出。[11]西方城市规划发展大致经历了六个发展阶段：一是物质规划阶段，二是经济规划阶段，三是环境规划阶段，四是社会规划阶段，五是生态规划阶段，六是文化规划阶段。我国目前尚处于第一至第三阶段，由此可知，文化规划将是我国城市规划发展的最高阶段。[12]所以，关注城市文化是我国历史城市研究的趋势。文化景观的思想可以将城市与城市形成的背景环境及其发展过程紧密联系起来，使城市摆脱单纯以物质和经济为中心的机械性的功能区划，更加注重城市历史文化、环境和人文社会的和谐发展。张杰（2006）[13]、刘敏（2002）[14]和张松（2002）[15]等学者开始从文化景观的视角探讨历史文化名城保护的问题，文化景观正成为历史城市研究的新方向。

传统文化地理学的研究多集中在乡村地区，或者重视大区域文化地理事象的研究，对城市文化的研究相对薄弱。新文化地理学则更多地研究城市的文化景观，而且关注景观的历史脉络。历史文化名城的文化景观是城市历史文化的体现，是过去社会文化的积淀。借由新文化地理学所强调的景观解读、空间分析的理念和方法，可以透过对历史时期城市文化景观的

分析，诠释城市文脉特点以及社会文化发展过程。所以，从文化地理学的角度加强城市文化景观研究，正是呼应了历史城市研究的发展趋势。

四、地理信息系统新技术已经得到广泛应用

地理信息系统（GIS）是在计算机硬件、软件系统支持下，对现实世界（资源与环境）各类空间数据及描述这些空间数据特性的属性进行采集、储存、管理、运算、分析、显示和描述的高技术系统。自 1963 年 GIS 由加拿大测量学家 R. F. Tomlinson 提出以来，地理学迅速、深入地切入信息时代，GIS 等地理新技术的出现使地理学的研究显现出蓬勃生机。由于研究的科学范式不同，GIS 在以实证主义为研究基础的自然地理学中得到广泛的应用，提高了自然地理学研究的精确度和处理复杂问题的能力，使学科得到快速发展。我国目前从事 GIS 的专业队伍除了测绘和遥感学科外，主要是自然地理学的研究人员。由于人们习惯上将人文地理学归为社会科学研究领域，曾忽视了 GIS 的作用。但 D. Gilbert（1995）认为："尽管 GIS 研究人员大都来自地理空间科学领域，阻碍了社会理论学家转入 GIS 研究领域，但 GIS 实际上已经渗透到地理学的各应用领域，这是忽视 GIS 具有不断增长潜力的地理学家们始料不及的。"[16] 在西方，20 世纪 90 年代的 10 年间，在 GIS 学科领域内和更广泛的社会学领域内，社会理论学家开始致力于 GIS 转变能力的研究。[17] GIS 处理综合空间信息和解决复杂问题的强大空间分析功能有效地弥补了传统人文地理研究方法的缺陷，导致了 GIS 在人文地理和相关学科中的应用。GIS 已被用于实现区域经济、交通系统及城市扩展的建模，从空间分布数据的复杂分类中提出假设，分析竞选行为和旅游行为，以及理解许多文化对空间的神圣含义。GIS 成为了地理学家进行自动分析和合成的强有力工具。[18]255-266 目前，在我国人文地理学分支学科如城市地理学、经济地理学、旅游地理学和人口地理学等的研究中，GIS 技术已经得到一定的应用。如前所述，GIS 在历史地理学和文化地理学中的应用还仅处于起步阶段，仍有很多方面需要摸索。但不可否认的是，随着 GIS 技术的不断发展与完善，GIS 在历史地理学和文化地理学研究中将有着广泛的应用前景。

第二节　研究意义

一、理论意义

首先，在历史文化名城研究方面。历史城市保护的概念始于第二次世

界大战后欧洲大规模重建过程中对欧洲历史城市的保护。我国历史名城保护的理念的出现并不迟于欧洲，可以追溯到20世纪50年代初，梁思成先生对古都北京保护的研究及其后来对北京城市规划、城墙利用的“梁陈方案”和“建议”。可是，直到1982年，国务院批转国家基本建设委员会等部门《关于保护我国历史文化名城的请示》，批准北京等24个城市为国家第一批历史文化名城，历史文化名城的概念才被正式提出来，国内关于历史文化名城的研究从此兴起。[7]6-7 历史文化名城以其丰富的历史文化内涵成为跨学科、多元化的研究领域，历史学、地理学、建筑学、城市规划学、艺术学、人类学等众多学科参与其中。但完整的、系统的名城研究理论体系尚未建立起来，关于名城保护的许多问题的解决还处于摸索阶段。[19] 司徒尚纪认为：“古都和历史文化名城紧密联在一起，古都学的理论、方法和实践，对历史文化名城的保护、抢救和开发利用贡献很大。……‘名城学’也在建立中，名城意识和公众参与日益加强，成为历史地理研究的一个重要方向。”[20] 所以，本书从文化地理学和历史地理学的观点出发研究历史文化名城，对于丰富历史文化名城研究的基本理论具有重要的意义。

其次，在文化地理学研究方面。文化地理学是人文地理学一门重要的分支学科，在欧美地理学研究中占有重要的地位，得到快速的发展。我国文化地理学研究起步较晚，文化地理学理论自1985年由钱今昔[21]、王恩涌[22]和王煦柽[23]等学者介绍到国内，引起国内许多地理学和其他研究领域学者的关注，随着人文地理学在我国的复兴才发展起来。近20年来，我国文化地理学有了长足的发展，其研究领域、研究内容得到扩大和深入，研究力量不断加强。特别是在近年来，国际上人文地理学、经济地理学都有文化转向的趋势，也影响到国内人文地理学的研究，使文化地理学的研究方法和理论向其他研究学科渗透。本书以中国期刊网（CNKI）作为文献检索的主要数据库，2005年6月通过对“篇名/关键词/摘要”的中心关键词为“文化地理、文化区、文化景观、文化生态、文化扩散/传播、文化整合”进行检索和筛选，共得到文化地理学的文献量为808篇。在不同的研究主题中，我国文化地理学者对文化景观的研究最为火热，共检索出文献276篇，占总文献量的34.2%（表1.1），涉及从物质的建筑、居住和聚落文化景观到非物质的语言、地名和艺术等文化景观，以及文化景观理论的研究。但是，文化景观的研究对象相对比较分散，缺乏对区域文化景观的系统研究；研究方法以传统文化地理学的方法为主，缺少新文化地理学的景观分析与诠释的方法；研究以描述性为主，缺少定量研究和对地理信息系统等新技术的应用。本研究试图弥补以上这些方面的不足，以有助于丰富国内文化地理学的研究理论和方法。

表 1.1　文化地理学文献的不同研究专题统计

名次	研究对象	篇数	比例/%
1	文化景观	276	34. 2
2	文化生态	186	23. 1
3	文化区	157	19. 4
4	文化起源/文化传播	90	11. 1
5	综述	29	3. 6
6	文化整合	28	3. 4
—	其他	42	5. 2
合　　计		808	100

最后，GIS 与社会科学理论应用的结合。在西方，传统上地理学中有空间科学家（如自然地理学家）和社会理论学家之分，GIS 与前者关系密切。20 世纪 80 年代中期到 90 年代中期，西方学者开始探讨 GIS 社会理论在地理学中的定位，主要焦点在于 GIS 是一种工具，还是一种关于认识论的科学实践。[17] S. Openshaw（1991）提出 GIS 不应该限于狭窄的定义，他的观点为 GIS 出现在各种社会实践领域提供了一个广泛的视野："在即将出现的、新秩序下的地理学家，应该能很好地在星期一分析火星上的河流网，星期二研究布里斯托尔的癌症发病情况，星期三描述伦敦的下层阶级，星期五分析亚马逊河底下的地下水流。"为了"再把地理学的各个分支学科重新整合到一起，形成一门统一的科学体系"，这种新秩序下的地理学家需要 GIS。"在此之后，GIS 可以提供一个信息系统领域，在这个领域里，所有的地理内容都能以虚拟实现的方式表达。GIS 将强调地理学的整体观念，这个整体概念可能广泛到囊括几乎所有的地理学内容，同时这一整体概念也使学科在相关性与互通有无方面得到一定的交流，为地理学创造了一个新的科学形象。"[24] 从 S. Openshaw 的整体性观点看，GIS 不仅是一种工具，它还为创造性的研究者提供了认识论和方法论的灵活性。GIS 与社会理论间不存在裂痕，它成为沟通空间科学与社会科学的桥梁，促进了综合地理学的复兴。20 世纪 90 年代以来，GIS 广泛地应用在人文地理学、历史学、人类学和社会学等领域内。我国香港学者林晖教授和台湾学者石计生教授等都十分关注 GIS 与社会科学领域的结合，并开展了一定的实践工作。在内地，GIS 的相关应用仅在城市地理学、经济地理学、人口地理学和旅游地理学等人文地理学分支领域内。本研究希望能够弥补内地 GIS 在历史地理学和文化地理学研究中应用的不足。

二、现实意义

新中国成立以来，我国的历史文化名城遭受过三次劫难。第一次是新中国成立初期，在变消费性城市为生产性城市的口号下，进行大规模的工业建设，历史名城中也大办街道工厂。以北京率先拆除古城墙为始，全国范围内历史城市中的城墙、古建筑被大肆拆除。第二次是“文化大革命”中“破四旧”对古迹的破坏，全国的文物古迹遭到了空前的浩劫。第三次是改革开放以来，在经济大发展和城市现代化的过程中，大刀阔斧地进行旧城改造，或是一批批古老街巷和古朴民居被成片地拆除，代之以千篇一律的高耸楼群和豪华大厦，或是用现代材料仿制出各种不伦不类的假古迹以营造“历史氛围”。其中，第二次是破坏，谈不上建设，第一次和第三次都是在建设、发展的旗号下发生的不可挽回的悲剧。[25]

我国历史名城保护的现状是空前重视与空前破坏并存。空前重视表现在领导越来越重视，舆论越来越重视，老百姓越来越重视，尽管重视的着眼点各不相同。空前破坏的原因也是多方面的。一方面，我国处于经济建设的高速发展期，“发展是硬道理”这句话已经深入人心，历史文化名城同样面临着发展经济的任务；另一方面，城市建设欠账太多，而且大多集中在历史文化名城的旧城之中，给历史文化名城造成灭顶之灾。[26]于是，不幸的消息连篇累牍：福建三坊七巷遭到建设性破坏，贵州遵义会议会址周围历史建筑全部被拆，湖北襄樊千年古城墙一夜之间被夷为平地，河南安阳穿城修路严重毁坏历史街区，江苏南京高速路穿过中山陵绿化区，广东三元里建高架桥迫使抗英炮台搬家…… 特别严重的是，浙江舟山市公然违反国家有关文物保护和历史文化名城保护的政策法规，大肆拆毁定海古城历史街区。[27]还有打着“保护历史文物”的旗号进行的破坏性建设。2002 年北京南池子历史文化保护区改造中，引入了房地产开发机制，一次性完成了大规模拆迁，修建仿古商业住宅或商业用房，破坏了历史的真实性和完整性，无疑于拆掉了一个真实的老古城，新建了一个模拟的仿古城。[28]这种“南池子模式”目前在全国的历史文化名城中已经很普遍了。历史名城佛山同样也面临着危机。近年来的城镇化和大规模城市建设，尤其是高强度的旧城再开发对名城整体格局和文物古迹的保护产生了诸多不利影响。例如，永安街区的传统建筑被大面积拆除，建起了与岭南传统风貌格格不入的商业中心；佛山原有保存最完整的古建筑群——晚清名臣张荫桓故居被拆，居然要在原址上修建农贸市场；等等。

再看下面两则新闻：

2002年，首尔市长李明博走马上任后，立即提出“拆路复河”计划——拆除高架桥，修复有600余年发展历史的清溪川，恢复自然和生态环境，恢复城市的个性及历史风貌。……2003年7月1日，清溪川复原工程正式动工，拆除了长达5.9公里的清溪川混凝土高架桥，打开了几十年来覆盖在河道上的水泥板，清除了河床上长年淤积的污泥浊水，修建了清溪川护堤，再向汉江取水，以补清溪川流量之不足。2005年6月1日进行了正式的通水典礼，2005年10月1日～3日，首尔为此全城欢庆。[①]（图1.1）

图1.1　韩国首尔清溪川的变迁

资料来源：http：//blog. voc. com. cn/sp1/huoxiaoguang/15032175601. shtml。

日本桥是位于东京中心地带的一座石桥，对于日本人来说，堪称“东京的灵魂”。日本桥始建于1603年，历史学家认为，由于日本桥的建成，其附近区域才成为当时日本最重要的商业和文化中心，正是日本桥的出现，才造就了江户的繁荣，也为它后来成为日本首都奠定了基础。但到了1964年，日本为了举办东京奥运会而大兴土木，在日本桥上面修建了一座现代化的新跨江大桥，成为东京的新交通枢纽。日本桥从此长年被笼罩在这座大桥的阴影之中，失去了往日的光辉。为了挽救这一文化遗产，日本拟定预算将超过1万亿日元的日本桥重

① 陈少波：《拆掉高架桥，涤清母亲河——首尔（汉城）“河”为贵》，《香港文汇报》2005年12月27日A30版。

现辉煌的方案，1964 年新建的大桥将被拆除，并改为跨江地下隧道。①

清溪川、日本桥的复生提示了处于快速发展时期的中国不要再陷入这样的发展误区。首尔的清溪川可以再挖出来，东京的日本桥还有重见天日的希望，但国内很多历史文化名城中的老街区、老建筑，乃至传统城市风貌和格局，被破坏了以后就不复存在了。冯骥才先生写道："一个城市的记忆，群体的记忆，要从城市史和人类学角度来审视城市，从城市的历史命运与人文传衍的层面上进行筛选，把必须留下的记忆坚决守住。这样，城市的保护就绝不是简简单单留下几个'风貌建筑'，摆摆样子而已；更不会随手把许多极其珍贵的记忆大片抹去。……我们强调保留城市的记忆是保护好城市的历史真实。能够体现真实的只有实物。那么我们就必须尊重城市历史，无权对它们任意宰割，把阅历丰富的城市最终变成亮闪闪又'腹内空空'的暴发户，变成失忆症的患者。"[28] 所以，负载城市记忆的城市文化景观对于历史文化名城来说十分重要，珍视城市记忆则要建立在对城市历史深入认知的基础上。本书从历史地理学、文化地理学的视角审视明清以来佛山城市文化景观的演变及其社会文化空间的意涵和特征，不仅对历史文化名城佛山，而且对于全国的历史文化名城研究来说也具有很大的现实意义。

第三节 研究设计

一、研究案例地选择

佛山是我国古代著名的"天下四大名镇"和"天下四聚"之一，是"兴于明而繁于清"的中国传统工商业城市。明清时期的佛山工商业繁荣，它在工商业上的成就，决定了佛山在中国城市经济发展史上的地位。但佛山的价值远非如此，发达的工商业促进了佛山社会文化的全面发展，使这里五色杂陈，集中了岭南传统社会的各种文化现象，如佛山有"顺德祠堂，南海庙"之称，"粤尚鬼神，而佛山为甚"。至民国初年，仅 7 km^2 的佛山镇就有神庙、佛寺和道观 200 余座，祠堂近 400 座。因而，佛山还是广府传统文化的一个核心，在广东文化发展史上具有重要的地位。佛山的城市发展与其他一些城市有所不同，佛山自明代景泰元年（1450 年）形成

---

① 《小泉建日本史上最大项目　50 亿英镑修日本桥》，《广州日报》2006 年 8 月 8 日，第 A11 版。

都市雏形起至清代前叶，很快地发展成为“岭南一大都会”。其城市的形成和发展基本是封建社会内商品经济自身发展的结果，传统文化与社会因素始终起主导作用。所以，佛山是珠江三角洲传统城市发展的代表，其典型性远胜于广州。

改革开放后，佛山经济得到迅速发展，2011 年佛山市的 GDP 达到 6210 亿元，在全国排在前列。同时，佛山城市建设也进入了快速发展阶段，城市发展的土地资源紧张，为此佛山市正在部署加快推进旧城镇、旧厂房、旧村居（简称“三旧”）改造工作，以提高土地利用效益，提升城市品质，增强城市竞争力，集约利用土地，积极拓展城市发展空间。[29] 1994 年佛山被列为第三批国家级历史文化名城。现在佛山中心城区仍保留着很多传统民俗文化和众多的历史遗址，拥有丰富的历史文化资源，这些城市历史文化景观承载着佛山古镇的历史记忆。所以，佛山就是这样一个集传统文化与现代文化于一身的城市。在城市传承历史和寻求发展的冲突交汇之中，从历史时空视角考察该城市的文化景观演变及其效应具有十分典型的意义。

佛山市现辖禅城、南海、顺德、三水和高明五个区。明清时期的佛山镇位于禅城区内，历史文化名城是以原佛山市区（即原来的城区、石湾区）为范围的，也就是现在的禅城区（不含南庄镇）。国内外学者对于佛山（明清时期的佛山镇）史的研究已经取得了一定成果，研究资料比较多。考虑到研究资料和历史文化名城的完整性，本书选择禅城区（不含南庄镇）作为研究的对象。本书的历史时期是指明清以来，直至民国初期，历史时期的佛山即指佛山镇，现在的佛山则指的是禅城区（不含南庄镇）。

二、研究方法

1. GIS 方法

GIS 在历史地理学、文化地理学中的应用主要有空间数据管理、可视化和空间分析三方面。本书在研究中根据不同章节的需要，综合地运用 GIS 方法。何彬在论及民俗地图时认为：“民俗地图应关注该民俗事项的地域环境因素。单独抽取民俗数据指标标示的民俗地图，容易诱使人们在观察分析民俗文化时忽视各个区域文化的人文生态因素，脱离周围环境单独认识民俗。民俗地图制作尽量采用‘多幅连贯式民俗地图’或‘复项民俗地图’、‘多元民俗地图’等立体表述民俗数据的方法。”[30] GIS 方法可以完成传统地图难以解决的这些问题。在本书中，通过 GIS 绘图和时空元素交互的可视化功能复原历史时期文化景观空间状况、展现城市文化景观集体记忆的认知空间，并借此对社会文化空间进行解读和诠释。

2. 景观分析方法

文化地理学对文化景观的分析有三种方法：一是描述区域的景观，将它们解释为历史、文化和自然交互作用的产物；二是陈述区域类型和景观系统，以便于进行分类；三是将文化景观视为文化的线索，并且是人类价值和实践的表现，较前两者更有意义——前两者仅限于描述或狭隘的解释，后者由景观中掌握了人的信仰和态度的真实解读。[31] 20 世纪 80 年代以后，文化景观分析方法开始倾向于后者，在景观诠释中运用社会及文化理论，并关切形塑景观的社会文化过程。本书将文化景观作为解读历史城市佛山的线索，不论它们的年代，都有其文化意涵。结合 GIS 可视化方法，借由解读、复原历史景观，可清楚地描述出它们的文化含义，并探讨由此呈现的社会文化空间特性。

景观生态学是研究景观的空间结构与形态特征对生物活动与人类活动影响的科学。景观包括自然景观和人文景观两部分，人文景观也被称为文化景观。从文化生态的观念出发，景观生态学对人文景观的研究集中在空间结构和文化功能上，景观与文化相互影响，文化塑造景观，景观反映文化，文化研究既是景观生态学的重要内容，也是文化生态学的研究内容。[32]本书主要应用 FRAGSTAS 软件分析清末和现代佛山的城市土地利用景观空间格局，并借由景观生态学视角分析佛山城市文化景观的结构特征。

3. 历史文献分析

历史 GIS 数据的空间属性和时间属性主要通过历史文献的挖掘而获取。对历史时期的文化景观分析及其社会文化空间性的解读，则建立在文化景观的 GIS 可视化和大量的历史文献分析相结合的基础上。根据不同章节的需要，文中使用的有乡志、县志、府志、笔记、碑文、公告和家谱等历史文献，民国时期的纪要、报纸和档案等史料，还有一些佛山文史资料等非正式出版物。

4. 野外调查方法

本书采用点、面结合进行野外考察。即首先对研究对象进行面上的普查，如历史文化景观（文物保护单位及一般历史古迹）、现存的祠堂景观，掌握这些研究对象的基本情况。其次，再针对一些典型地段和事件进行点上的详细调查和深度访谈，如笔者对塘头梁氏、石梁梁氏等宗族的调查。

5. 问卷调查方法

在对城市文化景观集体记忆的研究中使用了问卷调查方法。调查包括认知地图和照片辨识两个内容：①认知地图。首先采用词句联想的方法，要求受访者在提到“佛山”、“佛山的历史文化”的时候，将联想起的事物按顺序写出来。然后，请受访者不要参考任何资料和意见，独立地随意画出自己印象中最熟悉的佛山城市空间，将印象中的佛山城市文化景观画出来，并标注文字。如果对一些具体的历史文化景观印象深刻，也可以勾绘出这些景观的具体图像。②照片确认。选取44个典型的佛山城市历史文化景观，为了更全面地反映佛山的城市景观，以及便于历史景观与现代城市景观的对比，还选取了49个具有代表性的城市自然景观、城市人文景观，两者合计93个。通过向受访者展示这些景观的典型照片，要求受访者进行辨识，景观名称和参考地点只要有一个正确，即认为受访者知道该景观。

分别对中学生家长、高校学生以及佛山老城区居民进行关于佛山城市文化景观集体记忆的问卷调查。共发放问卷800份，回收的有效问卷599份，有效率为75%。其中，中学选取了位于市区、市郊的5所中学，即佛山三中（13.52%）、荣山中学（8.1%）、佛山六中（10.18%）、佛山四中（5.8%）和澜石中学（10.66%），共占受访者的48.26%。在校大学生主要是对佛山科学技术学院校本部、河滨校区的学生进行调查，有一定的覆盖面，其比例为37.38%。由于问卷量大，完成时间较长，选择中学生家长、在校大学生作为调查对象，问卷的回收率较高，两者的比例占85.64%；对城区居民的调查比较困难，仅占总数的14.36%。

三、理论基础

西方历史地理学的研究发展可归纳为三个阶段，即近代以“叙述和描述”为主的往日地理①、现代以“复原”为主的往日地理和当代以“历史地理学构想”为特征的往日地理。其中，自20世纪70年代以来，“复原”和“构想”成为历史地理学研究的主题。[33]2-6哈维（David Harvey）认为“地理学构想（geographical imagination）”是人对客观世界的主观思维活动，是对地点、空间和景观在构成和引导社会生活方面的重要性的一种敏感性。[18]253-255它提供了一种思维方法，地理空间的结构形式绝不是纯经济理性的直接展现，应该是人类族群社会内部文化生活形态、社会政治关系甚至是宗族和宗教信仰等不同部门交错作用的结果。[34]“地理学构想”促使我们通过“复原”、“诠释”等手段透视地理空间所蕴含的社会文化空间过程及其意义。

---

① 往日（past）是西方历史地理学文献中使用频率颇高的用词，类似于“历史时期”。常用“往日地理（past geography）”代替“历史地理”表述历史时期的地理实体及其地理现象。（阙维民：《历史地理学的观念：叙述、复原、构想》，浙江大学出版社2000年版，第106~107页）

贝克（Alan R. H. Baker）认为："历史地观察景观就是认识景观的累积特征，……认识地点的明显地理特征就是这个区域和地点的每一个新的独特形式的选择性叠加物和残存物随着时间流逝的结果。景观研究必须运用历史学的透视，因为景观具有其激发人文重要性的历史。"[33]349-350因此，从历史时空视角探讨城市文化景观的演变及其意义十分重要。

由于历史景观的异时性，复原、再现和构想成为研究历史景观的重要手段。即贝克所说的"构建往日"、"复原往日"、"认识和体验往日"。[35]"历史地理构想"的最直接、最有效和最直观的表现方法就是往日地理的地图再现（mapping the past geography），历史地图一直是历史地理学分析和表述的主要模式。现代地理信息科学的发展，为历史地图提供了新的技术手段，结合 GIS 的历史地图再现，为历史时期文化景观的空间分析提供了可能。然而，景观不仅是实体环境，还是思考地方、描绘地方，以及赋予地方意义的特殊方式的结果。它具有文化意象，牵涉了社会、物质和象征层次，是社会文化空间过程。[36]290-291所以，应该结合社会文化理论，视景观为人类生活空间的具现，反映自然、政治、经济和社会文化等特性，并以景观系统分类的方式，清楚地描述研究区域的景观并分析其空间意涵。[31]这样，在历史景观地图再现的基础上，通过对文化景观的诠释，以解读往日研究区域的文化意象。

历史时期的文化景观于今日通常以"遗产"的形式表现出来。遗产是人类社会积极培育社会记忆的长久历史过程及在当代的呈现，是将过去精炼为地域认同的象征。[36]230-231然而，全球化所带来的现代化的扩散，被西方学者称为"创造性的破坏"，意味着创造新未来总是代表了破坏许多过去及现在的地理与生活方式，历史景观在消失，地方失去记忆。[36]212-213纽科姆（Robert M. Newcomb）在《规划往日：历史景观资源与娱乐》一文中提出了两个基本论题："记录、保存、修复和规划历史遗址和原有城市区域，以保证历史在我们的景观中延续；管理和利用被选择的显著历史遗存作为教育和娱乐目的。"[33]107由上可知，历史时期城市文化景观的现实效应，就在于认识城市地方文化特征，以利于地方性实践。即从景观的记忆和景观保护的角度，构建历史城市的地方感，并利用这些历史景观满足当代和未来的需求。

总之，文化景观及其地理学构想为本书提供了一个研究架构。文化景观作为一个社会文本，可以通过 GIS 等地理学方法进行解读。不论是复原历史景观，还是今日景观的记忆，都可将 GIS 方法与田野调查、历史文献分析的质化研究相结合，在 GIS 可视化基础上，进一步解读和诠释文化景观的社会文化空间意涵。

四、研究思路

历史性城市的概念始于第二次世界大战后的欧洲。1964 年《威尼斯宪章》和 1987 年《华盛顿宪章》都提出了关于历史城镇、城区和古迹保护的思想。1984 年 UNESCO 在《实施世界遗产公约操作指南》中全面阐述了历史性城市的概念内涵。[37] 历史性城市在英国称作“历史古城”，在日本被称为“古都”①，在中国则称之为历史文化名城。历史性城市离不开对其城市文化景观的思考和诠释。文化景观概念本身就具有历史属性。拉采尔（F. Ratzel）最早系统地阐述了文化景观的构成，并称之为历史景观。[38] 从历史地理学角度看，景观也被视为社会历史文化的地理体现，是社会文化的积淀，追溯上去，可以发现过去的政治、经济、宗教习俗、价值观念、美学价值等，强调历史文化景观的复原，跟踪景观的塑造过程。[39] 20 世纪 80 年代以来的新文化地理学，虽然研究范式发生改变，但仍关注景观的历史脉络，城市文化景观可以成为地方象征的符号系统，诠释地方社会文化和政治的历史过程，是阅读地方特征的历史“文本”。

本书是关于历史性城市的城市文化景观研究。城市文化景观具有时间的累积性，运用历史学、地理学的透视是十分必要的，因而，从时间维度上看，城市文化景观就有往日的、今日的两层含义。这样，首先就要回溯历史，对历史时期佛山镇的文化景观状况进行历史复原，基于对各要素文化景观的空间分析，解读历史时期的城市文化景观特征、分布及其形成和演变的动力机制，并诠释历史时期文化景观形塑的佛山镇社会文化空间特征；历史时期的城市文化景观于今日主要表现为不同形式的城市历史遗产，也可称之为历史文化景观。本书从景观、记忆和地方认同的角度，探讨在全球化、快速城市化的背景下，佛山历史文化景观的集体记忆与地方认同、景观保护和地方感塑造，以凸显城市历史文化景观的现实意义。所以，本书基本以明清以来佛山城市文化景观的演变为主线，从历史时空的视角，通过景观复原、地图再现、景观诠释、景观分析等方法，对佛山城市文化景观进行系统地、综合地解读。在此基础上，进一步探讨佛山城市文化景观研究的地方性效应。为了完成上述研究内容，首先建立佛山历史

---

① 1969 年英国的《住宅法》确定了约克、巴斯、切斯特与契切斯特四座重点保护的历史古城。1960 年日本制定的《古都保持法》对古都的定义是：“曾经作为我国历史上的政治、文化中心地并占有重要历史地位的京都市、奈良市、镰仓市，及以政令形式而确定的其他市、町、村之称谓。”（赵中枢：《中国历史文化名城的特点及保护的若干问题》，《城市规划》2002 年第 7 期，第 35 ～ 38 页）

GIS 数据库（简称为 FSHGIS，Foshan historical GIS），以此为研究平台，结合 ArcGIS 的使用，实现多元空间交互分析、景观结构分析，以及分析计算结果可视化等功能。研究框架和内容如图 1.2 所示。

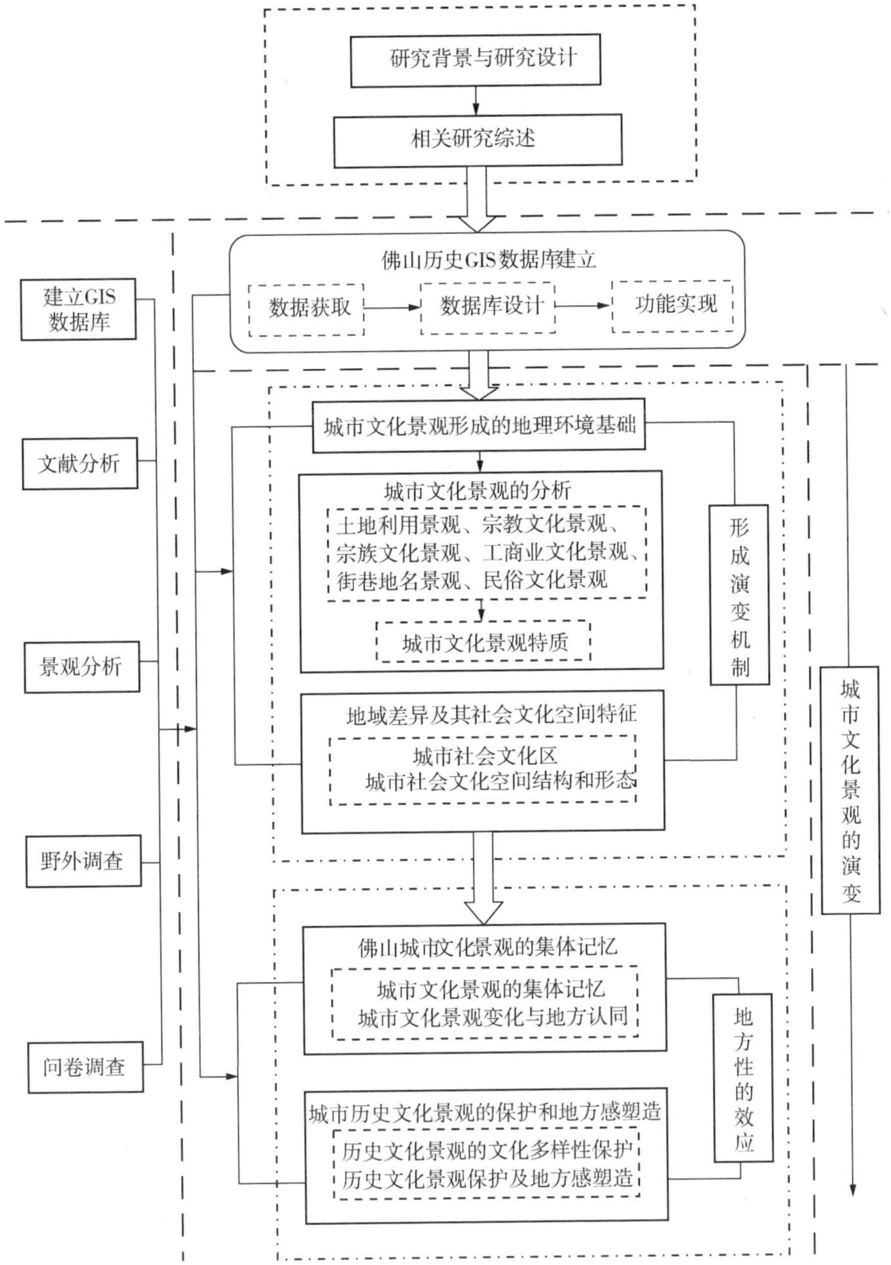

图 1.2 研究框架和内容

第四节　关于历史性城市景观的研究进展

一、国外关于历史性城市景观的研究

景观与记忆和地方认同的关系的研究十分受到重视。Charles W. J. Withers（2005）从19世纪描写苏格兰高地的两个文本的对比研究中，探讨了记忆、景观和历史之间的相互关系，解读苏格兰高地变化的环境，并认为记忆是表现空间和地方意涵的一个积极要素，在明晰社会意义和认同方面起到重要作用。[40] Steven Hoelscher 和 Derek H. Alderman 通过文献分析对社会文化记忆的研究进行了评析，认为包括地理学家在内的很多学者，都将记忆视为社会行为，并营造了空间的社会特性。而社会记忆和社会空间与地方、国家的群体认同是密切联系的。他们又进一步指出记忆和地方的结构性联系最显著地表现在物质文化景观领域。[41] Divya Tolia-Kelly（2004）研究了在英国亚裔家庭通过可视的物质文化景观重新形成了对于乡土历史遗产和传统的记忆，并成为文化认同的过程。[42] Karen E. Till（1999）研究了柏林国家记忆重建过程中的争论，认为“集体记忆”是建立在个人和社会共享经验的基础上。但是，作为“社会或公众记忆”，它们又常常陷于被选择性解读的局面，体现在城市景观的设计方面，并反映了对文化的认同。[43] J. A. Jordan（2000）通过研究新柏林的城市变化和集体记忆，指出这些改变影响了柏林整体的城市景观，并在城市中留下深刻的烙印。[44]小印度（Little India）是新加坡极重要的城市文化景观，引起当地学者的研究和关注。T. C. Chang（2000）应用瑞尔夫场所的“内在性”（insideness）和“外在性”（outsideness）概念，将依恋于小印度的不同群体从三个视角划分出“在内者”（insider）和“在外者”（outsider），即旅游者和当地居民，研究它们之间的关系、在印度和华人社区间种族的压力，以及城市景观的规划者和使用者的相互作用。他指出，不同群体依恋和归属于地方的感觉不同，而现有研究仅聚焦于旅游者和地方居民的相互关系，这只是大量遍及地方冲突中的一方面。因此，历史城市旅游研究必须聚焦于更宽广的领域。[45] T. C. Chang（2000）还探讨了小印度历史地区“主题发展”对社会空间的影响，指出当景观被主题化时，结果地方也将被迫屈从。小印度1989年被设计为一个现代和传统行为交互的印度文化主题地区，随着小印度旅游商业的成功，地方文化不得不屈从，如传统的印度人拥有的零售点和行为减少，小印度转化为商业吸引点，而非居住的地

方，丰富的印度文化认同减弱。由此导致草根组织反对政府的发展方法，并重新思考和评估小印度对于它的民众到底意味什么。[46] Huang 和 Chang（2002）通过对新加坡河沿岸城市景观的研究，认为大量的城市景观提供了回忆往日的途径，但它们同时也是容易被忘记的场所；城市历史遗迹的破坏和新的象征性景观的重建成为抹去历史记忆的空间策略。[47]

另外，关于历史性城市景观的保护也是重要的研究话题。Robert Hodder（1999）以弗吉尼亚州里士满（Richmond）的历史保存规划为例，指出决定实际上是一种错综复杂的过程，它涉及当地政策、种族态度、公共艺术权威，而且还要关注历史景观的完整性。[48] Stephen John Finaly（1999）以华盛顿的现代和后现代城市景观为例，综合社会文化环境、权利关系和城市历史等因素，探讨了建立在历史地理学和文化地理学基础上的景观分析技术。[49] 日本著名学者西村幸夫所著的《再造魅力故乡——日本传统街区重生》介绍了第二次世界大战后日本历史城市景观保护的“社区营造”的经验。它不同于传统的、技术取向为主的保存，关注于地方居民的感受，从社区参与的角度出发保存地方特色，塑造聚落形式，改善生活环境的品质。[50]

二、国内关于历史性城市景观的研究

历史文化名城是具有特殊价值的城市文化景观的城市，也是具有地域特色的文化综合体，文化地理学的研究理论和方法近年来被引入历史文化名城保护的研究之中。苏勤、林炳耀（2003）从文化地理学的基本观点出发，认为名城是地域文化的集中表现，对名城保护的研究不能割裂其与一定地域文化的联系，必须把它们放在地域文化的历史和空间背景中予以透视和分析，才能全面认识历史文化名城与特定地域的文化、社会、经济和历史的全面联系，把握历史文化名城的文化精髓、特色和演替，进而对历史文化名城的保护以及文化继承和创新做出正确合理的决策。他们将名城的文化系统分为文化景观和文化基质，其中文化景观反映了名城的城市风貌，文化基质透过文化景观表达和规定了名城的城市特色，文化景观和文化基质之间相互观照的内在关联则体现了名城的城市意象，名城的文化系统的维系则依靠文化生态的作用。所以，文化景观是基础，文化系统是核心，文化生态是关键，共同构建了名城的综合保护体系。[19] 周同、赵景伟等（2005）提出，可以从文化地理学的角度阐述对历史文化名城的保护与更新，将名城保护的物质与精神层面的种种问题与矛盾纳入文化地理学的框架当中，揭示和分析历史文化名城的文化景观与文化生态，可以为名城的保护与更新提供一个新的视角。[51]历史城市的文化物种与自然和社会环境之间呈现协调共生关系是文化生态学的重要内容，刘敏、李先逵（2002）建立了城市文化生态系统的文化基因、文化物种、文化生态学的概念，确定了历史文化名城中有价值的文化物种数量和变化状况。他们指出，历史文化名城保护应该重视城市中的各类文化物种，特别是稀有物种和处于衰败期的物种，维护城市中文化物种的多样性，实现城市文化生态系统的平衡与繁荣。[14]

文化景观是传统历史地理学、文化地理学的研究核心，也是新文化地理学解读的对象。历史性城市景观研究具体反映在下面三个方面：一是关于文化景观系统及结构的研究。郭钦（2004）将历史文化名城文化系统分为有形的文化景观系统和无形的文化景观系统，认为这些共同构成历史文化名城的文化遗产系统，构成历史文化名城的城市历史特色。[52]冯健、张小林等（2005）分析了徐州汉文化景观的结构及其形成的地理历史基础，从文化地理的角度，系统论述了徐州汉文化景观结构的地域整合与历史演变过程和文化发生机制。[53]二是对历史时期的城市文化景观的研究。侯仁之先生认为，历史文化名城的保护与规划的关键在于展示其发展过程，根据历史发生学的原则，主次分明地勾勒出一个个历史剖面。[54]苏黎杰（2005）从地理、历史、文化、宗教等多角度对明中晚期以来北京长河文化景观演变进行探讨。[55]姚亦峰（2006）研究了南京历史时期的城市地理变迁过程及其城市景观的特点。[56]李志红（2006）从历史学角度，对唐代长安城的城市景观进行了系统的、细致的研究。[57]吴承忠、韩光辉（2006）通过对古代文献的深入分析，归纳了元代大都城市居民公共休闲活动地的类型，揭示出元大都城市居民休闲活动所呈现的休闲文化景观的地理及其他特点。[58]吴俊范（2008）以上海老城厢城市景观演变的历史过程为主线，分析了城市景观演变的驱动因素和人与自然间的耦合关系。[59]三是对历史城市文化景观的解读。历史城市在地域上构成一种相对独立的文化景观群系，但彼此又因形成原因及所处区域位置的不同表现出各自的差异，可以通过文化景观解读历史城市的地方性。王晓辉（2003）通过分析西安城市的历史背景、社会发展过程，对该城市的文化景观做历史性的综合分析。[60]刘沛林（2003）对湘西众多古城镇的历史文化信息进行了解读。[61]张松（2002）用大家都熟悉的“小桥、流水、人家”这句话，以江南水乡古镇为景观阅读文本，对古镇景观的文化特征进行解析。[15]王均（2002）指出，大多数市民和游客对北京这座历史文化名城的认识更多地来自老舍、梁思成、侯仁之等权威人物建立的城市景观意象，由此勾勒出近现代北京城市景观意象的若干显著特征。[62]

综上所述，国外历史性城市景观研究更关注于由景观所阐释的社会文化过程。不论是从保护视角，还是从旅游等视角，景观的记忆和地方认同始终是研究的主要话题。国内研究更强调剖析历史性城市景观的结构、系统，城市景观所反映的城市历史变迁过程，以及各种具体的文化景观的分析和解读。总的看来，国内历史性城市景观的研究还是呈现百花齐放的局面，其特征表现为：具体的研究多，系统的研究少；表层的研究多，触及深层社会文化过程的少；传统的研究多，新技术应用的研究少。

第五节　关于佛山研究的综述

一、对佛山历史文化的研究

明清时期崛起于岭南的佛山，是“传统内变迁”而形成的工商业城市，在中国古代城市发展史上具有重要的历史地位。关于佛山城市经济史、文化史的研究是研究中国城市发展史、岭南文化的重要研究内容。1959 年，陈学文发表了《明清时代佛山经济的初步研究》一文，指出佛山在十五六世纪就成为了一个重要的工业基地和工商业大城市，说明佛山已经进入了资本主义性质的作坊和工场手工业阶段。[63]这篇论文首次表明了佛山在中国明清社会经济史中的研究价值，受到了国内史学界的瞩目。20 世纪 50 年代以来，许多中外学者对佛山史开展专题研究，中国学者有彭泽益、林乃燊、李龙潜、谭棣华、叶显恩、陈春声、罗一星等；外国学者有日本的筵本重己、片山刚，英国的科大卫，美国的 C. K. 杨等。[64]5 其中，佛山史的研究主要集中在佛山经济社会史方面，尤其 20 世纪 80 年代以来，主要围绕明清时期佛山社会文化和经济形态的各个问题，发表了一批研究文献。在经济形态方面，主要有：罗一星[64]44－54、曹腾騑[65]和李仲均[66]等对佛山冶铁业的研究，蒋祖缘[67]、谭棣华[68]、王仁杰[69]等对佛山商业、市场和经济繁荣的研究，高惠冰[70]、冼剑民[71]、赖达观[72]等对佛山义仓的研究，韩国学者朴基水对清代佛山的手工业、商业行会与城市发展也进行了研究[73]；在社会文化形态方面，主要有谭棣华、叶显恩[74]、罗一星[75]等研究了佛山封建宗族势力的产生对社会经济的控制和影响，罗一星[76]、肖海明[77]、黄晓蕙[78]等对佛山北帝信仰的研究；在佛山城市发展史方面，司徒尚纪分析了佛山城市发展的兴衰及其原因[79]，周毅刚研究了明清时期佛山的城市空间形态演化的特征[80]，冼剑民等则对明清时期佛山城市发展中的环境问题进行了探讨[81]，邱衍庆的博士学位论文《明清佛山城市发展与空间形态研究》系统地探讨了明清时期佛山城市发展的机制以及城市空间演变规律及其风貌特色[82]，周毅刚的博士学位论文《明清时期珠江三角洲的城镇发展及其形态研究》从“首要元素”和建筑的角度，研究了明清佛山城市的内部空间结构。[83]

此外，编撰和出版了一批关于佛山历史文化研究的著作和资料汇编。罗一星所著的《明清佛山经济发展与社会变迁》从社会经济史的角度，系统地研究了佛山都市化的过程，并揭示了佛山都市化与经济发展及社会变迁的互动关系。[64]肖海明所著的《中枢与象征——佛山祖庙的历史、艺术与社会》是第一本全面论述佛山祖庙的著作，从祖庙本身与佛山社会的关系两个方面，进行了深入的探讨。[84]蒋祖缘、谭棣华、罗一星等编辑的《明清佛山碑刻文献经济资料》一书，收集了佛山现存的碑刻和拓片，从方志、族谱和其他文献中辑录了部分散失的原碑和拓片，碑文记述了佛山明清时期的社会经济情况。[85]由佛山地方学者区瑞芝老人编撰的《佛山新语》、《佛山街道回忆录》等小册子收录了很多佛山历史的资料。佛山市地方志编委会组织编撰的《佛山文史资料》系列则对佛山历史发展、各行业史、宗教、风俗史等方面有诸多的研究。近年来，又陆续出版了《佛山粤剧文化》、《佛山武术文化》、《佛山陶瓷文化》、《佛山秋色艺术》、《佛山木版年画》、《佛山剪纸》和《佛山祖庙》等关于佛山历史文化的丛书。

二、对历史文化名城的研究

自20世纪80年代以来，主要是从事城市规划和管理的实践和研究人员开始注意对佛山历史文化名城的研究。主要有两个方面：

一是对佛山历史建筑的保护和建设的研究，如孙卫国、张勇结合对佛山梁园的三次改建，提出以维护大梁园历史文化片区的空间肌理和场所文脉为前提，以传统岭南园林空间布局手法达到新旧景区的和谐为目的的设计思路。[86]郑力鹏、郭祥通过对通济桥民俗景区再造的实践，提出了景区的定性、定位，以及景观设计的要点。[87]

二是对佛山旧城改造和保护的研究。谭国辉[88]、侯庆涛[89]、吴江等[90]在分析佛山古城历史和现状的基础上，指出旧城改造中要解决的主要问题、建设设计问题，并提出相应的改造和保护措施。何小坚、郭新尧结合佛山祖庙片区历史街区的规划，提出了规划思路和整体布局的特点。[91]刘管平、郭昊羽研究了佛山建新路街区保护和更新规划。[92]郑力鹏、吴庆洲探讨了佛山福贤路历史街区的资金来源、历史街区与历史建筑的价值转变为效益及其示范作用，以及有待改进的问题。[93]周霞、冯江等结合佛山新一轮历史文化名城保护规划修编的实践，指出优先对佛山的历史文化资源进行调查、梳理，扩大保护控制范围，建立全市域的整体保护框架，在此基础之上对老城区进行保护。[94]刘晖、冯江等探讨了在高速城市化和大规模旧城更新的背景下，如何制定有针对性的佛山历史文化名城保护的技术路线。[95]聂磊、黄耀丽提出可从历史文化街区保护格局、岭南水乡风貌的恢复、城市文化形象确立与城市整体环境保护等多方面，对佛山旧城区进行保护与建设。[96]黄耀丽、李凡则从空间视角分析了在佛山旧城改造过程中，历史文化名城视觉形象的特点及其意义，论述了由点、线、面构成的佛山历史文化名城视觉形象的空间结构及其烘托、展现的功能。[97]李凡、符国强等从城市文化遗产景观所处背景环境和存在状况的两个角度，构建城市文化遗产景观风险性评估体系和评估模型，应用 GIS 开发佛山历史文化地理信息系统，并实现对佛山城市文化遗产景观的风险性评估。[98]

此外，冯江、梁励韵研究了佛山城市口头和非物质文化遗产保护的问题。[99]周亮亮从历史文化景观、工商业文化景观等五个方面对佛山文化特征进行分析，指出佛山市今后作为区域中心城市的景观建设的取向。[100]汪清蓉对佛山文化产业与旅游产业的整合现状及存在问题进行分析，提出两大产业整合创新的基本模式。[101]黄耀丽、聂磊和李凡提出通过文化产业和旅游产业互动，挖掘、整理、开发佛山丰富而零散的文化旅游资源，并进行产业化组合，建立大旅游产业结构体系。[102]

综上所述，关于佛山的研究涉及诸多学科领域，在某些方面已经取得一定的进展，特别是关于明清时期佛山城市社会经济史的研究成果颇丰，从中可以获取大量的研究资料。但是，除了罗一星[64]、邱衍庆[82]的研究外，对佛山的研究还缺乏系统性，特别是从历史地理学、文化地理学视角进行研究的成果更少。因此，本书在前人研究的基础上，发挥地理学的研究优势，开展对佛山的相关研究工作。

参考文献：

[1] 单霁翔. 从“功能城市”走向“文化城市” [M]. 天津：天津大学出版社，2007：4.

[2] 赵中枢. 从文物保护到历史文化名城保护 [J]. 城市规划. 2001，25 (10)：33-36.

[3] 冯骥才. 手下留情——现代都市文化的忧患 [M]. 上海：学林出版社，2000：11.

[4] 周干峙. 城市化和历史文化名城 [J]. 城市规划，2002，26 (4)：7-10.

[5] 包亚明. 译丛总序 [M] // Sharon Zukin. 城市文化. 张廷佺，杨东霞，谈瀛洲，译. 上海：上海教育出版社，2006.

[6] 赵云伟. 文化全球化与当代城市文化特色浅论 [J]. 规划师，2002，18 (2)：

8－12.

[7] 张松．历史城市保护学导论［M］．上海：上海科学技术出版社，2001.

[8] Sharon Zukin．谁的文化？谁的城市？［M］//包亚明．后大都市与文化研究．上海：上海教育出版社，2005：107.

[9] 方李莉．传统与变迁——景德镇新旧民窑业田野考察［M］．南昌：江西人民出版社，2000：7－8.

[10] 谭其骧．中国文化的时代差异和地区差异［J］．复旦学报：社会科学版，1986，25（2）：4－13.

[11] 汪光焘．历史文化名城的保护与发展［J］．建筑学报，2005（2）：5－7.

[12] 单霁翔．从"功能城市"走向"文化城市"［J］．天津：天津大学出版社，2007：21.

[13] 张杰．城市传统文化景观空间结构保护［J］．现代城市研究，2006，21（11）：13－21.

[14] 刘敏，李先逵．历史文化名城物种多样性初探［J］．城市规划汇刊，2002（6）：55－58.

[15] 张松．小桥·流水·人家——江南水乡古镇的文化景观解读［J］．时代建筑，2002（4）：42－47.

[16] Gilbert D. Between Two Cultures：Geography，Computing，and the Humanities［J］. Ecumene，1995（2）：1－13.

[17] Paul A Longley，David J Maguire，Michael F Goodchild，et al. 地理信息系统（上卷）：原理与技术［M］．北京：电子工业出版社，2004：46－47.

[18] R J 约翰斯顿等．人文地理学词典［M］．柴彦威，等译．北京：商务印书馆，2004.

[19] 苏勤，林炳耀．基于文化地理学对历史文化名城保护的理论思考［J］．城市规划汇刊，2003（4）：38－42.

[20] 司徒尚纪，许桂灵．古都的历史地理研究刍议——以广州古都为例［C］//中国古都学会2003年年会暨纪念太原建成2500年学术研讨会论文集．2003：329－338.

[21] 钱今昔．文化地理学与现代化建设［M］//李旭旦．人文地理学论丛．北京：人民教育出版社，1985.

[22] 王恩涌．文化地理学近来在我国的出现与发展［J］．人文地理，1996，11（S1）：26－29.

[23] 王煦柽．试论文化地理学的性质和内容［J］．南京师大学报：自然科学版，1985，8（1）：4－12.

[24] Openshaw S. A View on the GIS Crisis in Geography，or Using GIS to Put Humpty Dumpty back Together Again［J］. Environment and Planning A，1991（23）：621－628.

[25] 贾鸿雁．历史文化名城的个性定位与可持续发展［J］．东南大学学报：哲学社会科学版，2004，6（1）：75－78.

[26] 肖华文．让历史告诉未来——透视中国各地申报世界遗产热［J］．城乡建设，2004（5）：14－26.
[27] 王军．北京文保区之惑［J］．瞭望，2007（23）：34－36.
[28] 冯骥才．思想者独行［M］．石家庄：花山文艺出版社，2005：21－24.
[29] 刘一心，曾桐娟．佛山：加快“三旧”改造 拓展城市发展空间［N］．中国建设报，2007－09－28（5）．
[30] 何彬．民俗地图小论［J］．民间文化论坛，2005（1）：90－95.
[31] 杨湛萍．从景观分析与社会结构变迁探讨板桥的空间性转变［D］．台北：台湾师范大学，2001：4－5.
[32] 李团胜．景观生态学中的文化研究［J］．生态学杂志，1996，16（2）：78－80.
[33] 阙维民．历史地理学的观念：叙述、复原、构想［M］．杭州：浙江大学出版社，2000.
[34] 陈其南．台湾地理空间想象的变貌与后现代人文地理学——一个初步的探索（上）［J］．（台北）地理研究，1999（30）：175－219.
[35] Alan R H Baker. Historical Geography：Understanding and Experiencing the Past［J］. Progress in Human Geography，1978（2）：495－504.
[36] Paul Cloke，Philip Crang，Mark Goodwin. 人文地理概论［M］．王志弘，李延辉，余佳玲，等译．台北：巨流图书公司，2006.
[37] 张松．城市文化遗产保护国际宪章与国内法规选编［M］．上海：同济大学出版社，2007：42－115.
[38] 吴建藩．德国人文地理学的理论与实践［J］．人文地理，1986，1（1）：21－26.
[39] 唐晓峰．人文地理随笔［M］．北京：生活·读书·新知三联书店，2005：334－344.
[40] Charles W J Withers. Landscape，Memory，History：Gloomy Memories and the 19th-century Scottish Highlands［J］. Scottish Geographical Journal，2005，121（1）：29－44.
[41] Steven Hoelscher，Derek H Alderman. Memory and Place：Geographies of a Critical Relationship［J］. Social & Cultural Geography，2004，5（3）：347－353.
[42] Divya Tolia-Kelly. Locating Processes of Identification：Studying the Precipitates of Re-memory through Artefacts in the British Asian Home［J］. Transactions of the Institute of British Geographers，2004（29）：314－329.
[43] Till K E. Staging the Past：Landscape Designs，Cultural Identity and Erinnerungspolitik at Berlin's Neue Wache［J］. Ecumene，1999，6（3）：251－283.
[44] Jordan J A. Building Culture：Urban Change and Collective Memory in the New Berlin［D］. California：University of California，2000.
[45] Chang T C. Singapore's Little India：A Tourist Attraction as a Contested Landscape［J］. Urban Studies，2000，37（2）：343－366.
[46] Chang T C. Theming Cities，Taming Places：Insights from Singapore［J］. Geografiska

Annaler, 2000, 82B (1): 35-54.

[47] Huang S, Chang T C. Selective Disclosure: Romancing the Singapore River [M] // Goh R B H and Yeoh B S A eds. Theorizing the Southeast Asian City as Text: Urban Landscapes, Cultural Documents and Interpretative Experiences. Singapore: World Scientific, 2002.

[48] Robert Hodder. Redefining a Southern City's Heritage: Historic Preservation Planning, Public Art, and Race in Richmond, Virginia [J]. Journal of Urban Affairs, 1999, 21 (4): 437 - 453.

[49] Stephen John Finlay. Sharpening to Focus on the Urban Landscape: Approaches in Landscape Analysis [D]. Toronto: University of Toronto, 1999.

[50] 西村幸夫. 再造魅力故乡——日本传统街区重生故事 [M]. 王惠君, 译. 北京: 清华大学出版社, 2007.

[51] 周同, 赵景伟, 吕京庆. 文化地理学架构下的历史文化名城保护与更新 [C] // 山东建筑学会优秀论文集. 2005: 279-283.

[52] 郭钦. 论历史文化名城文化系统及构成要素——以历史文化名城长沙为例 [J]. 湖南社会科学, 2004 (5): 146-150.

[53] 冯健, 张小林, 金其铭. 文化景观结构的地域整合与旅游开发——以徐州汉文化景观为例 [J]. 人文地理, 2000, 15 (1): 23-27.

[54] 李小波. 延续历史剖面, 寻求共生空间———历史文化名城规划中的文化理念 [J]. 城市问题, 2001 (5): 2-4.

[55] 苏黎杰. 明中晚期以来北京长河文化景观演变——以广源闸到西直门段为例[J]. 水土保持研究, 2005, 12 (4): 122-123.

[56] 姚亦峰. 南京城市地理变迁及现代景观 [M]. 南京: 南京大学出版社, 2006.

[57] 李志红. 唐长安城市景观研究 [D]. 郑州: 郑州大学, 2006.

[58] 吴承忠, 韩光辉. 元大都休闲文化景观研究 [J]. 北京社会科学, 2006 (1): 33-39.

[59] 吴俊范. 上海老城厢: 一个江南城市的景观演变史及其动力机制 [J]. 中国历史地理论丛, 2008, 23 (1): 5-15.

[60] 王晓辉. 西安市文化景观的历时性与异质性过程分析 [D]. 西安: 西北大学, 2003.

[61] 刘沛林. 湘西古城镇的历史文化信息与遗产保护价值 [J]. 船山学刊, 2003 (3): 90-94.

[62] 王均. 现象与意象: 近现代时期北京城市的文学感知 [J]. 中国历史地理论丛, 2002, 17 (2): 28-34.

[63] 陈学文. 明清时代佛山经济的初步研究 [J]. 理论与实践, 1959 (8): 40-44.

[64] 罗一星. 明清佛山经济发展与社会变迁 [M]. 广州: 广东人民出版社, 1994.

[65] 曹腾騑, 谭棣华. 关于明清广东冶铁业的几个问题 [M] //广东历史学会. 明清广东社会经济形态研究. 广州: 广东人民出版社, 1985: 117-131.

[66] 李仲均．广东佛山镇冶铁业史 [J]．有色金属，1988，40 (1)：64－68.
[67] 蒋祖缘．清代佛山商业繁荣的条件 [J]．广东社会科学，1984 (1)：99－106.
[68] 谭棣华．明清时期佛山经济繁荣的原因 [J]．广东社会科学，1986 (3)：80－87.
[69] 王仁杰．明清时期佛山的商业地位 [J]．探求，2003 (3)：76－77.
[70] 高惠冰．清代前期的佛山义仓 [J]．华南师范大学学报：社会科学版，1985 (3)：39－44.
[71] 冼剑民．清代佛山义仓 [J]．中国农史，1992，11 (2)：63－69.
[72] 赖达观．略谈清代佛山义仓．佛山大学佛山师专学报；社会科学版，1990，8 (1)：21－25.
[73] 朴基水．清代佛山镇的城市发展和手工业、商业行会 [J]．中国社会历史评论，2005 (6)：119－144.
[74] 谭棣华，叶显恩．封建宗法势力对佛山经济的控制及其产生的影响 [M] //广东历史学会．明清广东社会经济形态研究．广州：广东人民出版社，1985：144－164.
[75] 罗一星．明末佛山的社会矛盾与新兴士绅集团的全面整顿 [J]．广东社会科学，1992 (5)：93－98.
[76] 罗一星．明清佛山北帝崇拜的建构与发展 [J]．中国社会经济研究史，1992 (4)：52－56.
[77] 肖海明．北帝（玄武）崇拜与佛山祖庙 [J]．佛山科学技术学院学报：社会科学版，2002，20 (3)：93－96.
[78] 黄晓蕙．论佛山祖庙北帝诞祭祀仪式及其价值功能 [J]．佛山科学技术学院学报：社会科学版，2006，24 (3)：58－62.
[79] 司徒尚纪．佛山历史上的兴衰及其原因初探 [M] //司徒尚纪．岭南史地论集．广州：广东省地图出版社，1994：195－213.
[80] 周毅刚．明清佛山的城市空间形态初探 [J]．华中建筑，2006，24 (8)：159－162.
[81] 冼剑民，王丽娃．明清时期佛山城市的环境保护 [J]．佛山科学技术学院学报：社会科学版，2005，23 (4)：50－54.
[82] 邱衍庆．明清佛山城市发展与空间形态研究 [D]．广州：华南理工大学，2005.
[83] 周毅刚．明清时期珠江三角洲的城镇发展及其形态研究 [D]．广州：华南理工大学，2004.
[84] 肖海明．中枢与象征——佛山祖庙的历史、艺术与社会 [M]．北京：文物出版社，2009.
[85] 广东省社科院历史研究所，等．明清佛山碑刻文献经济资料 [M]．广州：广东人民出版社，1987.
[86] 孙卫国，张勇．岭南庭园之山水画意：佛山梁园改建规划 [J]．中国园林，2005，21 (8)：5－10.
[87] 郑力鹏，郭祥．佛山通济桥民俗景区再造设计 [J]．中国园林，2002，18 (5)：

54－55.
[88] 谭国辉. 愿佛山的明天会更好——谈佛山市旧城改造中的古城保护 [J]. 建筑学报, 1999 (3): 31－33.
[89] 侯庆涛. 关于佛山旧城区改造的一些思考 [J]. 城乡建设, 1998 (9): 25－26.
[90] 吴江, 陈穗嘉. 继承与发展——以佛山为例谈建筑设计与旧城保护 [J]. 南方建筑, 1998 (2): 15－17.
[91] 何小坚, 郭新尧. 古镇悠悠, 辉煌再就——论佛山名城保护综合效益提高的规划思路 [J]. 城市规划, 2002, 26 (10): 64－65.
[92] 刘管平, 郭昊羽. 佛山市建新路街区保护与更新规划 [J]. 规划师, 1996, 12 (1): 71－75.
[93] 郑力鹏, 吴庆洲. 佛山福贤路历史街区保护与更新研究 [J]. 城市规划, 2001, 25 (10): 37－40.
[94] 周霞, 冯江, 吴庆洲. 经济发达地区城市历史文化资源的保护与利用——以佛山历史文化名城保护规划为例 [J]. 城市规划, 2005, 29 (8): 93－96.
[95] 刘晖, 冯江, 肖旻. 历史文化名城保护规划的若干技术路线探讨——以佛山历史文化名城保护规划为例 [J]. 新建筑, 2006 (5): 7－9.
[96] 聂磊, 黄耀丽. 佛山旧城区保护与历史文化名城建设刍议[J]. 佛山科学技术学院学报: 社会科学版, 2004, 22 (2): 86－90.
[97] 黄耀丽, 李凡. 历史文化名城整体视觉形象及其空间结构研究——以佛山旧城改造为例 [J]. 城市规划, 2005, 29 (8): 88－92.
[98] 李凡, 符国强, 齐志新. 基于 GIS 的佛山城市历史文化遗产景观风险性的评估 [J]. 地理科学, 2008, 28 (3): 431－438.
[99] 冯江, 梁励韵. 城市口头和非物质文化遗产保护研究——以国家历史文化名城佛山为例 [J]. 城市问题, 2006 (8): 21－25.
[100] 周亮亮. 佛山市城市景观的空间演化与文化研究 [J]. 热带地理, 2000, 20 (2): 125－129.
[101] 汪清蓉. 文化产业与旅游产业整合创新模式研究——以佛山市文化与旅游产业为例 [J]. 广东商学院学报, 2005 (1): 68－72.
[102] 黄耀丽, 聂磊, 李凡. 文化旅游与文化产业互动的研究——以佛山文化旅游资源开发为例 [J]. 热带地理, 2003, 23 (4): 376－379.

第二章 历史时期佛山城市文化景观形成的地理环境基础

自从人类来到这个世界上，就没有一天停止过与自然环境的相互作用。今天，我们在任何人类活动过的土地上，都能寻获到人类与自然环境相互作用的痕迹，这就是我们随处可见的文化景观。文化景观具有历史特征和地域特征[1]，它既是人类活动在地理空间上的投影，又是一个历史发展的过程，是人类世代劳动的结晶和积淀。所以，考察历史时期佛山城市文化景观离不开它形成和发展的地理环境背景。

第一节 两江交汇、腹地广阔的地理区位条件

佛山地处珠江三角洲中央，西、北两江相汇于此，东通广州，腹地广阔。它“上溯湞水，可抵神京，通陕洛以及荆吴诸省”①；西接肇梧，通川广云贵，下连顺（顺德）新（新会），通江门、澳门；东达番（番禺）东（东莞），通石龙、惠州（图 2.1）。[2]15 优越的区位条件便于佛山通过水运与周围腹地进行沟通，所以，历史上水运对于佛山的意义十分重要。

西江、北江的航运与佛山关系紧密。西江至三水的思贤滘会北江，进入珠江三角洲，成为佛山与西南地区的主要通道。明清两代，佛山的朱纸等货物从西江运到广西百色，再由马帮运销到云南各地。佛山成药业所需的药材和铸造业所需的大量毛铁、铜、锡等原料，以及陶瓷业煅烧所需的大批木材，均依赖西江由西南各省、粤西各县运来。北江流入珠江三角洲后，分成很多支流，如九曲水、白坭水、芦苞涌、西南涌、潭州水道等，至佛山王借冈分为佛山涌（汾江）和东平水道，成为古佛山的重要航道。明清以来，岭北湘、鄂、赣三省的炮竹等货物经北江运抵佛山进行加工包

① （清道光）吴荣光：《佛山忠义乡志》卷十二《金石志上 · 建茶亭记》。

装后出口，阳山一带的毛铁和粤北各县的铅、锡等矿产也靠北江源源不断运到佛山。东江虽未流经佛山，但福建、赣南和粤东一带与佛山的原料和货物的往来就要经东江的航运。例如，明清时期，福建纸输粤，以佛山为终点，中途不准起卸，所以福建的纸行都集中在佛山。当然，福建与粤东各县所需的佛山货物也自东江运去。[3]15-18可见，佛山凭借两江交汇的区位优势，成为岭南重要的贸易集散地，人流、物流咸聚于此，各种文化在此交融，成为孕育丰富多彩文化景观的土壤。

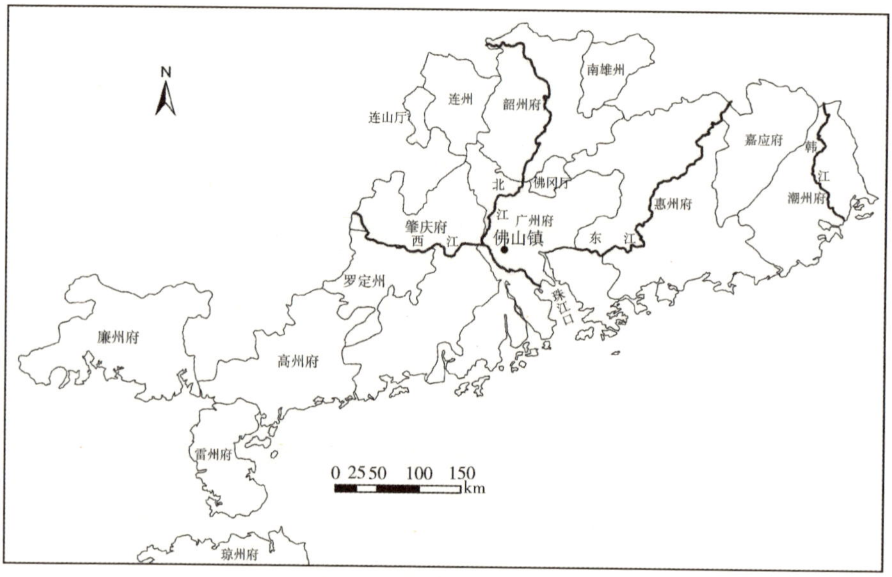

图 2.1 清代佛山在广东的位置

佛山河道的变迁带来经济地理区位条件的变化，并导致城市景观格局的变化。佛山四周为汾江与东平水道环绕，镇内河涌纵横交错（图 2.2）。据研究，佛山镇内有河涌 12 条，大渠道 9 处[4]201，主要有汾水、洛水、新涌、栅下涌、大塘涌和旗带水道等。其中，大塘涌为栅下涌在佛山镇南面的重要河段，经过了彩阳堂、栅下、明照、锦澜和桥亭等古佛山镇南邑各铺。唐代在广州设市舶司，负责处理商贸业务。宋代广州市舶司在佛山大塘涌设分处，即市舶务（在现市委党校），并在栅下海口建有临海炮台。可见当时大塘涌的河道应该宽阔而又深邃，为佛山通广州西关的重要航道。[3]19南宋时，佛山许多人的祖先从中原迁来，如冼、李、陈、霍姓等，最初定居在古佛山镇南邑的栅下铺、东头铺、突岐铺和锦澜铺等地。这样，由于大塘涌河道的航运地位，沿大塘涌形成了一些聚落和圩市，是佛山镇最早的城市发展空间，成为与佛山土著有关的文化景观较为集中的地域。明代至清初，佛山以上的北江各支流相继淤塞后，佛山涌取代了官窑涌、西南涌的航运地位，成为西江、北江通往广州的主要交通要道；潘涌等很多汾江的支流亦深入镇内，便于货物起卸。南部的大塘涌却逐渐淤浅。佛山镇的城市空间自南向北部扩展，汾江沿岸商铺会馆鳞次栉比，侨寓人士及商贩云集，成为“百货充斥之区，商贾云集之府。……阅十八省之人物，接一万里之䍧牁”[①] 的各种工商业景观集聚的中心地带。清中叶以来，因“王借冈之沙口渐浅”，佛山涌严重淤塞，佛山失去了西江、北江水运交通中心的地位，亦逐渐失去了岭南工商业中心的地位。由于民国以后佛山的社会经济发展比较缓慢，新中国成立后佛山镇的城市景观格局也没有太大变化。直至20世纪80年代，汾江南岸仍然是佛山的商业中心。

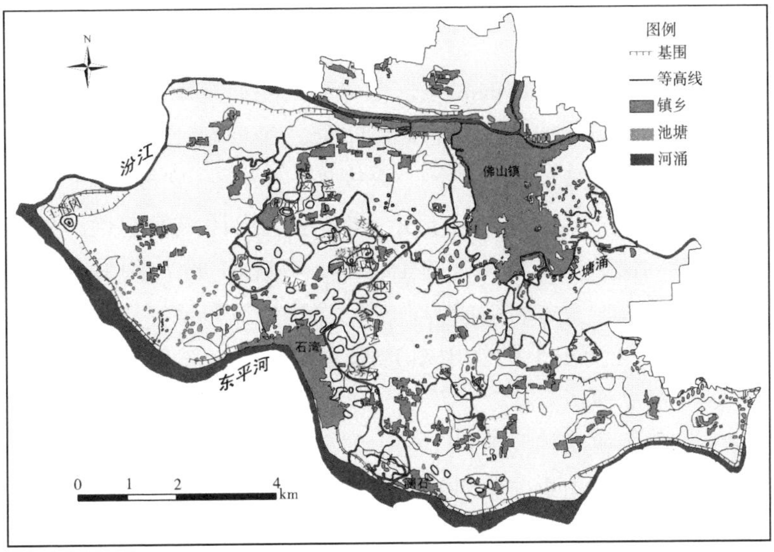

图2.2　清末佛山镇及其周边的河涌（1908年）

第二节　佛山城市文化景观形成的自然地理条件

一、潮湿炎热的气候条件

珠江三角洲的气候“暖者岭南之常，寒乃其变”，“阳气常舒，南风常盛”，又“岭南濒海之郡，土薄地卑，阳燠之气常泄，阴湿之气常蒸”。[②]

---

① （民国）冼宝干：《佛山忠义乡志》卷十《风土志一·名胜》。

② （清）屈大均：《广东新语》卷一《天语·风候》。

佛山地处南亚热带季风气候区，北依南岭、南临南海的地理环境，使这里成为潮湿炎热之地。冬季盛行偏北风，夏季盛行偏南风。春、秋季短，夏季长。日照较多，热量充足，雨量丰沛。年均温 21.8 ℃，1 月均温 13.1 ℃，7 月均温 28.8 ℃。年平均降水量 1645 mm。[5] 这种湿热的气候条件适宜水稻、甘蔗、桑、桑蚕和塘鱼等的生存，形成了诸如桑地、基塘那样具有地域特点的土地利用景观。古代佛山阴湿炎热，森林沼地密布，瘴厉盛行。人们“饮食起居之际，不可以不慎”①，重饮食以驱“湿热”之毒，影响了佛山的饮食文化景观。同时，这种阳燠阴湿的自然环境意象也促使佛山民间对火神、水神的崇拜兴盛。

二、冈丘散布的三角洲冲积平原

古佛山地处珠江三角洲的腹地，地势自西北向东南略微倾斜，地貌类型主要有剥蚀台地、侵蚀残丘和三角洲平原三种。剥蚀台地为早第三纪始新世的红色砂砾岩组成的低缓山冈，海拔 20～30 m，分布于张槎以南至石湾、澜石一带。[6]177-178 自西北向东南，100 余个山冈蜿蜒起伏，如星斗遍布，形态各异。侵蚀残丘是西部的王借冈，海拔 51 m，是佛山的最高点。它是一处由晚第三纪玄武岩组成的古火山遗迹。三角洲平原主要分布在大富、敦厚、城区（历史上的佛山镇）和深村一带，面积占佛山总面积的 85.3%，属于高平原区。[7]7-8

历史上，星罗棋布的冈丘对于佛山的意义非常重要。一是这些冈丘分布有贝丘遗址，是佛山史前文明的发源地；二是石湾镇北的冈丘有高岭土矿床分布，在清乾隆、嘉庆年间就已经开采利用，为石湾制陶业的发展提供了原料[6]185；三是佛山多为平地，佛山及其周围形态各异的冈丘和残丘就成为佛山古镇人们建寺设学、登高怀古和休闲娱乐的胜地，是佛山重要的城市文化景观。例如，古佛山镇内丰宁铺的莺冈，“层台高耸，极登临之胜”，又“罫分万顷环村外，栉比千家落眼前”。② 可见，当时莺冈高于镇内诸冈，登冈远眺，全镇尽收眼底。佛山镇以西的王借冈“当溃郁二水之冲，孤峙河干，产石青色如剑戟”③，为古佛山胜迹。佛山镇以东的蠕冈“状如圆月，端严丰满”④，与王借冈遥相呼应。此外，还有塔坡冈、石云山，以及石湾六景中的大帽冈（塔峰夕照）、莲子冈（莲峰昼市）等。

---

① （清）屈大均：《广东新语》卷一《天语·瘴》。

② （民国）冼宝干：《佛山忠义乡志》卷十《风土志一·名胜》。

③ 王借冈为古火山遗址，“青石如剑戟”应指的是玄武岩柱状节理。

④ （民国）冼宝干：《佛山忠义乡志》卷一《舆地志·山》。

三、密如织网的水乡泽国

珠江三角洲演进的过程，就是三角洲不断延伸、河道分汊、河网发育的过程。西江、北江流至佛山开始分汊。北江自紫洞分为左汊东平水道和右汊顺德水道。东平水道在佛山市郊的沙口又分为左汊佛山涌与右汊东平水道。顺德水道至顺德境内又分为潭洲水道、陈村水道等。西江自甘竹开始分汊为西江主干和支干，支干在顺德境内又不断分汊，形成了甘竹溪、容桂水道、桂洲水道等。可见，佛山境内西江、北江支汊纵横，密如织网，是珠江三角洲的水乡泽国，并成为佛山诸多文化景观形成的环境基础。例如，佛山人民为适应这种自然条件，形成了具有特色的土地利用景观。自宋代以来，在佛山镇及其周边陆续修筑了存院围、石带子围、石角围和观音围等20余个堤围（图4.2）。[8]10-58由于有堤围保护，减少了佛山境内的水患，促进了农耕发展，吸引更多移民来到这片土地，于是“乡之成聚”①。而且堤围大致沿汾江和东平水道，“周围环三面亦天然屏翰”②，将佛山传统市区围绕起来，确保了佛山及周围各堡的安全，它与各堡乡民休戚与共，形成了佛山最初的地域认同。入明以来，为解决洪、涝水患与农业生产的矛盾，人们把低洼积水挖深筑塘，将泥土覆盖在塘的周围砌成基，或将筑堤取土的洼坑修成鱼塘，或将已淤的河涌筑堤基成塘。[9]至清代乾隆年间，随着蚕桑业的发展，佛山及其周边地区的大部分基塘及稻田都被改成了桑基鱼塘。以桑基鱼塘为主的商品性农业的发展，带动了佛山及其周围圩市的繁荣。此外，佛山水乡泽国的环境意象还反映在佛山的民间信仰景观、传统地名街巷景观上，如水神崇拜的兴盛，“塘、涌、基、滘”等与水环境有关的街巷地名景观众多。

第三节 佛山城市文化景观形成的人文地理条件

一、风水文化观下的“福山吉地”的景观意象

风水是古人对于聚落环境意象的空间认知，不仅体现了人地之间的环境关系，还体现了聚落文化景观所蕴含的精神空间和文化意义。对于古佛山的风水形势，乡人冼沂的《佛山赋》记曰：

---

① （清乾隆）陈炎宗：《佛山忠义乡志》卷三《乡事志》。

② （民国）冼宝干：《佛山忠义乡志》卷二《水利志·基围·内外基围图说》。

> 季华旧迹，福地佳名，星分牛宿，地接羊城。丫髻峰高，百里之来龙特耸。仙人脉近，万山之降势弥清。二水分流，浈郁之分源各异。五星聚美，狮龙之聚讲方成。王借几寻望去，日光始射蠕峰，一点拥来，月影初横。海外三山，旗鼓之星峰卓立。云间列帐，几屏之护从相迎。外势既详，内形可视。矫若龙翔，屹如鹄峙。汾江渡口，红日朝霞。古洛涌边，绿波春水。旗带水兮何深？锦香池兮何弥？庆真楼观，既鸟革而翚飞。①

下面从龙、砂、水、穴四大要素分别探讨佛山镇的风水景观意象（图2.3）。

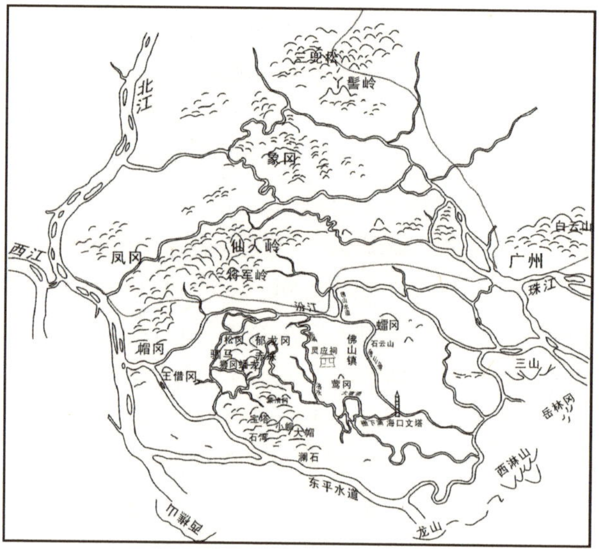

图2.3　佛山镇的山川形势

资料来源：（民国）冼宝干：《佛山忠义乡志》卷首二。有修改。

风水所指的龙即山，龙脉即山脉，也就是自然地貌条件。一般就城镇聚落的山川格局而论，依龙脉的聚结而分为大中小三种“聚局”：“大聚为都会”，“中聚为大郡”，“小聚为乡村、阳宅和富贵阴地”。[10]古佛山虽非郡县府治，但明清以后一直是岭南巨镇，当属“中聚”而论。据道光《佛山忠义乡志》载：“佛山岭南一巨镇也。其来龙之远者不及详。”② 可见，佛山由于位于珠江三角洲的腹地，其“来龙去脉”并不明显。吴荣光将郁龙冈称为佛山的少祖山（实为主山），并将位于广州市花都区的丫髻岭称

① （清道光）吴荣光：《佛山忠义乡志》卷十一《艺文志下》。
② （清道光）吴荣光：《佛山忠义乡志》卷一《乡域志》。

为远脉（远祖山），将仙人岭称为近脉（少祖山）。① 郁龙冈位于古佛山镇西张槎境内，又称为陈冈、张槎冈，海拔 23.8 m②。陈炎宗则以“王借为乡之远脉，赤珠为乡之近脉”③，赤珠冈为郁龙冈南面的冈丘，海拔 22.5 m④。冼宝干则以位于现清远市和广州市花都区交界的三兜松为远祖山，是古佛山之正脉，其余都是支龙。⑤ 可见，吴、冼二人都以张槎的郁龙冈为主山。但如果从更大的空间来看，南岭山地为南干龙，粤北山地则是其衍生的众多支脉，古佛山位于珠江三角洲的西北端，地势由西北低山丘陵向东南冲积平原过渡。这样，聚落北部就有高大的天然屏障，阻挡着北部的寒风；东南开敞，迎纳南部的阳光和暖湿气流。佛山由此形成了良好的气候。在景观上，张槎的郁龙冈、赤珠冈高起，形成了佛山古镇的城市背景，只是高度不大，这种景观的衬托作用不强。但由于是主山，至清末，它们的植被保存还较好。在 1908 年地形图上，这一地带的林地最为集中，无疑具有较好的景观效果。

在风水格局中，砂乃统指前后左右环抱城市的群山，与城市后倚的来龙或主山镇山者，呈隶从关系。砂山对于良好生态与景观以及心理感受的作用是相当大的。[11] 据道光《佛山忠义乡志》载：“至石湾各冈之辅翊，如几如屏，如帐如幙，如拱如揖，如俯如伏。蜿焉！衺焉！”“郁龙分一枝为赤珠冈、蟠龙冈，皆与入石湾之圭冈、驷马、狮冈簇于一隅。……遂由夹山开帐串田以入。而石湾各冈俨为之辅。”⑥ 自郁龙冈始的石湾诸冈，地势延绵，蜿蜒起伏，山草青绿，如星斗遍布，形态各异[7]9，重重围护着佛山镇的西部，为佛山的砂山。石湾诸冈与内外河涌交错纵横，依山傍水的位置使之成为佛山先民最早的聚落，如狮头冈、大帽冈等周围的新石器晚期古文化遗址。“王借为佛山之干龙。至结镇时，与蠕冈相望夹辅佛山，为一定形势，以蠕冈为佛之镇山。今营造家亦多借蠕冈作案，至两山相望。”⑦ 可见，蠕冈为佛山镇的案山，即左砂。蠕冈与王借冈分峙古佛山东西两侧，蠕冈“状圆如月，端严丰满。与王借之如日者相望”⑧。总的来看，砂山“以端正圆巧，绣媚光彩，平正整齐，回抱有情为吉”。自佛山古镇眺望，右砂的石湾诸冈连绵起伏，山林茂盛，环护四周；“近揖蠕峰

① （清乾隆）陈炎宗：《佛山忠义乡志》卷一《乡域志》。
② 据佛山市城建局 1959 年 1 月测绘。
③ （清乾隆）陈炎宗：《佛山忠义乡志》卷一《乡域志》。
④ 据佛山市城建局 1959 年 1 月测绘。
⑤ （民国）冼宝干：《佛山忠义乡志》卷一《舆地志·地脉》。
⑥ （清道光）吴荣光：《佛山忠义乡志》卷一《乡域志》。
⑦ （民国）冼宝干：《佛山忠义乡志》卷一《舆地志·地脉》。
⑧ （民国）冼宝干：《佛山忠义乡志》卷一《舆地志·地脉》。

远展旗”①，左砂的蠕冈，如月端坐，与王借冈遥相呼应。平川远丘，层次丰富，景色尽收眼底。所以，佛山镇周围的砂山往往成为寺观、书院的选址，也是佛山重要的风景点。例如，丰宁寺、陶师庙和莲峰书院建在莲子冈麓，王借冈、蠕冈和大帽冈（石湾六景之“塔峰夕照”）自古就是佛山的风景名胜。

水在风水中占有重要的地位，故而有“风水之法，得水为上”的说法。自然界中良好的“水脉”，可以构成和谐的自然生态环境，为万物提供生机。所以，凡耕渔、饮用、去恶、舟楫之利，以及调节小气候，莫不仰给于水。[12] 古佛山地势低平，但四面环水，风水格局实以“水法”为上。

首先，风水格局强调在水口要有水口砂，水口砂既须险要，又须至美，以壮观瞻。故经常“水口间有大桥、林木、佛祠”或“建台立塔”[10]，成为聚落标志性的景观。佛山涌是沟通广州与西江、北江最重要的水运通道。由沙口至古佛山镇，河道越来越深，至佛山正埠，此间河道“益深且广。……对岸有关帝庙，其下绝深，不可测”②。由是可见，明清时期汾江在佛山古镇内的河段既宽且深，江面“帆影如云”，岸上“行人如蚁”③，“民庐栉比，屋瓦鳞次”④。佛山正埠两岸正是分水口，在南岸的正埠建有汾江亭，又称接官亭。“汾江为一境灵胜，谋构亭江干，以延眺览，……与客登临，可以送往迎来，可以接宸书，可以揖上宪，可以肃一镇之观瞻。红日一窗，清风满座，阶前绿水，四时映带。后之君子，登高作赋，览胜怀人。”⑤ 在与之隔江相望的文昌沙的水口处，则建有宝洲禅寺（后改为关帝庙）。这些都是汾江水口的标志性景观建筑。在汾江分水口以东大基铺对岸，有石云山，为水口镇山。石云山高不足两丈，但“峭石林立奇兀”，横峙河岸，如“石龙渡河”，气势不同。对岸为蠕冈埗头，河面辽阔，客渡渔舟聚集于此。古时佛山人春天多游石云山。黎简⑥有诗描写道：“清川连野色，平望不曾分。隔水招春渡，空亭冻石云。西流开大地，南极放斜曛。渔唱时还起，田歌悄未闻。”⑦ “汾流古渡”、“白马扬波”和

---

① （民国）冼宝干：《佛山忠义乡志》卷十《风土志二·名胜》

② （清道光）吴荣光：《佛山忠义乡志》卷一《乡域志·山川》。

③ （民国）冼宝干：《佛山忠义乡志》卷十《风土志二·名胜》。

④ （清道光）吴荣光：《佛山忠义乡志》卷十二《金石志上·祖庙灵应祠碑记》。

⑤ （清道光）吴荣光：《佛山忠义乡志》卷十二《金石志下·新建忠义乡亭记》。

⑥ 黎简（1747—1799），字简民，号二樵，清代岭南著名的诗人、书画家。

⑦ （清道光）吴荣光：《佛山忠义乡志》卷十一《艺文志下》。

“石云晚唱”① 成为了佛山镇重要的地理景观。

洛水和新涌自东南向西北，如玉带般环绕在古佛山的西侧。洛水从桥亭铺的通济桥起，直至三官桥和华光桥河面止，由此以北的河段为新涌。[13]14古洛水沿岸有祖庙、仁寿寺等标志性的景观建筑。每逢端午，佛山乡人又在河面赛龙船。佛山的文人墨客还临水筑屋，寄情于古洛。如建有倚洛园、慕洛亭、钓鱼台和东园等。湛若水②曾写道：“佛山之丘，汾水之头，古洛遥遥，有地超焉，……何以谓古洛？凡有志于洛者，古洛今洛也，而程子之风若存焉。”③ 是故“汾洛之名益著，形势攸关，亦名迹所在。居游斯土者，盖不尽溯洄之慕云”④。古洛水成为佛山镇的一条城市景观河流。

汾江至石云山水面分流，左支经蟠冈、夏滘等乡，入广州珠江，即现在的佛山水道；右支由石云山向南沿古佛山镇东面折回佛山，又称为佛山内涌。内涌到栅下海口处向西又分流大塘涌、栅下涌，直到通济桥与古洛水汇合。栅下涌、大塘涌至海口的水面比较宽阔，明代以前它们一直是佛山主要的对外运输水道。另外，还有一些支涌蜿蜒地流进古佛山镇内，如南浦涌、东溪和栅溪等。这些溪涌为园林的修筑提供了丰富的水景资源，佛山最大的园林东林园“其地前临栅溪，……内有小溪，通大河，湖满菡萏，游鱼可数”⑤。“东林拥翠”是清代佛山八景之冠。南浦乡的河面“簇簇帆樯若荠浮，天南客子共维舟”，“葭苇茫茫隔水湄，客来南浦赋新诗”。⑥ 佛山乡民经常到此游河避暑，文人墨客常常泛舟水面，吟诗作对。“南浦客舟”也成为清代佛山八景之一。

水口是一个城邑的门户。对古佛山而言，王借冈为上游的来水口，即天门。它“当浈郁二水之冲，孤峙河干”，又是汾江水道与东平水道分流处，是由新第三纪玄武岩构成的古火山遗迹，岩石出露，柱状节理发育，故“产石青色如剑戟”⑦。“一山突兀峙中流，王借遥分粤岭秋。”⑧ 独扼西、北两江与汾江分水口的王借冈，锁闭水口，形成天门开的格局，自古为佛山风景名胜。栅下海口是古佛山的去水口，即地户，为镇水口，在海

① “汾流古渡”为清代佛山八景之一，“白马扬波”和“石云晚唱”为明代佛山八景之一。汾江河支流处，明代此地名“白马滩”，河流湍急，势如万马奔腾，乡人视为奇景。（区瑞芝：《佛山新语》，1991年，第70页）

② 湛若水（1466—1557），字元明，号甘泉，明代著名学者、书法家。

③ （清道光）吴荣光：《佛山忠义乡志》卷十一《艺文志上·鹤园记》。

④ （民国）冼宝干：《佛山忠义乡志》卷一《舆地志·川》。

⑤ （民国）冼宝干：《佛山忠义乡志》卷十《风土志二·园林》。

⑥ （清道光）吴荣光：《佛山忠义乡志》卷十一《艺文志下》。

⑦ （清道光）吴荣光：《佛山忠义乡志》卷一《乡域志·山川》。

⑧ （清道光）吴荣光：《佛山忠义乡志》卷十一《艺文志下》。

口处建有文塔。登塔而望，“塔外古松苍翠，与日影波光相映，水口、三山、西淋，竞奇献秀。蠕峰一点，恍如青黛螺鬟。夜则渔灯并海月分辉，蛙鼓与村更答响。川原邈其何极，烟景呈其大观”①。“海口浴月”据传是明代佛山八景之一。[13]70可见，与周围景物的相互映衬，海口文塔成为古佛山极佳的人文景观。至于更下游的去水口，有三山、西淋冈等为“乡之捍门”②。佛山镇至去水口的河涌大多近直角的转弯，使下游之水呈收藏之状，加之重重关锁，形成地户闭的格局。

总之，古佛山河涌潆洄，弯环曲折，为古佛山乡民提供了交通、防御和休闲娱乐之便，水口山则重重闭户，诸多秀丽壮美观瞻，形成极具“水脉”特色的风水景观格局。

穴即指城池、村落、住宅选址的场所，应处在龙、砂、水三大要素环抱，且具有内敛向心的形势之中。[14]这种风水格局一方面能依周围山川拱抱阻御风沙，迎纳阳关，阴阳和合，草木茂盛，形成良好的聚落生态环境；另一方面，龙、砂、水种种景观意象，皆钟情在穴中，赋予人最丰富的感受，得到游目骋怀的心性寄托。穴位常选择这种山水格局中平坦开阔的明堂，并以南向为正，居中为尊，四至山水环抱有情，其十字相交处称作“天心十道”，常常是城市的中心点所在。[10]佛山镇并非严格按照风水格局的形制。首先，镇址没有选择石湾、澜石等地势较高的低丘台地筑城，反而在地势坦荡的冲积平原上。从佛山镇的发展过程看，佛山镇的行政、军事意义一直都无足轻重，更重要的是它的经济意义，所以，镇址选择在水运便利的开阔平原地带，更适宜工商业的发展。其次，直到民国初年，佛山镇才成为南海县的行政中心。它是由传统市镇发展起来，具有有机体模式的“自然城市”。[15]210因而，其空间形态与一些郡县府治不同，“正结”祖庙也没有在所谓的“天心十道”处。

总的来说，从传统的风水文化观点看，古佛山曲水环绕有情，王借、蠕峰相望，石湾诸冈拱卫，是一块风水极佳的“福山吉地”。尽管现在古佛山的一些风水要素已经不复存在了，但佛山镇的风水格局是各种城市文化景观形成的传统文化的土壤，通过分析其风水格局，能加深理解历史时期佛山城市文化景观的深刻含义，认识古佛山的环境意象和景观格局，把握佛山的历史文脉。

---

① （民国）冼宝干：《佛山忠义乡志》卷十《风土志二·名胜》。

② （民国）冼宝干：《佛山忠义乡志》卷一《舆地志·山》。

二、从乡村到巨镇的城市发展

1. 肇迹于晋，得名于唐

距今6000年前后，地处珠江三角洲上游的佛山当时为古河口海岸环境，散布的冈丘台地便于古人定居和防御水患灾害。古人顺江而下进入珠江三角洲，一部分人选择了佛山市郊石湾、澜石等地的冈丘定居下来，成为佛山，乃至珠江三角洲最早的一批先民。其中，最有代表性的是佛山河宕遗址。[16]据考古资料[17]可知，秦汉时期，佛山从城南的澜石、城西的弼唐到中部的普君，已经形成了一些聚落。特别是澜石深村的东汉古墓出土的随葬品有井、船、水田等模型，水田为“田字型”方格，有牛耕，田外有小河，小船泊在河旁，同时还出土有水稻谷粒一罐。[8]52约在东汉建安十五年（210），东吴设置广州前后的时期，先后有越族“鸡”和汉族“田”、“布”、“老”四姓在佛山南部栅下大塘涌一带登陆，择地而居，开荒种地，并以渔业为生[13]71－72，成为佛山镇最早的土著文化景观。

最早有关佛山聚落的形成，则见于《佛山忠义乡志》中关于塔坡的记载。“东晋时，有西域僧到此结茆讲经，时此地犹海洲也。”① 东晋隆安二年（398），罽宾国（今克什米尔）法师达昆耶舍渡海至佛山，在普君圩的塔坡岗上搭茅寮讲经。佛教自东汉传入以来，佛山正处在佛教海路传播的要道上，晋代初印度僧人从海道来此结庵授徒，说明其时佛山社会经济文化已有一定发展，有相当数量的人口，以塔坡冈为中心，聚落已形成一定的规模，成为“南海县属一小乡”②，如《佛山忠义乡志》称“佛山肇迹于晋”。[4]198

秦汉以后，中原历经战乱，导致大批人士南迁。虽然由于南岭的自然屏障，进入珠江三角洲的人口比较有限，可是仍然促进了珠江三角洲人口的增长。据区瑞芝老人称，至隋代前，佛山已经形成了十五村，分别是栅下、东头、石角、山紫、上村（水便）、下村（村尾）、孤村、六村（共有六个村庄）、澳口等③。初时十五村各自为主，后来为了团结，结成大村，公推栅下村为首。直至隋初，归并进季华乡。[13]2－3据《佛山忠义乡志》载：“佛山向为季华乡，不知始自何时？至唐贞观二年，居人见塔坡冈夜辄有光，因掘地得铜佛三奉于冈上，曰：塔坡寺，遂以佛山名乡。”④

---

① （清道光）吴荣光：《佛山忠义乡志》卷二《祀典·寺观》。

② （清道光）吴荣光：《佛山忠义乡志》卷十二《金石志下》。

③ 有一个村名地址失传（区瑞芝：《佛山新语》，1990年，第3页）。

④ （民国）冼宝干：《佛山忠义乡志》卷一《舆地志·沿革》。

并立石榜曰佛山，以志佛山之由来。可见，唐贞观二年（628），乡民在塔坡冈掘得铜佛三尊，佛山因此“得名于唐”，故又有“未有佛山，先有塔坡”之说。

据考古发掘，石湾制陶业在唐代之前已经形成。[18]唐代张九龄开辟大庾岭通道后，更便于南岭南北的人口和货物的往来。在唐代，广州是我国最大的贸易港市，西南涌、佛山涌都是西江、北江入广州的主要通道。地处海湾边缘的佛山，兼具内河、外海航运之利，恰好可以充当广州内港角色，也便于大量陶瓷出口。现存肇庆七星岩水月宫的铜钟，也反映唐代佛山的铸造业有了一定的发展。[6]19尽管关于唐代佛山的文献记载并不多，但根据它周围地区的开发情况和交通形势，以及贞观二年“乡之初聚”的记载，可以推想，以塔坡为中心，唐代已经形成了一个较有规模的“佛山乡”，并具备了作为一个市镇兴起所必需的经济基础和历史基础。

2. 乡之成聚于汴宋

宋代北方战乱频繁，大批北方士民经由梅岭驿道南下到珠江三角洲（即所谓的“珠玑巷移民”）。这些南迁士民中不乏“中原衣冠华胄”，属素质较高的集团性移民。他们不仅带来了丰厚的资金和人力资源，而且带来了先进的农业生产经验、手工业生产技术和中原文化。[19]据族谱记载，霍、陈、李、梁等姓氏南迁至佛山南部栅下、桥亭等地。霍、何、林、庞、吴等10多个氏族避乱迁居石湾，如“霍氏，原籍山西，南宋时迁于南雄，宋咸淳九年（1273）再迁佛山石湾”①。随着中原士民的南迁，珠江三角洲进入大力开发阶段。

南迁的中原士民带来了熟练的稻作生产和种桑养蚕的先进经验，以及治理低洼沼泽地的先进技术，在佛山及其周围开始筑堤围垦，促进了农业生产的发展。这一地带田园阡陌，祠庙林立，村庄比比皆是，成为珠江三角洲最富庶的地区。[8]70－71南迁的中原士民还带来了先进的手工业生产技术。如石湾霍氏“……三世祖原山公烧缸瓦窑一座”②。据柯道·柏林研究，石湾的许多窑工都是宋元官窑和钧窑窑工的直接后裔。③ 南迁窑工把先进的制陶技术带到石湾，与石湾原有制陶经济和特有技艺发生融合互补，促进了石湾窑的发展，而且已具有相当规模，成为当时广东生产贸易陶瓷的中心之一。[20]南迁士民还带来了北方的铸造技术，并与岭南冶铁技

---

① 《太原霍氏族谱》，现藏于佛山博物馆。

② 《太原霍氏族谱》，现藏于佛山博物馆。

③ 柯道·柏林：《石湾陶瓷杂记》。转引自张维持：《广东石湾陶器》，广东旅游出版社1991年版。

艺相结合，加之佛山码头又是粤北矿产品南输的必经之埠，至宋代，佛山已经形成铸造业的中心。[21]

宋代珠江三角洲的墟市迅速发展，这些墟集商人往来不断，商品流通不止，其中一些更逐渐崛起为具有城市形态的镇市。[22]佛山是广州的内港，宋代在佛山大塘涌设立了广州市舶司的分处“市舶务”，专司日益发展的进出口贸易。北宋末年从广州出发的商船，“船舶深阔各数十丈，商人分占贮货……货多陶器，大小相套，无少隙地”①。当时广东仅石湾窑烧陶，可见这些“大小相套”的陶器应该指石湾窑产品。② 志曰：“乡之成聚，相传于汴宋”③。这里所谓“聚”即市镇。佛山向有“三圩六市”之称，三圩即表冈（大圩）、塔坡（普君圩）、盘古圩，六市即官厅市、公正市、早市、三元市、晚市、朱紫市等。所以，有理由认为，至宋代，佛山由这些墟市扩大联结起来，而兴起为市镇。

3. 天下巨镇，岿然居首

宋元以来，佛山城镇聚落的发展，为古佛山社会经济发展奠定了坚实的基础。至明清时期，随着佛山社会经济迅速发展，佛山城镇逐渐走向繁盛，佛山也位列明末清初的天下“四大镇”和“四大聚”之一。据乾隆年间《赞翼堂记》所言，佛山之所以成为名镇，乃“得地得时所致也”④。概括起来，其兴起和繁盛的动力机制大致如下：

第一，从交通条件看，佛山城镇的兴起直接得益于西江、北江主航道的变迁。如前所述，明代至清初，佛山以上的北江各支流相继淤塞后，佛山涌取代了官窑涌、西南涌的航运地位，成为西江、北江通往广州的主要航道，佛山正处在航道的重要位置上，成为“东南一大咽喉”⑤。所以，称佛山“合西北二江之流，从外省来者，皆问途于此”⑥，又“当八府孔道”⑦，“扼省之吭”⑧，以致“四方商贾至粤，率以是归”⑨。可见，佛山利用发达的水运，为大量手工业原料和制成品运输、商贾往来提供了便利的条件，城镇开始逐渐兴旺，并最终成为天下名镇。

---

① （宋）朱彧：《萍洲可谈》卷二。

② 柯道·柏林：《石湾陶瓷杂记》。转引自张维持：《广东石湾陶器》，广东旅游出版社 1991 年版。

③ （清乾隆）陈炎宗：《佛山忠义乡志》卷三《乡事志》。

④ （清乾隆）陈炎宗：《佛山忠义乡志》卷十一《艺文志》。

⑤ （清道光）吴荣光：《佛山忠义乡志》卷十二《金石志上·修浚旗带水记》。

⑥ （清同治）《南海县志》卷四《建置略一》。

⑦ （清乾隆）陈炎宗：《佛山忠义乡志》卷一《乡域志》。

⑧ （清道光）《广东通志》卷十二。

⑨ （清乾隆）陈炎宗：《佛山忠义乡志》卷十一《艺文志》。

第二，从区域经济条件看，区域经济发展为佛山城镇繁荣奠定了坚实的物质基础。从明至清，珠江三角洲经济作物生产急剧上升，商品性农业空前发展，从而导致商品经济的发展，为佛山城镇发展提供了充足的食物及手工业所需的原材料，并带来了农产品加工工业及其相关行业的发展。明代以来，粤北采矿业的发展，为佛山冶铁业提供了源源不断的生铁原料。[23]因而，明清时期佛山的冶铁业、纺织业、陶瓷业、成药业以及其他品种繁多的手工业相当发达，成为佛山城镇发展的经济支柱，并推动了佛山商业的发展，而繁盛的工商业更促进了区域人口的集聚。这样，明清时期，佛山逐渐形成珠江三角洲重要商品集散地，与广州并列成为“岭南二元中心市场”。[2]249-255佛山与广州一起，同周围市镇相互依存，构成珠江三角洲商业贸易网络，极大地推动了珠江三角洲的商品流动，促进了珠江三角洲工农业生产和社会的繁荣。

第三，从区域政策条件看，封建政府在文化、经济方面的一些特殊政策为佛山城镇兴盛提供了重要保障。在社会文化方面，佛山由于梁广等人抵抗明景泰年间黄萧养农民起义有功，祖庙被敕封为灵应祠，并被列入官方祀典，梁广等22人还被旌赏为忠义官。明朝廷的这些封赐对佛山镇社会文化影响很大，促使灵应祠成为群庙之首、佛山镇的文化核心；同时，推动了佛山宗族的发展，使之成为佛山地方自治的主要势力。正如民国《佛山忠义乡志》载：“逮正统间，黄萧养作乱围佛山，义士梁广等二十二人合当地八图人民击退之，敕赐忠义乡，蔚为天下巨镇，自是远近相宅兹土，闬闳相望，氏族之繁，不可纪胜。”① 实际上，“黄萧养事件”以及朝廷的褒奖加强了佛山社会文化的凝聚力、统治力，促成佛山地方认同的形成，奠定了佛山城镇发展的社会文化基石。在经济方面，清初两藩踞粤时，由于佛山“为四方商旅凑集之区，往来贸易，百货在足”②，为了两藩的经济利益，佛山得以幸免屠城。而且两藩还在佛山设立“铁锅总行”，虽然控制了佛山冶铁业的生产，但为佛山城镇发展创造了一个相对安全的环境。平藩之后，清政府采取了一系列安抚政策，降低税额，有力刺激了市场的兴旺。同时，革掉两藩时设立的“总行”，“听从民间自行交易”③，极大地推动了佛山工商业的发展。佛山冶铁业的发展尤其得益于政府实行的特殊政策。早在明代，由于佛山冶铁业工艺精良，广东官府对佛山炉户实行比较特殊的政策，佛山炉户虽非“官营”，却是“官准”，佛山的冶铁业实际上取得了铁器生产的独占权。[2]56-57至清代，开始实施“官准专利”

---

① （民国）冼宝干：《佛山忠义乡志》卷九《氏族志·氏系》。

② （清）尹源进：《平南王元功垂范》卷上。

③ （清）李士桢：《抚粤政略》卷九《文告》。

制度，以行政手段保证佛山原料的供应。民国《佛山忠义乡志》称："铁镬行，向为本乡特有工业，官准专利。"① 即官府规定两广所属的大炉，炼出铁块，尽数运往佛山发卖。由佛山炉户一体制造铁锅农具。如在当地铸造，就属私铸，在稽禁之列，同私盐罪治之。② 由此可见，有明以来，朝廷在佛山实行的一些特殊政策，加强了佛山地方的凝聚力和认同感，促进了佛山工商业繁荣，使佛山形成了比较安定的社会经济环境，为城镇发展提供了保障。

在上述有利条件的促进下，佛山城市规模迅速发展。明景泰年间的佛山，已是"民庐栉比，屋瓦鳞次，几万余家"③，"周遭三十四里，中分二十四区（铺），区可一里有半，其广不及县之一隅"④。特别是佛山堡为抵御黄萧养起义而划分的二十四铺行政区⑤，打破了佛山原来以自然村落为基础的地理状况，标志着佛山城市雏形的形成[2]78。至清乾隆年间，市区增加到二十五铺，新增加了大基铺，街巷有 200 多条。到道光年间，又增加富文（也称富民）、鹤园二铺，市区增加到二十七铺，街巷约 600 条。民国初年，新增了沙洛铺，市区扩展到二十八铺，同时市区空间还扩展至北部四沙⑥（图 2.4），街巷数量已达 1688 条。总的来看，佛山市区范围没有太大扩张，但由于工商业的繁荣，"四方商贾萃于斯，四方之贫民亦萃于斯"⑦。城市人口急剧增长。由表 2.1 可见，从明景泰二年到康熙十三年的 223 年中，人口只增加 4 万人左右；从康熙十三年至二十三年的 10 年中，人口就增加了 4 万人；至道光十年，已是"人稠地广，烟户十万余家"⑧，人口激增到约 60 万。佛山铺区"万瓦齐鳞，千街错绣。棋布星罗，栉比辐辏。炊烟乱昏，灯火连昼"⑨。可见，至清代中叶，佛山经济发展达到了全盛时期，"实岭南一大都会"⑩，"会城百不及一也"⑪。显然，此时

① （民国）冼宝干：《佛山忠义乡志》卷六《实业志》。

② （清）《两广盐法志》卷三十五《铁志》。

③ （清道光）吴荣光：《佛山忠义乡志》卷十二《金石志上·祖庙灵应祠碑记》。

④ （清乾隆）陈炎宗：《佛山忠义乡志》卷一《乡域志》。

⑤ 明景泰年间划分的二十四铺为：汾水铺、潘涌铺、观音堂铺、福德铺、岳庙铺、祖庙铺、山紫铺、丰宁铺、黄伞铺、纪纲铺、石路头铺、真明铺、社亭铺、仙涌铺、医灵铺、突岐铺、耆老铺、明心铺、彩阳堂铺、锦澜铺、桥亭铺、明照铺、栅下铺、东头铺。

⑥ 四沙：鹰嘴沙、文昌沙、太平沙、聚龙沙。"鹰嘴沙基围以内属佛山，不名铺，基外及文昌、太平、聚龙三沙为佛山之铺地，属邻堡，亦不名铺。"（（民国）冼宝干：《佛山忠义乡志》卷一《舆地志》）

⑦ （清乾隆）陈炎宗：《佛山忠义乡志》卷六《乡俗志》。

⑧ （清道光）吴荣光：《佛山忠义乡志》卷十二《金石志下》。

⑨ （清道光）吴荣光：《佛山忠义乡志》卷十一《艺文志下·梁序镛：佛山赋》。

⑩ （清乾隆）陈炎宗：《佛山忠义乡志》卷一《乡域志·佛山镇论》。

⑪ （清康熙）吴震芳：《岭南杂记》上卷。

佛山已经成为岭南一大都会，比肩于广州，故有天下“四大镇”和“四大聚”之称。

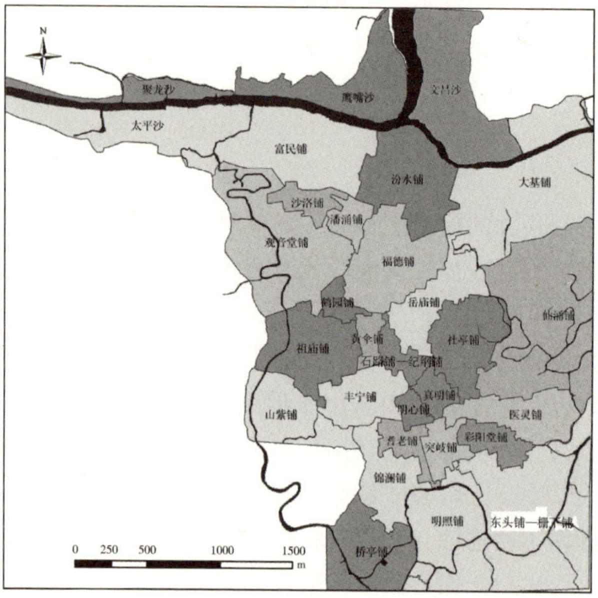

图 2.4　清末佛山的二十八铺

表 2.1　明清部分年份佛山镇人口数

年份	户数/户	人口/人	资料来源
明景泰二年（1451）	3000 余	20000	《灵应祠碑记》
康熙十三年（1674）	10000	60000	《佛山忠义乡志》
康熙二十三年（1684）	—	100000	《修灵应祠记》
乾隆九年（1744）	20000	120000	《佛山忠义乡志》
乾隆十九年（1754）	30000	180000	《佛山忠义乡志》
道光十年（1830）	100000	600000	《佛山忠义乡志》

说明：一户以 6 口人计。

资料来源：佛山市地方志编纂委员会：《佛山市志》，广东人民出版社 1994 年版，第 199 页。

明末清初，佛山与豫之朱仙、楚之汉口、赣之景德同列为“天下四大镇”，其中佛山和汉口又同时被誉为“天下四大聚”①，可见其影响力又较景德镇和朱仙镇要大。据邱衍庆研究，人口密度以汉口和佛山最大，景德镇次

① 天下有四大聚，北则京师，南则佛山，东则苏州，西则汉口。（（清）刘献廷：《广阳杂记》卷四）

之，朱仙镇最小。如果在清代前期康熙、乾隆年间，根据方志描述，佛山人口应该较汉口多。人口多寡一定程度上可以反映出市镇的繁盛状况。由此看来，佛山应为清初“天下四大镇”中人口最多的镇，并认为其商贸最为繁盛也不为过。[24]顾朝林将明清时期全国城镇等级规模分为特大城市（人口大于100万）、大城市（人口50万～100万）、中等城市（人口20万～50万）、小城市及镇（包括县城）、农村集市等五级，佛山位列于“大城市”范畴，而全国的特大城市和大城市仅12个，佛山的城市地位几乎与京城、府城相等（表2.2）。[25]所以，佛山不仅是岭南大都会，显然已具备全国性的经济中心城市地位。正如民国《佛山忠义乡志》所言：“（佛山）户口之繁，物产之富，声名文物之盛，闻于中外，为天下四大镇之冠。”①

表2.2 明清时期全国城镇等级规模统计

等级规模	城镇数	城市（镇）名称
特大城市（人口大于100万）	3	南京、北京、苏州
大城市（人口50万～100万）	9	扬州、杭州、广州、汉口、福州、佛山、天津、上海、厦门
中等城市（人口20万～50万）	约100	松江、镇江、淮安、常州、仪征、湖州、嘉兴、建宁、武昌、荆州、南昌、吉安、临江、清江、开封、济南、济宁、德州、临清、桂林、太原、平阴（临汾）、蒲州（永济）、成都、重庆、泸州、九江、浒墅（苏州西）、芜湖、宁波、廉州（合浦）、沙市、河间、保定、宣化、西安、徽州、东昌（聊城）、池州、徐州、泉州等
小城市及镇（包括县城）	2000多	略
农村集市	4000～6000	略

资料来源：顾朝林：《中国城镇体系——历史·现状·展望》，商务印书馆1992年版，第115页。

总之，宋代以来，在佛山从乡村发展成为“岭南大都会”的过程中，佛山城市社会文化发生了很大的变化，表现为城市文化景观的演变，折射在文化景观的特征及其空间扩展分布之中。所以，佛山城镇聚落的发展是佛山城市文化景观形成的直接推动力和塑造力，成为影响城市文化景观的重要人文地理条件。

① （民国）冼宝干：《佛山忠义乡志》卷首二《佛山形势龙脉图说》。

三、特色鲜明、人文荟萃的广府文化土壤

岭南包括广府、客家和福佬三大民系。在历史发展的长河中，他们创造了独具一格的广府文化、客家文化和福佬文化，各有自己的文化特质和风格，使所在地区形成不同的社会经济面貌。[26]据司徒尚纪研究，广东的广府文化区可分为珠江三角洲广府文化核心区、西江广府文化亚区和高阳广府文化亚区。其中珠江三角洲是广东农业文化精华所在，而且人口稠密，村落连绵，城镇繁盛，与海外的交往和贸易发达，形成了广府文化的核心。[27]佛山地处珠江三角洲腹地，社会、经济和文化的发展植根于广府文化土壤之中，城市文化景观的形成离不开广府文化的培育。周毅刚将广府文化归纳为具有海洋性、商业性、世俗性和兼容性等文化特质。[15]49－50这些文化特质是佛山城市发展的力量源泉，同时佛山的发展也丰富了广府文化的文化特质，使它成为广府文化的重要策源地。这主要表现在以下几个方面：

（1）海洋性。广东南部沿海地区“广为水国，人多以舟楫为食”，“逐海洋之利”，其人“习海竞渡角旺”。大海造就了广府人开放、敢于冒险向外开拓的海洋文化精神。[28]历史时期佛山的梯山航海者众，他们秉承了广府文化的这种精神特质，在很多领域敢于创新、勇于进取，促进了佛山城镇的繁荣。明代，佛山发明了独具一格的“红模铸造”技术，推动了佛山冶铁业发展[3]86－87，于是有“诸所铸器，率以佛山为良”①，“冶铁之工，莫良于佛山”②。佛山石湾海口伦氏建造了既节省燃料又能控制窑温的南风灶，取代了旧式龙窑，实现了一系列技术突破，烧制出鲜艳夺目的彩釉陶瓷[3]65－67，赢得“石湾缸瓦，胜于天下”③ 的美誉。鸦片战争后，佛山传统的手工业遭受沉重打击，但是佛山人勇于吸收西方先进技术，率先兴办起民族资本主义工业。例如，南海华侨商人陈启沅创办中国第一家民族资本主义工业——继昌隆缫丝厂，简照南、简玉阶兄弟创办“南洋兄弟烟草公司”，等等。

（2）商业性。佛山及周围的珠江三角洲地区很早就孕育着商品经济的思维，早在唐代就有“百粤之地，其俗剽轻，猎浮淫之利，民罕著本”④

① （清）屈大均：《广东新语》卷十五《货语·铁》。
② （清）王守基：《盐法议略·广东盐务议略》。
③ （清）屈大均：《广东新语》卷十六《器语·锡铁器》。
④ 《全唐文》卷七百六十四《萧邺：岭南节度使韦公（正贯）神道》。

之说。又有说“广人与蛮人杂处，地征薄，多牟利于市”①。这种商品经济环境与重商的思想相互促进，使佛山的商业贸易迅速发展。清乾、嘉、道时期，佛山城镇工商业发展至鼎盛。佛山非“郡县城市”，但是它在发达的工商业基础上逐渐发展为岭南大都市，与广州同为广东城镇体系结构中的“二元中心”。显然，重商性是佛山城市得以发展繁荣的重要基础，甚至打破了佛山宗族传统的价值观念。封建社会有传统的四民观，以士为上，以农为本，以工商为末，所谓“荣宦游而耻工贾”。清代佛山各宗族亲身体会到佛山工商业发展带来的城市繁荣，在他们的价值系统里，四民已经没有轻重之别，如《南海佛山霍氏族谱》所言：“士农工商，所业虽不同，皆是本职。”② 而且，随着富商在宗族事务和社会事务中的地位抬升，崇商重利逐渐成为佛山社会的主流价值观之一，并由此形成了颇具影响力的“佛山商人”③ 群体。

（3）世俗性。《岭南文化》一书将岭南文化归纳为“一种原生型、多元化、感性化、非正统的世俗文化”，而且世俗文化是岭南文化的本质。[29] 广府文化继承了古越人许多古风遗俗，又远离正统皇权中心，世俗性也是广府文化最基本的文化特质，为广府文化涂上一抹浓浓的南国地方风情。明清时期佛山工商业相当繁盛，又非官府控制的政治中心，这样一座没有城墙的大都会，财富荟萃，四方杂处，市农工商、三教九流无不会聚于斯。因而，在岭南广州、佛山同为两大中心城市，广州是封建政权的代表，佛山则更具有民间文化的创造力，成为传统文化的代表，世俗性的市井文化无疑是佛山最重要的文化景象。清末民初，佛山镇仍有祠堂家庙368座，庙宇、寺庵、道观和教堂233座。各种神诞、庙会全年不断，其中北帝诞、出秋色和行通济等民间迎神赛会喜庆活动更是全民参与的一次次民间技艺综合展演和狂欢，不仅促使佛山成为明清以来广东最大的祀神物品生产基地，还极大地促进了各种民间艺术、民间工艺的创新和发展。例如，佛山是粤剧的发源地、南派武术的主要发源地和南狮的故乡、岭南中成药的发祥地，而且在粤菜的发展史上占有重要地位。佛山传统手工技艺更是精彩纷呈，如剪纸、木版年画、石湾陶塑、狮头、彩灯、刺绣、砖

---

① 《新唐书》卷一百七十《王锷传》。

② 《南海佛山霍氏族谱》卷二《宗规三》。

③ 佛山商人是指以佛山镇为中心，包括石湾和周边乡村以及外地落籍于佛山的商人。与有着强烈封建色彩和政治色彩的徽州商人、广州行商不同，佛山商人以中小商人为主体，其资本是比较自由的民间资本，有着较强的灵活性和生命力。从明初至清中叶，佛山商人在中国商界整整活动了400余年，促进了佛山手工业生产的发展，加强了佛山与各省区的经济联系，为各地城市的繁荣做出了一定的贡献。佛山商人的成长还造就了一批近代民族资本家。（罗一星：《明清佛山经济发展与社会变迁》，广东人民出版社1994年版，第218～237页）

雕、木雕、灰塑、石雕等。

（4）兼容性。佛山是一座由历代移民共同劳动而创造的历史城市，包括了古越土著、明初佛山八图土著、清代佛山侨寓以及历代不断移入佛山的民众。特别是明清时期，佛山经济繁盛的动力源自能够包容来自不同地域、不同文化背景的移民。“（佛山）四面环海，气运所钟，商贾辐辏，人文奋兴，于今为盛。四方之迁者、侨者、从学而来者、宦成而归者、权缗竿以起家者、执艺事以自食其力者，咸以风淳俗美，乡有贤耆，梯航簦笈，麟萃云集，偕来而卜居焉。”① 佛山成为珠江三角洲人们向往的城市。“新徙者每不安其处，乡独无此浇习，名家巨族与畸零之户、骤迁之客，和好无猜，故氏族至繁而门地自别。”② 显见，佛山对于新移民的态度是宽容和接受的，这就为他们在这里生活和创业提供了和谐的社会环境，促进了佛山社会经济和文化的繁荣。

富庶的经济、多元兼容的广府文化特质在佛山社会产生了深远的影响，以致明清时期佛山人文荟萃，形成丰富多彩的人才文化景观，成为气标两广的人文之邦。宋、明以来，书院、家塾和私塾等教育机构遍布佛山及其周边城乡，文风斐然，自然科甲鼎盛和人才辈出。清广州知府宋玮说：佛山镇“在昔有明之盛，文章甲第，笼踔一时。士大夫之籍斯土者，列邸而居，甍连数里。昔人所谓南海盛衣冠之气者，不信然欤！”③ 有明一代，在佛山镇及其周边的一隅之地接连涌现出状元、会元和名宦大吏。明成化十四年（1478），离佛山五里的石啃出了会元梁储（官居内阁首辅、吏部尚书兼文渊阁大学士、太子太师）。离佛山不到七里的黎涌，南汉时期就出了状元简文会，明弘治年间又出了状元伦文叙。明正德年间，离佛山五里的石头出了会元霍韬（官居吏部右侍郎、礼部尚书、太子太保）。其后，伦文叙之子伦以训也考中会元。石头、黎涌、石啃相去五里许，有四会元，所以世称“五里四会元”④。特别是伦文叙一家父子四人，文叙为状元，其子以训为榜眼，以谅为解元进士，以诜为进士，有“父子四元双进士”⑤ 之称誉，屈大均也赞之曰：“海内科名之盛，无处其右。”⑥ 嘉靖年间，离佛山三里的弼塘和叠滘又出了理学大家庞嵩和名宦庞尚鹏（浙江巡抚、福建巡抚、左副都御史）。在佛山镇内，有正德年间的兵部主事梁

① （清道光）吴荣光：《佛山忠义乡志》卷十二《金石志下·重修佛山海口文昌阁记》。
② （民国）冼宝干：《佛山忠义乡志》卷九《氏族志·氏系》。
③ （清道光）吴荣光：《佛山忠义乡志》卷十二《金石志上·修浚旗带水记》。
④ （清）屈大均：《广东新语》卷九《事语·五里四会元》。
⑤ （清）屈大均：《广东新语》卷九《事语·五里四会元》。
⑥ （清）屈大均：《广东新语》卷九《事语·五里四会元》。

焯，嘉靖年间的刑部主事冼桂奇，万历年间的户部尚书李待问。清代佛山科名虽然没有前朝鼎盛，但仍为广府之翘楚。清乾隆年间佛山同知黄兴礼说："广郡科第之盛甲于粤中，南海科第之盛甲于广郡，佛山科第之盛又甲于南海。"① 叶汝兰也称佛山"衣冠文物之盛几甲全粤，盖骎骎乎海滨邹鲁矣"②。清嘉庆年间，佛山有湖南巡抚吴荣光、四川总督骆秉章。而在清咸丰、同治和光绪年间，有咸丰探花李文田（礼部右侍郎）、梁僧宝（鸿胪寺少卿兼军机）、戴鸿慈（协办大学士、法部尚书、出洋五大臣之一）、张荫桓（户部左侍郎、驻美公使）。另外，晚清时期佛山书院十分有名，在此就读后成名的人物还有戊戌变法的主要人物梁启超、署理邮传部大臣和交通系主要人物梁士诒、著名谴责小说家吴趼人③等。

除科甲名宦人物外，佛山地方世俗文化还孕育出大量的民间传奇人物。例如，有粤剧戏神张五先师（摊手五），有著名粤剧演员、广东天地会领袖李文茂，有鸿胜馆创始人、蔡李佛拳大师张炎（别名张鸿胜），有咏春拳王、武术大师梁赞（被尊称为"佛山赞先生"），有洪拳大师、传奇英雄黄飞鸿，有咏春拳一代宗师叶问，还有著名的民间中医师梁仲弘、冯了性、梁信财、黄祥华和李众胜等。他们的故事虽然很少见于正史记载，但于民间流传甚广，其影响范围并不限于南粤，乃至远达全国和海外。

总的看来，佛山具有鲜明的文化特质，正如陈炎宗所言："然天下之市镇不一处，豫有朱仙，楚有汉口，江右有吴城，其远近商贩肩摩踵接，率与佛山同。而佛山顾独有异于诸镇者，则以为忠义之区也。忠义著而货贝萃焉，天之所以报也；货贝萃而义不失焉，地之所以饶也；生近市而文行兴焉，不因利而移其性也。居接市而科甲峙焉，忘乎利而显其学也。且数百年来，贤士大夫类能秉忠蹈义、刚正廉清，是皆本先人之教，在市而无市心也。佛山之盛盖如此。彼仅视为市镇之雄者，乌足以言佛山哉?"④ 可见，"秉承忠义"、"刚正清廉"、"在市忘利" 和 "利不移性" 可视为佛山传统文化的核心价值，是塑造城市文化景观的力量源泉。

文化景观是人类活动的结果，也是环境的产物。人文地理学奠基人拉

---

① （清道光）吴荣光：《佛山忠义乡志》卷十二《金石志下·海口文昌阁记》。

② （清道光）吴荣光：《佛山忠义乡志》卷十二《金石志下·重修佛山经堂碑》。

③ 吴趼人（1866—1910），自署"我佛山人"，道光《佛山忠义乡志》的主编吴荣光是他的曾祖父。其作品《二十年目睹之怪现象》、《官场现形记》（与李宝嘉合著）是清末谴责小说的杰出代表作。

④ （清乾隆）陈炎宗：《佛山忠义乡志》卷一《乡域志·佛山镇论》。

采尔在《人类地理学》一书中，特别强调地理环境决定人的生理、心理及人类的分布、社会现象及其发展过程。虽然其地理环境决定论思想并非完全可取，但地理环境对区域文化的重要影响却是事实，有时甚至是决定性的。历史文化景观是历史时期形成的、其主要特征保留下来的景观，实际上就是人类依托自然背景所创造的，经过漫长历史过程考验的文化景观。因而，城市文化景观离不开它形成和发展的地理环境背景。

佛山城市文化景观是多种地理环境条件交互作用而成，大致可以概括为三个方面：其一，佛山凭借两江交汇、腹地广阔的区位优势，人流、物流咸聚于此，由乡村发展成为岭南重要的工商业中心，并由此孕育出丰富多彩的文化景观。佛山河道变迁带来的区位条件改变，还导致城市景观空间格局的变化。其二，佛山气候潮湿炎热，境内西江、北江及其支汊纵横，密如织网。佛山及其周边地区的人们为适应这种自然地理条件，创造了具有特色的土地利用景观，如堤围、基塘等，形成了发达的商品性农业经济，成为佛山城镇发展、经济繁荣的可靠保证。这种自然环境的意象也促使佛山民间对火神、水神崇拜的兴盛，以及与水环境有关的街巷地名景观众多。其三，古佛山曲水环绕有情，王借、蠕峰相望，石湾诸冈拱卫，被誉为一块风水极佳的“福山吉地”，是佛山人的精神和文化的寄托所在。佛山城镇发展肇迹于晋，得名于唐。宋代随着中原士民的大量南迁，佛山进入大力开发时期。至明清时期，随着西江、北江航道变迁，佛山逐渐成为珠江三角洲重要的水运中心，并在有利的区域经济条件、政策条件等因素促进下，佛山城镇逐渐走向繁盛，成为岭南一大都会，位列明末清初的天下“四大镇”和“四大聚”之一。佛山从乡村到城镇的发展过程，是城市文化景观形成的直接推动力和塑造力。明清佛山是广府文化的重要核心，海洋性、商业性、世俗性和兼容性等文化特质是佛山城市文化景观形塑的土壤。文化的开放性和世俗性使佛山城市景观和乡土景观彼此和谐相融，以致佛山出现明清时期佛山科名鼎盛、人才辈出的人才文化景观。同时，民间人物的广泛影响力在岭南也很少有城市能与之比肩。总的看来，“秉承忠义”、“刚正清廉”、“在市忘利”和“利不移性”可视为佛山传统文化的核心价值，是塑造城市文化景观的力量源泉。

参考文献：

[1] 吴必虎，刘筱娟．中国景观史［M］．上海：上海人民出版社，2004：8－12.
[2] 罗一星．明清佛山经济发展与社会变迁［M］．广州：广东人民出版社，1994.
[3] 佛山市地方志编纂委员会办公室．佛山史话［M］．广州：中山大学出版社，1990.

[4] 司徒尚纪．佛山历史上的兴衰及其原因初探［M］//司徒尚纪．岭南史地研究．广州：广东省地图出版社，1994.
[5] 广东省佛山市地名志编纂委员会．广东省佛山市地名志［M］．广州：广东科技出版社，1991：7.
[6] 佛山市地方志编纂委员会．佛山市志［M］．广州：广东人民出版社，1994.
[7] 区瑞芝．石湾史简介［M］．1990.
[8] 佛山地区革命委员会《珠江三角洲农业志》编写组．珠江三角洲农业志（一）［M］．1976.
[9] 珠江水利委员会《珠江水利简史》编纂委员会．珠江水利简史［M］．广州：中山大学出版社，2004：168.
[10] 戚衍，范为．古城阆中风水格局——浅释风水理论与古城环境意象［M］//王其亨．风水理论研究．天津：天津大学出版社，1992：48.
[11] 龙曦．阆中古城地理环境及景观意象解构［J］．四川建筑，2006，26（2）：34－35.
[12] 刘沛林．风水——中国人的环境观［M］．上海：上海三联书店，1995：147.
[13] 区瑞芝．佛山新语［M］．1991.
[14] 缪钟灵，宗凤书．桂林城风水格局探讨［J］．规划师，1997，13（2）：54－59.
[15] 周毅刚．明清时期珠江三角洲的城镇发展及其形态研究［D］．广州：华南理工大学，2004.
[16] 杨式挺．佛山河宕史前遗址的重要发现［J］．岭南史地，2007（3）：25－31.
[17] 佛山市文化局．佛山市文化志［M］．1991：190.
[18] 林明体．石湾陶塑艺术［M］．广州：广东人民出版社，1999：3.
[19] 叶显恩，周兆晴．宋代以降珠江三角洲冲积平原的开发［J］．珠江经济，2007（6）：74－80.
[20] 黄晓蕙．广东佛山石湾窑的形成、发展及繁盛成因分析［J］．四川文物，2005（6）：67－71.
[21] 曾锐锋．佛山铸造业简史［M］//佛山文史资料：第11辑（铸造行业史料专辑）．1991：1.
[22] 关履权．宋代广州的海外贸易［M］．广州：广东人民出版社，1994：95－96.
[23] 谭棣华．明清时期佛山经济繁荣的原因［J］．广东社会科学，1986（3）：80－87.
[24] 邱衍庆．明清佛山城市发展与空间形态研究［D］．广州：华南理工大学，2005：65－66.
[25] 顾朝林．中国城镇体系——历史·现状·展望［M］．北京：商务印书馆，1992：115.
[26] 司徒尚纪．泛珠江三角洲与珠江文化［M］．香港：中国评论学术出版社，2006：168.
[27] 司徒尚纪．广东文化地理［M］．广州：广东人民出版社，1993：411－413.

［28］司徒尚纪．岭南历史人文地理——广府、客家、福佬民系比较研究［M］．广州：中山大学出版社，2001：11.
［29］李权时，李明华，韩强．岭南文化［M］．广州：广东人民出版社，1993：19.

第三章 历史时期佛山城市文化景观的分析

历史文化名城就是“具有特殊价值的城市文化景观的城市”[1]。文化景观不仅是文化和人类价值以及实践的表现，更是城市地方精神的体现。历史时期佛山镇有许多文化景观，如土地利用、神庙、祠堂、教堂、会馆、民俗和街巷地名等，系统地梳理和研究这些文化景观，解读佛山的城市历史文化特征，有助于强化对佛山城市历史文化景观的深刻认识。下面选取佛山镇主要的城市文化景观，并在 FSHGIS 支持下，借助 GIS 直观和互动的研究手段，复原历史景观，透过景观分析方法和历史文献分析方法，诠释不同城市文化景观的演变、空间格局及其所折射的社会文化的空间特征。

第一节 土地利用景观

土地利用景观是文化地理研究的重要内容，它是土地利用所形成的格局或文化景观，是一种最基本、最大量的文化景观，一方面有其历史演进的轨迹，代表了传统农业社会和近现代商品化社会文化的发展；另一方面又有其空间剖面，从一个区域到另一个区域的分布面貌，反映历史积淀下来的区域文化的重要差异。[2]80有明以来，佛山由传统的农业社会发展成为工商业繁华的“大都市”，古佛山镇的土地利用景观发生了明显的变化。

一、佛山镇的土地利用景观

明代以前，佛山镇的田园广阔，当时八图“土著”置地极易。如纲华陈氏的陈宣义，从元至正年间到洪武初年，20 年间“置有田园共八顷零”①。东头冼氏的六世祖在明初也能使“家业益隆，田连阡陌，富甲一镇”②。明代的佛山镇是南中国的冶铁中心，冶铁业是佛山最重要的手工业，成为地方物质繁荣的基础，并促进了佛山镇内土地利用景观的改变。一方面，冶铁业及其附属行业吸引了大量的各省客商和冶铁工人，使佛山镇的工商业人口激增，镇内需要为之提供大量的房肆和铺屋。另一方面，冶铁业的发展促使镇内土地的级差地租出现，使镇内土地利用景观的空间格局产生变化。由于以冶铁业为主的工商业比经营农业更易于获利，诱使本镇的土地所有者将更多的土地用于发展工商业。例如，明宣德年间，纲华陈氏的陈伟禄在其祖先八顷多的土地收入基础上，“治贾、治农、拮据胼胝，克勤克俭。数载之间，家业焕然而起”。至万历年间，其后代陈润澜更是倾产以承“西省盐商”。③ 明天启年间，石头村霍氏的霍从贤也变儒服而游于贾，谙计然之术，遂至产饶裕。族人于是竞相效仿。由于土地利用商业利润和农业利润的差异，在镇内开始出现了弃田租铺的现象。万历年间，有人“将其田（五亩）筑造铺店”出租，“租利甚丰”。④ 因而，导致了佛山镇土地利用景观发生空间分异。罗一星认为当时形成了以栅下、祖庙和汾水为中心的核心区，是佛山镇的商业中心。三个中心的周围形成了外围区，由居民住宅区、作坊区、庐墓区和田塘区组成。此时的田塘区还大量存在于各聚居点周围，佛山堡还保持着农村的基本面貌。[3]71

至清代，佛山已经从单一冶铁业发展到综合性的手工业生产中心（冶铁业、纺织业、陶瓷业、金属加工业、成药业、造纸业、民间工艺等），与广州一起成为“岭南二元中心城市”之一，尤其清代康雍乾三朝，是佛山镇工商业繁盛的“黄金时代”。[3]188此时佛山镇的土地利用景观发生很大的变化。一是大量的空地（如淤浅的河道、岗地、墓地等）被利用来建立铺屋。明代伸入镇内的洛水、大塘涌的水道开始变窄，潘涌、仙涌等支流则“今俱淤为平壤”⑤，为铺屋的建造提供了新的空间。位于居仁里口的三穴冈明代为“梁”、“黄”的墓地，清乾隆年间也“已平为列肆”。⑥ 著名的佛山初地塔坡冈，在乾隆时期也“已平为市，地稍高处祀东岳大帝，其下为普君墟”⑦。在《塔坡禅寺说》中记道：“塔坡一带尽成阛阓之场，市

① 《佛山纲华陈氏族谱》。
② 《岭南冼氏宗谱》卷三之六，卷七。
③ 《佛山纲华陈氏族谱·户役纪·世德纪·泰荣公传》。
④ 《梁氏家谱·介轩公传》。
⑤ （清乾隆）陈炎宗：《佛山忠义乡志》卷一《乡域志》。
⑥ （清乾隆）陈炎宗：《佛山忠义乡志》卷一《乡域志》。
⑦ （清乾隆）陈炎宗：《佛山忠义乡志》卷一《乡域志》。

廛栉比，嚣尘湫隘。”① 佛山镇名胜莺岗曾“翘然尊矣”，但在乾隆年间也已经“三面俱为房屋遮蔽，止露其巅……有举人吕淑铭平其大半为园，冈非本来面目矣。”② 还有表冈也被平冈，改建为莲花地。[4]11 另外，乾隆六十年（1795），举人李天达等利用汾水正埠码头闸内两旁的余地，修建小铺十间，出租给商人。[5] 二是水田、桑地转变为城市设施用地，如民居、作坊和码头等。例如，明代的排后窦塘地，康熙时建铺屋九间，作为祖庙公产收租。[6] 乾隆四十九年（1784），商人冯焕“在栅下河边买田数亩，建设硝厂，现行工筑”③。道光二十六年（1846），潮盛杉店购买江夏黄氏原有桑地建造码头，以利上落杉条④；三是佛山镇周边的田塘区很多也被住宅建筑占用。外来商民迁居佛山，多在佛山镇周边修建庄园住宅。其中，以东部各铺的边缘地带最为集中，主要有大基铺的杨家庄、戴家庄，岳庙铺的叶家庄、梁家庄、李家庄、陈家庄、阮家庄，社亭铺的刘阮庄、大福寿（梁家庄），彩阳堂铺的潘家庄等。在西部则有佛山涌南的东园（高氏）。本书通过 FSHGIS 可以将这些庄园的分布情况反映出来（图 3.1、彩图 1 和图 3.2、彩图 2）。从图中可见，不少庄园由民居和祠堂组成，祠堂前有水

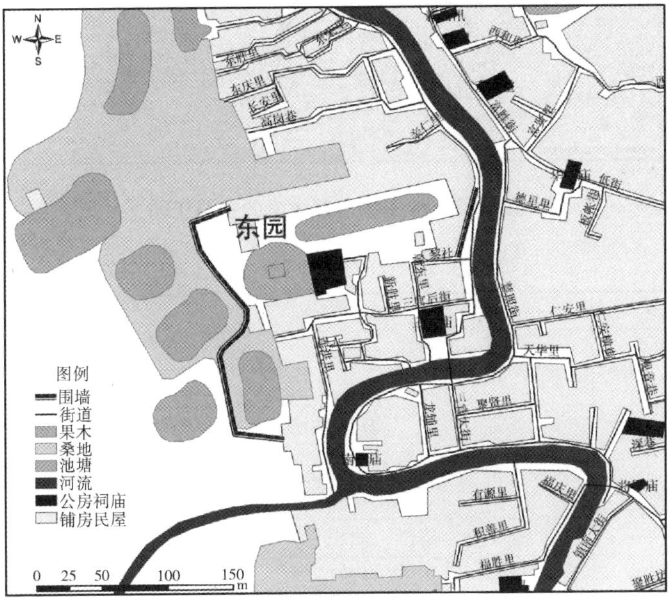

图 3.1 佛山镇西部的东园（高氏庄园）

① （民国）冼宝干：《佛山忠义乡志》卷首二《图》。

② （清乾隆）陈炎宗：《佛山忠义乡志》卷一《乡域志》。

③ 《禁设硝厂碑》，广东省社科院历史研究所等编：《明清佛山碑刻文献经济资料》，广东人民出版社 1997 年版，第 83 页。

④ 《江夏黄氏族谱》。

塘，四周围以砖墙，周围多是桑地、禾田。这些庄园住宅实际上反映了当时佛山镇的建设用地向周围田塘区的扩张。清道光《佛山忠义乡志》对佛山镇田亩数做了统计（表3.1），可见，佛山镇的田亩数不多，合计也不过52.84顷，分布在镇的东、西和南部边缘的各铺，如西部的观音堂、祖庙、山紫、锦澜和桥亭各铺，南部的明照、栅下铺，东部的仙涌、岳庙铺。其中主要集中在东、南部，且以栅下铺最多，为24.42顷。

图3.2 佛山镇东部边缘的主要庄园

表3.1 清道光年间佛山镇各铺田亩数　　　单位：亩

所属铺名	地　点	田亩数
观音堂铺	—	400
仙涌铺	高荒洲边	300
	石角一坊	440
锦澜铺	书院前	23（稻田）
		27（菜田）
	蜘蛛山、铸犁、澳口、鳡鱼嘴、财源社	131
栅下铺	平政桥外	2442
岳庙铺	登云桥外	730
明照铺	大桥头至鸭沙	250
祖庙铺	古洛社前	110
山紫铺	—	139
桥亭铺	—	292
合计		5284

资料来源：（清道光）吴荣光：《佛山忠义乡志》卷一《乡域志》。

本书根据 FSHGIS 的基础空间数据，通过 ArcGIS 9.0 绘出佛山镇土地利用图（图 3.3、彩图 3），并对空间数据属性表中的 Area 属性字段选择 Summarize 命令，进行佛山镇土地利用景观类型的综合统计（表 3.2），从中可知清末民初佛山镇土地利用景观的构成状况。佛山镇土地利用景观可分为房屋用地、农业用地、特殊用地、水域、高地五个基本类型。

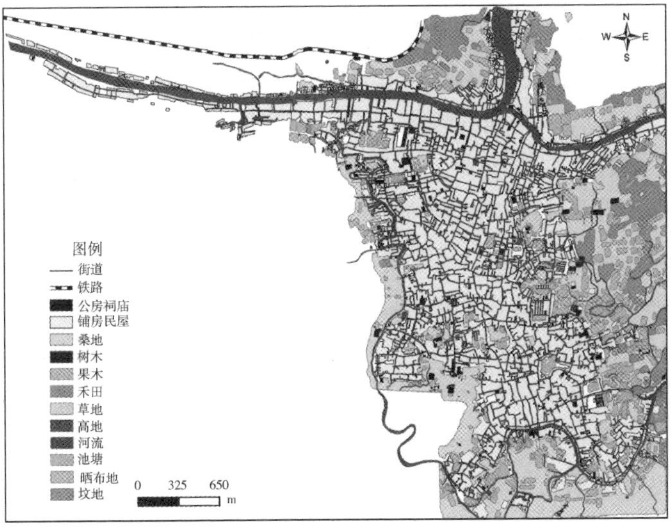

图 3.3 清末民初佛山镇的土地利用景观

表 3.2 清末民初佛山镇土地利用景观构成统计　　单位：亩

名称	斑块数量	斑块最小值	斑块最大值	总和	斑块平均值
公房祠庙	351	0.0186	5.1379	1901.5510	0.5415
铺户民房	1577	0.0255	43.9308	5423.6515	3.4392
桑地	56	0.3606	610.2998	3218.2401	57.4686
禾田	24	3.0878	257.5891	901.7361	37.5723
果木	31	0.1074	5.7644	47.3224	1.5265
树木	16	0.4537	6.7329	37.2560	2.3285
草地	12	0.5619	10.1348	56.7516	4.7293
高地	7	0.3038	3.5554	8.9843	1.2835
池塘	398	0.1368	19.4122	1078.5096	2.7098
河流	—	—	—	953.0446	—
晒布地	6	3.0304	31.7705	66.8753	11.1459
坟地	1	—	—	50.5969	—

说明：通过 ArcGIS 统计的结果是以平方米为单位的，换算成亩，便于和《佛山忠义乡志》中记录的田亩数单位统一。

资料来源：民国初年《各铺街道图》。

房屋用地占总量的53.29%，其中铺户民房占74.04%，汾江、新涌、洛水及大塘涌等河涌环绕的佛山镇中心区域几乎全为房屋用地占用。正如《佛山忠义乡志》所描述："沿岸而上，屋宇森覆，弥望莫极。其中若纵若横，为衢为衖，几以千数"①。其他类型用地景观分布在其周围。农业用地有4261.3亩，加上池塘则有5339.8亩，与前述《佛山忠义乡志》中统计的田亩数基本一致。农业用地包括桑地、禾田、果木、树木和草地，占总量的31%。农业用地尤以桑地、禾田景观为主，分别占农业用地的75.52%、21.16%。其他的果木、树木和草地景观比较分散，数量也比较少，果木主要是荔枝、龙眼、香蕉和橘子等②，而且果木和树木景观大多分布在庄园、花园和低冈。例如，镇内的蜘蛛山"有大榕树，荫广愈亩，佛山古木以此株为最大"。还有丰宁铺的莺冈"树木森蔚"，有青丝甲木、榕树、木棉、森树、孱稿和黏牙等树木，冈顶覆盖着"金竹"。③冼桂奇的鹤园则是"老鹤将雏起万松，碧桃初熟荔枝红"④。佛山镇的水域面积为2031.5亩，占总量的14.78%，其中池塘景观占水域面积的53.09%。池塘景观又分为两种类型：一种是风水塘或人工湖，大多分布在佛山镇内部和边缘，这些池塘与果木、树木一起成为很多祠堂、庄园和花园的装饰性景观。例如，东头冼氏有东林园，"林周广约里许，林外柳堤夹岸……内有小溪，通大河，引水为湖，湖满萏菡，游鱼可数。湖心为榭虹桥跨焉，湖之旁分植芙蓉、桃李、荔枝，四时佳气，可于湖中得之"⑤。松桂里的梁氏筑有汾江草庐，"因构汾江草庐，面控池塘，纵横数亩。夹岸花竹环绕，筑长堤互乎池中"⑥。鹤园铺冼氏有鹤园，"家有鹤园五十亩绕池馆诸胜"⑦。另一种是鱼塘，占池塘景观的大部分。在堡内处处可见鱼塘，它们与桑地在一起构成了桑田鱼塘的农业景观。例如，在金鱼塘始祖庐墓宝鸭墩周围，就有谭氏桑地、梁氏桑地、李氏鱼塘、区氏鱼塘等。⑧

另外，佛山镇地势低平，高地很少。其中的一些高地则常常成为了镇内的名胜，如丰宁铺的莺冈、明心铺的塔坡冈等。特殊用地包括坟地、晒布地景观，它们分布在佛山镇周边。晒布地是晒布行、染房行等纺织行业

---

① （清道光）吴荣光：《佛山忠义乡志》卷十二《金石志上·修灵应祠记》。
② （民国）冼宝干：《佛山忠义乡志》卷六《实业志》。
③ （民国）冼宝干：《佛山忠义乡志》卷十八《杂志》。
④ （清道光）吴荣光：《佛山忠义乡志》卷十一《艺文志下》。
⑤ （民国）冼宝干：《佛山忠义乡志》卷十《风土志二》。
⑥ （民国）冼宝干：《佛山忠义乡志》卷十《风土志二·汾江草庐韵桥记》。
⑦ 《岭南冼氏宗谱》卷七《备征谱·名迹》。
⑧ 《金鱼堂陈氏族谱》卷一下《坟茔绘图附》。

的特殊用地。

综上分析，明以降，佛山镇的土地利用景观发生了较大变化，内部形成了民居区、手工业区、商业区和田塘区的景观分异。[3]260特别是清代的佛山，在佛山涌等河涌环绕的范围内几无农田隙地，“佛山居人稠密，未易得地”①。但是，通过 GIS 对佛山镇空间数据的分析，发现在公房祠庙、铺户民房等建成区内还零星分布有很多空地（图 3.4、彩图 4），这些空地多为池塘、树木、桑地和果木，而且常常用围墙和周围分开。据周毅刚研究，这些空地是原 15 个村落在佛山成为市镇之后扩展融合所留下的空隙痕迹[7][182-185]，是遗留在城市内部的农业景观。正如清道光《佛山忠义乡志》所言：“佛山商旅所聚，庐肆多于农田。然乡中隙地涌水环绕，时资灌溉，春畦碧浪，秋陇黄云，亦居然太平村落也。”② 可见，佛山镇尽管城镇得到快速发展，但直至民国初，其土地利用景观仍然一定程度地保留着传统村落的景观特征，实为佛山镇“万瓦齐鳞、千街错绣”③ 中一片难得的绿洲，也体现了古佛山镇的村落——市镇的土地利用景观特质。

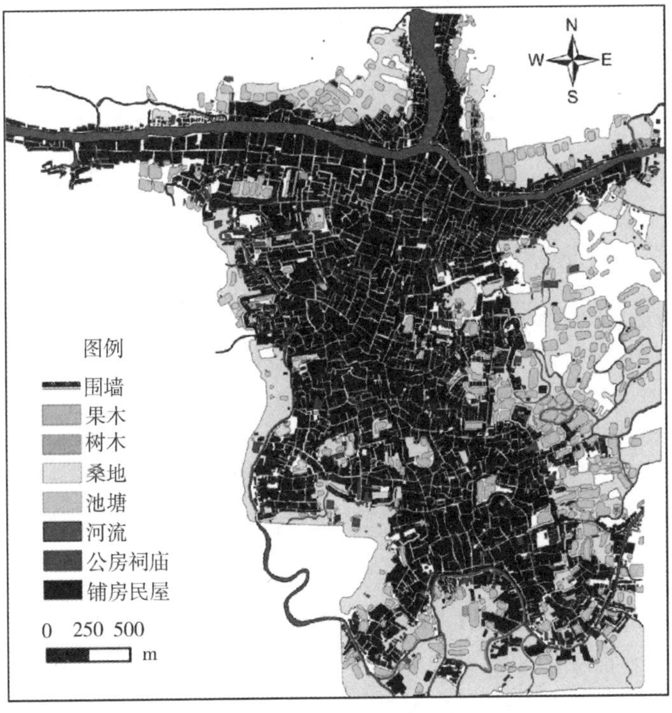

图 3.4　佛山镇内的空地

① （民国）冼宝干：《佛山忠义乡志》卷九《氏族志·方伯家庙记》。
② （清道光）吴荣光：《佛山忠义乡志》卷一《乡域志·田亩》。
③ （清道光）吴荣光：《佛山忠义乡志》卷十一《艺文志下·佛山赋》。

二、佛山镇周围的土地利用景观

在佛山镇周围还有张槎、大富、深村和魁冈诸堡，共同构成了现今禅城区的范围。根据 FSHGIS 的光绪三十四年（1908）佛山的空间数据，应用 ArcGIS 绘制出禅城区在清末的土地利用图（图 3.5），再将此矢量图转换为 GRD 格式，使用 Fragstats 3.3 软件可以得到清末禅城区的景观格局指数（表 3.3）。

表 3.3　清末佛山镇周围土地利用景观的类型指数

类型	*CA*	*PLAND*	*NP*	*PD*	*CLUMPY*	*SPLIT*	*IJI*	*AI*
禾田	3869.625	47.3541	35	0.4283	0.983	23.5191	86.3037	99.1047
果木	160.7075	1.9666	26	0.3182	0.9669	32837.9411	69.438	96.7523
房屋	1019.79	12.4796	207	2.5331	0.9713	353.9819	76.8263	97.4845
河涌	679.7675	8.3186	9	0.1101	0.9525	163.1389	68.33	95.6472
桑地	1644.5425	20.1249	51	0.6241	0.9763	271.4115	80.3464	98.1034
树木	686.2425	8.3978	29	0.3549	0.977	602.6475	82.4749	97.8949
池塘	110.1525	1.348	299	3.659	0.9073	1170183.002	55.1791	90.8577

说明：①景观斑块类型面积（*CA*）等于某一土地类型景观所有斑块的面积之和，单位：ha；②景观比例（*PLAND*）等于某一土地类型景观斑块的总面积占整个景观面积（*TA*）的百分比，单位:%；③斑块数（*NP*）等于某一土地类型景观的斑块总数；④斑块密度（*PD*）等于某一土地类型景观斑块数量占整个景观面积的比率，单位：个/100 ha；⑤聚集指数（*CLUMPY*）反映土地类型景观斑块团聚的程度；⑥分裂指数（*SPLIT*）反映某一土地类型景观斑块离散的程度；⑦散布与并置指数（*IJI*）反映某土地类型景观斑块与其他类型景观斑块相邻的情况（若 *IJI* 值小时，表明某类型景观斑块仅与少数几种其他类型相邻；当 *IJI* = 100 时，表明各景观斑块间毗邻的边长是均等的，也即各斑块间相邻的概率是相等的），单位:%；⑧聚合指数（*AI*）是反映某土地类型景观斑块集中程度的指标，单位:%。以上说明根据 Fragstats 3.3 软件的帮助模块。

在土地利用景观类型水平上，清末时期佛山的禾田、桑地和房屋用地是土地利用的优势景观，*PLAND* 值分别为 47.35、20.12 和 12.47，总共占佛山所有土地面积的 80%。其中，禾田、桑地景观集聚程度高，在各土地利用景观类型中，它们的 *CLUMPY*、*AI* 值都是最高，相应的 *SPLIT* 值也是最小的。房屋用地除了集中在佛山镇、石湾镇外，其余的则分散在各堡、村。因而，与禾田、桑地相比，房屋用地的 *CLUMPY*、*AI* 值略低，而 *SPLIT* 值较高。从景观空间格局看，如图 3.5（彩图 5）所示，以房屋建成区为中心，房屋、桑地和禾田由内向外呈圈层状分布；而且不管是佛山、石湾两镇，还是各堡各村，几乎都存在这种土地利用的空间格局。这种景观格局在佛山镇尤为突出，呈现出丛丛桑树覆盖下的佛山镇景观意象。

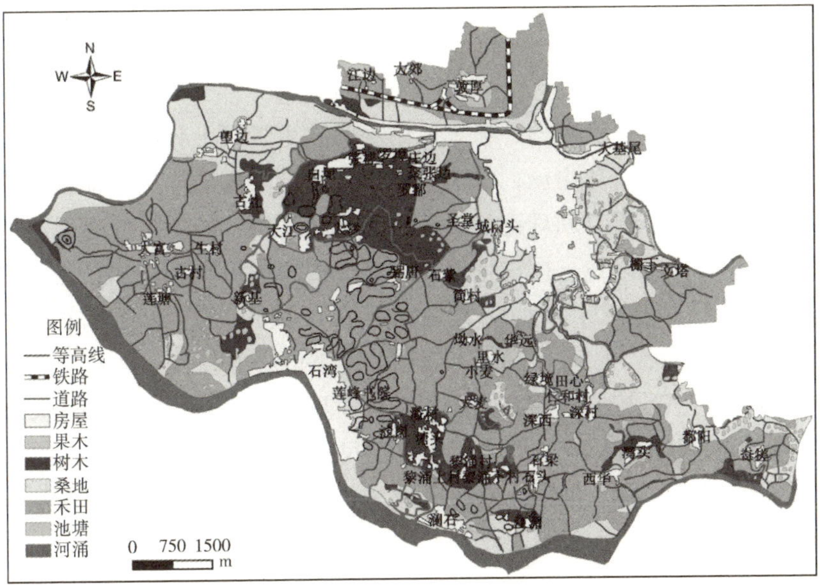

图 3.5 清末佛山镇周围的土地利用景观

清末佛山的树木、果木和池塘的 *PLAND* 值分别为 8.39、1.96 和 1.34，仅占佛山土地总面积的 11.69%。与禾田、桑地和房屋用地相比，这三者的 *CLUMPY*、*AI* 值较低，而 *SPLIT* 值较高，说明树木、果木和池塘景观的空间分布比较分散。但是，树木、果木和池塘景观的空间格局还存在差异。树木的集聚程度最高，张槎堡的郁龙冈、赤珠冈及其周围冈丘树木景观的面积最大，*CA* 值为 305.38 ha，占整个树木景观总面积的 44.5%。在佛山镇的风水结构中，吴荣光、冼宝干都以张槎的郁龙冈为佛山镇主山。由此可见，在地势低平的佛山镇，郁郁葱葱的郁龙冈、赤珠冈形成了佛山镇的城市绿心。其余树木景观也基本沿佛山镇西侧的张槎至石湾诸冈丘分布，正如乡人所言："赤珠冈接赤霞冈，叠翠攒青地脉长。共识五星齐聚美，联珠佳气映文昌。"① 果木景观的集聚程度次之，主要在各村落的房屋周围分布。池塘景观尽管总面积不大，但池塘景观的 *NP* 值最高，*CLUMPY*、*AI* 值最低，*SPLIT* 值则最高，由此反映出池塘景观数量多且相当分散。值得指出的是，图 3.5 中的一些池塘景观和桑地景观的空间相互叠置，而且在佛山镇东、西和南面十分明显，表现出桑基鱼塘的景观特征。

① （清道光）吴荣光：《佛山忠义乡志》卷十一《艺文志下》。

第二节　宗教文化景观

宗教是人类社会文明的一项主要内容，除了景观上具有特殊性外，不论其文化景观或其文化内涵，都蕴含着丰富复杂的内质。从地理学视角解读宗教现象，可依据空间理论，对宗教的空间结构、传播扩散等现象进行研究；可依据人地理论，探讨宗教中所蕴含的环境识觉和认知；还可依据区域理论，研讨区域宗教的独特性及其在区域内与其他现象之间的关系。[8]“存在空间”是人本主义地理学最基本的概念，其空间概念不是抽象的几何空间，是按照人的意向性和目标而界定的空间。宗教空间又被称为“神圣空间”，由人本主义地理学的空间观点，来诠释“神圣空间”的景观格局与内在意涵，能够反映出宗教文化景观内涵与地理环境相互作用所彰显的社会文化空间的意义。[9]

一、宗教文化景观的结构

谭其骧先生认为：“中国的封建统治在政治上以专制著称，但从来并不严格限制其臣民的思想文化倾向与宗教信仰，……不管你所信仰的到底是圣贤还是神仙，是周公、孔子、孟子、程、朱，还是释迦牟尼、耶稣基督或安拉真主。”所以，中国始终没有形成任何一个时期的唯一的统治思想。实际上“控制整个社会精神世界的，是菩萨神仙，而不是周公孔子孟子”。[10]因而，在我国民间的宗教信仰是多元化的，特别是民间信仰五花八门，这些信仰贴近民众的日常生活，形成特征各异的宗教文化景观。粤人自古崇尚鬼神，《魏书·僚书》称岭南之僚民“其俗畏鬼神，尤尚淫祀”。明清时期，南海人多建神庙，佛山属南海，“吾佛土为大镇，合二十四铺。地广人稀，神庙之多，甲于他乡”。① 也有“粤人尚鬼，而佛山为甚”② 的说法。可见，明清之际，佛山民间信仰之盛。

宗教空间（场所）是宗教文化的中心。所有的宗教信仰，原则上皆视其信仰需要所使用的空间（即宗教场所）为神圣的，如寺庙、道观和教堂等。通过塑造庄严、高耸的大庙、教堂的景观，使人们可以经由这个大

---

① 《南海佛山霍氏族谱》卷十一《重修东头张真君庙记》。

② （清乾隆）陈炎宗：《佛山忠义乡志》卷六《风俗志》。

庙、教堂而产生上下天人的沟通。[11] 为了便于对佛山镇宗教文化景观的认识，本书以民国版《佛山忠义乡志》和《各铺街道图》记录的宗教文化景观为基础，对宗教文化景观的结构进行分类。按照宗教性质及其宗教空间（场所）的差异，佛山镇的宗教文化景观可以分为民间信仰（神庙和里社）、佛教（寺庵）、道教（道观）和西方宗教（教堂）文化景观四种（表3.4）。

表3.4 佛山镇宗教文化景观（场所）数量统计

宗教文化景观	民间信仰文化景观			佛教文化景观	道教文化景观	西方宗教文化景观
	神庙		里社			
	官祀神庙	民祀神庙				
数量/处	5	179	79	25	2	13

二、佛教文化景观

1. 佛教文化景观及其空间文化含义

佛教文化景观是据文字记载佛山最早的宗教文化景观。据清道光《佛山忠义乡志》载："隆安二年戊戌，三藏法师达昆耶舍尊者，因讲经始建经堂。堂后有冈，相传唐贞观二年，冈地夜放金光，掘之得铜佛三尊，穴间有碣，曰：塔坡寺佛。……乡名佛山，盖始于此。"① 塔坡禅寺原在耆老铺塔坡冈，始建于东晋隆安二年（398），是佛山最早的宗教文化景观，也是佛山得名所在，称为"佛山初地"。但与神庙相比，佛山镇的寺庵并不多，大约有27座，在FSHGIS中能够确定其位置的有25座。其中，有寺庙12座，庵堂15座。塔坡禅寺（即经堂古寺）、仁寿寺、德寿寺、湖峰寺和三元寺合称为佛山镇五大丛林。[4]49 后来塔坡寺于明洪武二十四年（1391）被毁。明天启七年（1627）又迁至医灵铺万寿坊重建（图3.6），但在清咸丰四年（1854）的陈开、李文茂起义中又被焚毁。直到清光绪七年（1881）才复建成，并受到慈禧太后懿旨，赏赐"龙藏全经"等珍品，赐寺名"万寿塔坡禅寺"。"自是古刹重兴，名山有主。"② 据官产处测量，塔坡寺的土地面积十亩二十井余，寺内建筑面积五亩五十三井余。③ 禅寺深四进，内部景观结构整体严谨，强调布局对称和中轴线地位，院落重

① （清道光）吴荣光：《佛山忠义乡志》卷二《祀典·寺观》。
② （民国）冼宝干：《佛山忠义乡志》卷八《祠祀志二·寺》。
③ （民国）冼宝干：《佛山忠义乡志》卷首二。

重，层层深入，以造成殿堂空间的神圣感（图 3.7）。

图 3.6　塔坡禅寺位置的变化

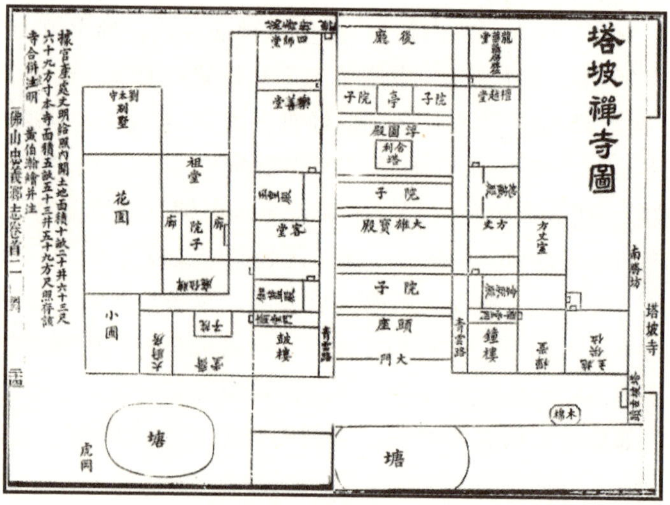

图 3.7　塔坡禅寺平面

资料来源：（民国）冼宝干：《佛山忠义乡志》卷首二。

寺庙是以神灵崇拜为中心营建起来的宗教场所，它所牵扯的既有民众的宗教生活，也有他们的世俗生活，是神圣空间和世俗空间的复合体，而且往往更加世俗化和民间化。从塔坡禅寺内部景观的空间结构可见：①塔坡寺所祭祀的并非全是佛教神祇，还与民众的日常生活联系起来，迎合民众祈福、祛灾、防病和修行等心理，设有玉皇殿、四师堂和乐善堂等。②塔坡禅寺所在的医灵铺得名与该铺的民间信仰有关。佛山镇的药王庙、医灵庙有7座，3座位于医灵铺，而且以万寿坊的医灵庙规模和影响最大，在寺院最后的龙华堂供奉有药局牌位，显然这既与铺区的民间信仰有关，也是佛山镇中成药行业的祭祀场所。明代以前，塔坡禅寺和祖庙是古佛山镇两个最著名的神圣空间，而且塔坡禅寺又是佛山得名之处，即“佛山初地”，以后也受过御封，其地位应该可以与祖庙相媲美。但实际上，由于佛山镇的社会文化空间过程的影响，两者的地位却相差较大，这在后面的章节中还要做深入的分析。

民国《佛山忠义乡志》记载佛山镇有庵堂15座，而实际上，佛山镇庵堂数量还要更多。据民国《南海县政月报》1930年9月的统计，佛山市（镇）庵堂数量达45座①；20世纪30年代，佛教在广东有所复兴，修复和兴建了不少寺庵[2]297。1938年佛山镇的庵堂数量达到了70多间。此后，虽经抗日战争和内战，到1950年，至少还保存有37间尼庵[12]46-47，远大于寺庙的数量。佛山镇的庵堂何以比较多呢？珠江三角洲受古越人遗风的影响，自古妇女就有“不落夫家”的习俗。明清以降，随着珠江三角洲商品性农业和缫丝业的发展，妇女的经济地位发生变化，以南海、顺德二邑为核心，又形成了“自梳女”的习俗。无论是“不落夫家”，还是“自梳女”，大都坚持独身的信守，崇尚自主谋生和冰清玉洁的价值观。[13]121特别是20世纪30年代以后，珠江三角洲大部分地区沦陷，南海和顺德的部分丝厂迁来佛山，如西樵的“大来”，沙滘的“广兴隆”、“永大”，水藤的“公记隆”、“公记兴”等。[14]南海、顺德的这些缫丝女工（几乎都是自梳女）相继迁来佛山。李宁利认为，拜观音、巧姐等神祇是“自梳女”重要的精神信仰和寄托，而且信仰民间众神也与当地的民间习俗得到充分融合，更有利于她们的生存。[13]114-115笔者推测，佛山镇这一特殊的“自梳女”群体可能是众多庵堂产生的重要基础之一。这些尼庵多是自建，在此进行修行，地方不大，它正应和了“自梳女”的信念和价值观，成为了她们的“归宿”之一。

---

① （民国）《南海县政月报》1934年第5期，第416页。

2. 佛教文化景观的分布

通过 GIS 密度分析（density analyst）方法，可以反映佛教文化景观的空间分布状况。利用 GIS 的 Kernel 密度生成法，选择数据单元（cell size）大小为 10 m，搜索半径（Search radius）为 500 m，输出佛教文化景观密度图。

从图 3.8 可见，佛教文化景观的分布的特点是集中在佛山镇自洛水到大塘涌沿岸的中南部区域。尤以中部祖庙铺、山紫铺和观音堂铺的洛水、旗带水道沿岸最为集中，祖庙铺、山紫和丰宁铺构成了佛教文化景观的核心区域。南部主要分布在锦澜铺、耆老铺及其周围。从庵堂分布来看（图 3.9），集中于中南部的情况更为明显。最根本的原因在于，庵堂多是属于下层的市民自建，中南部是佛山镇主要的手工业区，大量处于社会下层的居民集中在这里，导致庵堂集中分布于此。另外，从图 3.9 中可见，1950 年存留的 37 间庵堂也同样是集中在佛山镇的中南部各铺。

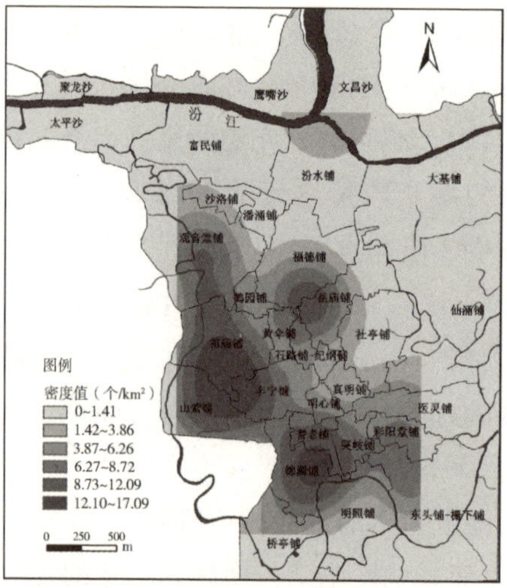

图 3.8　佛山镇佛教文化景观的空间密度（民国初）

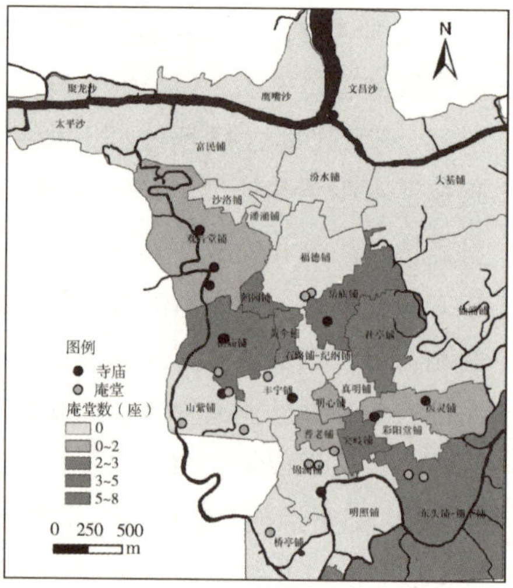

图 3.9　佛山镇寺庙和庵堂的分布（1950 年）

三、道教文化景观

1. 万真观与玉泉仙馆

佛山镇的道教文化景观仅有万真观、玉泉仙馆两座。玉泉仙馆位于丰宁铺兰桂坊，民国初年，由道士吕镜云等人在原来南园遗址上扩建而成，是儒道合一的道观，又称“儒真仙馆”。佛山镇最重要的道观文化景观是万真观。万真观又称为洞天宫，据《佛山忠义乡志》载：“禅之南隅有土冈焉，莺其名也。其地原隰异形，西之数十步，茂林矗空，蔓草连径，中建洞天宫，即古之万真观也。”① 万真观在丰宁铺，约建于明末，至清康熙癸巳年（1713），由罗浮山冲虚观铁松道人岑和顺等10人在其周围购地重建。雍正年间，万真观从广州迎城隍神至道观，内部形成以城隍庙为中心的多元神灵景观空间结构。

2. 从万真观到城隍庙的空间文化含义变化

城隍庙是中国唯一只有在城市中才立的神庙，从万真观到城隍庙空间文化含义的变化，可以折射出佛山镇由乡村到城市的空间意义的转变。

城隍神一般认为源自《礼记》中的八蜡中的水墉神，孔颖达疏曰：“坊者所以蓄水，亦以障水。庸者所以受水，亦以泄水，谓祭此坊与水墉之神也。”② 可见这里所说的水墉神即沟渠神，为农田保护之神。人们在村落的周围常常挖一条深沟，作为防御之用，而且相信这里与沟渠一样，会有沟渠神的存在，这样水墉神就成为村落保护神。随着社会经济发展，城市与村落功能发生分异，城市经常作为一个地区的军事和行政中心，经济繁荣富裕，原来简单的防御建筑逐渐被高大的城墙取代，围沟也变成了又宽又深的护城河。清代赵翼《陔余丛考》说：“水则隍也，庸则城也。”③ 显然，原来的村落保护神又升格为城市保护神。

早期的城隍神仍然是自然神。到了汉代，出现了正直之人死后为城隍的观念，城隍神从自然神演变为社会神。到唐代，城隍神又成为冥间地方官，功能和管辖范围大大增加。至宋代，城隍信仰已经是非常普遍的民间信仰了。而且，自魏晋以后，城隍神在乡村就已经很少了，逐渐成为城市中的保护神。有明以来，城隍信仰从官方到民间达到了极致。《明史·礼志三》记载太祖下诏“封京都及天下城隍神”：

> 洪武二年，……乃命加以封爵。京都为承天鉴国司民升福明灵王，开封、临濠、太平、和州、滁州皆封为王。其余府为鉴察司民城隍威灵公，秩正二品。州为鉴察司民城隍灵佑侯，秩三品。县为鉴察司民城隍显佑伯，秩四品。

可见，明代形成了与都、府、州、县封建统治体系完全对应的城隍神等级结构，并将城隍信仰纳入国家祀典之中，完善了祭祀城隍的制度。每个县城以上的城市都相继按照相应的等级规格修建了城隍庙，城隍庙被寄托了

---

① （清道光）吴荣光：《佛山忠义乡志》卷二《祀典》。

② 《礼记注疏·四库全书礼记注疏·四库全书》。

③ （清）赵翼：《陔余丛考》卷三十五。

护城保民、祛灾除患，惩治恶鬼、安抚厉鬼，护佑善者、惩治恶者等多种职能。作为城市的守护神，城隍庙及其周围地区往往形成了一座城市集中体现市俗文化、神圣与世俗有机结合的文化空间，成为城市的象征和标志。[15]118

城隍庙是城市的保护神，与城市发展、城市经济之间关系密切，成为一个城市发展的肌理。对于佛山镇的万真观向城隍信仰空间转变的原因，虽然没有详细记载，但大体上与经济发达的江南等地市镇相似[16]，可以透析出以下社会文化含义：

（1）城市发展促成了神灵崇拜空间的重构。佛山至清代中叶已经成为岭南大都会，至道光十年，已是“人稠地广，烟户十万余家”，人口激增到约60万人。《重修佛山海口文昌阁记》称：“佛山为省垣西南重镇，四面环海，气运所钟，商贾辐辏，人文奋兴，于今为盛。四方之迁者、侨者、从学而来者、宦成而归者、权缗竿以起家者、执艺事以自食其力者，咸以风淳俗美，乡有贤耆，梯航簦笈，麟萃云集，偕来而卜居焉。”① 佛山成为珠江三角洲人们向往的城市，有希望致富的商人、求食的工匠、求学的士子、退休的官员等。在这些大量的流动人口中，经常会有一些商贩、学徒和工人客死异乡。人们相信，客死异地的殇鬼因为心中有怨气，经常要作祟，而变为厉鬼。所以，需要请城隍神主祭厉坛，安抚孤魂野鬼。据清道光《佛山忠义乡志》：

> 康熙癸巳年，罗浮山冲虚观道衲杜阳栋之五世孙岑合顺，与其同门陈有则等十人购地重建。左为大慈堂，以祀无以木主。雍正丁未，游魂不安，怪异屡见，乃奉都城隍神以镇抚之。佛山之有城隍行台，肇此也。②

可以看出，雍正丁未年（1727），万真观从府城奉迎城隍神到观，建立城隍庙，以安抚和震慑游魂，并形成以城隍神为主，众神拥之的多重神灵崇拜空间。此后，每逢春节、盂兰盆节，市民多到庙参神，“规模宏大，香火亦盛”③。市民甚至直接就将道观称为“城隍庙”，而“万真观”、“洞天宫”之名反而不彰。[4]53－54 据《南海县政季报》中的《布告严禁佛山城隍庙开坛建醮案》载：“近查该庙司祝，竟欲乘俗例盂兰盆会时期，定于本月十三日，在庙内开坛建醮，名为万人缘，……到开坛之日，则男女杂

① （清道光）吴荣光：《佛山忠义乡志》卷十二《金石志下》。
② （民国）冼宝干：《佛山忠义乡志》卷八《祠祀志二》。
③ （民国）冼宝干：《佛山忠义乡志》卷八《祠祀志二》。

处，一连数日，喧扰通宵。"① 可见，至少到民国初年，佛山城隍庙还是经常开坛建醮，万人云集，成为市民重要的公共活动空间。

（2）市镇发展成为城市对身份表征的内在需求。清代康乾道时期，随着佛山镇商品经济的发展和商业活动的繁盛，城市规模从最初的二十四铺扩大到二十八铺，从忠义乡到佛山堡，再到佛山镇，佛山已经成为岭南一大都市，具备城市的特征和功能。相对来说，在行政体系中，佛山镇也要确立自己的位置，纳入都—府—州—县各级行政序列的下层，而要做到这一点，非要有表明身份的城隍庙不可。这样，作为城市要素之一的城隍庙在经济发展的推动下，进驻了原本没有资格拥有的城镇。[15]150 陈炎宗曾做《忠义乡说》曰：

> 佛山堡名耳，乡则曰忠义。顾天下艳称佛山，几忘其乡之为忠义，毋乃爱其地而逸其美乎？夫曩者之锡此乡以嘉名也，地以人荣，至传之今日，则人又以地荣矣。乡人士不以之自耀而但称佛山，故天下亦遂循而忘之也。虽然有美弗彰，君子惧焉，谓无以历世而翼教也。惟揭忠义之名，昭表里之意，俾天下感知是乡之美，不在烟火之稠、文物之盛、货财之富，而在二十二人之赤忠与其子弟之从义，昭当时，风后世……②

由"顾天下艳称佛山，几忘其乡之为忠义"观之，显然，陈炎宗想为忠义乡正名，以表乡之忠义。但如文中所言，之所以市民只称佛山，而忘记忠义之名，实为"烟火之稠、文物之盛、货财之富"。可见，随着佛山镇经济与城市发展，佛山取代"忠义乡"是必然的，这也反映出了市民及侨居者对于佛山身份的认同。

（3）清代以来礼制的松动使佛山建立城隍庙成为可能。清代的祭礼基本沿袭了明代旧制。明代祭城隍列为中祀，而到清代，祭城隍只是五十三群祀之一，城隍神的地位有所下降。这种礼制的松动，也是像佛山这样由市镇发展起来的工商业城市能够出现城隍庙的原因之一。至民国时期，庙宇的经营和纸宝捐是政府重要的商业税收渠道之一，《南海县政季报》更是称佛山城隍庙为"市有产业，由司祝缴饷批承"③。

（4）佛山城隍庙的草根性凸显了佛山镇的政权、族权和神权的社会特征。城隍庙一般是由官方和民间（包括信徒）共同修建的。[15]66-67 佛山镇成为重要的经济中心后，先后设立了文武四衙，成为南海县的政治中心。

---

① （民国）《南海县政季报》1929 年第 1 期，第 194 ～ 195 页。

② （清道光）吴荣光：《佛山忠义乡志》卷十一《艺文志上》。

③ （民国）《南海县政季报》1929 年第 1 期，第 194 ～ 195 页。

但据罗一星的研究，佛山官方机构的设立，并未使佛山都市郡县化，佛山的实际权力仍然是由以祖庙大魁堂为核心的士绅阶层把持。[3]393 佛山镇的城隍庙是由万真观道士募捐、民间需要推动而兴建的，佛山镇的官方并未参与。制度化的宗教在佛山的发展很有限，民间信仰一直在佛山镇的精神领域占统治地位。明代以来，祖庙实际上是佛山镇的集神权、族权和政权为一体的核心。祖庙铺及其周围成为核心信仰圈，城隍庙就位于这个信仰圈中，紧邻佛山镇的信仰中心（图 3.10）。佛山市博物馆馆藏的《接法事部》账本详细地记录了万真观道士在佛山祖庙接法事的情况。显然，万真观与祖庙联系密切。清代佛山祖庙醮会几乎都请城隍庙（洞天宫）道士操持法事[17]，而且城隍庙在《佛山忠义乡志》中以“城隍行台”之名被纳入民间信仰系列的神庙之列。可见，佛山城隍庙的这种草根性折射出佛山镇的政权、族权和神权的社会特征。

图 3.10 佛山镇城隍庙的空间位置

四、民间信仰文化景观

民间信仰一般指普通百姓所具有的神灵信仰，包括围绕这些信仰而建立的各种仪式活动。与民间宗教相比，它们往往没有组织系统、教义和特定的戒律，是人们日常生活的一个组成部分。[18]13 民间信仰文化景观指围绕这些信仰而建立的场所及其组成，以及各种仪式活动。明清以来，民间宗教经常会受到政府的防范和镇压，但深植于乡土社会的民间信仰却无法禁止，而且形成了五光十色的文化景观，并折射出区域的社会文化内涵。

明清时期佛山镇的民间信仰兴盛，形式复杂多样。根据民间信仰的场所，民间信仰文化景观可以分为里社、神庙。神庙亦称为祠庙，是民间信仰活动最主要的场所，也是佛山镇最重要的民间信仰文化景观。按祭祀主体，其又分为官祀神庙和民祀神庙。佛山镇的官祀神庙主要有敕赐灵应祠、敕封忠义流芳祠、烈士祠、报恩祠、忠勇祠和义烈祠。由于乡民称灵应祠的北帝神显灵帮助乡民抵御黄萧养的进攻，而被朝廷封典，并着令“合行州县掌印官，每岁供祭品物，春秋离职，亲致祭祀，用酬神贶”，所以，佛山镇官祀以“灵应祠为重”，而“流芳祠亦同时鼎建，皆特邀封典，档案可稽。英烈所垂，百世未坠。于是报恩、忠勇、义烈诸祠，相继而起，间或未登奏报，而以劳定国，以死勤事，例得建立专祠，皆官祀也”。① 由上可知，报恩、忠勇、义烈诸祠所祀者为有功于佛山镇的官员、勇弁，并没有获得官方的认可。但佛山人认为只要合乎《大清会典》即可，便私谥为官祠，而且将其列入了《佛山忠义乡志》的官祀条目中。这一定程度上反映了佛山镇地方士绅的影响力要远胜于官方机构。佛山镇更多的是民祀神庙，据笔者统计共有 196 座，有 179 座在 FSHGIS 中能够确定其位置。

1. 佛山镇神庙文化景观的神祇类型及其等级

民间信仰的神祇十分庞杂，与各大宗教相比，民间神祇缺乏体系化，目前学者们对于民间神祇类型的划分各异。司徒尚纪将岭南汉民系的神灵崇拜分为水神、谷神、祖宗神、功名神、海神和其他自然神等。[19] 潘朝阳则将台湾的民俗宗教神祇划分为圣贤型神祇、乡土型神祇、自然型神祇、鬼灵型神祇、神仙型神祇、神话型神祇、技艺型神祇和杂类型神祇八种类型。[8] 参照潘朝阳的分类，并根据广东民间神祇的特点，本书将民间神祇归纳为圣贤型、自然型、鬼神型、乡土型、行业型、释道型和神话型七种类型。但由于一些民间神祇兼有诸多特征，故它们之间的界限也不一定十分严格（详见表 3.5）。考虑到区域民间神祇与地域社会之间的关系密切，存在共时性的民间信仰地域差异，以及历时性的民间信仰变迁历程。为了反映佛山镇神祇系统的特点，依据清至民国初年广东各府县地方志的祠祀、坛庙部分②，获取各县神庙的资料，将佛山镇的神祇系统纳入广东范畴内进行比较。

---

① （民国）冼宝干：《佛山忠义乡志》卷八《祠祀志一·官祀》。

② 各府县镇神庙资料来源：（民国）《佛山忠义乡志》、（清光绪）《四会县志》、（清光绪）《香山县志》、（清宣统）《徐闻县志》、（民国）《阳江志》、（清光绪）《潮阳县志》、（民国）《赤溪县志》、（清宣统）《从化县志》、（清宣统）《东莞县志》、（民国）《恩平县志》、（清光绪）《丰顺县志》、（清光绪）《高明县志》、（民国）《开平县志》、（清同治）《乐昌县志》、（民国）《龙门县志》、（民国）《罗定县志》、（清光绪）《茂名县志》、（清宣统）《南海县志》、（清光绪）《曲江县志》、（民国）《仁化县志》、（清嘉庆）《三水县志》、（清咸丰）《顺德县志》、（民国）《石城县志》、（民国）《始兴县志》、（清光绪）《吴川县志》、（清同治）《番禺县志》、（清光绪）《清远县志》、（民国）《阳山县志》，以及（清光绪）《嘉应州志》、（清光绪）《惠州府志》、（清同治）《韶州府志》和（清光绪）《肇庆府志》。下同。

表 3.5 广东民间信仰主要的神祇谱系

类 型	主 要 神 祇
圣贤型神祇	孔子*、关帝(武帝)*、天后*、绥靖伯(陈公爷爷)*、三界圣神(冯克利)*、谭仙(谭峭)*、伏波将军(马援、路博德)*、扁鹊*、杨爷(伏波将军副将杨仆)*、孙真人(孙思邈)*、许真君(许旌扬)*、龙母*、双忠公(张巡、许远)、包公、韩愈、诸葛亮、张桓侯(张飞)、杨文广、岳王(岳飞)、朱熹、张九龄、苏辙、任将军(任嚣)、南汉高祖、南越王、冼太夫人、雷万春、文天祥、陆秀夫、张世杰等
自然型神祇	东岳*、斗神(斗姥)*、雷神*、樟柳二仙*、花神*、太岁*、三官(天、地、水官)*、火神(华光或五显大帝)*、风神、痘神*、南海神(洪圣大王或广利王)*、土地*、三元(天、地、水元)*、魁星、五岳、石神、水仙、牛王、马王、大湖神(泗王)、五谷大仙等
鬼神型神祇	梁舍人*、金花神*、柳氏夫人*、十二奶娘*、仙女娘娘、邵王大帝、护国仙神烈女(定娘、寿娘)、姚娘、贞女仙等
乡土型神祇	张王爷*、白马将军*、乌利将军*、普庵禅师*、花蕊夫人*、惠济保民大王*、飞云将军*、护国王阳山徐公、晏公、白马大王、陈圣大王(开漳圣王)、曲逆侯、神滩爷娘、三山国王、安济侯、广福康王、刘太保(刘师勇)、歌仙刘三妹、六合大仙、黎母娘娘等
行业型神祇	鄂国公(尉迟敬德)*、华佗*、博望侯(张骞)*、石公太尉*、陶冶先师*、北城侯(鲁班)*、鬼谷子*等
释道型神祇	观音*、地藏*、太上老君*、吕洞宾*、华光*、王母*、真武大帝(北帝)*、齐天大圣*、观音父母*、康元帅*、赵元帅(赵公明)*、石元帅*、温元帅*、道里真君(康大元帅)*、景祐真君(张副元帅)*、三清尊神(玉清、太清和上清)*、佛祖、六祖、闻太师、姜太公、吴真君等
神话型神祇	盘古*、炎帝(神农)*、仓颉*、黄帝(轩辕)*、太昊(伏羲)*、龙王*、赤松子、文昌*、城隍*、财神*、禾谷夫人(后稷母姜嫄)、虞夫人等

说明:带 * 号者为佛山镇民间信仰神祇谱系所包括的神祇。

按照以上分类，将清至民国初年广东各府县地方志的祠祀、坛庙部分中所收录的神庙，分别按神庙名称、供奉的主祀神进行统计，并根据各神庙的主祀神归并类型。由于广东民间神庙往往供奉多位神祇，本书以神庙中座所祀神祇，或在方志的神庙记录中排在第一位的神祇为准，整理得出民间神祇类型的统计数量，显示清代至民国年间，广东的一些府县的主要神祇类型及其所占的比重。① 从各县的总体情况看，在七种神祇中，以圣贤型神祇最多，达 32.96%；其次是释道型神祇，占 24.46%；再次为神话型神祇，占 20.28%；第四位则是自然型神祇，占 16.28%。以上四种神祇合计就达了 93.98%。可见，这四种类型的神祇是广东民间信仰神祇中最主要的类型。而且各府县中的神祇类型的位序也是不同的。如表 3.6 所示，圣贤型神祇在 22 个府县的位次居首位，在 7 个府县的位次居第二位，在 2 个府县的位次居第三位。其他类型的神祇以此类推。可见，在各府县的位次居首位的以前四种神祇为主。释道型神祇和神话型神祇分别在 5 个和 4 个府县中居第一位，自然型神祇在 1 个府县中居首位。而鬼神型神祇和行业型神祇没有在一个府县中是居前两位的。值得注意的是，尽管乡土型神祇在各县中仅占 3.24%，但仍然在 4 个县中居第一位，而且乡土型神祇比例较高的多集中于粤北、粤东等山区各县。由此，显现出广东民间信仰神祇谱系以圣贤型、释道型、神话型和自然型四种类型为主，多种神祇并存的多元化特征。

表 3.6　各类型神祇的位次状态

类型	①	②	③	④	⑤	⑥	⑦
圣贤型神祇	22	7	2	0	0	0	0
自然型神祇	1	9	10	9	2	0	0
鬼神型神祇	0	0	2	7	7	14	1
乡土型神祇	4	3	3	10	9	2	0
释道型神祇	5	5	13	4	3	1	0
行业型神祇	0	0	0	8	8	8	7
神话型神祇	4	12	10	5	0	0	0

① 由于资料所限，表 3.6 仅收集了清至民国期间广东 32 个府、县、镇的神庙情况。而且，不同方志中对于神庙记录的详细程度各异，如《顺德县志》、《四会县志》和《嘉应州志》等比较详细，《清远县志》、《从化县志》和《丰顺县志》等则比较简单。而实际上，很多神庙遍布在乡镇，没有为县志所记载；即使已记载的神庙中，也还有一些由于无法确定其供奉的主祀神，故无法统计在内。这对统计的结果会产生一定的影响。另外，地方性的名宦、烈士、乡贤和节妇没有统计在内。

受所在区域自然环境和社会环境的影响，广东各府县的神祇情况也存在着差异。本书对主要神祇（居前5位）进行了汇总。关帝的奉祀在13个府县居第一位，其他比较普遍的民间神祇是文昌帝君、天后、观音、南海神或洪圣大王、华光大帝和北帝等。但是区域的各神祇位序存在着一定的差异：①珠江三角洲地区明清以来商品经济相当发达，科举人文兴盛。区内基塘密布、河网纵横，海洋和内河的航运十分繁忙，折射在诸神崇祀中，寓意忠义守信、祈福平安和登科夺魁的关帝、观音和文昌崇拜，以及诸多航运保护的水神崇拜比较普遍，如南海神（洪圣大王）、天后、北帝和龙母等。陈圣大王又称为“开漳圣王”，是福佬民系的神祇，在赤溪、开平等县较多，则是由福佬族群的迁移、扩散带来的结果。②粤西的茂名等高凉地区冼太夫人崇拜，徐闻和吴川等县的雷神、天后和广福康王崇拜比较广泛，这与粤西的历史、自然环境和族群迁移等因素有关。客家族群迁徙到粤西和粤北后，还创造出很多乡土型的神祇，如石上飞云将军①、护国王阳山徐公②等。四会、始兴等县普遍存在的盘古崇拜和关帝崇拜则体现了南越少数民族与汉民族文化交融的特点。③粤东的客家地区多山，山神和河神崇拜各具特点，如嘉应州的三山国王、水神安济侯③的崇拜。此外，客家地区还有大量的功名神崇拜，如关帝、文昌和南汉高祖④等神祇。潮汕地区的神祇以海神和其他自然神为主，如潮阳县所崇祀的天后、双忠公⑤都是与航海和水利有关的神祇。

佛山镇的民间神祇既具有珠江三角洲广府民系的属性，又反映出商品经济高度发达的特征。与总的情况相似，佛山镇的民间神祇谱系总体特征也是以圣贤型神祇、释道型神祇、神话型神祇和自然型神祇这四种类型为主，只不过顺序有所不同，按次序分别是释道型神祇（25.93%）、圣贤型

---

① 石上飞云将军是粤北客家族群的地方神灵崇祀。据传始兴县有周、雷、葛三个结拜兄弟，同在阿公岩上成仙，当地客家人称之为“石上爷爷”或“石上菩萨”，《始兴县志》记为“石上飞云三品将军”。“石上菩萨”的崇祀在始兴颇为盛行，很多乡村都建有“飞云宫”。

② 据清光绪《四会县志·坛庙》载：宋护国王阳山徐公，为阳山人。宋皇佑年间，流寇侵扰诸境，太尉奉召讨逆，卧病不起。其子十三岁，代父掌兵权，歼灭诸寇，不幸马陷于泥沼中殉节。四会、阳山等很多地方建庙祀之，被尊称为“护国王阳山徐公”。

③ 安济圣王在潮汕地区被作为蛇神崇拜，但在梅州客家地区却被称为水神或河神。据清光绪《嘉应州志·祠祀》载：“安济侯庙，梅溪岸上，俗名梅溪宫，祀梅水之神。”

④ 清光绪《嘉应州志·祠祀》称：“州属汉帝宫不下十余处，……汉主前之避灾梅口镇，后之屯汀漳境上，曾两至州地，故州人多立庙祀之。”这里指出汉帝宫祭祀南汉高祖（刘龑）。

⑤ 双忠公指的是唐代“安史之乱”时，坚守睢阳，以“忠义”著名的两位将领张巡和许远。据清光绪《潮阳县志·坛庙》载：“邑人钟英自睢阳得梦后，奉神贶航海，一夕而至门辟，闻乡人饭牛声，异之。俄抵东岳庙，英遂立化已。”后来，乡人立庙塑张巡、许远二公像祀之。双忠公信仰在潮州地区十分普遍，而且还被塑造为航海、江河水利的守护神。（陈春声：《宋明时期潮州地区的双忠公崇拜》，《民间信仰与社会空间》，福建人民出版社2003年版，第68页）

神祇（24.87%）、自然型神祇（19.05%）和神话型神祇（15.34%）。而且与粤西的茂名、吴川、石城，以及粤东的潮阳、丰顺等县相比，佛山民间神祇类型的首位度并不高，呈现出分散性和多元性，具有典型的广府民系多神崇拜并存的特质。[4]71-72谢剑将坛庙划分为艺文功名人物类、武德军功人物类和其他人物类三种，对比了嘉应州与佛山等广府系地区的坛庙，如表3.7所示。

表3.7 各类名人坛庙在部分民系地区分布 单位：间、%

分布区	坛庙总数		艺文功名人物类		武德军功人物类		其他人物类	
	数量	比例	数量	比例	数量	比例	数量	比例
嘉应州	122	100	30	24.60	29	23.80	63	51.60
佛　山	240	100	8	3.33	14	6.25	217	90.42

资料来源：谢剑：《清代嘉应地区客家神统的结构与功能分析》，《国际客家学研讨会论文集》，香港中文大学、香港亚太研究所海外华人研究社1994年版，第394～397页。

尽管谢剑的分类与本书不同，但从表中数据显示，佛山其他杂神比例占绝对优势，这也说明了以佛山为代表的珠江三角洲是崇拜多种神灵的典型地区。而且佛山的杂神如此之多，正是佛山商品经济发达的产物。[19]另外，与其他府县神祇崇拜不同的是，佛山镇及其周边的南海县、顺德县的行业型神祇占有一定的数量。在统计的所有各县的行业型神祇数目中，佛山、南海和顺德占到88.23%，反映了佛山镇及其周围的南海县、顺德县的各墟市商品经济发达，在广东具有重要的地位。而仅佛山一镇行业型神祇就占41.18%；在广东民间信仰神祇谱系的行业型神祇中，如鄂国公、华佗、博望侯、石公太尉、陶冶先师、北城侯和鬼谷子等，佛山镇基本都涵盖在内。实际上，在佛山镇大量的行业会馆都有各自的行业神崇拜，崇祀的行业神类型和数量要远大于《佛山忠义乡志》中的记载，这在一定程度上折射出佛山这座岭南工商业巨镇的属性。

2. 佛山镇神庙文化景观的空间扩布

根据清乾隆、清道光和民国版的《佛山忠义乡志》可以获取三个时期的佛山镇神庙文化景观空间数据库。按《佛山忠义乡志》记载，民国初年佛山镇共有神庙197座，基本上能够确定其绝对位置或相对位置的神庙明代有8座，清乾隆时期有71座，清道光时期有109座，民国初有183座。为了反映神庙文化景观的分布趋势，在ArcGIS 9.0环境下，取数据单元（cell size）大小为10 m，搜索半径（Search radius）为500 m，建立四个时期的佛山镇神庙文化景观的Kernel密度，同时，将获取的明初里社、明季清初村落①和不同时期祠堂的空间数据与神庙文化景观空间分布密度图进行叠加，以反映神庙文化景观的演变，以及神庙空间与聚落空间的关系（图3.11）。

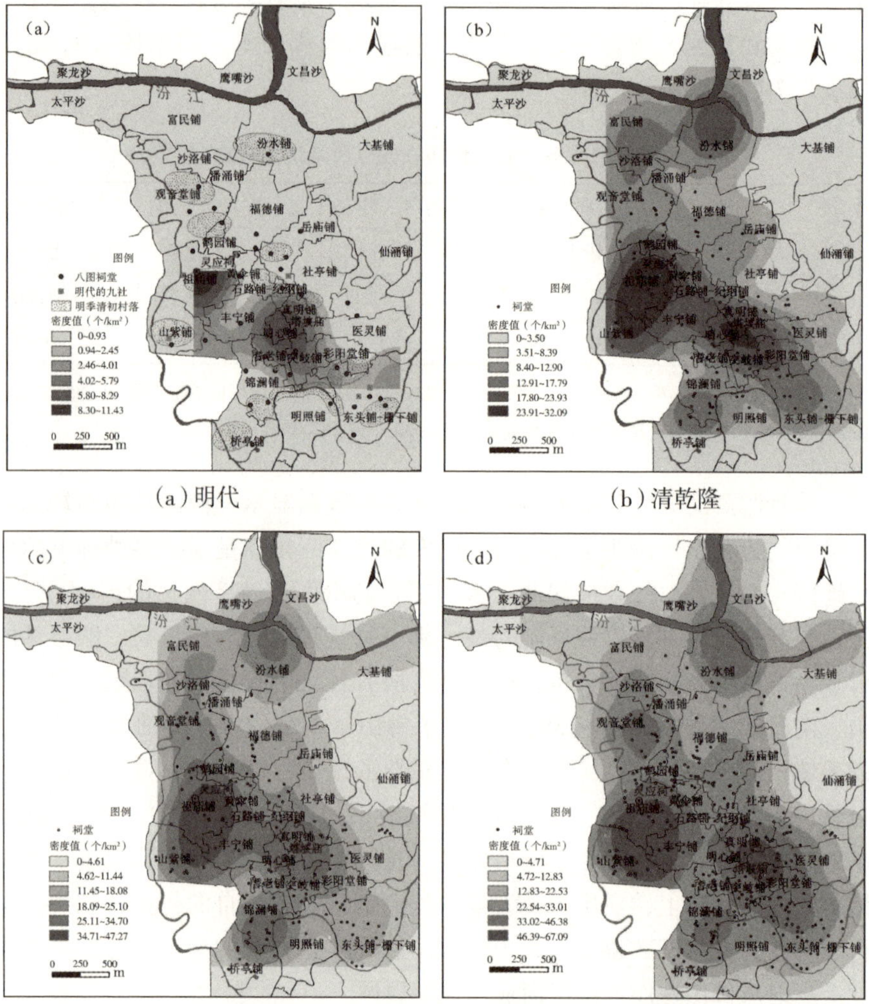

(a) 明代　　(b) 清乾隆

(c) 清道光　　(d) 民国初

图3.11　佛山镇神庙文化景观密度和祠堂分布叠合

神庙系统与社会发展密切相关。佛山镇神庙文化景观历时性的空间演变过程，实际上反映了佛山城市社会空间的"时间历程"。神庙文化根植于民间，是镇民祈福消灾的心理寄托。所以，神庙的分布与佛山居民的聚

---

① 明万历《南海县志》卷一《舆地志》记载，明代佛山堡有15个村。根据明代祠堂、里社和清初佛山镇街道分布可以推知其中14个村落的大概位置。

居联系密切，往往就近就有这样的神圣空间，如有几条街巷共一座神庙，也有一条街巷有数座神庙。这样，透过神庙文化景观的空间扩布，可以折射出佛山镇聚落空间的变化。

明以前，中南部的神灵崇祀空间开始形成。佛山越族土著居民最早在南部栅下大塘涌一带登陆，择地而居。[4]71－72东晋时，三藏法师达昆耶舍在明心铺塔坡冈上搭茅寮讲经，始建经堂（塔坡寺）。可见晋代，佛山镇自栅下铺到明心铺一带，已经形成一定规模的聚落，而且塔坡寺成为当时村民信仰的中心。宋代北方战乱频繁，霍、陈、李、梁等姓氏南迁至佛山南部栅下、桥亭等铺。南迁的中原士民也将他们的神祇带到这里，有宋一代，真武神开始流传。[20]北宋元丰年间，佛山乡人在祖庙铺的旗带水旁，修建了龙翥祠①（即灵应祠），祀真武、观音和龙树诸神。[21]龙翥祠和塔坡寺一起成为佛山乡民两个重要的祭祀中心。可见，佛山镇中南部的神灵崇祀空间已经开始形成。尽管塔坡寺明代被毁，但原址上很快又兴建一座塔坡庙，奉祀东岳帝君，称为东岳庙，使得塔坡冈仍然保持着乡民祭祀中心的地位。

明代，佛山镇的神祇崇祀范围得以扩大。明初洪武礼制的确定扩大了神灵崇祀的范围，明代佛山镇的神庙数量增加到 8 座。其中，祖庙铺有 3 座，分别是灵应祠、忠义流芳祠和观音庙；明心铺有 2 座，分别是塔坡庙②和文昌庙；栅下铺、山紫铺和明照铺各 1 座，分别是天后庙、鹊歌庙和二帝庙。明初规定，民间每里必须设立里社，定期祭祀五土五谷之神。社神的民间祭祀在广东十分盛行。明初设的九社是佛山最古老的里社。③明初佛山堡内开八图，编八十甲，宋以来的新移民成功占籍，形成了以八图所代表的佛山新土著。祠堂既是祭祀祖先、宗族议事的场所，又是宗族各房支聚居空间的核心。因而，里社和祠堂的分布能反映出聚落空间的变

---

① 关于龙翥祠始建时间，《佛山忠义乡志》称“始建不可考，或云宋元丰时”。但据吴庆洲研究，祖庙的前殿和正殿的结构及其斗拱都具有宋代的特征（吴庆洲：《瑰伟独绝，独树一帜——佛山祖庙建筑研究》，佛山博物馆编：《佛山祖庙》，文物出版社 2005 年版，第 158 ～ 167 页）。据族谱记载，南迁佛山的中原士民多是在南宋以后，如霍氏（宋靖康）、东头冼（宋绍定五年）、石巷冼（宋咸淳）、白磡冼（宋咸淳）、鹤园陈（宋咸淳）。邱衍庆认为原因有二：一是北宋以前，佛山的外来人口并非大姓氏族，只是逃避中原战乱的一般百姓或工匠，没有留下族谱记载；二是一些外来氏族为了攀附中原大姓，标榜为中原官宦背景和南雄珠玑巷的来源，遂将南迁时间推至北宋之后（邱衍庆：《明清佛山城市发展与空间形态研究》，华南理工大学博士学位论文，2005 年，第 145 页）。所以，龙翥祠应当是宋南迁佛山的乡民所建，而且不论是北宋还是南宋的佛山外来人口，应该对于真武崇祀都存在着广泛的心理认同，并作为新土地上凝聚南来汉民的中心。

② 民国《佛山忠义乡志》卷八《祠祀志》记载，明洪武二十四年（1391）塔坡寺被毁，原址上很快又兴建一座塔坡庙，奉祀东岳帝君，称为东岳庙，塔坡冈仍然成为乡民重要的祭祀中心。

③ 清乾隆《佛山忠义乡志》卷一《乡域志》记载，明初佛山九社是古洛社、宝山社、富里社、弼头社、六村社、细巷社、东头社、万寿社、报恩社。

化。从图3.11（a）可见，明代的里社、八图祖祠与明季清初的村落范围基本吻合，形成了以中南部各铺为主的明代佛山镇聚落的基本空间范围。而明代佛山神庙的分布也与此相一致，并形成了以明心铺和祖庙铺及其周围地带为核心的神庙崇祀空间。

有清以来，佛山镇社会经济迅速发展，促进了神庙数量的快速增长和空间扩展。从明末至清乾隆年间，神庙数量增长了88.73%；从清乾隆至清道光年间，神庙数量增长了34.86%；自清道光至民国初年，神庙数量增长了40.43%。由此可见，佛山镇经济发展最快的清代康熙、雍正和乾隆时期，正是佛山镇神庙景观数量迅速增长的阶段。同样，清乾隆、道光到民国初年，佛山镇的祠堂数量明显增加，原有的中南部集聚中心得到加强，而且呈现出向南、北扩散的趋势。相应地神庙的密度逐渐增大，其空间格局除两个核心地带的神庙系统继续增强外，也有向南、北逐渐扩展的趋势。特别是作为明代佛山最早的北部聚居地——汾水铺的神庙数量增加明显，并围绕汾水铺形成了新的神庙文化景观核心。总体来看，清代佛山镇北部及汾江两岸各铺“屋宇森覆，弥望莫及。其中若纵若横，为衢为衖，几以千数。阛阓层列，百货山积，凡希觏之物，会城所未备者，无不取给于此”①，逐渐发展成为佛山镇最繁华的商贸地带，各地客商云集，流动人口众多，土著氏族很少定居于此，祠堂分布较少。但是，由于迎合佛山镇社会经济发展过程中人们的心理寄托和精神追求，有神灵崇祀的需要，神庙文化景观也开始出现在北部各铺，并沿汾江两岸扩张。可见，佛山镇神庙文化景观空间分布与城市聚落空间扩张基本是吻合的。

3. 佛山镇神庙文化景观类型空间分布

佛山镇的民间神祇谱系中，若按神祇所占的比例，佛山镇主要的民间神祇分别是关帝（8.72%）、观音（8.20%）、华光（6.15%）、北帝（4.62%）、天后（3.95%）（图3.12）。佛山镇民间信仰的诸神祇形成了不同的神祇文化景观空间格局，这种空间格局往往是对区域地理环境的感知与社会经济文化发展的反映。

（1）关帝信仰文化景观。关帝信仰是普遍的民间信仰，宋代以后关帝的奉祀加剧，以致“庙祀亦遍天下，与孔子等庙貌满天下”②。有清一代，对关帝的崇拜达到极点，关帝庙“凡通衢大道以至穷乡僻壤，无地无

---

① （清道光）吴荣光：《佛山忠义乡志》卷十二《金石志上·修灵应祠记》。

② （清同治）《当阳县志》卷十六《艺文志·重修义勇武安王庙碑记》。

观音（正中）、华光（左下）、文昌（左上）、关帝（右下）、北帝（右上）

图 3.12 佛山木版年画中的诸神

资料来源：沈泓：《寻找逝去的年画——佛山年画之旅》，吉林人民出版社 2007 年版。

之”①。佛山镇亦是如此，乾隆《佛山忠义乡志》中主祀关帝的神庙仅 3 座。道光《佛山忠义乡志》中增加到 12 座。在民国《佛山忠义乡志》所载的全部神庙中，主祀关帝的神庙数量最多，其中关帝庙 11 座，文武庙（主祀文昌帝君、关圣帝君）3 座，武帝庙（主祀关圣帝君）2 座，二帝庙（主祀关圣帝君、华光大帝）1 座，共有 17 座主祀关帝的神庙。为了便于表达，本书将文武庙、武帝庙和二帝庙都统称为关帝庙，并做佛山镇关帝庙景观的空间分布图（图 3.13、彩图 6）。从图中可见，关帝庙主要分布在佛山镇的中南部，以及北部商贸繁盛的汾水铺汾江两岸。解读佛山镇的关帝信仰文化空间，能反映出正统与世俗的相互作用。

（2）华光信仰文化景观。华光大帝又称为“五显华光大帝”。一般研究者认为，华光是舍利弗、五显、灵官马元帅的合流，是由佛教、道教、

① （清）郝惟谦：《修常平关夫子庙引》（转引自郑敏：《说“武圣人”》，《烟台大学学报》1998 年第 3 期，第 80 页）。

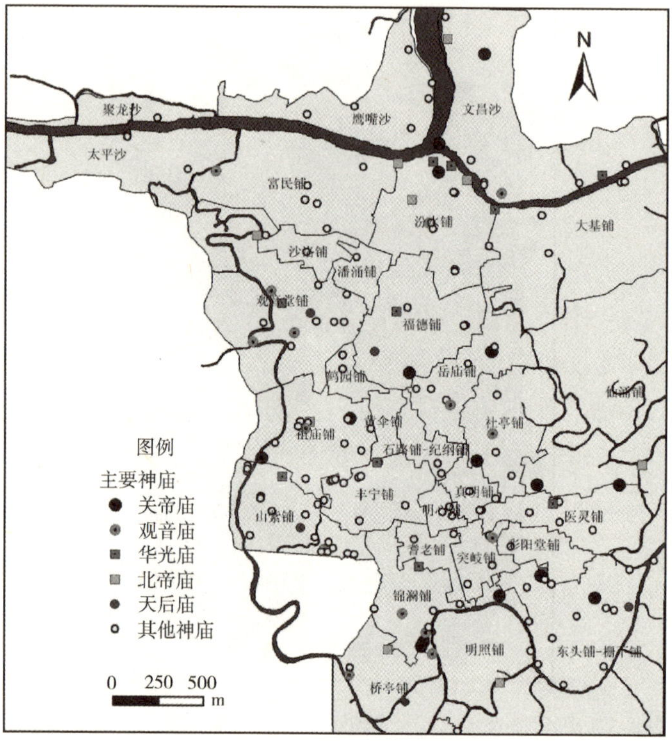

图 3.13 佛山镇主要神庙文化景观类型的空间分布

民间信仰和民间通俗文学相互作用而塑造的神灵。①“五显华光大帝”信仰广泛地流传于长江流域[22]，随着中原士民的南迁，华光信仰也进入了岭南地区。根据清至民国初年广东各府县地方志的祠祀、坛庙部分，对主祀五显华光大帝的神庙进行统计，在32个府、县和镇中，共有主祀华光的神庙112座，主要集中在以中原移民为主的珠江三角洲的南海县、顺德县和佛山镇，以及粤东的嘉应州。其中，38.46%在南海、顺德和佛山（图3.14②）。按《华光天王传》和《北游记》的说法，华光乃“火星”，玉帝曾封他为“火部兵马大元帅”，所以，民间视华光为火神。[23]因而，在广东民间奉祀华光大帝的神庙，有直接称作“华光庙”或“华帝庙”，也有称作“火神庙”。华光信仰在佛山镇的普及程度很高，据民国《佛山忠义

① 五显灵官的民间信仰相传起于唐代，是五位灵异的神人。华光菩萨即佛教的舍利弗，是佛祖释迦牟尼的十大弟子之一。五显与华光的融合，并成为民间信仰的“华光天王”或“华光大帝”是通过民间通俗文学的点化和黏合作用，特别是明代的《三教源流搜神大全》和《华光天王传》（又称《南游记》）。（贾二强：《说五显灵官和华光天王》，《中国典藏与文化》2002年第3期，第81～88页）

② 在方志中没有主祀华光神庙记载的各县，在图3.14中没有列出。

乡志》记载，佛山镇主祀华光的神庙有13座（包括琼花会馆），其中华光庙为11座。从图3.13可见，佛山镇的华光庙主要分布在中南部，以及北部的大基铺和汾水铺的汾江沿岸。佛山镇“阳燠阴湿”的自然环境，以及“人口辐辏，屋宇森覆”的城镇环境是产生华光信仰的基本条件。在佛山发达的冶铁业、陶瓷业以及民间广泛盛行粤剧的推动下，促使佛山华光崇拜的兴盛。华光信仰景观也由底层的火神神格，增加了行业神的内涵，又逐步演变为戏神，正是迎合了佛山镇社会经济发展过程中人们的心理寄托和精神追求，而且也体现在华光神庙的空间格局之中。

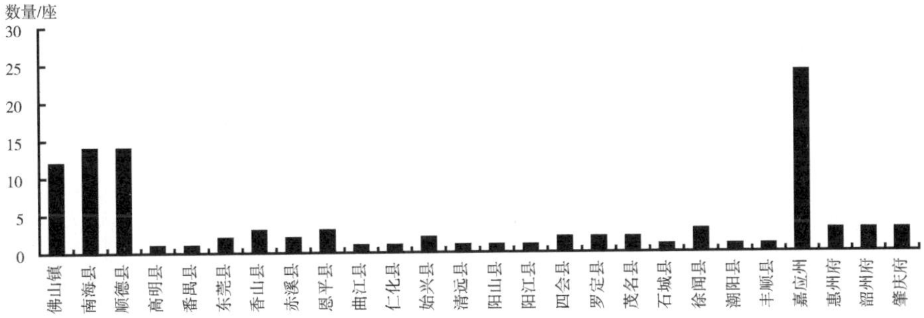

图3.14　清至民初期间广东一些地区的华光神庙数量比较

（3）北帝信仰文化景观。北帝，古称玄武，又称真武大帝，道教尊奉的大神之一。道教经典多称之为北极真武玄天上帝，民间俗称为真武大帝、玄天大帝、玄天上帝、北帝、黑帝、玄帝、报恩祖师、披发祖师、祖师爷、上帝公、荡魔天尊等。[24]一般将二十八宿中的北方七宿总称为玄武，因北方七宿形似龟蛇，民间信仰也以龟蛇作为玄武神的象征。所以，北帝（玄武）信仰源于原始的星辰崇拜和动物图腾崇拜，后经长期演变并被道教吸纳入其神仙系统而逐渐人格化。直到宋代以后，北帝屡获宋元统治者加封①，其地位越来越显赫，使普通的玄武神被抬升至玄天上帝的宝座。及至明代，明成祖朱棣以藩王身份夺取皇位，并迁都北京，称有北方真武大帝庇佑，进一步尊奉真武，把北帝祭祀列入国家祀典。自此，全国奉祀真武之风达到高潮，真武庙（北帝庙）祀真正遍及天下。[25]

北帝崇拜并不是岭南的土著原始信仰，它是随着中原文化的传播而进入岭南地区的。邹卫东以屈大均和范端昂的记录为依据，认为早在汉代，

① 宋代的外患主要来自北方的辽、金和西夏，宋朝需要将玄武作为北疆的捍卫神。元朝兴于北方，则将玄武作为立国的肇基神。在宋真宗大中祥符（1008—1016）年间，为避圣祖（赵玄朗）讳，改玄武为真武。（曾召南：《宋元明皇室崇信真武缘由刍议》，《宗教学研究》1996年第2期，第38～42页）

北帝信仰就由中原传入岭南地区。[26]屈大均称："或曰真武亦称上帝。昔汉武伐南越，告祷于太乙，为太乙鏠旗，太史奉以指所伐国。太乙即上帝也。汉武邀灵于上帝而南越平，故今越人多祀上帝。"① 范端昂也说："真武亦称上帝，昔汉武伐南越，告祷于太乙，为太乙锋旗以指南越，而南越平。太乙即上帝也，故粤人多祀上帝。"② 这里的"上帝"、"太乙"和"真武"都是指北帝。但是，笔者认为屈大均和范端昂只是指出粤人多祀北帝的渊源，并没有北帝自汉代就传入岭南之意。而且宋代以前，也极少有关于广东北帝信仰的记载。所以，这种提法并不确切。广东的北帝信仰是自宋代以后，随着中原士民的南迁而传入，北帝信仰开始普及，至明清时期达到兴盛。

根据清至民国初年广东各府县地方志的祠祀、坛庙部分③的统计，在32个府、县和镇中，共有主祀北帝的神庙202座，主要集中在珠江三角洲西部的佛山镇、南海县、顺德县、高明县、四会县和恩平县等，以及粤东的嘉应州（图3.15④）。从空间看，现佛山地区范围内的北帝神庙数量占一半以上，即53.46%集中在南海县、顺德县、高明县和佛山镇，形成广东北帝信仰圈的中心。北帝信仰在佛山镇十分兴盛。据民国《佛山忠义乡志》记载，佛山镇有主祀北帝的神庙9间，另外，还有北帝部将的各类神庙至少10余间。而且佛山镇的北帝庙在广东占有重要地位，"吾粤多真武宫。以南海佛山镇之祠为大。称曰祖庙"⑤。可见，佛山祖庙（即灵应祠）奠定了佛山镇作为广东北帝信仰圈的核心地位。根据FSHGIS中的神庙文化景观空间数据库，其中，北帝庙基本上能够确定其绝对位置或相对位置，而主祀北帝部将的神庙有9座能确定其绝对位置或相对位置。应用ArcGIS 9.0绘制北帝庙及其神祇系统的空间分布图（图3.16、彩图7），图中可见，佛山镇的北帝及其部将的神庙空间系统以灵应祠为中心，沿河涌分布于佛山镇的周围。佛山镇北帝神庙的这种空间格局与真武大帝的多重神格、佛山镇的地理环境以及社会文化特征密切相关。

北帝的神格属性及其神明崇拜的连带性，形成了北帝神庙空间系统的特征。按《北方真武祖师玄天上帝出身志传》（即《北游记》），北帝被加封为玄天上帝、荡魔天尊，上管三十六员天将[27]（图3.17），北帝及其部

---

① （清）屈大均：《广东新语》卷六《神语·真武》。

② （清）范端昂：《粤中见闻》卷五《地部二》。

③ 由于不同方志中对于神庙记录的详细程度各异，实际上民间的北帝庙数量更多，所以，对于统计的结果会产生一定的影响。但是，基本上能够反映出北帝信仰的区域差异。

④ 在方志中没有主祀北帝神庙记载的各县，在图3.15中没有列出。

⑤ （清）屈大均：《广东新语》卷六《神语·真武》。

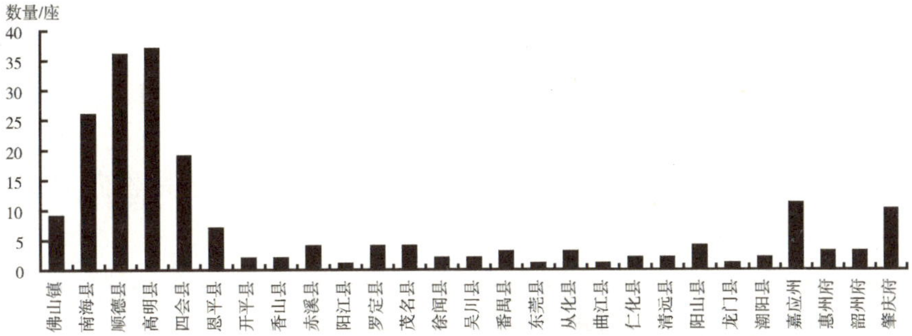

图 3.15 清至民初期间广东一些地区的北帝神庙数量比较

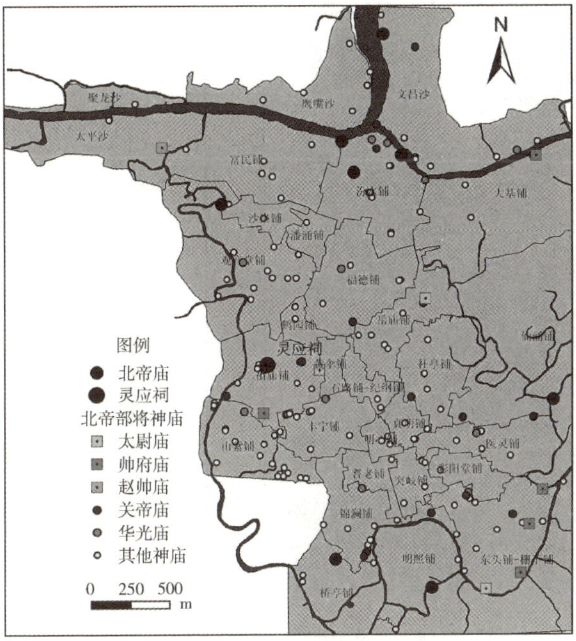

图 3.16 佛山镇北帝神庙空间系统空间分布

将的神庙构成了以祖庙为核心的不同尺度的北帝信仰空间系统。小尺度空间是指神庙本身的空间，即北帝神庙内部的神祇景观构成。以佛山祖庙为例，祖庙内部奉祀有北帝及其部将神祇的景观格局符合所谓的“前后、左右、三合”的规则（图 3.18）。“前后”即为前殿、正殿和后殿的关系。“左右”是左、右龛和中央主神龛的关系，或是左、右侧殿的关系。“三合”则是主祀神龛两侧壁面另设神龛以供奉神将、手轿等。[28] 祖庙内部北帝及其部将神祇的景观格局，通过“前后、左右、三合”的形式，犹如天庭宫殿一样，颇有君主在上、众神在下、层层围护的气势，通过这些景观符号及其配置，传递出崇圣庄严的环境氛围。北帝神的帝王、武神和文神的三种形象反映了北帝的多种神格特征，以及佛山镇乡民对于北帝的尊崇。二十员北帝部将的护卫显示了北帝神保家安境的法力无边。这种祖庙内部神祇景观配置的空间格局，塑造的神圣空间的“外显”气氛，象征意涵浓厚，“水旱灾沴，有所祈禳，夙著灵响，一乡之人，奉之惟谨”①，凝聚着佛山镇市民集体性的归属与认同。

图 3.17　清末佛山木版年画“北帝及其部将”

资料来源：梁诗裕：《佛山木版年画》，岭南美术出版社，2007 年版，第 178 页。

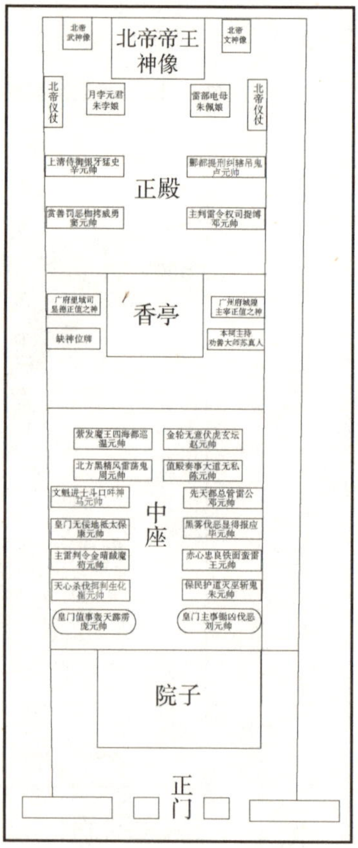

图 3.18　祖庙内部神祇景观格局

大尺度空间指镇街及其四方范围，即北帝及其部将神庙在佛山镇的空间分布。清乾隆年间，除祖庙外，佛山镇的北帝庙仅有一座，位于汾水铺的龙袍街，称为“武当行宫”，是祖庙北帝出巡驻跸地方。[4]39 道光年间，北帝庙（真武庙）已经增至 5 间。至清末民初，佛山镇的北帝庙已经达到

---

① （清道光）吴荣光：《佛山忠义乡志》卷十二《金石志上·祖庙灵应祠碑记》。

了8间（不包括祖庙）。佛山镇的中部除了祖庙外，没有其他的北帝庙，其余的北帝庙几乎都分布在佛山镇南北的边缘各铺、沙，其中，汾水铺有3间，文昌沙、观音堂铺、桥亭铺、明照铺和医灵铺各1间。这种分布一是可能与接祖庙的北帝神到庙奉祀有关。[3]434-435清代祖庙有3尊北帝铜圣像，可以借给镇民奉祀。据《祖庙庙志》载："原日铜圣像三尊，其一尊被叠滘乡迎去建醮，后乃久不归，即今叠滘所建庙宇，奉祀二帝圣像是也。然神护国庇民，均属一体，事远亦不深究。"① 既然外乡可以借去建醮，本镇人当然可以迎奉。二是这些北帝庙作为各铺的公庙，为北帝之行宫，还有迎奉祖庙北帝出巡停舆的功能。民国《佛山忠义乡志》称医灵铺、明照铺、桥亭铺和汾水铺的北帝庙均由"各铺公建，比之行宫"②。不论是奉神建醮，还是迎神停舆，都可以体现出北帝神对于整个佛山镇的影响，以及对南北社区的整合和控制作用。另外，值得注意的是商人集中的汾水铺从1座武当行宫到3间北帝庙的建立，反映了佛山商人认同北帝神的历史过程。

神明崇拜具有连带性，北帝及其部将神庙构成佛山镇北帝庙空间系统。北帝部将神庙在佛山镇一般被称为"帅府庙"、"主帅庙"、"太尉庙"、"玄坛庙"和"赵帅庙"等。乾隆年间，佛山镇只有栅下铺的一间主帅庙（即玄坛庙）。民国《佛山忠义乡志》记载有确定位置的有8座，其中栅下铺有4间，祖庙铺有2间，岳庙铺和大基铺各1间。另外，在《各铺街道图》中，太平沙的南桂坊还有1间赵帅庙。这些神庙所祀神明都是北帝的部将。应用ArcGIS 9.0的ArcToolbox Buffer工具，做佛山镇河涌200 m缓冲区，如图3.19所示，显然佛山镇的北帝及其部将的神庙几乎都落在该缓冲区范围内。由于北帝及其部将的水神及其航运保护神的神格属性，这些神庙大多沿河涌分布于佛山镇四周，使得北帝神庙空间系统具有亲水性特征。

佛山镇民将北帝神作为水神，是对于地理环境认知的反映。随着佛山社会经济的发展，在实用的功利主义心理驱动下，北帝神逐渐演变为航运和商贸保护神，即佛山商人的保护神。由于佛山祖庙的特殊地位，通过官方的介入和士绅的演绎，北帝最终成为佛山全镇的保护神。据《北游记》载，北帝的三十六员部将中，还有"显圣关元帅"和"正一灵官马元帅"[27]，即关羽和华光大帝。如此计算，那么北帝部将的神庙在佛山镇就达到了40余间，加上北帝庙，占佛山镇神庙数量的近30%。这样，就形

① （民国）冼宝干：《佛山忠义乡志》卷八《祠祀志一·灵应祠》。
② （民国）冼宝干：《佛山忠义乡志》卷八《祠祀志一·灵应祠》。

成了以灵应祠（祖庙）为中心，沿河涌分布，围绕和掌控佛山全境的北帝及其部将的神庙空间系统格局。

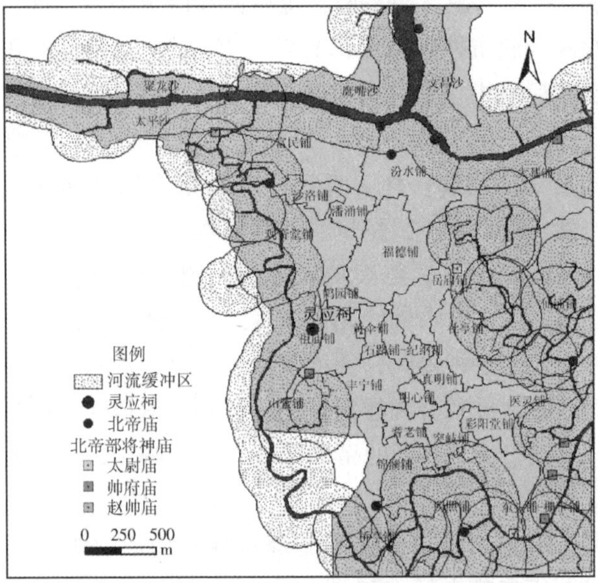

图 3.19　北帝神庙空间系统与河流缓冲区

五、基督教文化景观

广义上基督教一般分为天主教、东正教和新教三种教派。在我国，狭义上的基督教又特指新教，在佛山镇主要有天主教和基督教（新教），本书统称为基督教文化景观。教会（教堂）作为基督徒专属敬拜、聚会的场所，是基督徒立足在教会空间点上，根据其共同的信仰与价值体系，不断对该空间展开具“神圣性”的人文创造和构建，使该空间具有价值以及可视的文化地理景观。教堂的建筑及其装饰表征敬拜的聚集，具有教会的象征意义。而且随着时间的进展，教会空间的功能得以扩展，不再只是敬拜上帝的地方，还必须兼具各种交谊、教育、医疗、慈善和服务等功能，使得教会空间更加完整。在此种情况下，教会神圣空间正是透过其世俗化的包装，以传布其更宽广的宗教信仰。[29]可见，基督教文化景观包括了核心文化景观（教堂、教徒、仪式活动等）、附属文化景观（教会学校、医院、慈善会、育婴堂等）。

1. 基督教在佛山的传播

明中叶以后，天主教和基督教相继以广东为窗口传入中国内地。佛山的基督教是在鸦片战争后传入的，循道公会是最早进入佛山的基督教公会。清咸丰十年（1860），英国循道公会传教士俾士（George Piercy）来到佛山，在观音堂铺的古洞街租下一间小房间讲道。但是，传道遇到很多困难，他没有能坚持下去。[30]38清同治九年（1870），另一位英国循道公会传教士司多马（Thomas. G. Sellby）来到佛山，在永兴街租了一间烟叶仓库作为礼拜堂，这就是循道公会在佛山的第一间教堂——永兴堂。不久，他又在佛山镇城北文昌沙的河岸买下一块地，建立了惠师礼行①，并逐渐发展成为循道公会在中国最大的一个布道场所。这样，循道公会在广东建立了除广州联区以外的第二个联区——佛山联区。② 随着后来的发展，华南教区的机关办事处由广州的增沙回龙里迁到佛山，佛山镇遂成为了华南基督教重要的宣教中心。此后，循道公会在佛山兴旺发展起来，在佛山镇及其周围相继兴建了一批教堂和布道所。至民国12年（1923），循道会在佛山已经有永兴堂、大基尾堂、太平坊堂、文昌沙堂、广德里堂和中央堂（福贤堂）等教堂，还有一些外围的布道所，如叠滘、蠕冈和大沥的福音堂等。民国14年（1925），佛山循道会各堂的信徒总数达到了500余人，成为基督教在佛山力量最大的公会。[12]6-9

除了循道公会外，其他基督教公会也开始向佛山扩展，如中华基督教伦敦会、美国基督教公理会、神召会、金巴仑长老会、基督教复临安息日会和基督教远东宣教会等。[12]14-21 从基督教各公会势力在佛山的成长及其扩展情况看，由于循道公会进入佛山镇最早，而且在第二次鸦片战争后，西方传教士进入广东的初期，就与其他教会达成了势力范围的划分，佛山镇属于循道公会的布道范围。[12]4随后，循道会的势力在佛山逐渐扩展，乃至形成华南教区的中心，成为佛山镇内最大的基督教势力。由于循道公会在佛山镇的强势，其他宣教会在佛山的扩展受到了影响，它们的布道范围受到局限，教徒人数偏少，像希伯仑会、安息日会只能在佛山镇周围的石湾等处发展。

天主教是最早进入佛山镇的西方宗教，但与基督教相比，它的成长要逊色得多。据康熙四十二年（1703）耶稣会士 Jean de Fon taney 对佛山传

---

① 循道公会的前称为惠师礼教会，此公会的创始人是英国人约翰·惠师礼（John Vesley），也有译成“卫斯理”的。所以，司多马将在文昌沙新建的传教点称为“惠师礼行”，成为当时佛山镇最大的布道场所。为了避免佛山镇民的反教情绪，起名为“惠师礼行”，意思是“商行”，而非正式的教堂。

② 清末，循道公会在中国共有七个教区：华北（津）、宁波、温州、湖北、湖南、华南（禅）、西南。华南教区有七个联区：广州、佛山、香港、梧州、北江、新中、台开，佛山联区是在广东设立的第二个联区。（佛山市宗教事务局编：《佛山市宗教志》，1990年，第5～6页）

教情况的记载："耶稣会士在这里建立了美丽的教堂，而且有很多的信教者。"① 但在雍正时由于清王朝的禁止，"乡毁天主堂"②，天主教陷于停顿。[31]直到清咸丰八年（1858），才在佛山彩阳堂又设立了天主教堂。同治三年（1864），佛山天主教会从澳门教区划归广州教区。清光绪十二年（1886），天主教会买下福宁路洪安里一处住宅，改建成新教堂，主教堂便从彩阳堂迁到洪安里。总的来看，天主教在佛山镇的成长缓慢，势力较弱。[12]39－41

随着基督教和天主教在佛山镇的扩展，各教会除了修建教堂外，还兴建了大量的教会学校、医院和慈善服务等设施，作为他们传播布道的重要辅助工具。因而，在基督教和天主教文化景观扩展过程中，还伴随着大量教会学校、医院等附属文化景观的出现。各种附属文化景观仍以循道公会创办的为主，其中最具代表性的是循道西医院和华英中学。佛山循道西医院以及附属的医学校是广东近代首批先进的西医院之一，它对佛山乃至广东的医学事业发展来说具有重要的意义。华英中学是广东近代较早的从小学到高中系统完善的教育文化景观，在广东、港澳地区都有较大的影响。

2. 基督教文化景观的空间扩布

根据民国《佛山忠义乡志》和《佛山市宗教志》的记载，在 FSHGIS 中能够确定相对位置的教堂数有 16 间。按照前面所述方法，应用 ArcGIS 9.0 的空间分析功能，取数据单元（cell size）大小为 10 m，搜索半径（search radius）为 500 m，建立基督教和天主教文化景观的 Kernel 密度图。另外，再将教堂的教会类型属性的空间数据叠加在密度图上，可以明显地看出民国初佛山镇基督教和天主教文化景观的空间分布的总态势，以及各教会布道的势力范围（图 3.21）。为了更进一步探讨佛山镇基督教和天主教文化景观的空间扩展的特点，本书还以循道公会为例，在原有的循道公会教堂的空间数据中增加始建时间的属性。这样，通过 ArcGIS 9.0 绘制佛山镇循道公会景观的空间扩展分布图，从循道公会各教堂的时空属性中，可以明显地看出其空间扩展的状况（图 3.22）。

---

① 《第四书简》，《耶稣会士中国书简集》"康熙编"，东京平凡社 1970 年版（转引自佛山市博物馆编：《佛山祖庙》，文物出版社 2005 年版，第 215 页）。

② （清乾隆）陈炎宗：《佛山忠义乡志》卷三《乡事志》。

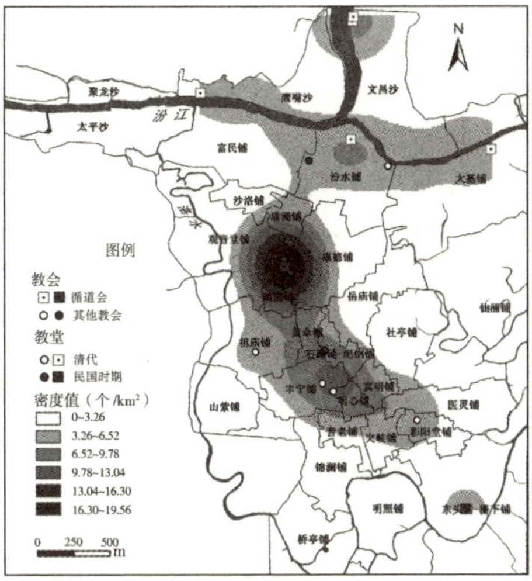

图 3.21　佛山基督教文化景观空间分布密度

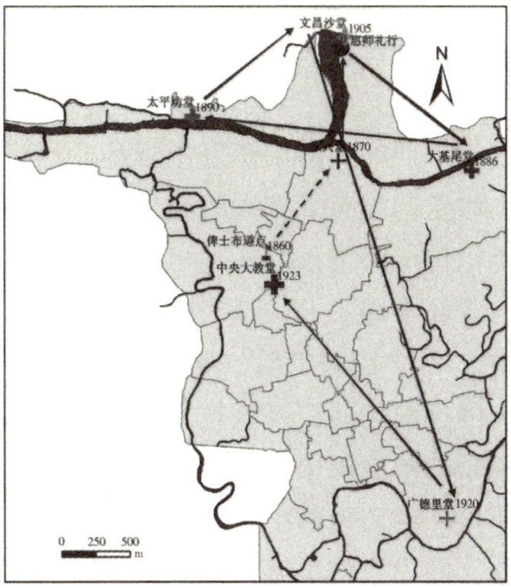

图 3.22　佛山循道公会教堂文化景观空间的扩展

从上面两幅图，我们可以将佛山镇的基督教和天主教文化景观的空间分布及其扩展的特点归纳为：①基督教文化景观集中在佛山镇的北部和中部地区，而且与佛教、宗族和神庙等传统文化景观密集区呈交错分布；②基督教和天主教各教会在佛山镇的布道势力范围有明显差异，循道会集中在北部的汾江、佛山水道沿岸的文昌沙、鹰嘴沙、大基尾等地区，其他教会则集中于中部地区，与循道会的布道范围存在着“既交错又重叠”的特征；③各教会的文化景观的空间扩展特点不同，佛山镇的循道公会势力发展最强，其文化景观存在从佛山镇的边缘向中心扩展的态势。

影响佛山镇的基督教文化景观空间扩布的因素比较复杂，主要有文化冲突、制度变化和传教理念等。循道公会传入佛山时，在中部地区传教受挫，司多马牧师便主张离开大城市，向小乡镇和郊区发展，以避免核心区内人们强烈的反教情绪。[30]19-41,66 由于避免了与佛山中南部传统宗族和宗教势力空间的冲突，循道会传教事业发展得比较顺利，在城北近郊区的汾江、佛山水道沿岸先后建立惠师礼行、大基尾堂、太平坊堂和文昌沙堂（图 3.22），城北则基本成了循道会布道的势力范围。由于循道会在佛山的势力强大，民国初的其他教会教堂的扩布为避免与它出现复工现象，而选择了在佛山城区中部和佛山镇的周边地区。这样，就形成了天主教和基督教各教会在佛山镇布道势力的空间差异，即循道会集中在北部的汾江、佛山水道沿岸的文昌沙、鹰嘴沙、大基尾等地区，其他教会则集中于中部地区，与循道会的布道范围存在着“既交错又重叠”的特征。而那些位于佛山中南部传统宗族和宗教势力中心区域的教堂，经常要面对由于激烈的民教冲突带来的破坏，发展缓慢。如中华基督教伦敦会的福宁堂在清同治十年（1871）的“神仙粉”教案中被焚毁。在清光绪十一年（1885）的中法战争期间，佛山镇发生骚乱，福宁堂再次被毁，可位于佛山城北的循道会教堂却没有受到大的袭击。又如，曾经有一位法籍天主教神甫，计划在佛山传统势力核心——祖庙的旁边建立新教堂，以吸引祖庙的善男信女，与祖庙争雄，但终因来自佛山传统宗教和宗族势力的强烈反对而失败。[12]4-41民国以后，随着传教活动有了法律保障，以及传统宗族、宗教势力的逐渐衰弱，基督教文化景观才不断向人口密集、商业繁荣和传统势力集聚的佛山镇中部扩展。民国以后，佛山镇又陆续兴建了8座教堂，有7座位于佛山镇的中部。循道公会也改变了仅在佛山镇边缘近郊区传道的策略，向中南部扩展（图3.22），于民国9年（1920）在佛山镇南部的栅下铺广德里设立礼拜堂。民国12年（1923）又在佛山镇闹市中心的福贤里买下一块房产，并于第二年改建为佛山中央大教堂（central church），成为循道公会在佛山最大的教堂。张辅德（E. Dewstoe）牧师在年度报告中这样记载道：

> 1923年教区最值得庆祝的事是得到了佛山中心的一块地来进行宣教事业，多年来在佛山工作的人都有这样的梦，今年这个梦终于实现了。大概六十年前，当俾士牧师和司多马牧师第一次将目光转到佛山时，佛山还是一个充满敌意和排外的城市。他们试图在城市的中心街道福贤里（FUK IN LEI）买一块地进行宣教，但失败了。而今年教会就是在这条街上顺利地买到了这块非常好的地方，而且已经为听众举行了多场布道。
>
> 这个地方位于一个热闹的十字街口，连接着佛山第二大主要街道，距离佛山最繁忙的大街也只有几码远。新地方建设大约花费了18000美元，其中的5000美元由联区承担，另有3000美元已经由募捐得到了。这个建筑用料非常好，条件也非常好，因此只用了很小的改动，它就成了佛山最好用的地方，足够应付多年以后的发展需要。教堂用了1500美元进行装修，完成了一个可以坐450人的礼拜堂，一个中国管理员的很好的住所，还有专门做妇女事业的房间等等。
>
> 第一次布道在10月举行，吸引了大批的人。这房子每周有一天里会两次充满人。结果只好要求希望参加布道会的人先到管理员报名。在这里，最振奋的是有着个别传教和自立的动力。一群好心人已经在管理员的指导下在这个新中心工作，而且这里还有教会期待已久的服务的热情和精神。

……

困难的时期反而帮助教会在佛山的工作。在反基督教的时期，教会可从未经历过对基督教友这么多的同情。现在教友有很多新的工作要做，中国宣教师和他们的助手们没日没夜地忙碌。佛山中心教堂像一个忙碌的蜂房，日常的布道经常吸引大量专心和虔诚的听众。①

可见，循道会教堂景观呈自边缘向中心扩展。广东的循道公会也以佛山为中心，开始向周围小乡镇扩展，并沿北江流域北上至韶州（曲江）等地。[32]

第三节　宗族文化景观

所谓宗族，是一种以血缘关系为基础、由家庭结成的亲缘集团或社会群体组织。在宗族关系中，家庭是最小的单位，集若干家而成户，集若干户而成房，集若干房而成支，集若干支而成族，由下而上，有条不紊，同宗同族之人集为宗族。由于宗族是家族的扩大，人们也常用家族代称宗族。[33]至少在1949年之前，宗族是人们社会生活的基本单位和活动中心，构成中国古代和近代社会结构的重要内容。

从文化的视角看，宗族关系又是以宗族文化的形式表现出来的。根据文化结构的一般理论②，宗族文化结构也可以由物质文化、制度文化和精神文化三个层次所组成。制度文化主要指的是族规，即宗族的组织规范，体现为各种族训、家训、戒条、族规、族礼和族约等。精神文化主要指族谱和宗族的各种礼仪与活动。物质文化主要包括了宗祠和族产：祠堂是为了祭祀祖先和管理族内事务而建立的纪念性建筑；族产又称祖尝、尝产、蒸尝，包括祭田、族田和义庄等宗族共同的资产，在珠江三角洲，还有铺肆、码头和墟市等形式的族产，是维系宗族的经济基础。[34]按文化地理学对于文化景观的划分，宗族文化景观可以分为物质文化景观和非物质文化

① Wesleyan Methodist Missionary Society (London), *Archive*, *China*, *Fatshan Circuit Report*, 1924, p. 184.（转引自张照：《清末民初循道公会在华南地区的发展》，暨南大学博士学位论文，2005年，第75页）

② 一般认为文化的结构由三个层次所组成，即物质文化、制度文化和精神文化。物质文化是满足人类生活和生存需要所创造的物质产品及其所表现的文化；制度文化是反映个人与他人、个体与群体之间的关系，这种关系表现为各样的制度以及实施这些制度的组织机构；精神文化是人类在改造和创造自然和社会过程的思维活动和精神活动。（王恩涌、赵荣、张小林等：《人文地理学》，高等教育出版社2000年版，第23～25页）

景观两种类型，祠堂和族产都可以归为物质文化景观，族谱、族规和各种礼仪活动则可归为非物质文化景观。族谱、族产、族规、祭祀活动和宗祠是主要的宗族文化景观，而祠堂既是祭祀祖先、宗族议事的场所，又是宗族聚居空间（即宗族空间，也可称血缘空间）的核心，成为血缘空间的“神圣中心”。

屈大均在《广东新语》中指出：“岭南之著姓右族，于广州为盛。广之世，于乡为盛，其土沃而人繁，或一乡一姓，或一乡二三姓。自唐宋以来，蝉连而居，安其土，乐其谣俗，鲜有迁徙他邦者。其大小宗祖祢皆有祠，代为堂构，以壮丽相高。每千人之族，祠数十所。小姓单家，族人不满百者，亦有祠数所。”① 屈氏之言，为我们描述了一幅广府地区宗族文化景观的画面。据民国《佛山忠义乡志》记载，民国初年的祠堂、家庙就达到了376座。宗族是控制佛山镇社会的主要力量，祠堂就成为佛山镇突出的宗族文化景观，具有十分重要的意义。所以，本书结合FSHGIS和历史文献分析，从佛山镇祠堂文化景观演变的视角，解读其社会文化的空间内涵。

一、佛山镇宗族文化景观的形成

1. 佛山镇八图创籍与土著宗族景观的形成

民国《佛山忠义乡志》对于佛山镇的氏族是这样描述的：

> 我佛山肇迹于晋，榜于唐贞观年间，土人姓氏到今罕闻。宋南渡后，中原文物流入岭南，有迁至佛山者。明初编立图甲，先到诸族得占籍为地著。逮正统间，黄萧养作乱围佛山，义士梁广等二十二人合当地八图人民击退之，敕赐忠义乡，蔚为天下巨镇。自是远近相宅兹土，闬闳相望，氏族之繁，不可纪胜。南海衣冠之气，亦以吾镇为盛。②

这段文字描述了佛山镇氏族的形成过程：①土著四姓。约在东汉建安十五年（210）三国的东吴设置广州前后的时期，先后有越族“鸡”、汉族“田”③、“布”、“老”四姓在佛山南部栅下大塘涌一带登陆，择地而居，开荒种地，并以渔业为生，成为佛山镇最早的土著。[4]71-72 ②移民涌入。秦汉以后，中原历经战乱，导致大批人士南迁。但是由于南岭的自然屏障，进入珠江三角洲的人口比较有限。佛山镇大规模的移民是在宋代以后。宋

① （清）屈大均：《广东新语》卷十七《宫语·祖祠》。

② （民国）冼宝干：《佛山忠义乡志》卷九《氏族志·氏系》。

③ 《佛山忠义乡志》中将“田氏”记为“列氏”。（（民国）冼宝干：《佛山忠义乡志》卷十九《氏族志》）

代北方战乱频仍，大批北方士民经大庾岭驿道南下到珠江三角洲（即所谓的“珠玑巷移民”）。据说佛山霍氏最早迁至佛山。南海佛山霍氏始祖正一郎公，于北宋末年的靖康间（1126—1127），“舟车南下”，“筑室佛山之三月冈，即今日早市”。① 宋咸淳年间（1265—1275），鹤园陈氏、石巷冼氏、白磡冼氏和江夏黄氏等氏族迁入佛山。元代又有郡马梁氏、朝市梁氏、金鱼塘陈氏和纲华陈氏迁入佛山。明代迁入佛山的还有鹤园冼氏、栅下区氏、细巷李氏和汾水冼氏。这些氏族以后大都成为了佛山镇的望族。[3]32-36 据清乾隆《佛山忠义乡志》载，至迟在明初迁入佛山镇的氏族还有莲花地黄氏、庞氏、伦氏、简氏、谭氏、何氏、黎氏、杨氏、关氏、岑氏、高氏、潘氏、赵氏、招氏、邱氏等。② 此外，还有东迁的氏族。据《岭南冼氏宗谱》记载：东头冼氏“宋理宗绍定五年壬辰由高凉迁居佛山镇东头铺”③。可见，东头冼氏为百越著姓高凉冼氏之后，南宋时东迁至佛山。大量外来氏族进入佛山定居，为明初组建佛山堡，创编图籍创造了条件。③八图占籍。明洪武三年（1370），籍天下户口，置户帖，排里甲，编黄册，设立了集户籍制度、赋役制度以及基层社会组织制度于一体的里甲制（或称图甲制）。其基本结构是：以110户编为一里，一里十甲，每甲由里长一人、甲首10人组成。[35] 当时佛山始称“南海县五斗口司西淋都佛山堡”④。于是“编立图甲，先到诸族得占籍为地著”。佛山堡内开八图，编八十甲，此时外来氏族纷纷立户注籍，成为合法居民。佛山原土著四姓“鸡、田、老、布”中，仅布氏在一百一十五图二甲中，可见，其余三大氏族已经衰落了。这样，新移民在明初里甲制中成功占籍，得到官方认可，并形成了以八图所代表的佛山镇新土著。④宗族形成。明初佛山堡创编八图户籍，稳定了迁至佛山的各氏族，使他们在佛山这块土地上繁衍生息，丁口兴旺，资产丰殖。明正统年间，佛山堡乡民抗击黄萧养起义，朝廷旌赏梁广等22人为“忠义官”。正德八年（1513），堡民在灵应祠右建忠义流芳祠，奉祀忠义官梁广等22老，反映了乡人对他们的感恩戴德，由此确定了22老家族在佛山镇的特殊地位。明代是佛山的科甲鼎盛时期，人才辈出。明嘉靖以来，以梁储、黎涌伦氏、霍韬、梁焯、庞嵩、庞尚鹏、冼桂奇和李待问等为代表的南海士大夫集团兴起，他们大多是科举鼎甲和权倾朝野的功名人物。明世宗（嘉靖）采用礼部尚书夏言的礼制改革建

① 《南海佛山霍氏族谱》卷九《十五世祖乐天公家传·宋始迁祖正一郎太府君家传》

② （清乾隆）陈炎宗：《佛山忠义乡志》卷三《乡事志·图甲》、卷六《乡俗志·氏族》。

③ 冼宝干：《岭南冼氏宗谱》卷三之六《分房谱·东头房》。

④ 南海县划分为六都六十四堡，西淋都有十堡，佛山堡为其中之一。（（明万历）《南海县志》卷一《舆地志·都里》）

议，推广大礼制，使宗祠建设得以普及。南海士大夫集团积极响应这种改革，在家乡建祠堂、立宗族，并提出了宗族发展的制度。据民国《佛山忠义乡志》记载，宋、元时期有祠堂5所，明初有3所，明代宣德至正德年间有5所，随后的嘉靖至崇祯年间达到了28所（图3.23）。可见，佛山镇的祠堂大多兴建于明嘉靖以后，以南海士大夫集团为代表的佛山新土著势力纷纷敬宗收族，形成了佛山的名门望族。至明朝后期，佛山镇的名宦李待问和庞景忠等共同建立了“乡仕会馆”（即嘉会堂），设在灵应祠右的崇正社学内，成为佛山镇由地方宗族势力控制的民间自治机构，对佛山合镇进行管理。由此可见，明代，佛山镇八图创编，通过抗击黄萧养之乱获得朝廷认可，并在南海士大夫集团的推动下，逐渐形成了土著宗族景观，渗透到佛山镇社会生活各个方面，成为佛山镇重要的文化景观。

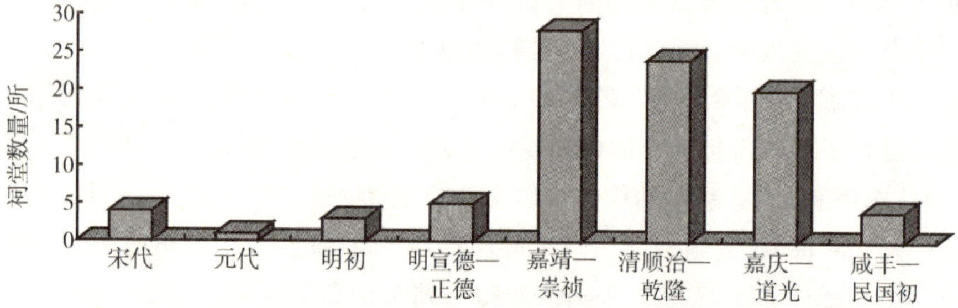

图3.23　佛山镇历代祠堂数量的变化

2. 佛山镇侨寓的生根落户和新宗族景观的形成

佛山镇工商业的繁荣，吸引了大量的迁徙人口。史称：“佛山为省垣西南重镇，四面环海，气运所钟，商贾辐辏，人文奋兴，于今为盛。四方之迁者、侨者、从学而来者、宦成而归者、权缗竿以起家者、执艺事以自食其力者，咸以风淳俗美，乡有贤耆，梯航簦笈，麟萃云集，偕来而卜居焉。”① 佛山成为珠江三角洲人们向往的城市，来者有希望致富的商人、求食的工匠、求学的士子、退休的官员等。清代前期，佛山的外来人口已占总人口的一半。正如梁九图的《佛山》诗云：“舟车云集此天涯，半是侨居半故家。”② 这批外来人口初来乍到，没有土地，也没有户籍，因此被佛山土著视为“侨寓”。[3]299 我们对照一下不同时期佛山镇的姓氏数量（图3.24），明代佛山八图土著只有14个姓氏，即梁、霍、陈、卢、岑、区、

---

① （清道光）吴荣光：《佛山忠义乡志》卷十二《金石志下·重修佛山海口文昌阁记》。

② （民国）冼宝干：《佛山忠义乡志》卷十五《艺文志三》。

黄、冼、伦、何、简、李、布、罗；乾隆时期佛山镇的姓氏有 95 个①；道光时期佛山镇的姓氏则达到了 112 个②；至民国初年佛山镇的姓氏却减少到 62 个③。清初康、雍、乾年间是佛山镇经济发展的黄金时期，至道光年间，经济发展到极盛，从上面姓氏数量反映出了这一时期佛山外来人口之多；道光以后，佛山镇经济开始衰退；与清道光年间相比，民国初年的姓氏数量减少了近一半，由此也反映出佛山镇外来人口的数量开始减少。起初，土著和侨寓之间很少有冲突，而且新移民的到来也促进了佛山镇的繁荣。“粤地多以族望自豪，新徙者每不安其处，乡独无此浇习，名家巨族与畸零之户、骤迁之客，和好无猜，故氏族至繁而门地自别。”④ 可见，佛山土著对于新移民的态度是宽容和接受的，这就为侨寓人口在佛山的生活和创业提供了和谐的社会环境。

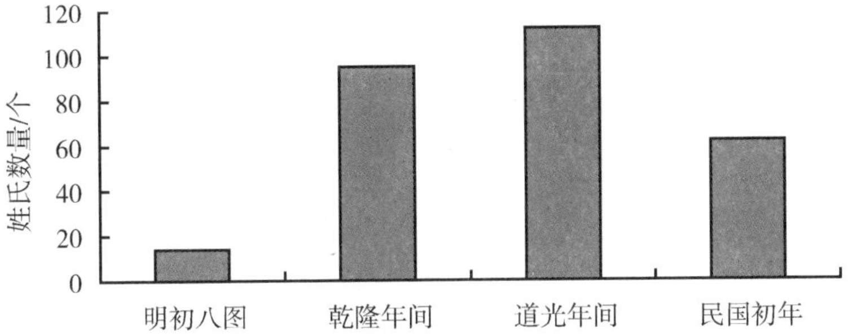

图 3.24 佛山镇历代姓氏数量的变化

清代，佛山侨寓人士中人才辈出，大大超过了土著人物之数。罗一星根据民国《佛山忠义乡志》进行了统计，仅有三类人物侨寓略低于土著，即孝友、艺术和贤淑；耆寿和货殖两类则恰好相同；其余 11 类人物侨寓数量均高于土著两倍以上，尤其在清代名臣中，全为侨寓人物，即左必蕃、吴荣光、骆秉章、戴鸿慈、梁僧宝和李文田等。据民国《佛山忠义乡志·选举志》可知，清代佛山登进士者共 38 名，其中土著 13 名（占 34.2%），侨寓 25 名（占 65.8%），侨寓远多于土著人士。[3]300 在清代佛山宗族之中，把辈出科举合格者和官僚的宗族称作“官族”，其他宗族叫“杂姓”。据井上彻的统计，佛山的官族乾隆时合计有 47 个，道光时合计有 55 个。这些官族之中土著者仅有 13 个，有 34 姓或 42 姓的侨寓。[36] 显然，在清代侨寓

---

① （清乾隆）陈炎宗：《佛山忠义乡志》卷三《乡事志》。
② （清道光）吴荣光：《佛山忠义乡志》卷五《乡俗志·氏族》。
③ （民国）冼宝干：《佛山忠义乡志》卷九《氏族志·氏系》。
④ （民国）冼宝干：《佛山忠义乡志》卷九《氏族志·氏系》。

人物中的功名人物和官族都远多于土著。

这样，侨寓家族为了在佛山购置土地、房产的需要，附图占籍者甚多，以至于超过了土著。正如清末佛山土著人士冼宝桢所言：“（佛山）自前明设镇后，四方辐辏，附图占籍者几倍于土著。”① 随着侨寓氏族在佛山的发展，人丁兴旺，为了凝聚整个家族，立祠堂、敬宗收族变得十分必要。例如松桂里梁氏，清嘉庆初，朴斋公由顺德麦村到佛山经商，构屋于松桂里。而后，其子孙相继获得功名，成为了佛山右族。梁氏家族在光绪五年（1879）兴建家庙。佛山土著冼宝干专门为此做《梁氏家庙记》曰：

> 先是朴斋公即世，曾在麦村建立专祠，迄今累叶，人丁数百，四时祭祀，不能尽返故乡，伯乞父福草公，深以为憾。因将初构松桂里之房屋，听事前后三栋，于光绪五年改建家庙，奉祀朴斋公暨何夫人两主。庶几论祠烝尝，随时展谒，无俟远行。……祖庙既立，朴斋公以下亦相继建庙，云构鹄峙，广廊骈辏，敬宗收族，于是乎在。②

由此可见，梁氏兴建家庙，除了祭祀方便外，更是由于其家族“迄今累叶，人丁数百”，在佛山立祖庙祭祀开基祖，由是形成家族祭祀系统，敬宗收族，以确立梁氏宗族在佛山的地位。除了像松桂里梁氏这样的侨寓官族外，还有大量的侨寓杂姓，他们往往以家庭为单位，设立以书斋、书舍、书室、书塾等为名目的祠堂，又称“私伙太公”。据笔者对民国《佛山忠义乡志》的统计，书院、书舍、书室、书屋、书塾、家塾之类的祠堂有 50 所，其中侨寓就有 30 所。

随着侨寓宗族在社会、文化和经济等领域的成就日盛，土著宗族势力相对衰落。侨寓和土著之间势必会产生冲突，“夫主客并峙，嫌隙易生”③。侨寓宗族势力开始谋求在佛山镇社会文化方面的地位。侨寓人士多数没有土地，也没有正式户籍，不具备进入由佛山土著把持的崇正社学求学和议决公事的资格。清康熙八年（1669），由佛山侨寓人士倡建田心书院④，成为集合侨寓人士中精英和教育子弟的双重功能，维护了侨寓集团的利益。

---

① 《重修佛山堡八图祖祠碑记》，《明清佛山碑刻文献经济资料》，广东人民出版社 1997 年版，第 257 页。

② （民国）冼宝干：《佛山忠义乡志》卷九《氏族志 · 祠堂 · 梁氏家庙记》。

③ 《重修佛山堡八图祖祠碑记》，《明清佛山碑刻文献经济资料》，广东人民出版社 1997 年版，第 257 页。

④ “田心书院者，始于康熙八年，佛山侨籍士人建以祀文昌，暇则于此会文焉。地环以田，故曰田心。”（（民国）冼宝干：《佛山忠义乡志》卷五《教育志 · 重修佛山田心书院碑记》）

乾隆三年（1738）佛山侨寓士绅积极参与组织大魁堂①，取代了原由八图土著控制的嘉会堂，获得了控制佛山合镇的话语权。[3]355-377 有清一代，随着侨寓人士在佛山的落户生根，侨寓宗族势力渗透进佛山社会、文化和生活各方面，并逐渐成为管理佛山镇的新生政治力量，形成清代宗族文化的新景观。

二、佛山镇宗族文化景观的空间分布及其诠释

在 FSHGIS 中，根据清乾隆、清道光和民国版的《佛山忠义乡志》可以获取三个时期的佛山镇宗族文化景观（即祠堂）空间数据库，相应地赋予祠堂名称、姓氏、氏系、地址、所属铺名、是否为祖祠、居民类型（土著和侨寓）、始建时间、始建时期等属性特征。按《佛山忠义乡志》记载，民国初年佛山镇共有祠堂 376 座，基本上能够确定其绝对位置或相对位置的祠堂有 334 座。选取数据单元（cell size）大小为 10 m，搜索半径（search radius）为 500 m，建立佛山镇的祠堂景观 Kernel 密度图，并通过与佛山镇历史景观要素交互式的叠加分析，以反映佛山镇宗族文化空间的分布及其变化。

1. 佛山镇宗族文化景观空间的变化

从图 3.25 和图 3.26（彩图 8）可见，佛山镇宋元时期的宗祠主要集中在佛山镇南部大塘涌沿岸的东头、锦澜、桥亭和真明等铺。据民国《佛山忠义乡志》载，锦澜铺的澳口梁氏祠堂始建于宋嘉定四年（1211）外，东头冼氏宗祠建于宋度宗年间（1265—1275）②，白磡头冼氏宗祠和水便陈氏大宗祠均仅称宋代建，宋判院梁公祠与澳口梁氏祠堂属于同一氏系，建于元至顺元年（1330）。由此可见，宋代涌入佛山的移民，最早是集中在南部栅下、桥亭等铺。明代是佛镇山祠堂数量的快速增长阶段，从宋元时代的 5 座增加到明代的 28 座，而从祠堂景观的分布状况可见当时佛山镇聚居的空间特点。由图 3.26 可见聚落空间由南部向中部扩展的趋势。据明万历《南海县志》记载，明代佛山堡有十五村，即佛山村、汾水村、村尾村、栅下村、朝市村、禄丰社村、大塘涌村、牛路村、隔塘冈村、观音堂村、

① 大魁堂本是崇正社学内的一座建筑物，可能始建于明代。清乾隆三年，佛山新兴士绅通过组织大魁堂，掌握了祖庙、佛山义仓及田心书院的管理权，成为整个佛山社区的权力中心。（罗一星：《明清佛山经济发展与社会变迁》，广东人民出版社 1994 年版，第 355 ～ 377 页）

② “我大宗祠之建久矣，自理宗绍定五年始迁祖发祥公，由高凉徙居佛山之东头。至度宗时，即建宗祠。”（（民国）冼宝干：《佛山忠义乡志》卷九《氏族志 · 祠堂》）

细晚市村、石路头村、忠义社村和滘边社村（有一村名今已不存）。① 根据明代祠堂、里社和清初佛山镇街道的分布可以推知这 14 个村落的大概位置，祠堂的空间分布基本与这些村落的范围相一致。再以八图土著祖祠的分布为例，从图 3.25 亦可以看出，佛山镇八图土著祖祠大致围绕着八图合族祠“忠义流芳祠”、“乡仕祠”分布，并与佛山堡十五村的范围基本吻合。

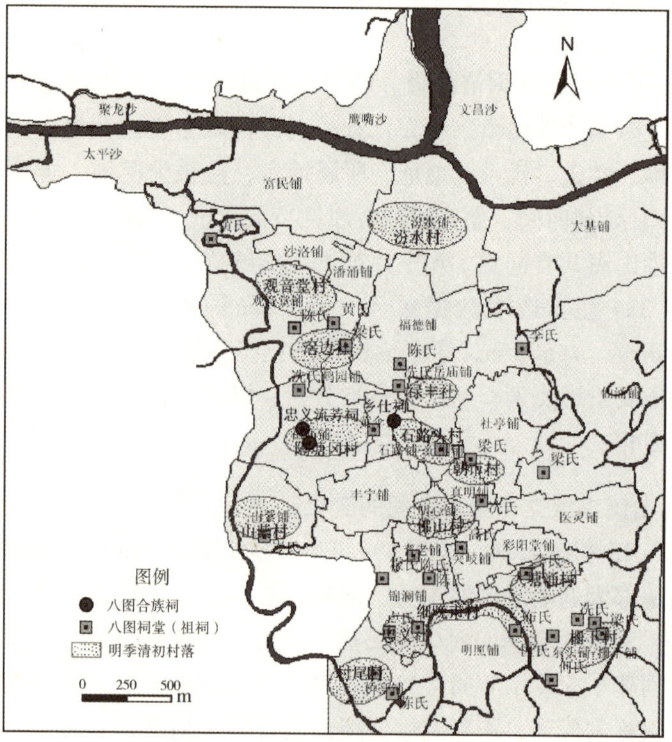

图 3.25　佛山镇八图祠堂（祖祠）分布

明代佛山镇的祠堂景观基本形成了以南部的锦澜铺、东头铺、栅下铺和中部的祖庙铺、黄伞铺为中心的空间格局②，并由此可确定明代佛山镇聚落的基本空间范围。清代以后，祠堂景观空间格局总体上没有很大的变

① 明万历《南海县志》卷一《舆地志·都里》。

② 按民国《佛山忠义乡志》的划分，佛山镇分为北邑、中邑和南邑：北邑包括大基铺、汾水铺、富民铺、文昌沙、鹰嘴沙、聚龙沙和太平沙，中邑包括仙涌铺、社亭铺、真明铺、明心铺、石路头铺、纪纲铺、丰宁铺、黄伞铺、祖庙铺、山紫铺、岳庙铺、福德铺、鹤园铺、潘涌铺、沙洛铺和观音堂铺，南邑包括锦澜铺、耆老铺、突岐铺、彩阳堂铺、医灵铺、明照铺、桥亭铺、东头铺和栅下铺。（（民国）冼宝干：《佛山忠义乡志》卷首二）其中，石路头铺在各版《佛山忠义乡志》的舆图中均作“石路铺”，本书因之，后面均称“石路铺”。

化，仍然集中分布在佛山镇的中部和南部地区，即佛山土著家族仍聚居于中南部。这与明代的不同表现在：

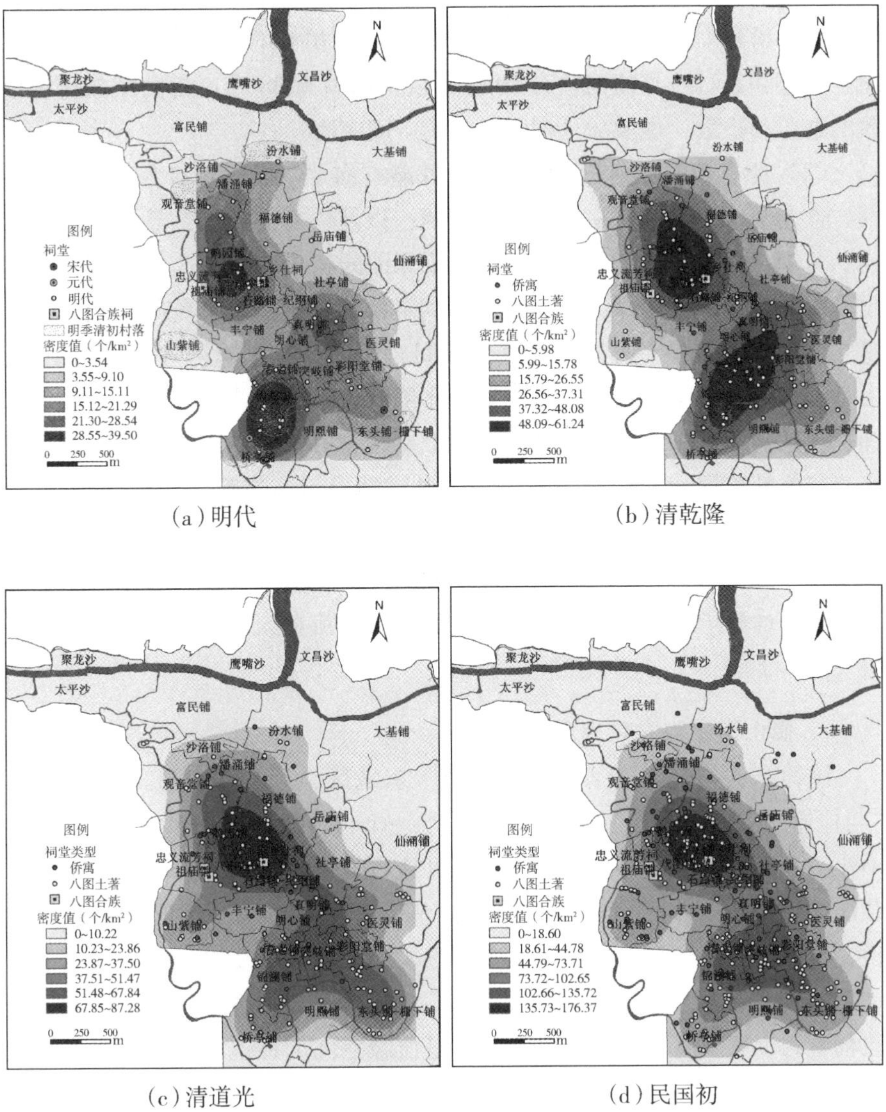

图 3.26　佛山镇祠堂景观的时空变化

（1）中南部祠堂的密度增大，分布范围扩展。从乾隆、道光至民国初年祠堂景观分布图中明显可见这种趋势。明代有祠堂 41 座，乾隆年间有 175 座，道光年间有 206 座，民国初年各类祠堂达到 376 座。其中增加的部分主要是分房的支祠、世祠和属于家庭私有的私伙祠堂等。[37] 费孝通先生认为：“人口增加，一块地上只要几代繁殖，人口就到了饱和点，过剩人口得宣泄出外，另辟新地，又形成了一个小小的家族殖民地。”① 随着佛山镇清代土著望族的人口增加，逐渐分出很多房支，而使氏族得以扩散，相应地增加了祠堂景观空间密度。另外，清代迁居佛山的侨寓人士敬宗收族，也纷纷建立祠堂、家庙。如前所述，民国初年书院、书舍、书室、书屋、书塾和家塾之类的祠堂有 50 座，仅侨寓就有 30 座。侨寓家族在佛山镇的聚居和扩散，也增加了祠堂景观的空间密度。

（2）原有的集聚中心得到加强，并略有向北扩展的趋势。南部从锦澜铺、耆老铺、突岐铺到东头铺、栅下铺，以及中部的鹤园铺及其周围的祖庙、黄伞、石路、纪纲、观音堂和福德等铺的祠堂密度最高，为佛山镇祠堂景观的核心，很多佛山右族的主要祠堂都在该范围内。乾隆年间，佛山镇北部仅汾水铺有 1 座祠堂。道光年间，北部的汾水铺祠堂增加到 4 座，大基铺增加了 1 座祠堂。民国初年，北部的汾水铺祠堂仍为 4 座，而大基铺祠堂达到了 7 座，富民铺也出现了 1 座祠堂。清道光以后，有佛山土著宗族向北部扩展，如沙塘坊陈氏（大基铺德星里—陈氏宗祠）、纲华陈氏（大基铺大王庙后街—鹏举陈公祠）、莲花地黄氏（大基铺列圣宫左—黄氏家庙）。但北部的祠堂主要是由侨寓氏族兴建。总体来看，汾江沿岸各铺为佛山镇最繁华的商贸地带，各地客商云集，流动人口众多，所以，氏族很少定居于此。

2. 佛山镇宗族文化空间的分布

陈翰笙认为，20 世纪 20 年代的广东地区，至少有五分之四的农民“与他们的宗族生活在一起”，而且通常一个村落居住地一个宗族，“即使不止一个宗族，但是每一个宗族都明显地占据着村落的一部分，几乎没有杂居的近邻”。[38] 由此而推，更早的广东更是如此。清嘉道时期的张海珊说：“今者强宗大族所在多有，山东西、江左右，以及闽广之间，其俗尤重聚居，或者万余家，少亦数百家。”② 聚族而居，形成宗族文化空间，修建祠堂是宗族空间形成的重要标志，是血缘空间的神圣核心。所以，因族聚而建祠，因有宗祠，族人更加凝聚，即“聚族而居，族必有祠”③。可见，居民区与祠堂同时形成，哪里有聚族而居，哪里就有祠堂。因而，由祠堂景观的变化可以窥见宗族血缘空间的扩展过程。

一般而言，宗族的祠堂系统由大宗祠、小宗祠（房支祠堂）和私祠构成。[7]238 大宗祠是祭祀始祖的宗祠，修建的时间比较早。小宗祠是各分房的

① 费孝通：《乡土中国　生育制度》，北京大学出版社 1998 年版，第 8 页。
② （清道光）张海珊：《小安乐窝文集》卷一《聚民论》。
③ （清乾隆）李绂：《穆堂初稿》卷二十四《别籍异财议》。

次级祠堂。私祠是指只属于某一个或几个家庭所有的祠堂，不属于整个宗族。有自建纪念先祖的，称为“家庙”。清代后期，宗族内部的平民意识抬头，有些人为了显示自己的个人成就，在活的时候就把自己的住宅命名为“厅”、“书舍”、“香火堂”等，在其死后即成宗祠。这类宗祠叫做“私祠”，粤语俗称“私伙太公”。另外，还有一种特殊的宗祠——合族祠，是同姓不同宗者（甚至是不同姓氏者）采取虚立名号，联宗通谱，联合一县至数县甚至数十县而建立起来的。故粤俗称这类“始祖”和祠堂为“众人太公”。[37]弗里德曼（Freedman）的宗族模型理论阐述了宗族与地域社会之间的相关性。他提出了宗族的“地域世系群”、“分散世系群”和“上位世系群”的概念。“地域世系群”是“由居住在一个聚落内或稳定的聚落群内的父系成员所构成的自律性集团”。当宗族超越一个聚落体或聚落群，并在外部加以扩展时，就形成了“分散世系群”和“上位世系群”。两者的差别在于，前者指一个“地域世系群”中的一部分成员分散居住到聚落之外，后者则指由若干个“地域世系群”根据父系世系关系组成的联合体。[39]显然，弗里德曼的这些概念与大宗祠、合族祠、小宗祠和私祠等宗族聚落空间的中心是相对应的。本书重点不在于探讨宗族世系的关系，但宗族的裂变和整合，由“地域世系群”到“分散世系群”、“上位世系群”的变化，势必会带来祠堂系统景观的变化，而祠堂景观的变化对应着宗族文化空间的演变过程，表 3. 8 能够比较清楚地反映这种关系。

表 3. 8　明清佛山镇的四种祠堂及其地缘、血缘空间的比较

宗祠类型	私祠	小宗祠	大宗祠	合族祠①
祭祀覆盖范围	个别家庭	某一房或派	整个宗族	省内或部分县内的同姓宗族
血缘、地缘关系	最亲近的血缘关系	较亲近的血缘关系	同一始祖的血缘关系	地缘关系
地理范围	某宗族居住区内	某宗族居住区内	整个宗族居住区内，通常一姓在一村内有一个大宗祠	数县或全省的同一姓氏

① 陈忠烈认为，合族祠既有同姓不同宗者，还有不同姓氏者。（陈忠烈：《“众人太公”和“私伙太公”——从珠江三角洲的文化设施看祠堂的演变》，《广东社会科学》2000 年第 1 期，第 70～76 页）佛山镇的忠义流芳祠、乡仕祠和八图祖祠都是祭祀八图土著的先贤，尽管其特征与表 3. 8 不完全相符，但作为八图共同建设和祭祀的祠堂，在本书中被称为八图的合族祠。

续表 3.8

宗祠类型	私祠	小宗祠	大宗祠	合族祠
通常名称	××书舍、××厅、××书塾等	×氏××公祠	×氏大宗祠	××书院
祭祀的人物	生前自设宗祠，死后由直系亲属祭奠	宗族内非始迁祖的突出人物	始迁祖	虚拟的共同祖先，一般附会历史名人
尝产的受益范围	个别家庭	某一房或派	整个宗族	管理操控合族祠的少数人
基本功能	生前居住，死后祭祀	祭祀、管理房派内的族人	祭祀、管理族人	同姓的多个宗族办理事务的落脚点和联络点
建筑景观	民居住宅	祠庙建筑	祠庙建筑	祠庙建筑

资料来源：周毅刚：《明清时期珠江三角洲的城镇发展及其形态研究》，华南理工大学博士学位论文，2004 年，第 239 页。有修改。

历代《佛山忠义乡志》对佛山的宗祠都有记载，特别是民国《佛山忠义乡志》记载的宗祠信息最为详尽，不仅记录了多数宗祠所在的街巷名、近半数宗祠的修建时间，以及重要宗祠的祠记，而且宗祠的编目“以姓统祠，以旧志氏系为次”①。这样，就便于比较清晰地对同姓而不同氏系的宗祠进行归类。望族大姓的宗祠占佛山镇宗祠数量的主体。例如梁、冼、霍、李等姓氏，他们多为八图土著，并长期把持佛山镇的地方政治权利。以民国初年为例，宗祠的姓氏有 58 个，仅李、梁、陈、冼、霍、黄六大姓氏的祠堂就占总量的 61.43%。下面利用 FSHGIS 的祠堂景观的空间数据，应用 ArcGIS 9.0 制作这六大姓氏的祠堂景观分布图（图 3.27、彩图 9），从祠堂景观的分布可以反映宗族血缘空间分布及其扩展情况。

从图 3.27 可见，宗族存在着扩展、消亡的裂变过程。分散世系群的宗族文化景观出现，总的来说削弱了大宗祠的向心力。佛山八图土著的这种变化及势力的衰弱，使八图土著传统的血缘聚落空间被打破。清代，大量外来人口涌入佛山，费孝通认为：“很多离开家漂流到别地的并不能像种子落入土中一般长成新村落，他们只能在其他已经形成的社区中设法插进

① （民国）冼宝干：《佛山忠义乡志》卷九《氏族志・祠堂》。

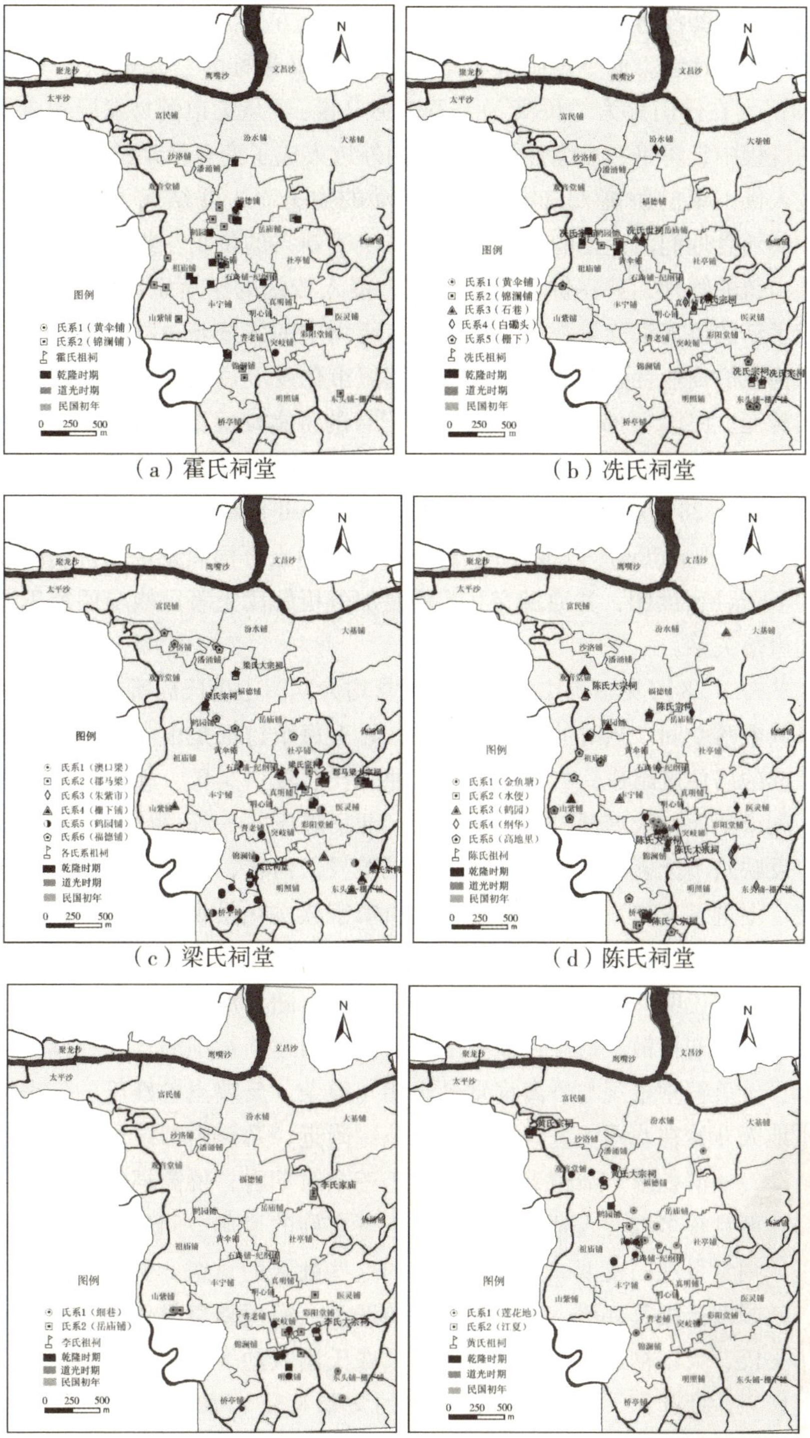

（a）霍氏祠堂　（b）冼氏祠堂

（c）梁氏祠堂　（d）陈氏祠堂

（e）李氏祠堂　（f）黄氏祠堂

图3.27　佛山镇主要望族大姓的祠堂景观分布

去。如果这些没有血缘关系的人能结成一个地方社群，他们之间的联系可以是纯粹的地缘，而不是血缘了。”外来人口又被称为“客边”、“新客”、“寄借”（在佛山称为“侨寓”），费孝通又说：“从集市贸易发展到店面贸易的过程中，寄寓在血缘性社区边缘的外边人成了商业活动的媒介。”① 清代进入佛山镇的侨寓人口成为商贸活动的主力军，并结成了地缘性的社区。伴随着他们商业上的成功，逐渐产生了新兴的侨寓士绅集团，他们参与佛山镇的管理，并在佛山落户生根，侵入传统的土著宗族的地域范围，形成了新的侨寓宗族景观，打破了以血缘为主的传统乡土社会，开始向以地缘为主的商业社会转变，反映佛山镇城市化发展过程中聚落空间社会性质的转变。民国《佛山忠义乡志》中记载的侨寓姓氏祠堂有111座，占总量的29.5%。本书应用ArcGIS 9.0制作侨寓祠堂和土著祠堂景观的空间分布图（图3.28、彩图10），并取数据单元（cell size）大小为10 m，搜索半径（search radius）为500 m，建立佛山镇的土著祠堂景观和侨寓祠堂景观的Kernel密度图，并通过交互式的叠加分析解读土著氏族与侨寓氏族的空间聚落关系。

从图3.28可见，佛山镇明代的祠堂均为八图土著氏族所有，具有明显的宗族聚落空间。当时的佛山十五村，几乎每个村都是由一个或几个主要的宗族的居住区组成，如村尾村的水便陈氏、澳口梁氏，朝市村的白磡冼氏、朝市梁氏，大塘涌村的细巷李氏、纲华陈氏，等等。从这些祠堂景观可以反映八图土著宗族聚居空间的地域差异。清代，随着佛山镇工商业的发展，促进了人口流动，也带来了佛山镇宗族文化景观空间的变化，通过图3.28祠堂景观的空间分布，可以进行如下解读：①八图土著祠堂景观空间扩散。这说明八图土著宗族内部产生裂变，随各房支的镇内外迁徙而使宗族文化景观扩散。这样，原有宗族的向心力逐渐被削弱。②在佛山镇中南部，土著祠堂景观与侨寓祠堂景观相互混杂。反映出各姓氏的外来人士和本地人开始在八图土著集聚的地域范围附近，乃至内部定居或从事工商业活动。从清乾隆、清道光至民国初年三个时期看，侨寓祠堂的数量越来越多，而且很多都侵入到中南部八图土著宗族的聚落空间内，既增强了这些地域祠堂景观的密度，并由此带来的这些社区的重组。例如，明嘉靖年间，鹤园冼氏极其兴盛，冼桂奇所建的冼氏大宗祠堂皇雄伟；但到清代卖给了吴氏，大宗祠地立被分割，连原来冼氏出入的大门也被围墙堵上。清代吴氏以盐商起家，乾隆年间吴荣光的父辈有兄弟10人，曾历任有盐大使、盐运经历和盐总商等职，家事豪富。吴氏家族陆续购地建屋，沿洛水

① 费孝通：《乡土中国　生育制度》，北京大学出版社1998年版，第71～75页。

一带建立了不少园宅，其中的“西园”和“鉴帷别墅”就是购置原鹤园冼氏聚居的鹤园故地而建成。吴氏兄弟把鹤园故地改建后，易称“大树堂”。[3]314－315从“鹤园故地”到“大树堂”的变化，反映了宗族聚落空间的重组，从此“大树堂”成为吴氏宗族的聚居区。③土著祠堂与侨寓祠堂景观还有一定的互补性。由于传统乡土社会的聚落空间内，血缘关系仍然具有强大的生命力，以中南部为主的土著宗族聚落空间的核心区基本没有发生大的改变。而在土著祠堂分布相对较少的铺区，却有一定数量的侨寓祠堂景观。在图3.28中，北部的富民铺、汾水铺和大基铺，以及中部的沙洛铺、潘涌铺和岳庙铺，这些铺区土著祠堂少，但却有一定数量的侨寓祠堂景观，这说明了佛山镇内铺屋密、地价高，侨寓人口有相当一部分在佛山镇的周边各铺定居。

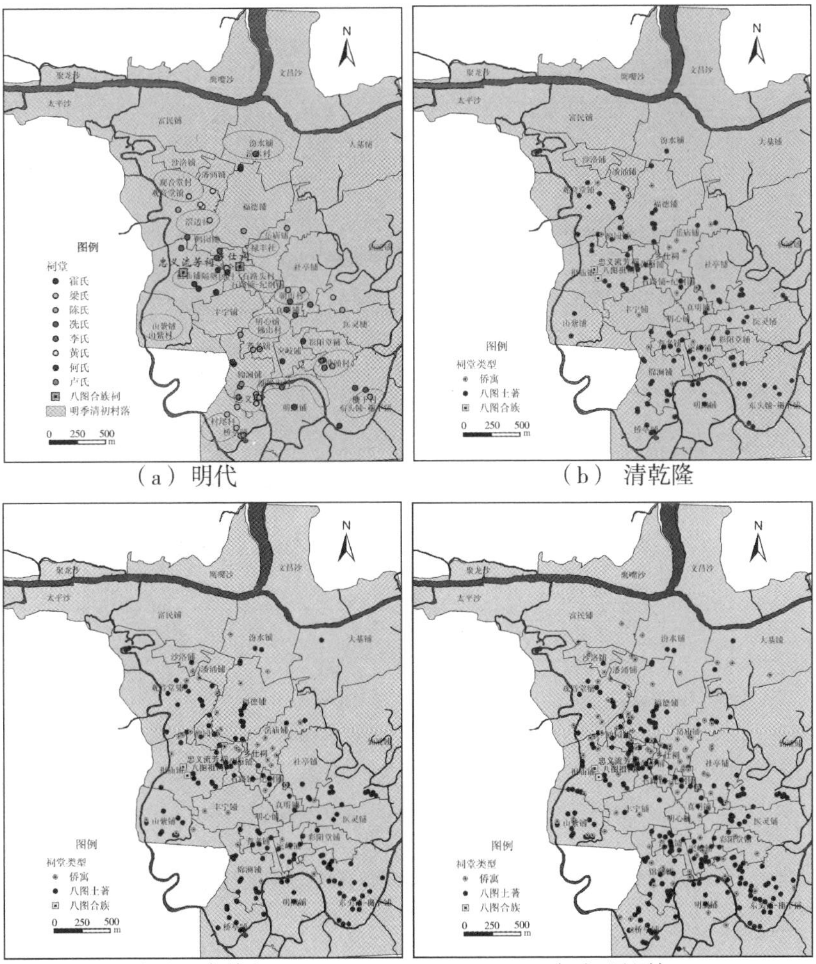

（a）明代　（b）清乾隆

（c）清道光　（d）民国初

图3.28　佛山镇八图土著和侨寓的祠堂景观分布

本书根据 FSHGIS 的基础空间数据，通过 ArcGIS 9.0 绘出民国初年佛山镇的祠堂与庄园围墙的分布图。如图 3.29（彩图 11）所示，八图土著传统的聚落空间很少看到四周是围墙的居住地；在侨寓庄园处，多数都有比较醒目的围墙符号，形成了一块块以围墙为标识的既有祠堂又有民居的侨寓庄园，如阮家庄、潘家庄、任家庄、刘家庄和梁园①等，这与孤零零的单独的土著祠堂景观形成鲜明的对比。这种土、侨祠堂景观的差异，反映出清末民初八图土著宗族势力已经基本解体。尽管引起八图土著解体的原因是多方面的，但罗一星指出："清代佛山宗族组织解体的最基本的动因还应根究到侨寓人士的大量涌入"[3]320。侨寓人口的大量进入，带来了佛山镇社会的重组，人们的价值观发生了变化，物质利益取代了血缘亲情，八图土著的血缘空间被打破，越是靠近北部商业区的土著宗族空间解体得也越早越快，如汾水冼氏、鹤园冼氏等。由此而带来佛山镇聚落空间的血缘关系减弱，地缘、业缘等因素增强。这正适应了佛山城市化发展的大趋势。

图 3.29　民国初年佛山镇的祠堂景观与庄园围墙的分布

---

① 梁园是清代佛山大盐商梁玉成及其后人的私家园林总称，由"十二石斋"、"汾江草庐"、"寒香馆"和"群星草堂"等四组不同地点、特色各异的园林群体组成。图 3.29 中刺史家庙周围主要是"群星草堂"和"汾江草庐"。现在梁园是"粤中四大名园"之一。

综上所述，通过祠堂景观的分布与演变，可以透视历史时期佛山宗族聚落空间的意义。现在，虽然大多数祠堂都已经成为历史记忆，但现存的祠堂景观则是佛山宝贵的历史文化遗产，很多都被列为各级文物保护单位，如兆祥黄公祠、刺史家庙、石头霍氏大宗祠、李大夫家庙和元吉黄公祠等，这些祠堂景观是研究历史时期佛山镇宗族文化的重要遗产。

第四节 工商业文化景观

一、明清时期佛山的工商业景观

明末清初，佛山位列“天下四大名镇”和“天下四大聚”之一，其手工业之发达，商贸之繁盛，甚至超过广州，不逊于京师。陈威言在《南越游记》中写道：“俗称天下四大名镇，粤之佛山与焉。镇属南海，商贾辐辏，百货汇集，夹岸楼阁参差，绵亘数十里。南中富饶繁会之区，无逾此者。”[①] 徐珂的《清稗类钞》也说：“佛冈（山）之汾水旧槟榔街，为繁盛之区。商贾丛集，阛阓殷厚，冲天招牌，较京师尤大，万家灯火，百货充盈，省垣不及也。”[②] 上述言者均非佛山本地人，他们所述的应当具有客观性。可见，明清之际“佛地以工商立国”[③]，工商业景观是这个岭南巨镇的重要标志，也往往为佛山人所自豪。清道光年间，里人冼沂所撰的《佛山赋》写道：

> 季华旧迹，福地佳名。……尔乃阛阓则计以万，闾井亦逾乎千。货物列肆，田畴连阡。……卢橘杨梅，三墟竞卖（表冈墟，今大墟。塔坡墟，今普君墟。盘古墟。后添新墟，不入三墟之内）。荔枝龙目，六市争光（官厅市，今官厅脚；公正市；早市，即冈心烟市；三元市；晚市；朱紫市，今朝市。为六市。后添三角市、大桥头市、细桥头市）。菊舍蟹黄，细桥头之持螯可嗜（大桥头买谷，细桥头则海鲜罗列，明虾鲜蟹，贩者互争先焉）。竹篱梅白，新涌口之脍鲤弥鲜（新涌口上多疍民居住，以渔为生，价颇贱）。土毛既列，工作宜知。冶肆纷罗，人擅嵇公之业（乡中打铁者甚多）。锅炉旁列，世传桌氏之奇（铸镬锅釜为乡土产，钟鼎皆然）。钟始两栾，火铸五更之候；鼎成三足，丹逢九转之时（鼎即香炉，有三足、四足、两耳者）。赤缆几家，青烟四吐（铁线亦乡土产，有大缆、二缆、上绣、中绣、花丝）。铁丝千尺，

---

① （清）陈威言：《南越游记》卷一。

② （清）徐珂：《清稗类钞》卷十七《农商》。

③ （民国）冼宝干：《佛山忠义乡志》卷一《舆地志·墟市》。

> 红焰纷披（铁线、铁锅，乡多仰食于此。八景“孤村铸炼”即此）。冠履川楚（自福禄里帽店、潘涌里鞋店，弥望皆然），货贝华夷（西北各江货物聚于佛山者多，有贩回省卖与外洋者，不止佛山缎、佛山纱流行外省也）。①

可见，此赋形象地描绘了一幅明清时期佛山镇工商业景象繁盛的图画。随着佛山手工业和商业的繁荣，手工业者和商人的同行组织行会和会馆（或堂）大量出现，清道光十八年（1838），佛山有220多行手工业，70多行商业及服务业，有三四千种商品生产，有三千多家商店。[40]3 大量的工场作坊、铺户集市，以及各种行会及会馆，形成了明清时期佛山镇的工商业文化景观。

1. 明清时期佛山的手工业景观

明清时期佛山的手工业景观异彩纷呈，最有代表性的是佛山的冶铁业、陶瓷业、纺织业以及其他各种手工业。

明清两代，佛山冶铁业名播天下。明初佛山就“工艺炉冶之巧，四远商贾，恒辐辏焉”②，而且“佛山商务，以锅业为最”③。明正德元年（1506）全国设立了13所管理铁矿的机构，称为铁厂。广东的铁厂就设在佛山，佛山从此成为南中国的冶铁基地。到了清代，佛山镇的冶铁业更为普遍，“南海之佛山去城七十里，其居民大率以铁冶为业”④。至乾隆年间，佛山已经是“炒铁之炉数十，铸铁之炉百余”⑤。由于佛山的冶铁业规模庞大，而且技术精良，“盖天下产铁之区，莫良于粤，而冶铁之工，莫良于佛山”⑥。所以，佛山的冶铁产品不仅畅销国内，还远销到东西二洋。据雍正九年（1731）广东布政使杨永斌《禁铁锅出洋疏》记载：“雍正七八九年造报夷船出口册内，每船所买铁锅少者自一百连至二三百连不等，多者买至五百连，并有至一千连。”⑦ 可见，佛山铁锅出口量相当可观，冶铁业已经名播海内外了。据乾隆《佛山忠义乡志》记载，明天启二年（1622），佛山就已经存在炒铁业和铸铁业，分化发展成为“炒铸七行”，即铸锅行、铁灶行、炒铁行、铁锁行、铁线行、农具杂品行和铁钉行。⑧ 至清代，佛山冶铁业分工更细，并出现了行会组织的会馆或堂。其中，与铁制品有关

---

① （清道光）吴荣光：《佛山忠义乡志》卷十一《艺文志下·佛山赋》。括号里的内容为吴荣光所注释。

② 曾锐锋：《佛山铸造业简史》，《佛山文史资料》第11辑，1991年，第2页。

③ 《鹤园冼氏家谱》卷六《六世月松公传》。

④ （明）丘濬：《丘文庄公集》卷七《东溪记》。

⑤ （清乾隆）陈炎宗：《佛山忠义乡志》卷五《乡俗志》。

⑥ （清）王守基：《盐法议略·广东盐务议略》。

⑦ （清乾隆）《广州府志》卷首。

⑧ （清乾隆）陈炎宗：《佛山忠义乡志》卷三《乡事志·纪略》。

的会馆或堂有11个，分别是炒铁行（炒铁行会馆）、铁镬行（陶全会馆）、铁线行（同庆堂和同志堂）、铸钉行（□□堂和金玉堂）、铸发行（既济堂）、熟铁行（熟铁行会馆）、土针行（□□堂）、打锁行（万兴堂）和铁锅行（刚济堂）。随着这种分工愈发精细，冶铁业内部的彼此协作和联系得更加紧密。会馆的设立确保了行会成员间的和睦与团结。这样，就进一步地促进了佛山冶铁业的发展。

佛山镇发达的冶铁业，不仅推动了城市经济的繁荣，更塑造了佛山镇代表性的城市景观。佛山竹枝词生动形象地描绘了佛山冶铁业的城市景象，如："铸犁烟杂铸锅烟，达旦灯光四望悬。"① "春风走马满街红，打铁炉过接打铜。"② "铸锅烟接炒锅烟，村畔虹光夜烛天。最是辛勤怜铁匠，拥炉挥汗几曾眠。"③ 而且，清代佛山镇的"佛山八景"④ 中之的"孤村铸炼"就源自佛山的冶铁业（图3.30）。"孤村铸炼"在表冈附近（现沙塘坊滘边社一带），明代是一个孤零四野无人的小村落，因村人多营冶铁手工业，日夜铸炉烟火上升空际，蜿蜒如龙腾，遂成为佛山镇一景[4]68，清代有诗赞曰："大造为炉妙莫论，良工铸炼在孤村。宝光万丈相摩荡，紫气千重互吐吞。"⑤

图3.30 清代佛山八景中之"孤村铸炼"

资料来源：（清道光）吴荣光：《佛山忠义乡志·佛山八景全图》。

明清时期，佛山的陶瓷业十分重要。陶瓷业主要分布在离佛山镇西南方6公里的石湾村。石湾陶业技艺精湛，范端昂在《粤中见闻》中称："南海之石湾善陶，其瓦器有黑白青黄红绿各色，备极工巧，通行二广。所为金鱼大缸，两两相合。出火则俯者为阳，仰者为阴，阴盛水则浊，阳

① （清乾隆）陈炎宗：《佛山忠义乡志》卷十一《艺文志·何若龙：佛山竹枝词》。

② （清乾隆）陈炎宗：《佛山忠义乡志》卷十一《艺文志·陈昌坪：佛山竹枝词》。

③ （清道光）吴荣光：《佛山忠义乡志》卷十一《艺文志下·梅璇枢：汾江竹枝词》。

④ 清代佛山八景又称为"福山八景"，即汾流古渡、冈心烟市、庆真楼观、塔坡牧唱、孤村铸炼、东林拥翠、南浦客舟、村尾垂虹。(（清道光）吴荣光：《佛山忠义乡志》卷五《乡俗志》)

⑤ （清道光）吴荣光：《佛山忠义乡志》卷十一《艺文志下·杜伯棠：孤村铸炼》。

盛水则清。"① 所以，石湾的陶器行销两广，乃至海外。屈大均这样记载石湾的陶瓷业："石湾多陶业，陶者亦必候其工而求之，其尊奉之一如冶。故石湾之陶遍二广，旁及海外之国。谚曰：石湾缸瓦，胜于天下。"② 石湾陶业有详细的分工。明天启年间，石湾陶业组织有八行，清代发展为二十余行[41]，到清末民初时期，总共有三十六行，如大盆行、花盆行、缸行、埕行、边砵行和公仔行等。石湾窑一般是龙窑，都建筑在山冈的斜坡上，犹如一条火龙自空而下。石湾冈丘众多，因而龙窑遍布石湾诸冈，形成颇为壮观的龙窑景观（图 3. 31）。[42]清代里人梁照葵所撰《石湾六景记》中的"石湾六景"，有五个景观与石湾陶业有关，即"陶窑烟火"、"九龙出洞"、"万筒朝宗"、"隔水柴歌"和"莲峰昼市"。③ 明正德年间（1506—1521）修建的"南风灶"沿用至今，已经成为国家级的物质文化遗产。

明清时期，纺织业是佛山重要的手工业，其规模大，从业人员多。曾有外国人记载 1833 年佛山镇"从事织造各种布匹的工人共约五万人，……分别在大约二千五百家织布工场作工，每一工场平均有二十人"④。虽然罗一星认为此数目不足信[3]210，但明清时期，佛山镇纺织业规模已经比较庞大。据乾隆三十九年（1774）《梁氏家谱》记载，佛山猪仔市圩几乎每日清晨均有"织机工人囤聚数百人"，后又"聚至数千"待雇佣。⑤ 清代佛山镇的纺织业分工详细，并相应设立了各行会馆。有绢织物业（2）、衣料和衣服业（6）、纽扣业（4）、鞋袜帽制造业（8）和染色染料业（3）共23 个行会[43]，行会会馆或堂有 12 家。

---

① （清）范端昂：《粤中见闻》卷二十三《物部·瓦缸》。

② （清）屈大均：《广东新语》卷十六《器语·锡铁器》。

③ 据清末里人梁照葵的著作，称"石湾六景"为：陶窑烟火、九龙出洞、万筒朝宗、隔水柴歌、莲峰昼市和塔峰夕照。"陶窑烟火"，石湾有龙窑百多座，旺季时隔两天可煅烧一次，每日诸冈之上，常有几十座陶窑冒出阵阵烟火，此起彼伏，故名；"九龙出洞"指石湾上、中、下三窑分布的九条河涌，均汇出东平河，犹如苍龙出洞之势，为陶业水上交通网络，故名；"万筒朝宗"指立在石湾最高的七星冈上远眺，王借冈矗立岸畔，东平河上船舶往来如织，帆樯林立，成为石湾陶器水上运输通道，故名；"隔水柴歌"指石湾对岸的"柴基"，昔为陶业燃柴供应基地，西北江木柴船至此，柴叠置如塔状，绵延数里，劳作工人歌声不绝，隔岸犹闻，故名；"莲峰昼市"指莲子冈东麓，并有陶师庙、丰宁寺和莲峰书院，陶师庙为石湾陶业的祖庙。庙前经常举行庙会，是石湾乡内重要的墟市，人们由四方来此采购，川流不息，故名。（区瑞芝：《石湾史简介》，1990年，第 10 ～ 12 页、第 17 页）

④ 彭泽溢：《中国近代手工业史资料（1840—1949）》（第 1 卷），第 256 页。

⑤ 《梁氏家谱·乾隆四十年铺户何遂振叶维皆等二十四人名联恳分列饬禁事》。

图 3.31 明清时期石湾陶瓷业的景观

资料来源：为《佛山工商业图》部分，笔者摄于佛山市城市规划展览馆。

明清时期，佛山镇的其他手工业作坊林立，数量众多，成为佛山这座传统工商业城市的独特景观。这些手工业主要有金属加工业、造纸业、成药业、酿造业、竹木品制造业、爆竹业和其他传统手工业等等。据统计，自历史流传下来的，就有 240 多个行业，可分为 20 类。[44] 据民国《佛山忠义乡志》统计，民国初年仍然有 10 类 175 行。除了冶铁、纺织业外的其他手工业有行业会馆或堂 28 座。① 特别是民间手工艺丰富多彩，为佛山镇的一大特色。大致有木版年画、神像画、木版神衣及花纸、剪纸、扎作品、木雕、刺绣、木版礼联、菠萝符以及金花、“四箔”（金、银、铜、锡箔）及其制品等。[45] 乾隆《佛山忠义乡志》记载：“乡多年货，凡门神、门钱、金花、蓪花、条香、爆竹之类，皆以一岁之力为之。至是乃列贩于市。四方来贾者肩摩踵接，喧闹为广郡最。”② 佛山民间手工艺品多是迎神赛会、祭祀用品，佛山的民间信仰环境浓厚，这些手工艺品“皆与神道有关”③。从另一方面看，琳琅满日的民间工艺品也促进了佛山镇各种民俗活动走向兴盛。

2. 明清时期佛山的商业景观

明清时期，佛山的商业和手工业一样都进入了隆盛阶段。据罗一星研究，佛山镇以内贸为主，和以外贸为主的广州共同构成了岭南二元中心市

① （民国）冼宝干：《佛山忠义乡志》卷六《实业志・工业》。

② （清乾隆）陈炎宗：《佛山忠义乡志》卷五《乡俗志》。

③ （民国）冼宝干：《佛山忠义乡志》卷六《实业志・工业》。

场。[3]237-255广东承宣布政使郎廷枢所撰的《修灵应祠记》描绘了康熙年间佛山镇的商贸景象："四方商贾之至粤者，率以是（佛山）为归。河面广逾十寻，而舸舶之停泊者，鳞砌而蚁附。中流行舟之道，至不盈数武。桡楫交击，争沸喧腾，声越四五里，有为郡会之所不及者。沿岸而上，屋宇森覆，弥望莫极。其中若纵若横，为衢为衖，几以千数。阛阓层列，百货山积，凡希觏之物，会城所未备者，无不取给于此。往来驿络，骈踵摩肩，廛肆居民，楹逾十万（户），虽曲遂之状无以过也。"① 可见佛山镇的商业繁华程度。

"佛山一镇，绅衿商贾，林林总总"②，商人的种类和数量繁多。商人类型有20多类，如铁商、布商、丝商、药商、米商、柴商、木商、行商、典当商、银铺商、船商、盐商、珠宝商、陶瓷商、纸商、果商等，商铺共计三四千家，1500多条街道，20多座桥梁，60多处渡口，还有农副产品和各类商品的专业市场和专业街道。[46]94-95有清以来，佛山镇的商业分工更加详细。据民国《佛山忠义乡志》记载，清乾隆至光绪年间，佛山有商业同业行会69个。在激烈的商业竞争中，为了相互帮助、交换商业信息和联络感情，佛山镇的商人除了建立专门的行业组织外，还设立了商业会馆或堂。佛山镇的商业会馆可以分为两种：一种是按照交易商品或者按照业种组织行会的会馆或堂；另一种是出生在同一地方的商人设立的会馆，即地缘性会馆。据笔者统计，清代佛山的商业行会会馆有30个，地缘性会馆有12个。据清道光《南海县志》卷十记载，外国人曾在佛山镇东南彩阳里设立过22家洋馆[40]20，处理商贸事务。由此可见，清代佛山镇的商业化程度已经相当发达。

墟市是农村商品交换的场所，反映了农村对于城市经济的依赖程度。刘宋时期的《南越志》中写道："越之市为墟，多在村场。"可见，南北朝时期珠江三角洲已经有墟市存在。墟市的繁荣与发展则在明清时期。特别是清代，珠江三角洲墟市数量急剧增加，尤以南海、顺德等县所在的商品性农业区域和经济作物的中心产地为最。[47]佛山镇作为岭南重要经济中心和商品集散地，自然对周围农村地区具有强大的吸引力。因而，佛山镇的墟市向来发达，形成了佛山重要的商业文化景观。佛山最早形成的市场是宋代在栅下铺的米艇头市场。至明代，随着市镇向北扩散，墟市扩展到佛山镇的中部地区，乃至汾江河沿岸，形成了"三墟六市"，即普君墟、大墟、盘古墟、早市、朝市、晚市、三元市、公正市和官厅市。清代，佛山

① （清道光）吴荣光：《佛山忠义乡志》卷十二《金石志上·修灵应祠记》。
② （清道光）吴荣光：《佛山忠义乡志》卷十二《金石志下·重修佛山经堂碑记》。

镇的墟市进一步发展，已经遍及佛山镇，并扩及到北部的四沙，达到了“六墟十七市”，即普君墟、大墟、盘古墟、普君新墟、太上墟、麻钉墟、早市、朝市、晚市、三元市、公正市、官厅市、大基尾市、大基头市、安宁市、镇北市、三角市、圭市、禄丰社市、新涌口市、细桥头市、金兰桥市和鹰沙市。[40]25-28清代佛山镇的“佛山八景”中之的“冈心烟市”就是指佛山镇的墟市商业景观（图3.32）。“冈心烟市”即早市，在佛山镇中部的三穴冈。明清时期，当地人和附近农民在冈上于五更前设立夜市场，摆卖日用和粮食等货品，由于火光冲天，远近可见，人们称之为“冈心烟市”。[4]10里人有诗描绘了该墟市景观的热闹景象。廖衡平有诗曰：“九市通衢列肆连，人家处处起炊烟。四时花鸟官无税，百室鸡豚岁有年。”① 屈宋才在诗中也写道：“路入冈心即市廛，哄声喧处溷人烟。馔供鸡黍蝇趋热，酒羡羔羊蚁慕膻。三月早瓜浮绿嫩，一筐新荔劈红圆。盘飧莫叹无兼味，说法还参玉版禅。”②

图3.32 清代佛山八景中“冈心烟市”

资料来源：（清道光）吴荣光：《佛山忠义乡志·佛山八景全图》。

二、佛山镇工商业文化景观的分布

1. 工商业文化景观历史GIS数据库的建立

民国《佛山忠义乡志》卷六《实业志》记载的佛山镇工商业景观信息十分详细。它将工商业文化景观分工业（手工业）、商业两大类型。手工业有9类175个行业，商业有6类77个行业，③ 以及12个地缘性商业会馆。其中有67个手工业行业景观、64个商业行业景观和12个地缘性会馆记录了其所在的街巷地名，在FSHGIS中可以基本上确定其相对位置，建

① （清道光）吴荣光：《佛山忠义乡志》卷十一《艺文志下·廖衡平：冈心烟市》。

② （清道光）吴荣光：《佛山忠义乡志》卷十一《艺文志下·屈宋才：冈心烟市》。

③ 工业（手工业）分为9类，即衣服类、居住类、饮食类、五金类、竹木工类、纸业工类、文具类、杂物工作类和杂工类；商业分为6类，即银行按押平码五金类、竹木柴炭类、饮食类、衣服类、纸业杂货类、杂行商业类。（（民国）冼宝干：《佛山忠义乡志》卷六《实业志·工业》）

立起工商业文化景观的空间数据库。根据《佛山忠义乡志》中对于工商业的记述，还可以提取行业名、类型、性质（手工业、商业）、集聚街巷、会馆名称、会馆创立时间等属性特征，建立工商业文化景观的属性数据库。将《佛山忠义乡志》中的手工业和商业分类进行综合，划分14类工商业文化景观，即铸造和金属加工类、衣服和纺织类、土建类、饮食类、药材类、竹木工类、纸工类、文具类、日杂类、杂工类、银行典当类、竹木柴炭类、商业服务类和地缘性会馆类。此外，再从《佛山市商业志》、罗一星《明清佛山经济发展与社会变迁》、周毅刚《明清时期珠江三角洲城镇发展及其形态研究》和区瑞芝《佛山新语》等资料中，对工商业景观的属性特征进行补充。最后，在FSHGIS中，建立起清末佛山镇工商业文化景观的空间数据库。

《佛山街略》提供了清代中叶佛山镇工商业文化景观的地理信息。《佛山街略》是由伦敦英国图书馆东方写本与印本部藏，封面中署书名，左一行写“道光十年刻　禅山怡文堂”，右二行写“内附各埠渡额日期来往客商卖买什物者依街道宜行便是”。清嘉乾道时期，佛山镇经济繁盛。《佛山街略》就是在这种背景下，编印的佛山镇商贸街巷交通购物指南。《佛山街略》一书通过七条商贸线路，记载了佛山全盛时期末年的地理交通、街道里巷、名胜古迹，尤详于工商字号、贸易物品。它是道光十年（1830）佛山镇一幅相当详尽的地理交通图，更是对于工商业文化景观的全景式描写。根据《佛山街略》中关于工商业文化景观的地理信息，能够确定七条商贸路线，以及工商字号、售卖贸易物品的相对位置，在FSHGIS中，建立起清道光年间佛山镇商贸路线和工商业文化景观的空间数据库。本书应用ArcGIS 9.0制作工商业文化景观分布等图，并通过与佛山镇历史景观要素交互式的叠加分析，以反映佛山镇工商业空间结构及其变化。

2. 工商业文化景观的空间分布

根据《佛山街略》建立的工商业文化景观的空间数据库，利用ArcGIS 9.0绘制道光年间的佛山镇商贸路线图和工商业文化景观空间分布图。如图3.33（彩图12）所示，清道光年间，佛山镇以接官亭和祖庙为核心，有七条主要商贸路线：以接官亭为出发点的有五条线路，核心是由接官亭到祖庙的中路、东路和西路三条线路，从接官亭沿汾江河还有向西往疍家沙至沙口、向东至大基尾的两条线路；以祖庙为出发点有向东南至栅下新文塔，向西南往村尾通济桥的两条线路。佛山镇的工商业景观主要集中在中部和北部，在FSHGIS的各铺边界空间数据中增加人口数、街巷数和铺屋数的属性，选择ArcGIS 9.0的Layer Properties的Quantities功能，绘制民国初年佛山镇的人口密度、街巷密度和铺屋密度图，人口密度、街巷密度和铺屋密度可以反映出佛山城区商业繁华程度的空间差异。图 3. 33 将商贸路线、工商业文化景观与人口密度、街巷密度和铺屋密度图进行叠加，可见，《佛山街略》中的商贸路线沿线，人口、街巷和铺屋稠密，特别是从接官亭到祖庙沿线是佛山镇人口、街巷和铺屋最为稠密、商贸最为繁盛的地带。再利用 ArcGIS 9. 0 绘制清末佛山镇工商业文化景观空间分布图，并与佛山商贸路线叠加。如图 3. 34（彩图 13）所示，工商业文化景观的空间分布与《佛山街略》所记载的基本一致，同样集中于七条商贸线路沿线，并以接官亭至祖庙的三条路线为集聚的中轴。

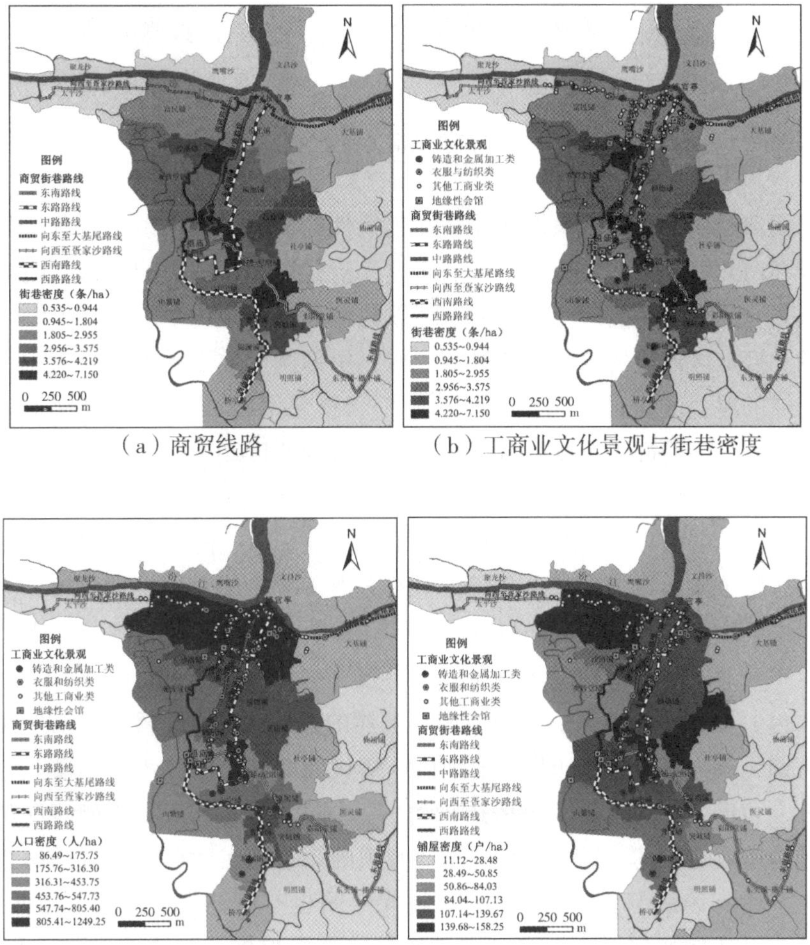

（a）商贸线路　（b）工商业文化景观与街巷密度

（c）工商业文化景观与人口密度　（d）工商业文化景观与铺屋密度

图 3. 33　清道光十年佛山镇商贸路线、工商业文化景观分布

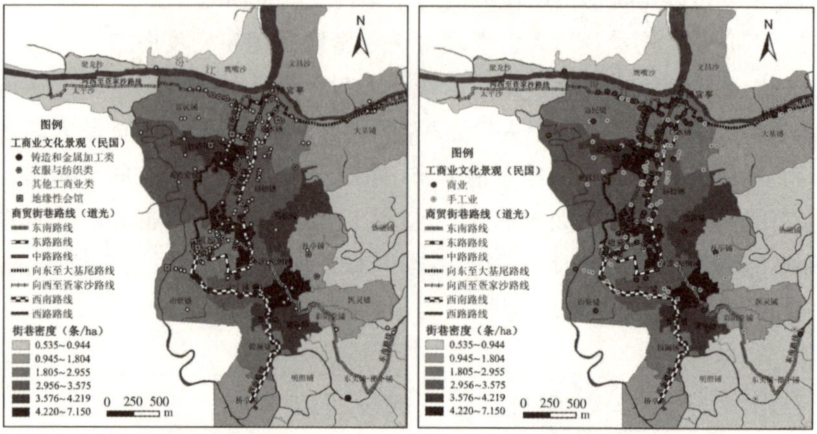

（a）工商业景观类型　　（b）商业和手工业景观

图 3.34　民国初佛山镇工商业文化景观分布

明清时期，受自然条件和社会文化条件的影响，佛山镇工商业文化景观存在南北的差异。根据罗一星的研究，清代前期，佛山的城市空间结构大致划分为三大功能区：东南和南部以铸造业等为主的手工业区，汾江沿岸的北部地区形成的水路交通的商业区，中部则形成了手工业、商业和民居交错的混合区。[3]260－274 邱衍庆[46]289－292和朴基水[43]的研究也将佛山镇空间结构划分为南部手工业制造区、北部城市商业区和中部的工商、民居混合区。

佛山镇四面环水，北面濒临汾江主流，东、西、南三面被佛山涌蜿蜒围绕，整个佛山镇的形状南北延伸呈长方形，故传统上也将佛山镇分为北邑、中邑和南邑。① 从图 3.34（b）所示的手工业与商业景观分布上，亦可见工商业空间结构的南北差异，并划分为三个功能区（图 3.35）。

（1）南部手工业区。佛山镇南部濒涌的山紫、锦澜、桥亭、明照和栅下五铺，成为铸造业作坊集中的地区。清代前期世代以“铸冶车模”为业的江夏黄氏就在山紫村开设铸造炉房。② 从锦澜铺的街道名称能够反映出该铺铸造业之发达。锦澜铺与铸造业有关的街巷地名，在乾隆《佛山忠义乡志》中有铸钻街、铸犁嘴两个；道光年间也有铸钻街、铸犁大街两个；至清末民初增加到 6 个地名，即铁廊巷、铁香炉街、铸钻街、铸钻上街、铸犁大街和铸犁横街。相关街名的增加也可以反映铸造业的空间扩展。据

① （民国）冼宝干：《佛山忠义乡志》卷首二。

② “高祖考沛庵太府君遗下炉房地一段，坐落山紫村口涌边水月宫之右便。”（江夏《黄氏族谱》）

《佛山清涌碑记》记载，清光绪年间，明照铺还有 4 个炒铁的店铺（炉），桥亭铺水便和村尾也有 7 个。[48] 明代的细巷李氏就世代在栅下铺经营铸冶业。据民国《佛山忠义乡志》记载，铁镬行"向为本乡特有工业，官准专利，制作精良，他处不及"。铁镬各店铺多在栅下铺，土炉有 30 家，锅店也有 10 余家。① 在清光绪二年（1876）《重修栅下天后庙碑记》中记载捐签订冶铸炉户就有 40 余家。[49] 铁镬行的陶全会馆就在栅下铺司直坊的太尉庙。可见，栅下铺应该是佛山镇的铸冶业中心。

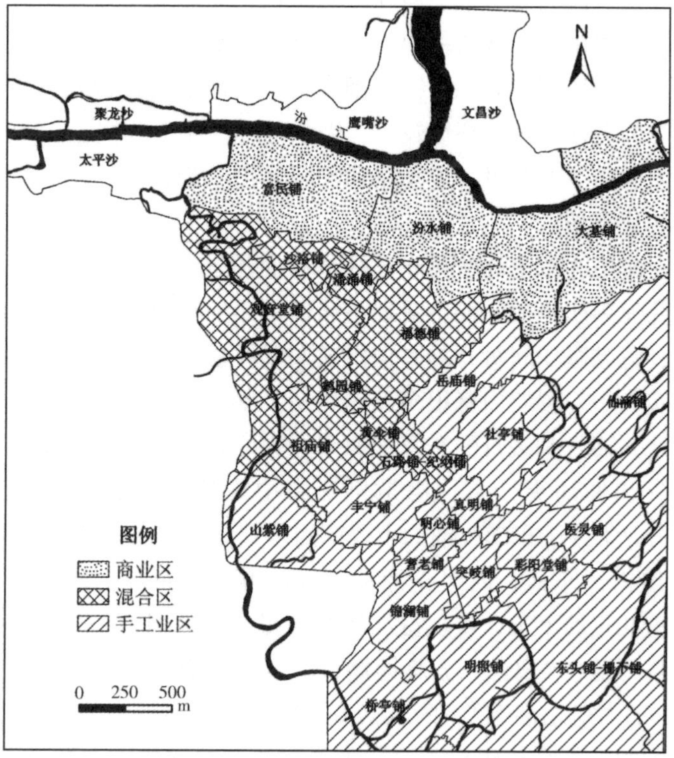

图 3.35　佛山镇的工商业功能区

明代以来，佛山镇的铸造业空间有个演变过程。明代佛山镇的铸造业景观最初集中在大墟—祖庙一带。新涌边佛山旧八景之一的"孤村铸炼"是最早的冶铁点之一，即"表冈"，冈边曾设有墟场，明末平冈后，因墟场扩大，又有"大墟"之称。[4]11 祖庙门前，也曾诸炉并冶，火光冲天。据《梁氏家谱》载："明（宣德四年）祖庙门前明堂狭隘，又多建铸造炉房。堪舆家言，玄武神前不宜火炎，慧（梁文慧）遂与里人霍佛儿浼炉户他

---

① （民国）冼宝干：《佛山忠义乡志》卷六《实业志·工业》。

迁。”① 至今，位于祖庙旁洛水古洛社附近的泥模冈就是将泥模碎片倾倒于河中堆积而成[4]11，反映了祖庙前的洛水一带冶铁生产的热闹景象。由于铸造业需要消耗大量原材料，为了便于铁矿石、沙粒、木炭的运输，多傍河而建。明代佛山的内河涌较多，清代佛山镇内的河涌大多淤积，而人口却急剧增加，城市化进程加快。这样，占地面积大、污染环境的铸造业就由中西部的观音堂铺、祖庙铺逐渐向位于佛山镇边缘的南部五铺转移。与铸造业集中区相邻的各铺，即稍离开涌边的丰宁铺、明心铺、耆老铺、真明铺、突岐铺、医灵铺、东头铺和彩阳堂铺，则形成了炒铁、打铁、拉拔铁线等行业的集中地。这从一些街巷地名中也能得到反映，如突岐铺的铁矢街、明心铺的风箱巷、石路铺的烟皮巷和耆老铺的银带巷等。这些行业不需用大量的泥模，污染环境较小，因此可设在镇内。[3]262尤其是丰宁铺的新安街、通胜街、丰宁里、走马路和莺冈大街一带，是炒铁炉户、商铺和行会会馆的集聚地。

纺织业集中在东南部的岳庙、社亭和仙涌三铺。康熙年间的纺织大户任应、任伟兄弟所建的任映坊就在岳庙铺的乐安里。社亭铺药王庙前猪仔市墟地上，清乾隆年间每日均有织机工人数百至数千不等在此待雇。[3]262社亭铺的舒步大街、梨巷内有很多丝织机房，如舒步街邓尧号、梨巷陈恒号等都是大厂。而且帽绫行的东家和西家会馆兴仁堂均建于社亭铺。仙涌铺的经堂古寺和仙涌街一带，也是机房集中之地，清末仍有霍佳记等大厂。[50]纺织业集中于东南三铺的主要原因是其优越的区位条件和交通条件。这里濒临佛山涌东面，内河支涌多，运输方便，而且土地空旷，便于建厂；北距汾江正埠不远，可从汾江墟场获得生丝原料。《汾江竹枝词》对这种景象描写道：“贸丝三五趁墟场，丝市今朝价颇昂。”② 同时，此处距“卖土丝”的高地也甚近③，附近又有普君墟，均可补充原料之需。此外，佛山镇周围的南海乡村织机甚多，如李村机、叠滘机、大沥机等。④ 佛山镇的丝棉织机房还经营“放机”业务⑤，东南三铺的位置则便于与周边乡村（如蠕冈乡、石啃乡等）的联系和运输。

综上所述，佛山镇南部和东南部的十六铺成为手工业集中的地带。

---

① 梁礼昭：《梁氏族谱·诸祖传录》。

② （清乾隆）陈炎宗：《佛山忠义乡志》卷十一《艺文志·廖衡平：汾江古渡》。

③ （清道光）《佛山街略》，禅山怡文堂刻印，佛山市图书馆藏影印本。

④ （清道光）《南海县志》卷三《舆地略四·布品》。

⑤ 佛山镇的一些纺织工场只设少量的织布机，雇佣一些负责漂纱上机的机面师傅，织布则通过外放周围乡村来完成。除了由工场直接外放外，大部分是通过中间人来转放，这些人被称为“缆头”，佛山近郊每乡都有二三人。其中，蠕冈、石啃等乡的缆头最为著名。（梁冠球：《佛山土布业的兴替》，《佛山文史资料（选辑）》1982 年，第 48 ～ 54 页）

(2) 北部商业区。清代前期，佛山镇北部汾江沿岸的汾水、大基、富文三铺，形成了北部的商业区。汾江河面宽阔，水通西、北二江和广州，处处可建码头，不仅各省货物在此聚散，而且镇内各手工业产品亦在此发销，因此，这里是清代佛山镇发展最快的区域。[3]264

明代的佛山镇还仅有二十四铺。清乾隆年间增加了大基铺，全镇有二十五铺。① 道光年间又增加了富文铺（亦称富民铺）和鹤园铺，全镇成为二十七铺。② 乾隆年间，汾水、富文和大基三铺范围内的街道有 49 条。③ 道光年间，街道数量增加到 117 条，占当时全镇街道数量的 1/5。道光年间，三铺范围内有各类码头 25 个，占当时全镇码头的 83%。④ 史称："汾水在佛山镇，去汾流古渡数十武，市肆云连，舳舻相接，亦商务中枢地也。"⑤《清稗类钞》亦记载："佛冈（山）之汾水旧槟榔街，为繁盛之区。"⑥《佛山街略》详细记述了道光年间各街道的商业情况：在汾水铺，汾流大街"卖苏杭美物、皮衣、颜料、马鞍、毡毯、各色洋布。九月建醮，例甚华美"，永聚街"卖葵扇、门神、灯笼、铁器"，畸岭街"横街内有药材会馆，发卖川广药材、包头线纬、红绒丝带。西通长兴街，卖纱灯、皂靴、绣绵镶杯、琴瑟笙箫"，华丰街"卖糙米、铸铁香炉"；在富文铺，豆豉巷"俱开棉花、西货、沉香、浮货行。有富民乡约江西会馆建在此"，升平街"开福建纸行、参茸、药材、水晶、翠花玻璃、宝石。有楚南会馆建此"，北胜社"南行铁锅开在此"；在大基铺，东胜街"卖戏盔，有戏馆"，琼花会馆"俱泊戏船。每逢天贶，各班集众酬恩，极甚热闹"。⑦ 汾水、富文和大基三铺的酒楼茶肆特别兴盛，道光年间里人吴奎光就写有《佛山正埠酒楼歌》，称此地为"百货充斥之区，商贾云集之府"⑧。可见，各省货物、洋货都聚散于此，镇内的手工业产品也在此发销。而且商贾云集，商业会馆比比皆然，店铺鳞次栉比，酒楼、妓馆和戏班林立云集。汾江两岸白日是一派商贸繁华景象，入夜则是歌舞升平的不夜城。有《汾江竹枝词》写道："瓜皮小艇荡新潮，鹰嘴沙前住画桡。花里灯光花外月，衣香人影醉通宵。""芦花风起打江波，鹰嘴沙边净绮罗。两岸画船齐照

---

① （清乾隆）陈炎宗：《佛山忠义乡志》卷一《乡域志·铺社》。
② （清道光）吴荣光：《佛山忠义乡志》卷一《乡域志》。
③ （清乾隆）陈炎宗：《佛山忠义乡志》卷一《乡域志》。
④ （清道光）吴荣光：《佛山忠义乡志》卷一《乡域志》。
⑤ 《岭南冼氏宗谱》卷三之二十六《分房谱·汾水房》。
⑥ （清）徐珂：《清稗类钞》卷十七《农商》。
⑦ （清道光）《佛山街略》，禅山怡文堂刻印，佛山市图书馆藏影印本。
⑧ （清道光）吴荣光：《佛山忠义乡志》卷十一《艺文志下·吴奎光：佛山正埠酒楼歌》。

水，问谁分得月明多。”① 另外，这从 1870 年来佛山的传教士司多马（Thomas G. Selby）的书中亦得以反映。他租住在汾水铺永兴街，在 *Chinamen at Home* 一书中这样描写佛山的夜晚：

> 整个晚上会间断地传来守夜人的有规律的梆子声，远处某位歌女的尖细的歌声，附近阳台上赌博的喊声，臼米声，船工的号子声，撑小船的小贩把水果蔬菜搬上小船的声音。②

城市土地价格与土地利用所获取的经济效益相关。清初南海人陈子升说：佛山“迩年流寓丛杂，商贾充塞。土著射利，并室而居，以取赁值”③。佛山土著纷纷出租富余房屋，甚至“并室而居”，宁可自己挤些，为了“射利”也要腾出空房出租，由此可见商业带来的巨大经济效益。M. 歌德伯戈（Michael Goldberg）认为，商业土地利用的成功与否取决于所处的地理位置，考虑距中心商业区的距离、消费者是否易于到达、商品运输的便捷程度等因素。[51] 城市内部因区位的不同而产生级差地租，导致城市土地价格的区域差异。因而，地价可以反映出佛山镇的商业空间格局特征。在南海县民国档案资料中，有一张《民国三十六年（1947）佛山各街区地价表》④，该表将佛山各街区的地价分为十等，最高的一等每平方丈单位标准价 42 万元，最低的十等为 2 万元。该表共列有 140 余条街道的地价，本书将这些街道的地价属性添加到 FSHGIS 的佛山镇街道空间数据库中，应用 ArcGIS 9.0 绘制佛山镇各街区的地价图。民国时期，佛山镇的街巷有 1565 条⑤，虽然只知道 140 余条街道的地价，但也可以反映出佛山镇地价的空间差异。如图 3.36（彩图 14）所示，以汾水铺、富文铺和大基铺为中心，佛山镇的地价有向周围逐渐降低的趋势。很明显，一至三等地价的街道多在汾水、富文和大基铺，最高地价与最低地价相差达 21 倍。民国时期，佛山镇的商业已经开始衰落，城市商业中心也开始向中部的福德、潘涌等铺转移，而三铺的地价仍居全镇之首。由此推知，清代上述三铺的地价也应当高于其他各铺，是佛山镇最繁华的商业中心区。

---

① （清道光）吴荣光：《佛山忠义乡志》卷十一《艺文志下・汾江竹枝词》。

② Thomas G. Selby, *Chinamen at Home*, London, Hodder and Stoughton, Paternoster Row, 1900, pp. 195 – 197.（转引自张照：《清末民初循道公会在华南地区的发展》，暨南大学博士学位论文，2005 年，第 39 页）

③ （清道光）《南海县志》卷三《舆地略四・风俗》。

④ 《南海县民国档案》卷宗 34，镇 112，第 134 页（收藏于南海档案馆）。

⑤ 没有包括四沙（文昌沙、鹰嘴沙、太平沙和聚龙沙）的街道在内。（（民国）冼宝干：《佛山忠义乡志》卷一《舆地志・街道》）

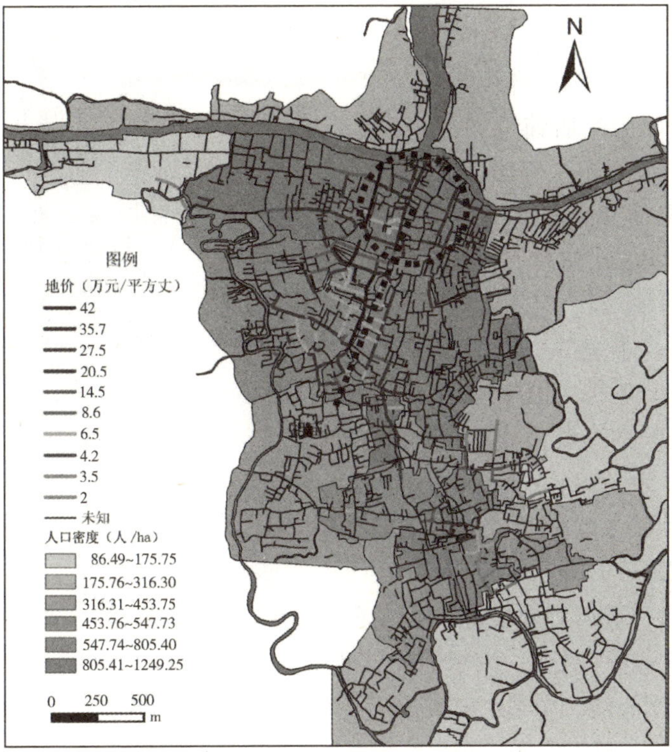

图 3. 36 佛山各街区地价（民国 36 年）

（3）中部工商业、民居混合区。同前方法，建立清道光年间佛山镇的工商业文化景观和宗族文化景观（祠堂）的 Kernel 密度图，并将两图进行叠加。如图 3. 37（彩图 3. 15）所示，北部三铺以工商业景观为主，很少宗族文化景观。据道光《佛山忠义乡志》载，仅中间的汾水铺建有祠堂，两侧的大基铺和富文铺内没有祠堂建筑①，这说明二铺是新兴的商业区域。而工商业景观和祠堂景观的高密度区域叠置于中部的福德、潘涌、鹤园、石路、纪纲、黄伞、观音堂和祖庙八铺②，反映了该区域应是工商业、民居聚落的混合区。这里既有工商会馆，也有手工业作坊；既有店铺，也有民居，尤其是成片成围的宗族聚居地。清代这一带的居民多在自家内从事手工业生产，前居后铺，自产自销，产品多是佛山传统手工业品，以零售为主。所以，该区呈现出功能交叉共存的聚合形态。[3]268

① （清道光）吴荣光：《佛山忠义乡志》卷五《乡俗志·氏族》。

② 清道光以后，又从鹤园铺和观音堂铺中划分出沙洛铺，佛山镇共二十八铺。故本书的中部八铺包括沙洛铺在内。

潘涌、福德二铺靠近北部商业中心区，又位于正埠至祖庙的主要商贸路线上。主要街巷两旁的店铺呈“成行成市”状分布。例如，潘涌铺的潘涌里“卖缎鞋”，三角市“卖家用钮扣、绒线、梳篦、写匾额”，公正坊“卖蒲缎、布鞋”，公正市“卖面食、糖糕、扣土布各袜”，清正堂“卖白铜，有首饰店”，大塘街“有牛角骨牌、镜仔、烟筒、头梳、铜器”，快子正街“卖度金钮扣”，快子直街“卖牛角器皿、洋刀、快子、白铜烟袋”，而且青云沙洛“有楚北会馆在此处”；福德铺的店铺多集中在福禄大街和水巷大街周围，绒线街“卖金线、金箔、旧绅服、杂项、书籍”，水巷正街“卖金花、醮料、千层纸、镜桃字印，有冬帽行会”，水巷直街“卖祭轴、神仪、珠灯、铁线、年货、开刀、门神、花、生花灯”，福禄新街“卖头绳、手巾、兴宁油扇、火绒、镰石、铜镜”，福禄里“找换金珠宝石，卖苏杭书籍、冬帽、绒领、锦被、金花、缝针、柬帖、黄白红纸、锡箔、金箔、色袜”，这里“通街直铺多有三百余店，俱卖京省巨客之货”。① 可见，潘涌、福德两铺的店铺稠密、百货层积，可视为商业中心区的外围区或过渡区，是连接正埠和祖庙两大核心的重要商贸廊道。但这里还有不少宗族民宅聚落，如福德铺的霍氏、梁氏、冼氏和陈氏聚居区，潘涌铺亦有何氏、庞氏和潘氏等宗族聚落分布。

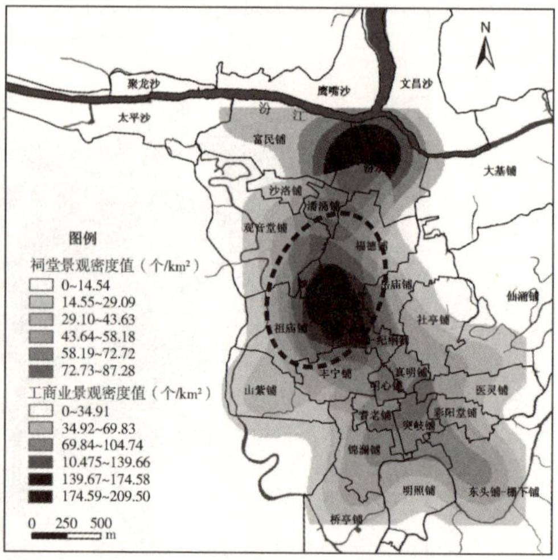

图 3.37 工商业和祠堂景观密度叠置

处于中心的鹤园、黄伞和祖庙三铺是工商业景观和宗族聚落景观较为密集的区域，沿街的店铺林立。例如，鹤园铺的鹤园正街“卖描金色盒、布底鞋”，鹤园社“卖靴鞋”，鹤园前街的先锋庙前“卖鞋、对联”；黄伞铺的黄伞大街“卖龙香响糖炮料、铁线、铁钉、蓪花、帽绒”，富里社“找换钱银、燕窝、蜡丸”，早市“多卖蜡丸、药材、胭脂、元宝、蓪花”，长生树“俱开花轿、古玩、鼓乐、色馆”；祖庙铺的文明里“卖力、木料、花衫、花轿、鼓乐、玉器”，花衫街“卖屐、打银换钱店”，祖庙大街“卖

① （清道光）《佛山街略》，禅山怡文堂刻印，佛山市图书馆藏影印本。

油扇、兜肚、竹烟袋、手巾、雅扇”，麒麟里“卖笔墨、布朴、田书”，隔塘大街有“占卦铺”，灵应祠前的营前大街设有“上等茶居，凡游灵应祠看戏，必停车小歇”。① 祖庙铺以灵应祠为中心，周围分布有忠义流芳祠、崇正社学、义仓和八图祖祠等公共建筑群落，以及山陕会馆、浙江会馆、源流会馆和南邑道会馆等地缘性会馆建筑。在这三铺范围内，还是许多土著和侨寓大户的居住区，如鹤园铺的鹤园冼氏，黄伞铺的佛山霍氏、黄氏，东华里的杨氏、伍氏及后来的骆氏等。

位于西北和东南的观音堂、纪纲和石路三铺，是佛山镇土著和侨寓主要的聚居区，由于它们位于非主要商贸路线上，店铺相对少些。《佛山街略》对于这三铺的记载很少涉及商贸物品，大多是关于宗族聚落的祠堂、庄园和其他公共建筑的描述。例如，早市入纪纲街“五斗口司衙署”，石路“东通水圳，有冯大夫祠”；观音堂铺的新涌口“有江夏祠，四周水绕，美丽可观。乡荐黄进士之祖堂也。相连都阃府衙门”，万元里“有曹氏旌表牌坊”，地官里“建庞祠荆门州上梓之祖也”，沙塘坊“何进士原居，至今乡科不绝”，三官庙“有秀峰祠，甚美丽”，大树堂坊“盐场大使吴公逸居兄弟，文风日盛”。② 石路铺有简氏、陈氏、蔡氏和何氏等聚居区，纪纲铺也是霍氏、黄氏的聚居区。

第五节　街巷地名文化景观

地名一般由专名和通名构成，地名景观是指在一定区域范围内，群体地名的通名或专名集中表现出来的某种因素的一致性所形成的地名群体特征。[52]实际上，地名是一种文化现象，不仅是注记地理实体或地域空间的一种符号，同时也是一种既可悟又可视的文化景观，有着丰富的地理、历史、语言、经济、民族、社会等科学内涵，它所体现的地域概念和地域精神也是地域文化的重要内涵。[53]地名还具有生命周期过程，它与居住者过去的生活及文化密切相关。Marco Conedera 等（2007）认为：“地名是动态的过程，是居住者对于环境认知的结果。虽然地方景观已经变化，但有些地名却得以幸存，成为了文化遗产和研究景观动态变化的历史资料，因而，利用地名可以重构往昔景观。”[54]台湾学者陈正祥则将地名称作文化的

① （清道光）《佛山街略》，禅山怡文堂刻印，佛山市图书馆藏影印本。
② （清道光）《佛山街略》，禅山怡文堂刻印，佛山市图书馆藏影印本。

化石，可找出文化层层积的过程。[55]城市街巷地名是命名者对于城市自然环境与社会环境的认知，而现实中城市景观往往变化很快，存留的街巷地名映射了城市地理的往昔景象。通过街巷地名文化景观演变的动态分析，有助于复原过去的文化景观，认知城市发展的过程、城市文化景观特点及其社会文化空间特征。

本书的佛山街巷地名属性资料来自清乾隆、道光和民国三个时期的《佛山忠义乡志》，区瑞芝的《佛山新语》和《佛山街道回忆录》，以及民国《南海县政季报》的《佛山区域街道户口详细调查表》，并结合 FSHGIS 历史街道空间数据库，进行街巷地名文化景观的空间分析及其解读。

一、街巷通名变化与城市发展

通常所说的“通名定类，专名定位”。地名中的通名，从含义说必须能明确地表示某种地理实体的类别，从结构说必须能单独或者能分离、能替换（和专名分离开来，替换不同的专名构成同类地名）。[56]街巷地名的通名一般以“街”、“路”、“道”、“巷”、“里”、“坊”等表示。根据清乾隆、道光《佛山忠义乡志》分别记载了 234 个、587 个街巷地名。民国《佛山忠义乡志》内载二十八铺的街巷地名有 1565 个，清后期，佛山镇的城市空间已经扩及北面的四沙（太平沙、鹰嘴沙、文昌沙和聚龙沙），所以，从民国《佛山忠义乡志》中的《各铺街道图》得到四沙街巷地名 108 个，在排除重复的街巷名称后，可知民国初佛山镇的 1631 个街巷地名。然后对不同时期佛山街巷的通名进行统计（表 3.9），为了便于对比分析做图 3.38。

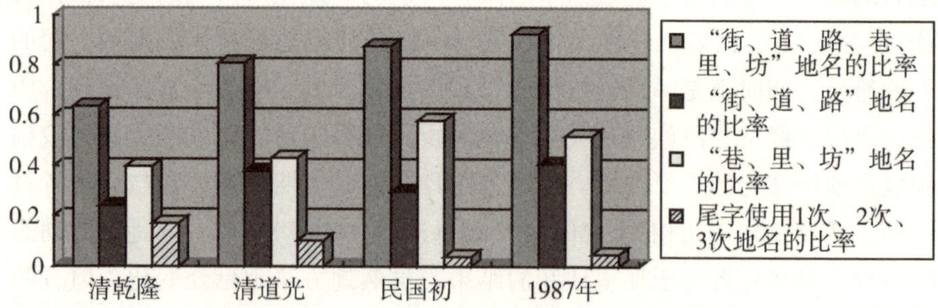

图 3.38　佛山街巷地名通名统计

表 3.9 佛山街巷地名的通名统计 单位：个

年代	地名总数	通名为“街、道、路、巷、里、坊”的地名数量及其比率	通名为“街、道、路”的地名数量及其比率	通名为“巷、里、坊”的地名数量及其比率	尾字使用 1 次、2 次、3 次的地名数量及其比率
清乾隆	234	149（63.67%）	56（23.93%）	93（39.74%）	40（17.09%）
清道光	587	475（80.92%）	222（37.82%）	253（43.10%）	60（10.22%）
民国初	1631	1429（87.61%）	483（29.61%）	946（58.00%）	62（3.80%）
1987 年	557	516（92.64%）	227（40.75%）	289（51.89%）	26（4.67%）

说明：为了便于比较，本表对佛山 1987 年的现代街巷地名通名也进行了统计，街巷地名资料源自《佛山市城市建设志》（佛山市城乡建设局编，广东科技出版社 1990 年，第 83～89 页）。

具有“街、路、道、巷、里、坊”街巷通名的使用率反映出城市化的程度。一般而言，其使用率越高，城市地名的趋一性越强，城市街巷地名越规范，城市化的发展程度也就越高。如图 3.38 所示，清乾隆时期佛山街巷通名的使用率仅 63.67%，至道光年间就达到了 80.92%，清道光年间佛山的工商业发展达到了鼎盛，城市化的程度也已经相当高了。民国初街巷通名的使用率略有增加，至 1987 年，其数量增至 92.64%。由此，可由街巷通名使用率的变化折射出佛山城市化的发展。对于“街、路、道、巷、里、坊”街巷通名，按《古汉语大词典》的解释：“街”为城市的大道；“路”又称“路衢”，为城郭内四通八达的道路；“巷”为小于街的屋间道；“坊”为市街村里的通称；“里”为古代居民聚居的地方。[①] 可见，“街、路、道”反映了城市内部的交通，“巷、里、坊”是对城市居民聚落的称谓，这些通名从一个侧面说明了城市发展的程度。清代佛山街巷的“街、路、道”通名中，以“街”为主，“路、道”通名并不多，如清道光年间通名为“道”和“路”的地名仅为 6 个和 2 个。具有“街、路、道”的街巷地名比率总体是增加的，从清乾隆时期的 23.93%，增至 1987 年的 40.75%，反映了佛山城市主要路网结构趋于完善。值得注意的是，清道光以后“街、路、道”的街巷地名比率有所下降，其原因可能是道光年间佛山老城的主要道路网络已基本形成。而从清乾隆时期至民国初，佛山城市的居民聚落逐渐密集，地名符号上体现出具有“巷、里、坊”的街

① 徐复等：《古汉语大词典》，上海辞书出版社 2000 年版，第 956 页、第 2388～2389 页、第 1521 页、第 609 页、第 2380 页。

巷地名比率一直增加，亦是说清道光以后，大量增加的是联系居民聚落的里、巷等次级路网。此外，佛山镇的次级街巷往往十分狭窄弯曲，所以，街巷地名中有大量通过方位词衍生出的地名景观，如细巷上街、细巷下街、朝北直街、朝北左街、朝北右街、右涌边街、左涌边街、南擎前街、南擎后街等。如表 3.10 所示，从清乾隆、道光至民国初年，这类与方位有关的地名景观所占比例呈上升趋势，也能反映出大量增加的次级路网结构。

台湾学者林圣钦认为，透过聚落地名与地标名两种地名同时使用，才能真正完整地描绘出区域内部所存在的人与地的背景，是这些居住者对其环境的认识方法。[57]街巷地名根据其通名也可以分为街巷名和地标名两种，街巷名是以“街、路、道、巷、里、坊”等通名为代表的地名，其他的可归为地标名①，是对城市重要地表景观的称谓。对于地标名的分析也可以反映城市发展的程度。本书对清乾隆、道光和民国初三个时期的佛山街巷地标名及其通名进行统计（表 3.10），并做图 3.39 以反映其变化。

表 3.10　历史时期佛山街巷地标名及其通名统计　　单位：个

通名使用次数及数量		清乾隆	清道光	民国初
1 次	地名数	22（9.4%）	35（5.96%）	37（2.27%）
	通名数及尾字	22：汛、岸、基、窦、滘、埠、圳、洞、桥、市、祠等	35：氹、湾、滘、堑、闸、桥、亭、庙、坛、地、庄等	37：滘、涌、池、堑、窦、埠、津、窑、庙、堂、宫等
2 次	地名数	12（5.13%）	16（2.73%）	10（0.61%）
	通名数及尾字	6：口、树、地、古迹、栏、前	8：社、堂、墟、门、楼、口、间、尾	5：林、山、尾、庄、墟
3 次	地名数	6（2.56%）	6（1.02%）	15（0.92%）
	通名数及尾字	2：塘、墟	2：栏、市	5：渠、边、沙、门、区

① 通名为“约”、“衢”的地名也是街巷名。“约”多出现在一些农村聚落中，以“约”为通名的街巷佛山镇较少，道光年间仅 1 个，民国初有 10 个，但大多集中在新纳入佛山镇范围的城北四沙地区，如文昌沙的福兴中约、聚龙沙的兴隆中约等。以“衢”为通名的街巷民国初有 7 个，如接龙通衢、三界通衢等。在地名统计中，通名为“约、衢”的地名是归并为街巷名。

续表 3.10

通名使用次数及数量		清乾隆	清道光	民国初
4～6 次	地名数	4（1.71%）	9（1.53%）	44（2.69%）
	通名数及尾字	1：园	2：园、洞	9：市、前、楼、栏、洞、码头、桥、堂、口
7～9 次	地名数	7（2.99%）	31（5.28%）	26（1.59%）
	通名数及尾字	1：庙	4：头、基、塘、地	3：基、园、社
≥10 次	地名数	24（10.26%）	0	53（3.25%）
	通名数及尾字	2：社、头	0	4：居、地、头、塘

说明：括号内为占街巷地名总数的比率。

资料来源：清乾隆、清道光、民国《佛山忠义乡志》。

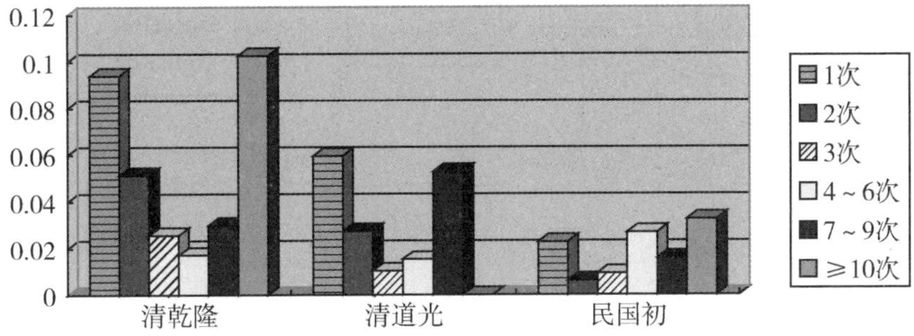

图 3.39 佛山街巷的地标名通名使用率统计

如上述图表所示，在清乾隆、道光年间街巷地名中，地标名通名的尾字数量多而且使用率也比较高，反映出佛山镇自然环境和社会环境的多样性色彩。例如，通名中汛、岸、基、窦、滘、池、涌、氹、湾、塘、山、树、地等折射出居民对于自然环境的认知，市、园、墟、祠、社、坛、庄、堂、宫、窑等则说明了居民对于社会环境的认知。据本书统计，自清乾隆年间以来，尾字使用 1 次、2 次、3 次的地名比率逐渐降低，清乾隆年间有 17.09%，道光年间有 9.71%，至民国初仅为 3.8%。另外，尾字使用次数较多的地标名比率总体上也呈降低的趋势。这说明了城市街巷地名的趋一性增强，街巷地名愈加规范，城市化的特征更为明显。但城市景观却变得较为单一，城市地表景观的映像镶嵌在大量的由地标名直接转化而来的街巷名中。例如，乾隆时期汾水铺有地标名盘古墟，是佛山镇最早的“三墟”之一，至清道光年间属于分出的富文铺，在盘古墟周围出现了盘古新街、盘古直街和盘古坊等街巷地名，民国初又有盘古街、盘古横街；

乾隆年间仙涌铺有地标名郡马祠，是佛山土著望族郡马梁氏的祖祠，道光年间郡马祠周围出现了郡马祠街，民国初有郡马左街、郡马右街；清乾隆年间福德铺有地标名舍人庙，舍人庙是福德铺的主庙，民间香火很盛，道光年间舍人庙周围出现了舍人右街、舍人后街、舍人大街，民国初又有舍人横街、舍人前街、舍人正街、舍人上街、舍人新街。类似的情况很多，这种变化可以反映出随着城市化的发展，在商贸墟市、居民聚落和民间神庙等人流、物流集散地周围形成了城市道路网络，原来具有代表意义的地标名被当地居民认同为这些街巷名的标识符号（图3.40）。

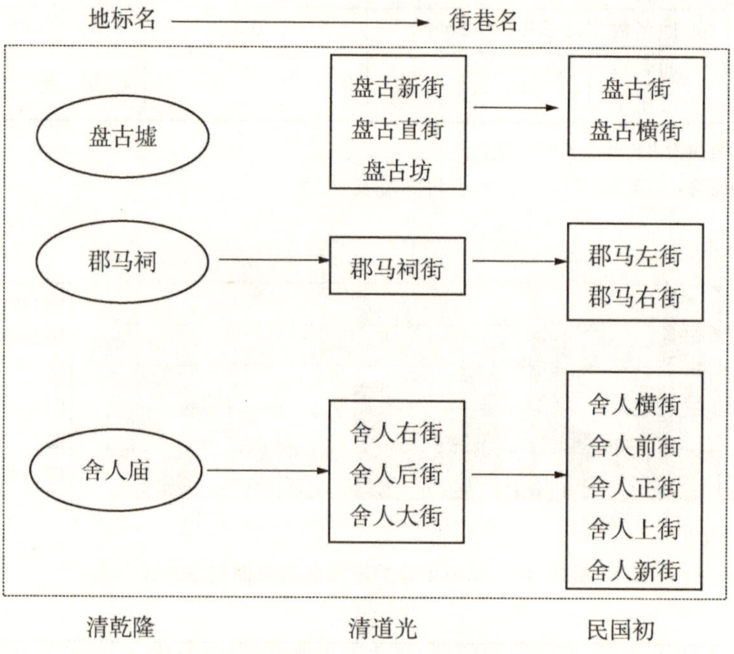

图3.40　地标名转化为街巷名示意

二、街巷地名折射的城市景观特征

街巷地名是人们对于城市环境的认知方式和描述方式，地名的文字符号中蕴含城市自然、社会和文化的各种讯息。林圣钦认为：“地名是一种居民对其日常周围环境的认知结果，那么这些地名，彼此间应该会呈现一定的空间图像，成为居民的一种认知图。”[58]那么，街巷地名是城市居民对于城市环境的一种认知地图，对于街巷地名的分析，有助于我们认识城市景观的变化。按城市景观的性质，将街巷地名隐含的文化内涵分为两大类型，即城市景观的自然特性、人文特性。本书将清乾隆、道光和民国初三个时期的佛山镇街巷地名所反映的城市景观特点进行分类整理（表3.11），并分别进行分析和说明。

表 3.11 历史时期佛山街巷地名所反映的城市景观特点统计

单位：个

年代	自然景观			人文景观						方位
	冈丘、石、地	沙洲、河塘、水	植物、动物	工商业	民间信仰	宗族聚居	文武衙门	美好意愿	历史事件	
清乾隆	15 (6.41%)	35 (14.96%)	30 (12.82%)	34 (14.53%)	25 (10.68%)	11 (4.7%)	1 (0.43%)	82 (35.04%)	7 (2.99%)	49 (20.94%)
	80(34.19%)			160(68.38%)						
清道光	31 (5.28%)	90 (15.16%)	102 (17.38%)	82 (13.97%)	43 (7.32%)	22 (3.75%)	3 (0.51%)	216 (36.8%)	9 (1.53%)	204 (34.75%)
	222(37.82%)			375(63.88%)						
民国初 廿八铺	50 (3.27%)	168 (10.99%)	191 (12.5%)	164 (10.73%)	133 (8.7%)	96 (6.28%)	11 (0.72%)	698 (45.68%)	19 (1.24%)	406 (26.57%)
	386(25.26%)			1121(73.36%)						
民国初 四沙	6 (5.82%)	8 (7.77%)	18 (17.47%)	11 (10.68%)	6 (5.82%)	6 (5.82%)	—	64 (62.14%)	—	22 (21.36%)
	31(30.09%)			87(84.47%)						
民国初 佛山镇	56 (3.43%)	176 (10.79%)	209 (12.81%)	175 (10.73%)	139 (8.52%)	102 (6.25%)	11 (0.67%)	762 (46.72%)	19 (1.16%)	428 (26.24%)
	441(27.04%)			1208(74.06%)						

说明：排除重复的街巷名称后，民国初佛山镇有 1631 个街巷地名，其中二十八铺街巷地名 1528 个，四沙街巷地名 103 个。佛山镇的一些街巷地名有多重含义，如栅下铺的荷包塘反映池塘景观，也反映植物景观。所以，各景观类型所占比例的总和会大于 100%。括号内为占街巷地名总数的比率。

资料来源：清乾隆、清道光、民国《佛山忠义乡志》。

1. 街巷地名折射的城市自然景观特征

如表 3.11 所示，各时期的佛山街巷地名都具有显著的自然特性色彩，折射出佛山城市自然景观的特征，具体体现在以下三个方面：

（1）与冈丘、石、地等陆域环境有关的地名景观。在佛山的街巷地名中，带“冈、山、坡、岭、皋、磡（墈）、石、洞、地”等字的地名景观，清乾隆年间有 15 个，道光年间有 31 个，民国初有 56 个。其中，以“石、洞、地、冈”的地名比较多。民国初，“石”字地名景观有 13 个，如石角坊、石琴巷、石路里、石门限、石巷、石街头、石路头大街和长石街等。佛山镇的街巷大多用花岗岩铺砌，巷口闸门也是用青石砌成，这些街巷多就此命名。冈丘的出口处一般称为洞[59]72，“洞”字地名景观有 13 个，如古洞巷、鹤洞、葫芦洞、古洞直街、福山古洞和逸洞巷等。“地”字地名景观有 11 个，如大墟地、大厕地、包头地、三角地、榄核地和大地街等，这些很多是地势平坦的开阔地，与墟市商贸有关。与冈丘有关的地名景观有 11 个，其中“冈”字地名有 5 个，如莺冈大街、冈梓里、高冈巷、麦冈里、冈尾巷，清乾隆和道光年间还有模冈里、表冈里、冈边头等。其余为山、坡、皋等地名景观。“皋、磡（墈）”字是较特别的地名景观，“皋”为近水处的高地，佛山鹤园铺有皋里。“磡、墈”字地名景观有真明铺的白墈头、锦澜铺的黄磡大街、黄磡涌边街。“磡”原指山崖，“墈”则指高起的堤岸或土堆，佛山街巷地名中“磡”与“墈”经常混用，如民国《佛山忠义乡志》载：“大塘涌石路，……灰路外沿河一带皆砌石磡，不惟行人称便，并能兼顾河防，工程亦巩固。”① 在此处，显然“磡”是高起的堤岸，所以，“磡、墈”字地名应该都是描述堤岸景观的。另外，佛山二十八铺的“突岐铺”还有“兀起于平原高甲”之意。② 这些地名景观可以折射出历史时期佛山地势低平、河涌环绕、冈阜点点的陆域自然景观特征。

（2）与沙洲、河涌、池塘等水环境有关的地名景观。佛山境内西江、北江支汊纵横，密如织网，是珠江三角洲的水乡泽国。当地人民为适应这种自然条件，形成了具有特色的土地利用景观，如堤围景观、基塘景观等。佛山的这种水环境景观特征给街巷地名增添了“水文化”的色彩。在佛山街巷地名中，带“沙、洲、基、塘、涌、水、渠、圳、滘、源、桥、澜、井、闸”等字的地名景观，清乾隆年间有 33 个，道光年间有 82 个，民国初有 147 个。如表 3.12 所示，带“塘”字的地名景观最多，如陈大

---

① （民国）冼宝干：《佛山忠义乡志》卷七《慈善志·石路》。
② （清乾隆）陈炎宗：《佛山忠义乡志》卷一《乡域志·铺社》。

塘、塘仔坊、金鱼塘街、海南塘、水楼塘、花楼塘、荷包塘、登第塘、四方塘、塘边里、长塘坊、沙塘坊、大塘大街等。带“涌、源、基、水”等字的地名景观也比较多，“涌”字地名景观有新涌口、涌边坊、龙船涌、将军涌边、沙涌坊、潘涌大街、仙涌上街、水便涌边街、螺涌社等，“源”字地名景观有会源坊、聚源街、普源街、牲源坊、有源里、源头街、庆源坊、源昌巷、接源街、福源里等，“基”字地名景观有桑基巷、樜（蔗）基巷、花基巷、牛乳基、水松基、茶基、新基里、横塘基等，“水”字地名景观有水便大街、水圳大街、水部街、金水街、水巷大街等。其中“塘、涌、基”字地名景观中有73%分布在佛山镇周边各铺。其他的与水环境相关的地名景观还有亚婆滘、大吭渠、莲花池、大湾坊、观澜大街、沙滘大街、汾流街、淘沙氹、米艇头街、大桥头街等。此外，汾水、锦澜、潘涌、仙涌四铺的名称也是以水为名，大基铺则取“以捍水之堤”的含义，“从田里起见，长愿巩固无虞云尔”。[①] 这些街巷地名景观记录了佛山镇河渠交错，基塘星罗棋布的景观特征，而且从中还能解读出基塘的土地利用方式，如桑基巷、蔗基巷和花基巷等。

表3.12 历史时期佛山街巷地名所反映的水环境景观特点统计 单位：个

年代	塘	涌	源	基	水	沙	澜	桥	渠	闸	滘	圳	汾	合计
清乾隆	10	4	3	1	3	2	—	6	—	1	1	1	2	34
清道光	24	14	13	11	10	5	3	3	—	3	4	2	3	95
民国初	39	25	25	19	17	10	7	7	4	4	3	3	4	167

资料来源：清乾隆、清道光、民国《佛山忠义乡志》。

（3）与植物、动物有关的地名景观。从历史时期佛山街巷地名里可以窥见当时佛山镇丰富的植物景观。在街巷地名中，有很多带“桐、榕、桂、莲、松、竹、兰、花、槐、葵、梓、树、木、桄榔”等字的植物地名景观，有带“茶、禾、菜、田、园、藕、桑、蔗、果、梨、菠萝、槟榔、龙眼、石榴、葫芦、冬瓜”等字的农作物地名景观，清乾隆年间有16个，道光年间有35条，至民国初年有102个。[②] 以上这些植物和农作物很多是岭南特有，通过居住者的认知，并相应地反映在植物地名景观中，如义榕坊、攀桂巷、莲塘坊、桄榔街、旧槟榔街、波罗园、龙眼园、蔗地、竹坡古道、葵树巷、禾花巷、冬瓜吼、菜地沙等。其中，在民国的街巷地名

① （清乾隆）陈炎宗：《佛山忠义乡志》卷一《乡域志·铺社》。

② 其中有部分具有植物和动物双重含义的地名，如金鱼园、鹤园里等，这类街巷地名有8个。

中，“桂、兰、园”字地名景观最多，“桂”字地名多达24个，占总数的23.5%，如丹桂里、松桂里、兰桂坊、梓桂里、新桂里、桂仙巷、桂华坊、毓桂巷等。清道光《佛山忠义乡志》中记载的佛山木品有“桂、梧、松、柏、相思、桄榔、棕榈、苦楝、榕、槐、木棉”①，说明桂树应该是佛山镇重要的植物景观。“兰”字地名有17个，如金兰地、兰桂居、兰台街、毓兰居、兰桂坊等。“桂、兰”字地名除了反映佛山镇的植物景观外，还含有佛山人对于吉祥如意的精神寄托。“园”字地名有22个，如百果园、南头园、桑园巷、西园里、东园坊、鹤园里、花园巷、桂园、新园坊、波罗园、龙眼园等。明清时期，佛山镇有很多著名园林，而且一些庄宅也建有花园、果园，这在前面的佛山镇祠堂景观与庄园围墙分布图（图3.29）中亦可见到，如鹤园、东林园、桑园、西园、桂园、西华草堂、群星草堂和十二石斋等，从这些街巷地名中可以折射出佛山镇的园林景观。

在与动物有关的街巷地名中，有很多带“龙、蛟、凤、鹿、鹤、鹭、雀、燕、麒麟、鲲鹏、狮”和“牛、羊、马、猫、猪、鸡、鸭、鱼、蚬、虾、螺”等字的地名景观，清乾隆年间有14个，道光年间有37个，至民国初年有114个。后一组字的地名景观反映了佛山人日常生活的景象，如猪仔市、鸭仔巷、虾鱼巷、卖猫巷、羊咩巷、牛肉巷、牛栏口、鸡矢巷、马鼻巷、走马路、蚬栏、螺巷、鸡蛋地、咸鱼地、鲤鱼沙等，这些街巷地名景观大多与佛山镇的农贸墟市有关。而从另一组字段地名景观中，可以窥见古代佛山人的图腾崇拜及其对百兽所表征的吉祥意义的追求，如麒麟里、瑞麟里、麟角里、蛟腾里、凤鸣里、鲲鹏里、松鹤里、鹤鸣里、燕桥里、金狮巷、留鹊巷、振鹭坊、繁鹭社等。

引人注目的是，在所有与动物有关的街巷地名中，带“龙”字的地名景观最多，清乾隆年间有7个，道光年间有28个，民国初年有58个，占总数的50%以上。这些龙字地名表现出多姿多彩的命名形式，如会龙街、承龙街、聚龙里、西龙里、龙汇里、龙盆里、腾龙街、瑞龙里、迎龙里、遇龙坊、青龙巷、登龙里、对龙巷、龙牌坊、龙楼坊、接龙大街、见龙坊、蟠龙大街、金龙街、后龙巷、龙见里、福龙里、龙船涌、龙庆里、辅龙里、龙环里、宝龙巷、龙庆街、云龙里、应龙里、胜龙巷等。龙是佛山民间信仰的重要水神，有水的地方就必然有龙，佛山是典型的水乡泽国，所以，龙字的地名景观众多，这既是对佛山自然环境的认知，也体现了佛山人的水神崇拜信仰。当然，龙字地名景观也非佛山独有，整个珠江三角洲都很普遍，这反映了广府文化的水文化特征。此外，龙还具有吉祥兴隆

① （清道光）吴荣光：《佛山忠义乡志》卷五《乡俗志·物产》。

的含义，以“龙”字为地名自然带有祥瑞气氛。民国初年，在佛山镇二十八铺中，50%的“龙”字地名集中在北部商业区三铺，即汾水铺、富文铺和大基铺，其中商业核心区的汾水、富文二铺占91%，由此可见，“龙”字地名反映了商人的精神寄托，并记录了佛山往昔商业繁盛的景观。

2. 街巷地名折射的城市人文景观特征

如表3.11所示，与城市自然景观相比，各时期的佛山街巷地名带有更为明显的人文特性，折射出佛山丰富多彩的城市人文景观。本书将街巷地名所隐含的人文内涵，分为具体的物质层面和抽象的精神层面。物质层面是指地名因周围环境或人为建筑物所命名，此类地名带有浓厚的地理意义；精神层面则指地名是因纪念或记述某段历史事件、人物命名，或是一种吉言佳字的创造组合，是命名者对于过去美景或未来愿望中的一种心理投射，此类地名带有浓厚的历史意义。[59]具体体现在以下六个方面（其中与工商业、民间信仰、宗族聚居和文武衙门有关的地名景观属于物质层面，与历史人物和事件、美好意愿有关的地名景观属于精神层面，如图3.41）：

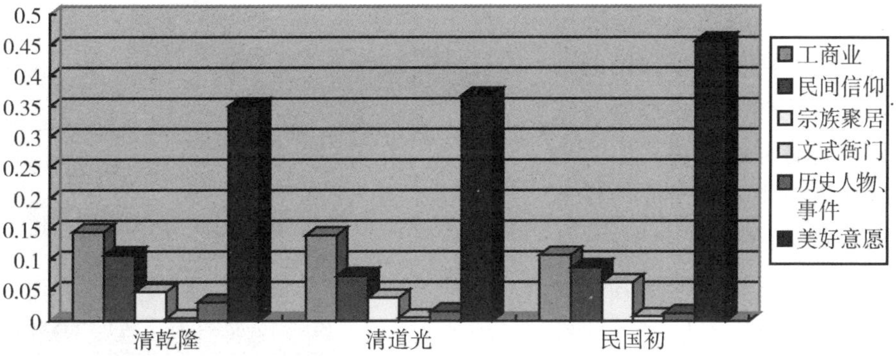

图3.41 佛山镇街巷地名景观中的城市人文特性构成

（1）与工商业有关的地名景观。明清时期佛山繁荣发达的商业景观和大量的工场作坊、铺户集市，以及各种行会及会馆的存在，对佛山街巷地名文化产生了很大的影响，通过对这些街巷地名的分析，可以折射出明清时期佛山镇的工商业景观状况。如表3.11所示，在与工商业有关的地名景观中，清乾隆年间有34个，清道光年间有82个，至民国初年有175个。除了表示“美好意愿”的地名外，工商业街巷地名的比例是最高的，由此可反映出工商业景观在佛山城市人文景观中的地位，也说明了佛山这个岭南巨镇的工商业属性。例如，铁香炉街、铸钻街、铸钻上街、铸犁大街、铸犁横街、铁廊巷、铁门炼街、铁矢街、风箱巷、银带巷、银曹巷、锡巷、打锡街、打灶巷、针巷、锡巷、金线大街、莲花街等地名反映了佛山的铸造业和金属加工业景观，布廊街、衫街、花衫街、板帐巷、皮箱街、绒线巷、蓑衣街、龙袍街、装色巷、晒布地、朝观里等地名反映了佛山纺织品商贸景观，豆豉巷、豆腐巷、饼料街、卖猫巷、鸭仔巷、鸡仔巷、牛肉巷、蝦鱼巷、咸鱼街、盐仓街、白米街、面粉街、京果街、旧槟榔街、芽菜巷、果栏路等地名反映了佛山农副产品的商贸景观，市心街、三元市、安宁市、公正市、三角市、猪仔市、早市大街、朝市街、大墟、新墟左街等地名反映了佛山的墟市景观。此外，烧灰路、灰沙巷、火石街、凿石大街、瓦巷街、缸瓦栏、瓦窑、大瓮巷、快子大街、新箩巷、卖箩巷、罗斗巷、草披巷、排草街、竹栏、柴栏街、挂灯巷、花楼巷、乌烟巷、珠玉巷等大量的地名更反映出佛山色彩斑斓的工商业景观。

为了反映街巷地名与工商业景观的关系，本书应用 ArcGIS 9.0 绘制“工商业”街巷地名景观的分布图，从图 3.42（彩图 16）中可见，“工商业”街巷地名景观的分布与主要商贸线路的结构空间基本是一致的，说明了这些街巷地名是对城市工商业景观的空间映像。

（2）与民间信仰有关的地名景观。明清之际，佛山镇的民间信仰兴盛，民间信仰复杂多样，许多神庙建筑是民间精神的载体，作为地段性的标志，往往成为该地街巷命名的基础。所以，从街巷地名中可以窥见其往日的景象。如表 3.11 所示，在与民间信仰有关的地名景观中，清乾隆年间有 25 个，清道光年间有 43 个，至民国初年有 139 个。其比例仅次于与工商业有关的街巷地名，由此可见民间信仰文化景观在佛山城市人文景观中的重要性。

图 3.42 “工商业”街巷地名景观分布

民间信仰文化景观包括了里社文化景观和神庙文化景观。明初的“九社”是佛山最古老的里社，到清代中叶，清道光《佛山忠义乡志》中记载的里社就增加到 65 个。在民国《佛山忠义乡志》中记载的里社达到了 79 个。佛山镇有很多街巷地名记录了里社文化景观，清乾隆年间多直接用里社名做街巷地名，如古洛社、六村社、登阁社、禄丰社等；清道光至民国初年，随着佛山城市发展，除了仍有里社地名外，里社周围街巷多用里社来命名，如社前横街、癸向社前、石亭社街、君臣社街、大口社前街、社巷、古洛社大街、石榴社街、六村社街、永丰社街、平乐社巷、白云社巷、巷心社街、朝北社街、禄丰大街等。神庙亦称为祠庙，是民间信仰活动最主要的场所，也是古佛山镇最重要的民间信仰文化景观。佛山民间信仰的神祇十分庞杂，佛山镇的神庙文化根植于民间，是镇民祈福消灾的心理寄托。而且神庙的分布与居民聚居联系密切，往往成为了街巷等地名命名的内容。如祖庙、岳庙、观音堂、医灵四铺皆以庙命名。笔者整理了佛山主要街巷地名与神庙的衍生关系如表 3. 13 所示，从对这些街巷地名的分析中可以折射出佛山往昔的神庙文化景观。

表 3. 13　佛山镇主要街巷地名与神庙景观

神庙景观	衍生的城市街巷地名	铺区
舍人庙*	舍人大街、舍人前街、舍人后街、舍人上街、舍人横街、舍人右街、舍人新街	福德铺
洪圣庙*	洪圣一巷、洪圣二巷、洪圣三巷、洪圣四巷、洪圣古道、洪圣后街	富文铺
盘古庙	盘古街、盘古坊、盘古直街、盘古横街	富文铺
南擎观音庙	南擎前街、南擎后街	汾水铺
太上庙*、王母庙	太上庙前街、庙左街、庙左横街、庙右街、庙地街	汾水铺
大王庙	大王左街、大王后街	大基铺
华光庙	华光右巷、华光左巷	大基铺
太尉庙	太尉祠道	祖庙铺
关帝庙	协天胜里、协天坊	祖庙铺
城隍行台	城隍庙道	祖庙铺
祖庙（灵应祠）	祖庙大街	祖庙铺
太尉庙	太尉祠道	祖庙铺
先锋庙	先锋古道	沙洛铺
三官庙	三官大街、三官左街、三官右街、三官庙前	观音堂铺
南善观音庙	南善右街、南善左街	观音堂铺
太上庙*	太上庙前街	明心铺
文昌庙	文昌大街、文昌左街、文昌正街	明心铺
南济观音庙*	南济大街、南济庙街、南济后街	桥亭铺

续表 3.13

神庙景观	衍生的城市街巷地名	铺区
金花庙	金花庙前街、金花庙后街	锦澜铺
华光庙	华光巷	锦澜铺
龙母庙*	龙母庙巷、龙母后街	栅下铺
天后庙	天后庙街	栅下铺
关帝庙*、帅府庙、三圣庙	庙巷直街、庙巷下街、庙巷上街	栅下铺
四圣庙	四圣庙街	丰宁铺
医灵庙	医灵庙街	丰宁铺
孖庙（华光庙、天后庙）*	孖庙左街、孖庙右巷	丰宁铺
三圣庙*	三圣宫前街、三圣后街、三圣庙道	真明铺
华光庙	华光庙前街	耆老铺
普君庙（东岳庙）*	普君新墟、普君旧墟	耆老铺
金花庙*	金花庙街	突岐铺
南泉观音庙*	南泉庙道	山紫铺
洪圣庙	洪圣大街	岳庙铺
花王庙	花王庙街、妈庙巷、庙右街	岳庙铺
南荫观音庙	道姑园	岳庙铺
玄坛庙	元坛庙街	明照铺
三圣庙	庙左大街、庙左街、庙右大街	鹰嘴沙

说明：带*号的神庙为主庙。

资料来源：（民国）冼宝干：《佛山忠义乡志》卷一《舆地志》，卷八《祠祀志》。

（3）与宗族聚居有关的地名景观。如表 3.11 所示，在与宗族聚居有关的地名景观中，清乾隆年间有 11 个，清道光年间有 22 个，至民国初年有 102 个。其比例仅次于与工商业、民间信仰有关的街巷地名，由此可见宗族文化景观在佛山城市人文景观中的重要性。

祠堂往往是宗族聚居空间的核心，成为血缘空间的“神圣中心”。而在宗族聚居区及其周围的街巷地名大多会受到影响，地名景观以祠堂命名，反映出宗族文化的景观特征，如水便陈祠街、流芳祠道、江夏祠道、霍家祠道、孖祠堂、孖祠堂石路、郡马左街、郡马右街、祠左巷、李祠巷；有以聚居地的宗族姓氏命名的地名景观，如冼巷、梁巷、黄巷、陈巷、区巷、庞巷、叶巷、唐巷、蔡巷、何家巷、潘巷、卢巷、邓巷、罗巷、周巷、苏巷等，这种类型的地名景观多且有很多重复，如石路铺、山紫铺和丰宁铺都有邓巷，栅下铺和真明铺都有冼巷，等等，反映了宗族氏系的空间分布；有以宗族成员人名或官名命名的地名景观，如何清斯巷、惺台公街、介轩公街、前洲公街、隔塘大街、司马坊、进士里、解元巷、京兆巷、秋官坊、尚书里等；有以宗族源流命名的地名景观，如陇西里、太原街、江夏里、族源里、南阳大街等。

为了反映街巷地名与宗族聚居的关系，本书应用 ArcGIS 9.0 绘制“宗族聚居”街巷地名景观的分布图，并与民国初佛山镇祠堂景观 Kernel 密度图进行叠加，从图 3.43（彩图 17）中可见，“宗族聚居”街巷地名景观主要集中在佛山镇的中、南部，基本在佛山镇宗族聚居空间的范围内，说明了这些街巷地名可以折射出佛山往昔的宗族文化景象。

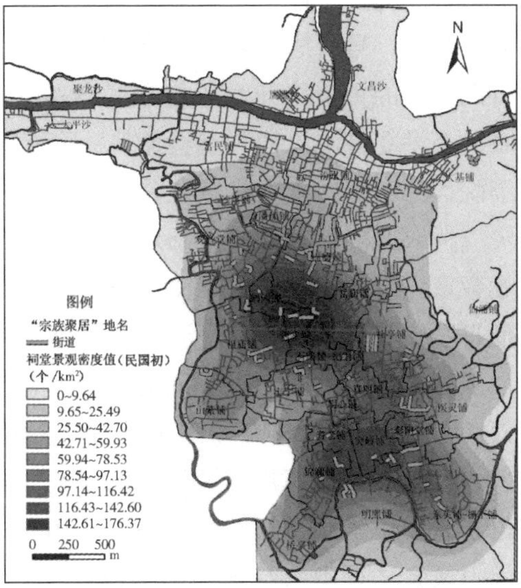

图 3.43 “宗族聚居”街巷地名景观分布

（4）与历史人物、事件有关的地名景观。历史人物和历史事件对于城市的发展具有影响意义，这些人物和事件在城市中都会留有烙印，甚至会蕴含在城市的街巷地名景观中。如表 3.11 所示，与历史人物、事件有关的地名景观中，清乾隆年间有 7 个，道光年间有 9 个，至民国初年有 19 个。

明正统年间，佛山堡士民抵御了黄萧养起义军的进攻，佛山堡被敕封为“忠义乡”，梁广等 22 人被旌赏为“忠义官”。这则事件对佛山镇的城市发展以及社会经济文化等方面的影响相当深远，并反映在佛山的一些地名景观中。据乾隆《佛山忠义乡志》的作者陈炎宗认为：“至明心、明照、真明堂三铺，则以当时御寇，人同一心，肝胆如照，是真明于大义，可共一堂也。……若栅下，以捍境之闸。”① 可见，明心、明照、真明和栅下四铺的地名皆与佛山镇士民抵抗黄萧养进攻的历史事件有关。还有诸如明心铺的明心大街、明心直街，真明铺的真明里，栅下铺的栅水通津、忠义

① （清乾隆）陈炎宗：《佛山忠义乡志》卷一《乡域志·铺社》。

路，以及锦澜铺的忠义里、鹤园铺的忠义大道等街巷地名。在祖庙铺洛水岸边，当时佛山堡民曾筑木栅栏并设门于此，后获胜，称“胜门”。[59]49故此地称为胜门头，而其周围街巷亦称为胜门大街、胜门中街和胜门横街。

至于与历史人物有关的街巷地名景观。祖庙铺有隔塘大街、隔塘上街，原称霍畔坊，为霍族聚居之地。族人霍伯仓（号隔塘）“器宇轩昂，臂力超绝，尤笃伦纪”，正统十四年（1449）他与其他乡绅22人捐资缮兵，拆屋为栅，以拒黄萧养起义军。卒后，被奉祀于忠义流芳祠内，“乡人重其义，号所居霍畔坊曰隔塘”。① 栅下铺的尚书里是以明代户部尚书李待问命名的。李待问对于佛山的贡献很大，他在经济上平公秤、破垄断，政治上设立自治机构“嘉会堂”，军事上成立“忠义营”，文化上创建文昌书院，并对佛山重大建筑和公共权威标志物进行鼎新和重修，如捐俸倡修灵应祠、通济桥等。这些都对佛山城市发展产生深远的影响。[3]154-162据载梁舍人为佛山镇福禄里梁氏子弟，往广西贩柴，遇飓风覆舟而死，后显灵催舟引柴归家。② 梁舍人是佛山镇创造的本土的神祇，舍人庙香火鼎盛，周围的街巷便以“舍人”而名之，有舍人大街、舍人上街、舍人右街、舍人横街、舍人前街、舍人正街、舍人后街和舍人新街。

（5）与美好意愿有关的地名景观。乡人冼沂称佛山为“季华旧迹，福地佳名”③。所以，“佛山，一名福山，本堪舆有永无劫煞之说”④。可见，佛山又名“福山”，“福山”乃是“佛山”的谐音，但更是寄托了佛山镇民对于乡土的美好意愿。“佛山，一名福山，……惟抱德者宜居福地，曰福德莲土。缘相度有彩凤朝阳之形，常议筑堂以挹其秀，曰彩阳堂。”⑤ 佛山镇的福德、彩阳堂二铺便依此意而名。清代佛山工商业繁胜，是珠江三角洲人民向往的“圣地”：挟资而来的商人，把此视为致富的源泉；徒手求食的工匠，以此为谋生的场所；负笈求学的士子，以此作为登科的台阶；致仕退休的官史，把此视作安身立命的归宿。于是涌现出众多与佛山民众美好意愿有关的地名，折射出佛山人对于安居乐业、繁荣兴旺的追求。如表3.14所示，体现佛山城市人文景观特征的地名中，与美好意愿有关的地名景观占有绝对的优势，清乾隆时期有82个，占街巷地名总数的35.04%，清道光时期有216个，占总数的36.8%，至民国初年达到了762个，占总数的46.72%。

---

① （民国）冼宝干：《佛山忠义乡志》卷十四《人物志·忠义》。
② （民国）冼宝干：《佛山忠义乡志》卷八《祠祀志二·丛祠》。
③ （清道光）吴荣光：《佛山忠义乡志》卷十一《艺文志下·冼沂：佛山赋》。
④ （清乾隆）陈炎宗：《佛山忠义乡志》卷一《乡域志·铺社》。
⑤ （清乾隆）陈炎宗：《佛山忠义乡志》卷一《乡域志·铺社》。

表 3.14 佛山镇地名景观中“吉字佳名”出现次数的统计 单位：次

年代	安	福	兴	胜	庆	宁	新	华	和	仁
清乾隆	4	7	3	4	5	5	5	4	—	3
清道光	22	17	16	17	14	19	12	8	3	9
民国初	84	76	58	48	47	40	38	36	33	33
年代	贤	永	平	德	善	丰	富	宝	乐	荣
清乾隆	2	—	4	1	2	4	3	—	2	—
清道光	7	10	7	2	4	6	5	2	3	1
民国初	29	29	28	22	22	18	15	14	13	13

说明：部分与美好意愿有关的地名字段有重复的现象，所以，本表有部分地名是重复统计的。

资料来源：清乾隆、清道光、民国《佛山忠义乡志》。

在佛山街巷地名景观中，此类地名数量最多，一是适应“以工商立国”的形势，二是寄托杂处市民共同的、良好的愿望。如表 3.14 所示，带有“福、安、兴、胜、庆、宁、新、华、和、仁”等吉庆字眼的地名景观数不胜数。以民国初为例，“福、安、兴、胜、庆、宁”字的地名景观数量占此类总数的近 50%，尤以“福、安”字的地名景观最多，如福寿巷、福宁里、五福巷、福神巷、万福里、福禄大街、永安里、安怀里、平安里、同安大街、安宁大街等。从这些吉字佳名的地名景观中，可以窥见佛山城市人文景观中的“祈福文化”的特点。

第六节 民俗文化景观

风俗文化是文化系统中最具传统性的一个层面，是我国传统文化的重要内容。佛山处于广府文化区，其民俗文化植根于中原汉风俗文化，南迁的中原士民进入岭南后，中原汉风俗文化受到环境感应和其他社会历史、民族等因素影响，逐渐发生变异，形成了具有浓郁乡土特色的民俗文化，并通过多种文化景观反映出来。[2]215－216

佛山镇的岁时节令安排及其风俗，基本与中原汉民族民俗活动大致相同，包括了春节、元宵、端午、乞巧、盂兰、中秋、重阳、冬至、除夕等。但由于岭南自然环境、社会文化环境的差异，佛山各种岁时民俗活动最为频繁，民俗活动的内容和形式多样，而且颇具佛山的地域特色，形成异彩纷呈的民俗文化景观。这些岁时民俗起源早，沿袭日久，在广东影响也比较大。吴荣光在《佛山忠义乡志》中，详细地记载了佛山各种岁时民俗活动，本书对清代佛山镇的岁时民俗活动进行了整理（表3.15）。

表3.15　清代佛山镇的岁时民俗活动及其景观描述

日期	活动	景观描述	备注
元旦	拜年，烧爆竹	爆竹比他处为盛，自除夕黄昏轰阗达旦，其声远近大小，参差起伏，静听之，历历快意。	(1)
正月初四	财神诞	至舍人庙，进香参拜舍人财神，求赐财帛。	(2)
正月初六	北帝出游	灵应祠神出祠巡游，备神仗、盛鼓吹，导神舆以出游。人簇观，愚者谓以手引舆杠则获吉利，竞挤而前，至填塞不得行。	(1)
	祀文帝	绅士集崇正社学，修文帝祀事。	(1)
正月十一	祀文帝	侨寓绅士集田心书院修祀事。次日，柬乡友会文。	(1)
正月十三	临海庙神诞	鹰嘴沙临海庙神内祀温、许二公，神诞期佛山镇及周围乡村男女至神庙参神，颇具盛况。	(2)
正月十五	开灯宴	上元，开灯宴。普君墟为灯市。灯之名状不一，其最多者曰茶灯，以极白纸为之，剔镂玲珑，光溲于外。生子者以酬各庙及社，兼献茶果，因名茶灯。曰树灯，伐树之枝，稠而杪平者为灯干，缀莲花于枝头，多至百余朵，燃之如绛树琼芭。曰八角灯，中作大莲花，下缀花篮，八面环以璎珞。曰鱼灯，曰虾灯，曰蟾蜍灯，曰番瓜灯，则象形为之。曰折灯，可折可藏者。曰伞灯，可持而行者。自元旦为始，他乡皆来买灯，挈灯者鱼贯于道。通济桥边，胜门溪畔，弥望率灯客矣。	(1)
	天官诞	是日，为三官（三元）庙上元赐福天官神诞，自早至夜，男女络绎不绝，入庙参神求赐五福。	(2)
正月十六	行通济	佛山素有“行通济，无闭翳”之语。佛山及附近各乡男女，是日至暮联群结队，携子带女蜂拥而来，络绎不绝，行过佛山村尾的通济桥上，求达目的。	(2)

续表 3.15

日期	活动	景观描述	备注
二月二日	祀土地神	二月二土地诞大爆，以佛山真武庙（灵应祠）暨新基渡庙（在广州）为最。佛山大桥头的大土地庙，是日悬灯结彩，建醮贺诞，日间烧炮，夜放烟花，情况热闹。	(1) (2)
二月三日	祀文昌	绅士集崇正社学修祀事。先日，则集文昌书院修祀事。上丁，侨籍绅士集田心书院修祀事。	(1)
二月十三	洪圣大王诞	南海广利洪圣大王神诞，以富民铺洪圣大王洪圣庙最为热闹，是日起建醮一连三天。	(2)
二月十五	谕祭灵应祠神	先一日，绅耆列神仗，饰彩童，迎于金鱼塘陈祠。二鼓还灵应祠，至子刻，驻防同知诣祠行礼，绅耆咸集。祭毕，神复出祠。	(1)
二月十九	观音诞	绅士集南泉庙，祀观音大士。	(1)
三月三日	北帝诞	乡人士赴祠肃拜，各坊结彩演剧，曰重三会。鼓吹数十部，喧腾十余里，神昼夜游历，无晷刻停。四日，在村尾会真堂更衣，仍列神仗迎接回舆。	(1)
清明	扫墓拜山，踏青	插柳于门，一月中，扫墓郊行。	(1)
三月廿三	天后神诞	天后司水，乡人事之甚谨，以居泽国也。其演剧以报，肃筵以迓者，次于事北帝。	(1)
四月八日	浴佛节	以枣栗杂投汤中，分遗诸佞佛者，曰佛汤，佞佛者饮之喜，捐钱米答之。	(1)
五月朔日	饮菖蒲酒	以角黍荔，荐其先人。	(1)
五月初五	饮雄黄酒，观龙舟	乡之习水者少，故竞渡之风不炽。而乘舫出游者，独多于他处云。	(1)
五月初八	龙母神诞	庙当水来汇处，神甚著灵异，男女祷祀无虚日。是晨，咸赴庙烧香。	(1)
五月十三	祀武帝	乡人士赴武庙祀武帝。早稼始登，夏至餐荔。乡所产荔多上品，而荔圃寥寥，不足以供一乡之口腹。他乡争以荔来鬻，栅下果栏香红堆满，肩贩百十为群，分走衢巷，家家餍饫，或互相饷焉。	(1)
六月初六	普君神诞	凡列肆于普君墟者，以次率钱演剧，几一月乃毕。	(1)

续表 3.15

日期	活动	景观描述	备注
六月十九	祀观音大士	为观音大士成道之期。绅士集南泉庙祀观音大士。妇女竞为观音会，或三五家、或十余家结队，醵金钱，以素馨花为灯，以露头花为献，芬芳浓郁溢户，匝途遊人缓步过，层层扑袭，归来犹在衣袖间也。	(1)(2)
六月廿三	关帝神诞	是日，佛山内店、户、商店、武馆都举行贺诞。次日，镇内五间大型关帝庙宇先后举行会景扛神出游，俗称“五虎下西川”。最后五位关帝共聚于踌头关帝庙驻跸一宵，翌日各自回銮，由当地武馆舞狮，以娱观众。	(2)
六月三十	地藏王菩萨诞	是日，佛门子弟大做法事，设斋筵招待施主。民间住宅也有贺诞之举。	(2)
七月六日夕	乞巧	闺人陈瓜果筵乞巧。	(1)
七月初七	朝汲水	水汲于日未出时，永不生沙虫，他日则否。	(1)
七月十四	盂兰盆会万人缘	乡中重盂兰盆会，每醵钱建水陆道场，以超幽魂，谓之万人缘。	(1)
	地官诞	是日，自朝至暮，善男信女纷纷到佛山涌边三官庙内，烧香参神，状态十分可观。	(2)
七月十五	结缘	闺中妇女以彩丝结同心缕。镂菱藕为花鸟形，佐以龙眼、青榄，互相馈遗，曰结缘。婢仆络绎于道。	(1)
八月十五	谕祭灵应祠神	仪如春仲。	(1)
社日	出秋色	祭社。侨籍人士集田心书院修祀事。会城喜春宵，吾乡喜秋宵。醉芋酒而清风生，盼嫦娥而逸兴发。于是，征声选色，角胜争奇。被妙童以霓裳，肖仙子于桂苑。或载以彩架，或步而徐行。铛鼓轻敲，丝竹按节，此其最韵者矣。至若健汉尚威唐军、宋将，儿童博趣纸马、火龙。状屠沽之杂陈，挽莲舟以入画。种种戏技，无虑数十队，亦堪娱耳目也。灵应祠前，纪纲里口，行者如海，立者如山，柚灯纱笼，沿途交映，直尽三鼓乃罢。	(1)
九月初九	重阳登高	绅士集崇正社学修祀事。重阳登高，亦有省墓者。	(1)
九月初十	祀文昌	绅士集文昌书院修祀事。	(1)

续表 3.15

日期	活动	景观描述	备注
九月廿八	华光神诞，建火清醮	是月，各坊建火清醮，以答神贶。务极奢侈，互相夸尚。用绸绫结成享殿，缀以玻璃之境，衬以翡翠之毛，曲槛雕栏，锦天绣地，瑰奇错列，龙凤交飞。召巫作法事凡三四昼夜。醮将毕，赴各庙烧香，曰行香。购古器、罗珍果荤，备水陆之精素，擅雕镂之巧。集伶人百余，分作十队，与拈香捧物者相间而行，璀璨夺目，弦管纷喧。复饰彩童数架以随其后，金鼓震动，艳丽照人。所费盖不赀矣，而以汾流大街之肆为首。	(1)
十月	庆秋收	晚谷毕收。乡田皆两熟，谷美亦甲他处。惟习农者寡，获时多请外乡人。自是月至腊尽，乡人各演剧以酬北帝。万福台中，鲜不歌舞之日矣。	(1)
十月十五	水官诞	是日，为下元水官神诞，佛山居民多到三官庙参神贺诞，求解灾厄。	(2)
十一月冬至	祀祖，团冬	乡最重冬祭，春秋之祭间略，冬则无不举者。祀毕与家人宴于室，曰团冬。	(1)
十二月小除	祀灶神，团年	以金橘、糖豆为献。越日，招亲串饮酒，曰团年。	(1)
除夕	照耗，守岁	点灯于房室，曰照耗。举家守岁。	(1)

资料来源：(1)（清道光）吴荣光：《佛山忠义乡志》卷五《乡俗》；(2) 区瑞芝：《佛山新语》，1991 年，第 275 ～ 293 页。

从表 3.15 可见，佛山镇从居民家室到公共空间，一年里充满着丰富多彩的民俗活动。年底，佛山居民就为迎接新年进行准备，团冬、拜灶神、过小年，年节气氛愈发浓郁。至除夕，举家守岁。正月元旦，拜年、烧爆竹“比他处为盛，自除夕黄昏轰阗达旦，其声远近大小，参差起伏”①。春节期间，佛山镇居民拜神迎春，燃放爆竹，串亲访友，气氛十分热闹。至正月十五，为上元节（亦称元宵节）。清道光《佛山忠义乡志》记载了佛山镇普君墟灯市异常热闹的场景。何若龙的《佛山竹枝词》写道：“履端六日趁墟期，灯市繁华色色奇。最羡鱼灯成比目，树头花底缀双枝。”② 舒

① （清道光）吴荣光：《佛山忠义乡志》卷五《乡俗志》。
② （清乾隆）陈炎宗：《佛山忠义乡志》卷十一《艺文志 · 何若龙：佛山竹枝词》。

彬的《汾江竹枝词》也描写到："绿云裁叶绛云葩，灯买新墟①一六夸。都让元宵文会好，春风先上笔尖花。"② 说明了普君墟各种灯色争奇斗艳，巧夺天工，反映出佛山民间高超的灯色技艺。

佛山更多的民俗景观是各街坊里巷神庙的迎神赛会活动，表3.15中的清代佛山岁时民俗活动中，70%以上都是与神诞有关的岁时节庆。如《汾江竹枝词》中描写的观音诞："琼楼玉宇一家家，士女如云烂若霞。献罢心花呈巧绣，共迎菩萨坐莲花。"③ 吴震方在《岭南杂记》中记载了佛山迎神赛会的盛况：

> 粤俗最喜赛神迎会。凡遇神诞，则举国若狂。余在佛山，见迎会者台阁故事，争奇斗巧，富家竞出珠玉珍宝，装饰幼童，置之彩舆，高二丈，陆离炫目。大纸爆俱以缯彩装饰。四人舁之，声彻远近，中藏小爆数百，五色纸随风飞舞如蝶。闻未乱时更盛，士人颇惭此会殊寒俭矣。

赵世瑜先生对以神庙为中心的庙会活动进行了研究，他认为中国人的理想往往体现在道德理性，而把非理性的情感因素压到最低。明清以来与寺观神庙有关的各种酬神赛会活动表达了民间社会在封建伦理纲常之下"非理性"形式的感情迸发，故而可用"狂欢"形容。[18]116-139 如果用"狂欢"来形容佛山的话，那么，明清时期佛山镇几乎日日有"狂欢"，不是遍及全城，便是各街坊里巷，众多的神庙往往是这种"狂欢"的中心，形成了佛山独特的民俗文化景观。

在佛山各种迎神赛会的民俗文化景观中，以行通济、出秋色和北帝诞最为著名。明代以来，佛山人们每年秋季举行民间庆祝丰收游行表演等文化娱乐活动，称为"秋景"或"出秋色"（图3.44）；清代，佛山逐渐形成了正月十六走通济桥的习俗，俗称为"行通济，无蔽翳"；与北帝信仰相关的北帝诞、北帝坐祠堂、乡饮酒礼和烧大爆等更是佛山全镇重要的民俗活动。

佛山的各种迎神赛会常以商家和平民百姓为主体，这些活动常常受到封建礼教思想的影响以及封建卫道士的微词。明成化十七年（1481）《石湾太原霍氏崇本堂族谱》中的《晚节翁家箴》就极禁族中参加节庆赛会活动，诸如"元宵之灯酒、三月初三之扮饰、五月五之龙舟、七月七之演戏"等等，"缘此等时，虽是后生好胜，实是有损无益"。至康熙五十九年

---

① 新墟：即普君新墟。普君墟有旧墟、新墟之分。

② （清道光）吴荣光：《佛山忠义乡志》卷十一《艺文志下·舒彬：汾江竹枝词》。

③ （清道光）吴荣光：《佛山忠义乡志》卷十一《艺文志下·廖卓然：汾江竹枝词》。

(1720)，该族谱又再责令子弟：“即如扮春色、舞狮龙、赛花楼、唱鬼戏，此皆无益之费。”屈大均也曾批评佛山：“越人尚鬼，而佛山为甚。今不示之以节，更铺张其事，得毋谬于坊民范俗之旨欤?”对此，乾隆《佛山忠义乡志》的作者陈炎宗反驳道：

图 3.44　民国时期佛山的出秋色巡游

资料来源：http：//www. gdwh. com. cn/modules/mjwh/showarticle. php? Article_ Id =1130.

此拘迂之见，未达乡之事情者也。夫乡固市镇也，四方商贾萃于斯，四方之贫民亦萃于斯，挟赀以贾者什一，徒手而求食者则什九也。凡迎神赛祷，类皆商贾之为，或市里之饶者耳！纠铢黍以成庆会，未足云损。而肩贩杂肆，借此为生计，则食神惠者，不知其几矣。况愚夫愚妇，日从事于神，安知不有动于中而遏其不肖之念，是又圣人神道设教之妙用欤！若禁抑之，使不得仍其故习，此特便于吝竖而贫民不其馁。而夫民相资相养，事有近于奢而无害者，固不必遽示之以俭也。至若以礼事神，士夫稍知敬远者，自能循度中节，岂待厉禁而始知嚣渎之非哉！是以牧民者求通民情，守土者不违土俗。①

可见，佛山繁盛的工商业，以及地广人稠、五方杂处的环境是各种迎神赛会民俗景观产生的基础。在这个过程中，人们欢庆、狂乐的情感得以迸发和渲泄，有利于强化群体的认同和凝聚。通过迎神赛会，商人富户和肩贩杂肆获得了利益上的生态平衡。通过参神娱神的过程，对平民百姓还有教化的作用，远胜于“圣人神道设教之妙用”。这样，各种迎神赛会的活动实则有助于促进整个社区的和谐稳定。所以，历史上官方虽多次禁止，但在佛山镇民众的要求下还是得以恢复，乃至于佛山的驻防官和乡绅也参与其中，并利用迎神赛会确立他们的地位。

① （清乾隆）陈炎宗：《佛山忠义乡志》卷六《乡俗志》。

本章选取历史时期佛山镇具有代表性的土地利用景观、宗教文化景观、宗族文化景观、工商业文化景观、街巷地名文化景观和民俗文化景观六大类型，在 FSHGIS 支持下，借助 GIS 直观和互动的研究手段，复原历史景观，透过景观分析方法和历史文献分析方法，诠释不同城市文化景观的演变、空间格局及其所折射的佛山镇社会文化的空间特征。研究结果表明：

（1）土地利用景观。有明以来，佛山镇随着冶铁业发展，土地利用景观开始出现空间分异。至清代，佛山镇从单一冶铁业发展到综合性的手工业生产中心，大量空地被利用于建立铺屋，水田、桑地转变为城市设施用地，周边田塘区多被侨寓修建为庄宅，土地利用景观发生了更大的变化，佛山镇内几无农田隙地。但透过 GIS 分析，发现在佛山镇建成区内还零星分布有很多空地，多为池塘、树木、桑地和果木，常用围墙和周围分开，体现了古佛山镇的村落——市镇的土地利用景观特质。

（2）宗教文化景观。佛山镇的宗教文化景观可以分为民间信仰（神庙）、佛教、道教和西方宗教文化景观四种：①佛山镇的佛教和道教文化景观并不多。佛教文化景观主要集中在佛山镇自洛水到大塘涌沿岸的中南部区域，尤以中部祖庙铺、山紫铺和观音堂铺的洛水、旗带水沿岸最为集中；道教文化景观更少，通过对从万真观到城隍庙空间文化含义变化的分析，可以诠释出佛山镇由“乡村”到“城市”空间意义的转变。②佛山镇的神庙景观最多、最庞杂，其民间神祇系统既具有珠江三角洲广府民系的属性，又反映出商品高度发达的特征。自明代至民国初年，佛山镇神庙文化景观以明心铺和祖庙铺及其周围地带为核心，呈自南向北逐渐扩展的空间分布总趋势。通过对这种空间扩布的动力因素分析，说明佛山神庙系统与社会发展密切相关，神庙文化景观历时性的空间演变过程，实际上反映了城市社会空间的“时间历程”。而从关帝、华光和北帝信仰景观的解读中，更能诠释出景观的环境感知及其神圣空间的社会文化意涵。③基督教和天主教文化景观与佛教、宗族和神庙等文化景观交错分布，而且基督教和天主教各教会在佛山镇的布道范围有明显的空间差异。尤以基督教循道公会势力发展最强，其文化景观存在从佛山镇的边缘向中心扩展的态势。至民国初，基督教和天主教文化景观基本上与佛山镇的人口稠密区、城市繁华区和工商业密集区相叠合。

（3）宗族文化景观。宋元时期的宗祠主要集中在佛山镇南部大塘涌沿岸各铺，反映宋代涌入佛山的移民最早定居在南部栅下、桥亭等铺。明代佛山镇祠堂数量急增，表现出聚落空间由南部向中部扩展的趋势，祠堂景观基本形成了以南部的锦澜、东头、栅下铺和中部的祖庙、黄伞铺为中心的空间格局，并由此可确定明代佛山镇聚落的基本空间范围。清代以后，祠堂景观空间格局总体没有很大的变化。但是通过土著和侨寓祠堂景观的GIS叠加分析发现：①八图土著祠堂景观空间扩散，说明八图土著宗族内部产生裂变，随各房支的镇内外迁徙而使宗族文化景观扩散，促使原有宗族的向心力逐渐被削弱；②在佛山镇中南部，土著祠堂景观与侨寓祠堂景观相互混杂。由此说明了随着侨寓的大量进入，八图土著的传统血缘空间被打破，地缘、业缘等因素增强，这正适应了佛山城市化发展的大趋势。

（4）工商业文化景观。明清时期，佛山镇工商业高度发达。大量的工场作坊、铺户集市，以及各种行会及会馆，形成了明清时期佛山镇异彩纷呈的工商业文化景观。其中，手工业作坊林立，行业和数量众多，尤以冶铁业、陶瓷业和纺织业为主。码头、商铺、会馆和墟市等构成佛山繁华的商业景观形象。通过GIS分析进一步诠释了以接官亭（正埠）、祖庙为中心，自北而南所形成的商业区、混合区和手工业区的空间分异特征。

（5）街巷地名文化景观。通过对历史时期佛山镇街巷地名景观演变的动态分析发现：①佛山镇与人文景观有关的街巷地名比例远大于自然景观，而且其比例增长十分显著。由此折射出佛山城市的发展正是人文景观取代了本底自然景观的过程，城市景观的多样性减少，趋同性增强。②在街巷地名所折射的自然景观中，与陆域环境有关的地名景观比例远低于与水环境有关的地名，反映了佛山镇的自然环境特征。在街巷地名所折射的人文景观中，物质层面的文化景观中，与工商业、民间信仰和宗族聚居等有关的地名占绝大多数，可见它们在塑造佛山城市景观的重要性；精神层面的文化景观中，与美好意愿有关的地名景观占绝大多数，反映了佛山民性中“祈福文化”的特点。

（6）民俗文化景观。明清以来，佛山各种岁时民俗活动相当频繁。繁盛的工商业，地广人稠，五方杂处，宗教和宗族势力强盛的社会环境是各种迎神赛会产生的基础。这些活动有利于强化群体的认同和凝聚。而且在活动中，商人富户和肩贩杂肆获得了利益上的平衡。另外，通过民俗活动的过程，对平民百姓还有一定程度的教化作用，并有助于促进整个社区的和谐稳定。

参考文献：

[1] 董鉴泓，阮仪三. 名城文化鉴赏与保护［M］. 上海：同济大学出版社，1993：6.
[2] 司徒尚纪. 广东文化地理［M］. 广州：广东人民出版社，1993.
[3] 罗一星. 明清佛山经济发展与社会变迁［M］. 广州：广东人民出版社，1994.

[4] 区瑞芝．佛山新语［M］．1992.
[5] 广储义仓碑示［M］//广东省社科院历史研究所，等．明清佛山碑刻文献经济资料．广州：广东人民出版社，1997：103－104.
[6] 灵应祠庙铺还庙碑示［M］//广东省社科院历史研究所，等．明清佛山碑刻文献经济资料．广州：广东人民出版社，1997：29.
[7] 周毅刚．明清时期珠江三角洲的城镇发展及其形态研究［D］．广州：华南理工大学，2004.
[8] 潘朝阳．台湾民俗宗教分布的意义［J］．（台北）地理研究，1986（12）：143－178.
[9] 刘懿瑾．客家聚落之空间性及其生活世界的建构——以苗栗公馆石围墙庄为例［D］．桃园：中原大学，2003：96.
[10] 谭其骧．中国文化的时代差异和地区差异［J］．复旦学报：社会科学版，1986，25（2）：4－13.
[11] 潘朝阳．台湾传统汉文化区域构成及其空间性——以猫里区域为例的文化历史地理诠释［D］．台北：台湾师范大学，1994.
[12] 佛山市宗教事务局．佛山市宗教志［M］．1990.
[13] 李宁利．相约独身——文化地理视角下的珠江三角洲自梳女研究［D］．广州：中山大学，2004.
[14] 麦大华．佛山沦陷时两个爆发的行业［M］// 佛山文史资料选辑：第6辑．1986：68－69.
[15] 郑土有，刘巧林．护城兴市——城隍信仰的人类学考察［M］．上海：上海辞书出版社，2005.
[16] 滨岛敦俊，沈中琦．明清江南城隍考——商品经济的发达与农民信仰［J］．中国社会经济史研究，1991（1）：39－48.
[17] 肖海明．中枢与象征——佛山祖庙的历史、艺术与社会［M］．北京：文物出版社，2009：171－177.
[18] 赵世瑜．狂欢与日常——明清以来的庙会与民间社会［M］．北京：生活·读书·新知三联书店，2002.
[19] 司徒尚纪，李燕．岭南汉民系神灵崇拜地理差异［M］//历史地理：第十八辑．上海：上海人民出版社，2002：250－259.
[20] 周晓蔚．宋元明时期真武庙的地域分布中心及其历史因素[J]．中国历史地理论丛，2004，19（3）：47－55.
[21] 佛山真武祖庙灵应记［M］//广东省社科院历史研究所，等．明清佛山碑刻文献经济资料．广州：广东人民出版社，1997：3－5.
[22] 贾二强．说五显灵官和华光天王［J］．中国典籍与文化，2002（3）：81－88.
[23] 马书田．中国道教诸神［M］．北京：团结出版社，1996：320－321.
[24] 梅莉．明清时期的真武信仰与武当山朝山进香［D］．武汉：武汉大学，2003.
[25] 曾召南．宋元明皇室崇信真武缘由刍议［J］．宗教学研究，1996（2）：38－42.

[26] 邹卫东. 明清珠江三角洲地区“北帝”崇拜与社会经济 [D]. 广州：暨南大学，2001.
[27] 余象斗. 北游记 [M] //四游记. 北京：华夏出版社，1994：170.
[28] 黄郁文. 鹿港寺庙空间研究——俗民文化与空间形式探微 [M] //寺庙与民间文化研讨会论文集（上册）. 台北：天恩出版社，1995：268-269.
[29] 林素铃. 基督教卫理公会在台湾的扩展及其空间性之诠释 [D]. 台北：台湾师范大学，2002：88.
[30] 张照. 清末民初循道公会在华南地区的发展 [D]. 广州：暨南大学，2005.
[31] 佛山市博物馆编. 佛山祖庙 [M]. 北京：文物出版社，2005：215.
[32] 中国社会科学院世界宗教研究所. 中华归主：中国基督教事业统计 1901—1920（上）[M]. 北京：中国社会科学出版社，1987：335-345.
[33] 周多礼. 宗族文化的复兴和对策研究 [J]. 理论建设，2006（6）：54-58.
[34] 刘美新. 清代广东族田的作用及其社会影响 [J]. 广东史志，2000（4）：11-17.
[35] 刘志伟. 明清珠江三角洲地区里甲制中“户”的衍变 [J]. 中山大学学报：哲学社会科学版，1988（3）：64-73.
[36] 井上彻. 魏校的捣毁淫祠令研究——广东民间信仰与儒教 [J]. 史林，2003（2）：41-51.
[37] 陈忠烈. “众人太公”和“私伙太公”——从珠江三角洲的文化设施看祠堂的演变 [J]. 广东社会科学，2000（1）：70-76.
[38] 莫里斯·弗里德曼. 中国东南的宗族组织 [M]. 刘晓春，译. 上海：上海人民出版社，2000：2.
[39] 濑川昌久. 族谱：华南汉族的宗族·风水·移居 [M]. 钱杭，译. 上海：上海书店出版社，1999：68-74.
[40] 佛山市商业局. 佛山市商业志 [M]. 广州：广东科技出版社，1991.
[41] 李景康. 石湾陶业考 [M] // 广东文物展览会编. 广东文物：卷十. 1940：39-47.
[42] 张维持. 广东石湾陶器 [M]. 广州：广东旅游出版社，1991：33-52，65-67.
[43] 朴基水. 清代佛山镇的城市发展和手工业、商业行会 [J]. 中国社会历史评论，2005（6）：119-143.
[44] 佛山历史概述（初稿）[M]//佛山文史资料选辑：第1辑. 1982：3.
[45] 佛山市地方志编纂委员会办公室. 佛山史话 [M]. 广州：中山大学，1990：148-153.
[46] 邱衍庆. 明清佛山城市发展与空间形态研究 [D]. 广州：华南理工大学，2005.
[47] 叶显恩，谭棣华. 明清珠江三角洲农业商业化与墟市的发展 [J]. 广东社会科学，1984（2）：73-91
[48] 佛山清涌碑记 [M] //广东省社科院历史研究所，等. 明清佛山碑刻文献经济资料. 广州：广东人民出版社，1997：217-218.

[49] 重修栅下天后庙碑记 [M] //广东省社科院历史研究所，等. 明清佛山碑刻文献经济资料. 广州：广东人民出版社，1997：156－208.

[50] 梁冠球. 佛山土布业的兴替 [M] //佛山文史资料选辑：第2辑. 1982：48－54.

[51] 歌德伯戈，钦洛依. 城市土地经济学 [M]. 北京：中国人民大学出版社，1990：53－54.

[52] 褚亚平，尹钧科，孙冬虎. 地名学基础教程 [M]. 北京：中国地图出版社，1994：13.

[53] 王彬. 广东地名文化景观及地理分异研究 [D]. 广州：中山大学，2007：107.

[54] Marco Conedera，Stefano Vassere，Christophe Neff，et al. Using Toponymy to Reconstruct Past Land Use：A Case Study of "Brüsàda" (Burn) in Southern Switzerland [J]. Journal of Historical Geography，2007 (33)：729－748

[55] 陈正祥. 中国文化地理 [M]. 北京：生活·读书·新知三联书店，1983：214.

[56] 徐松石. 徐松石民族学研究著作五种（上） [M]. 广州：广东人民出版社，1993：204.

[57] 林圣钦. 苗栗县狮潭乡客语地名的社会性分析 [M]//第一届地名学术研讨会论文集. 台北：2005：131－157.

[58] 林圣钦. 苗栗县狮潭乡客语地名的环境认知分析 [J]. （台北）地理研究，2006 (45)：23－49.

[59] 广东省佛山市地名志编纂委员会. 广东省佛山市地名志 [M]. 广州：广东科技出版社，1991.

第四章 历史时期佛山城市文化景观的形成演变机制及其景观特质

第一节 佛山城市文化景观的形成演变机制

司徒尚纪认为："广府地区地理环境复杂多样，人与环境感应整合，形成生态文化多样性；而明清以来发达的商品经济，使人们对变幻莫测的市场充满神秘感，谋取商业利益驱使人们求助于各种与此有关的神灵；加上外来文化交融、渗透，它的文化多样性比其他民系要绚丽多彩，反映在精神文化层面上即有多神崇拜并存于社会生活各个角落。"① 尽管这是关于民间信仰景观的论述，由此亦可推及佛山的城市文化景观。历史时期佛山的城市文化景观的形成演变机制可归纳为四个方面。

一、对于地理环境的感知和适应——适应机制

人类创造文化的行为是以环境感应为基础的。一方面，环境为人类生存活动提供物质基础；另一方面，人类必须根据自己的生理、精神和对事业追求的需要与自然景观、文化景观乃至区域发展相互感应，继而创造出不同层次和风格的物质文化和精神文化。同时，文化也是人类适应环境的一种方式，环境变迁是影响文化景观新陈代谢的支配力量。[1] 因此，对于地理环境的感知和适应是城市文化景观形成演变的一种适应机制。

宋元以来，佛山南迁人口数量增加，为了解决人口和粮食需求的矛盾，出现了堤围景观、基塘景观。清中叶以后，珠江三角洲缫丝业的发展，使桑基鱼塘景观应运而生。明清时期，佛山工商业繁盛，土地利用景观随之发生变化，桑地、禾田和基塘等景观退至佛山城市的边缘，城镇内

---

① 司徒尚纪、李燕：《岭南汉民系神灵崇拜地理差异》，《历史地理》第十八辑，上海人民出版社 2002 年版，第 250 ～ 259 页。

部则被作坊、商铺和会馆等城市工商业景观所取代。

地理环境对于佛山民间信仰文化景观的影响十分明显。佛山镇所在的珠江三角洲地区为潮湿炎热之地，这种炎热的天气常使人“气往上壅，腠理苦疏，汗常浃背”①，并能引发一些疾病。尽管当地人有很多应付这种天气的方法，如“夏时多饮凉冽”等，但也存在祈望神灵给予庇护的心理。所以，“粤人祀赤帝，并祀黑帝”②。赤帝即是炎帝，被作为火神。在珠江三角洲崇拜的火神多是华光，珠江三角洲自然条件所带来的火神信仰，自然也就赋予在华光的神格上。黑帝则是北帝。据《佛山忠义乡志》载：“帝（北帝）之灵其应如响，盖不特退贼一事为然。其于佛山之民，不翅如慈母之哺赤子，显赫之迹至不可殚述。若是者何也？岂以南方火地，以帝为水德于此，固有相济之功耶；抑佛山以鼓铸为业，火之炎烈特甚，而水德之发扬亦特甚耶？”③ 可见，岭南本多阳气，而以铸铁业为主的佛山镇，因鼓铸使气候变得更为炎热。清乾隆《佛山忠义乡志》载：“冶铁之炉数十，铸铁之炉百余，昼夜烹炼，火光烛天，四面熏蒸，虽寒亦燠。”④《南海县志》亦云：“粤为炎州，玄帝以水济火，补造化之偏，将见泽槁嘘枯，御灾捍患，俱于是乎在。”⑤ 由此可见，水火相济，乡民相信奉祀水神北帝能够相克岭南的阳气（尤其是佛山镇），因而，佛山镇的北帝崇拜更胜于他处。

珠江三角洲河网密集，北帝信仰随着南迁的中原士民传入珠江三角洲后，作为人们对于地理环境的感知以及精神的崇拜，大多以水神的形象出现。据屈大均《广东新语》记载：

> 吾粤多真武宫，以南海佛山镇之祠为大，称曰祖庙。其像被发不冠，服帝服而建玄旗，一金剑竖前，一龟一蛇，蟠结左右。盖天官书所称，北宫黑帝，其精玄武者也，或即汉高之所始祠者也。粤人祀赤帝，并祀黑帝，盖以黑帝位居北极而司命南溟。南溟之水生于北极，北极为源而南溟为委。祀赤帝者以其治水之委，祀黑帝者以其司水之源也。吾粤固水国也，民生于卤潮，长于淡汐，所不与鼋鼍蛟蜃同变化，人知为赤帝之功，不知为黑帝之德。家尸而户祝之，礼虽不合，亦粤人之所以报本者也。⑥

---

① （清）屈大均：《广东新语》卷一《天语・风候》。
② （清）屈大均：《广东新语》卷六《神语・真武》。
③ （清道光）吴荣光：《佛山忠义乡志》卷十二《金石志上・修灵应祠记》。
④ （清乾隆）陈炎宗：《佛山忠义乡志》卷五《乡俗志》。
⑤ （清同治）《南海县志》卷十二《金石略二・重修玄帝庙碑记》。
⑥ （清）屈大均：《广东新语》卷六《神语・真武》。

在这里，屈大均将广东人奉祀北帝为水神讲得很清楚。一是“吾粤固水国也”，人多祀水神。二是北极为南溟之源，光祀南溟的水神还不行，还必须祭祀其源本之神。可见，珠江三角洲的地理环境是产生对北帝崇拜的自然土壤，社会经济的发展是促使北帝信仰兴盛的社会土壤。明清时期，佛山镇的水火之患特别多，防水防火成为北帝的主要职能。据清同治《南海县志》记载：

> 广州府城之西四里而近地，为南海之泮塘，有庙以奉真武之神，乡人所称仁威庙者也。……真武之神盖亦生有功德，故隆以列宿之号而司水者欤！……而广州滨海为水乡，宜神之灵歆享。于是且广州之水，当西粤下至牂牁江，而东注出羚羊峡，汇北江、湞、洭、溱、肄诸水，迳府城以入大洋。每当暑雨水潦骤发，南海、顺德村落多被水，小者没，阡陌大者决堤防。故居人咸思邀福于神而不至成灾。①

面对这些巨大的水灾，乡民自然想到立北帝庙以镇之，祈祷作为水神的北帝能够抵御水患灾难。同样，在佛山盛行的龙母、妈祖等的水神神格属性都是对地理环境的一种感应。

此外，佛山水网密集的自然环境在地名文化景观等方面都打下了深刻的烙印。大量的与水环境有关的佛山街巷地名景观则折射出城市自然环境的本底特征。清乾隆以来，佛山街巷地名景观中通名变化、反映人文景观街巷地名数量显著增长的情况，说明了佛山街巷地名文化景观的改变也是对城市地理环境变化的一种适应。

二、人口集聚和城市社会经济发展——促进机制

人口集聚和城市社会经济发展促进了各种经济、文化、信息等要素的集聚和流动，是城市文化景观形成和塑造的直接源动力，可以称之为城市文化景观形成演变的促进机制。

人口集聚是佛山宗族文化景观形成的基础。宋元以来迁居佛山的人口，至明朝初年，通过创编图籍，成为佛山八图土著，并形成了以八图土著宗祠景观为核心的血缘聚落空间。清代佛山经济繁荣，吸引大量人口向佛山集聚，至清道光年间，仅 7 km^2 的佛山镇，人口达到 60 万人。[2] “舟车云集此天涯，半是侨居半故家。”② 其中，有一半为外来人口，他们在佛山创业、扎根，或形成地缘聚居的空间，如三界庙后街的“苏杭京客”社

---

① （清同治）《南海县志》卷十二《金石略二·重修仁威庙碑记》。

② （民国）冼宝干：《佛山忠义乡志》卷十五《艺文志三·佛山》。

区、板坊闸的粤西客商社区等[3]；或形成以侨寓祠堂景观为中心的新血缘聚落空间。

人口集聚更带动了经济要素的流动，促进了城市的发展。明清以来，佛山城市社会经济逐渐走向兴盛，直接塑造出丰富多彩的工商业文化景观。例如，手工业区“铸犁烟杂铸锅烟，达旦灯光四望悬”①，“春风走马满街红，打铁炉过接打铜”②；商业区则“商贾丛集，阛阓殷厚，冲天招牌，较京师尤大，万家灯火，百货充盈，省垣不及也”③。

城市社会经济的发展促进了佛山神灵崇祀景观的形成和演变，神灵崇祀景观的多样性和行业性明显。在广东民间信仰神祇谱系的行业型神祇（如鄂国公、华佗、博望侯、石公太尉、陶冶先师、北城侯和鬼谷子等）中，仅佛山镇行业型神祇就占 41.18%。明代以来，佛山冶铁业发达，而冶铁业与火有关，人们相信以火神管火。佛山镇冶铁业比较集中的有丰宁铺、潘涌铺和观音堂铺。从图 4.1 可见，乾隆《佛山忠义乡志》中所记载的两座华光庙就分布在丰宁铺和观音堂铺；至民国初年，在佛山镇中南部的华光庙也都分布在这些铺及其周围。另外，石湾的陶业对火神也十分崇拜，石湾窑都设有火神像位，陶人每日都要祭拜。石湾陶人的这种火神信仰习俗，逐渐发展为对火神华光帝的崇拜。[4] 佛山城市社会经济的发展，带来了民间戏曲的繁荣，佛山成为粤剧的重要发源地。华光演化为粤剧的戏神，与佛山有密切的关系。一是与华光的火神神格息息相关。明清时期，粤剧戏班的演出多在竹棚，运输和居住也多在红船上，所以，戏行中人最忌火灾。清乾隆至嘉庆年间，佛山镇的七起重大火灾中，就有三起是由于演戏引起的。所以，为了防止演戏和红船失火，粤剧戏班都要供奉火神华光。二是与粤剧发源地佛山关系密切。李计筹认为华光成为戏神的外在原因是佛山当地兴盛的华光崇拜。[5] 佛山镇的琼花会馆是最早的粤剧戏人组织。④ 明代余象斗编的《华光天王传》（即《南游记》）中又有“三眼灵耀大闹天宫的琼花会，抢夺琼花，自号华光天王”的故事。由于华光信仰在佛山已经比较兴盛了，粤剧戏人除了祈祷华光禳除火灾外，更同情华光除妖之功而应得琼花，故奉华光于琼花会馆，尊其为祖师。[6] 由于明末至清中叶期间，佛山一直是粤剧活动的中心，“本地班”以佛山为据点向

① （清乾隆）陈炎宗：《佛山忠义乡志》卷十一《艺文志·何若龙：佛山竹枝词》。

② （清乾隆）陈炎宗：《佛山忠义乡志》卷十一《艺文志·陈昌坪：佛山竹枝词》。

③ （清）徐珂：《清稗类钞》卷十七《农商》。

④ 据记载，早在明成化年间，佛山镇就有戏曲演出（《佛山太原霍氏族谱》）。琼花会馆有认为建于明嘉靖年间（《南海县志》），但是，真正有史料记载的是清乾隆《佛山忠义乡志》中所载：“琼花会馆在大基尾”。因而，琼花会馆至少在清乾隆年间就已经存在了，它是粤剧最早的戏班行会组织。（吴炯坚：《琼花会馆拾零录》，《佛山文史资料》第八辑，1988 年，第 7～22 页）

周围农村辐射，佛山戏人的华光信仰逐渐扩散到这些地区，华光遂从火神变成了戏神。佛山有稠密的水网与珠江三角洲的其他地方连接，水上交通十分发达，清道光年间津渡码头已达28个，其中市桥渡头就在粤剧行会组织琼花会馆下。这样，以琼花会馆为中心，大基铺和汾水铺的汾江水面上经常云集着粤剧戏人的红船，正如梁序镛的《汾江竹枝词》所描绘的："梨园歌舞赛繁华，一带红船泊晚沙。但到年年天贶节，万人围住看琼花。"① 从图4.1可见，大基铺和汾水铺的汾江沿岸分布着四座华光庙，并以琼花会馆为中心，形成了汾江沿岸的华光信仰神圣空间。综上所述，佛山镇华光崇祀景观是在底层火神神格的基础上，增加了行业神的内涵，并逐渐演化为戏神，正是迎合了佛山镇城市社会经济发展过程中人们的心理寄托和精神追求。

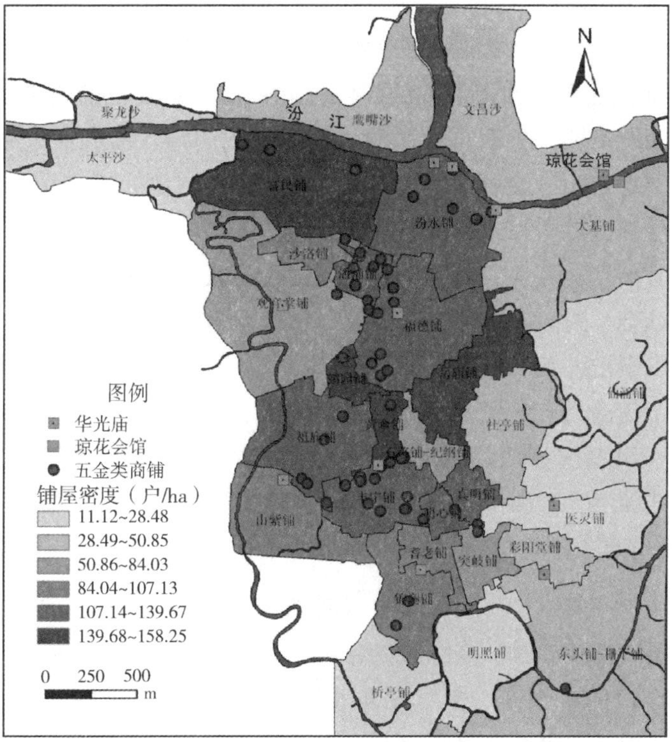

图4.1 佛山镇华光庙的分布

随着佛山镇社会经济的发展，北帝也逐渐演变为航运和商贸的保护神。明代至清初，佛山涌（汾江）成为西江、北江通往广州的主要交通要

① （清道光）吴荣光：《佛山忠义乡志》卷十一《艺文志下》。

道。《佛山忠义乡志》中有诗云："佛山财货薮，汾水东门户。出入必由斯，河道塞帆橹。三叉水分流，疾若箭离弩。石气激盘涡，地维设深组。风送呕哑声，大半榜人语。缤纷争济川，挥汗辄成雨。后波续前波，往复成今古。向沐真武灵，电扫群狐鼠。江河今晏清，恩可天地补。"① 可见，商贸的繁荣使水运在佛山镇的贸易、交通和对外联系方面有相当重要的地位。不论是外地客商云集佛山，亦或佛山商人外出经商，无不经汾江而进入西江、北江水运航路。两江的航路素以险恶著称，为祈求航运的安全，主宰"水"的真武大帝在人们心目中的重要性、神圣性自然随之提高，成为了内河航运的护航之神。[7] 佛山镇客商们更是沐"真武灵应"，以保佑"江河晏清"和航运的安全通畅。自然北帝就成为佛山商人的商贸保护神，他们临行时"将闻于庙，必有旌赏之来矣"②。而"梯山航海而来者，香烟血食，靡不望祖庙荐享而输诚"③，感谢神灵保佑其平安归来，认为这些是"神威赫跃"，"实惟帝之灵爽有以致之也"④。一时间祖庙便被视为"天下商民之祖庙"⑤。随着佛山商人的扩散，北帝信仰景观也随之传播。例如，罗定南部的罗镜镇为粤西重镇，清代有大量的南海、顺德商人来此经商，使罗镜有"小佛山"之称，北帝信仰在此也十分兴盛，其东山祖庙香火鼎盛，即使与佛山祖庙相比，也不逊色。[8]

佛山城市社会经济的发展也促使关帝信仰景观从正统走向世俗。经过历代民间社会、封建帝王和正统宗教（佛教、道教）以其各具特色的方式对关羽加以奉祀，关帝逐渐被赋予了忠、义、仁、智、信、礼、勇等多重神格，关帝信仰具有封建帝王维护封建统治、儒家伦理教化的功能。明正统十四年（1449），佛山堡的合镇士民抵御黄萧养起义军的进攻，佛山堡被封为"忠义乡"。佛山镇士民也一直以"忠义乡"而自豪。吴荣光在《重修佛山汾水关圣大帝庙》中写道：

> 乡有帝庙，……夫佛山自前明里社，同心捍贼，以忠义名乡，生聚日蕃，风俗日厚。今乡人又能知作善降祥之理，事正神以求福，无惭衾影，各凛旦明，将见忠义之气，毓为嘉征，货隧骈罗，居民康阜，以遵道、遵路为忠，以睦姻、任恤为义，庶几罔怨、罔恫，千百

---

① （清道光）吴荣光：《佛山忠义乡志》卷十一《艺文志下》。

② 《佛山真武祖庙灵应记》，广东省社科院历史研究所等：《明清佛山碑刻文献经济资料》，广东人民出版社 1997 年版，第 3～5 页。

③ （清道光）吴荣光：《佛山忠义乡志》卷十三《乡禁志·禁颁胙碑示》。

④ （清道光）吴荣光：《佛山忠义乡志》卷十二《金石志上·修灵应祠记》。

⑤ （清道光）吴荣光：《佛山忠义乡志》卷十三《乡禁志·禁颁胙碑示》。

年来承帝之休于无斁也。①

在这里，吴荣光一方面强调了在佛山的关帝信仰暗合佛山“忠义乡”的身份，而佛山的“货隧嘉征，居民康阜”无不是秉承“忠义之气”的结果。所以，关帝信仰在佛山的普及存在教导乡民勿忘“二十二人之赤忠与其弟子从义”，秉承忠义的教化功能，关帝神庙在空间上则集聚在佛山土著八图聚居的中南部。另一方面他也强调了“忠义之气”对于佛山经济繁荣的意义。关帝不仅成为了财神，而且是商业道德的化身，成为了很多佛山商人的共同信仰。他们捐修关帝庙，商人会馆中大多供奉有关帝的神位，如佛山镇山陕会馆“栋宇辉煌，中祀武帝。岁时伏腊，凡我同人，靡不趋庭瞻拜，共序萍踪”②。因而，在佛山镇北部汾江两岸的商贸地带也有关帝庙的分布。时至今日，尽管佛山老城区的关帝庙已经没有了，但关帝仍然是很多商铺的主祀神。根据 2007 年 4 月对佛山老城区北部的升平路、筷子路③、公正路和高基路 457 家沿街商铺的调查，升平路—筷子路、升平路—公正路设神龛的沿街店铺分别占 21.57%、20.81%；高基街为新改造的商业街，其比例为 14.84%，显然要低于老街的店铺。各店铺神龛奉祀的神灵主要是关帝、财神和观音，尤以关帝为主，其中筷子路、公正路和高基路的店铺神龛的主祀神为关帝的分别占 51.51%、58.06%、82.61%（图 4.2）。

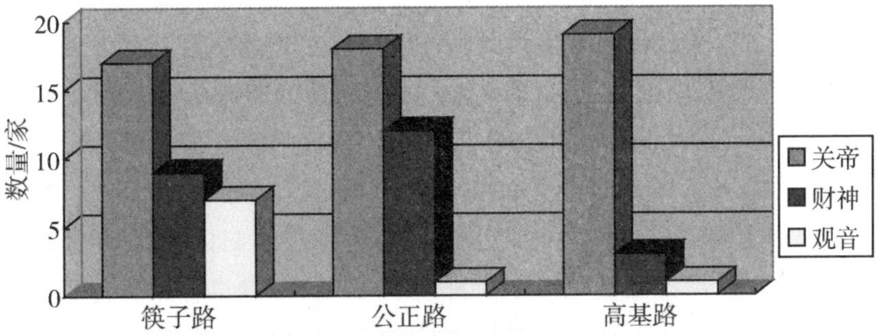

图 4.2　佛山老城主要街道沿街店铺所奉祀的主要神灵

城市社会经济的发展对宗族、地名和民俗等文化景观都产生了深远的

① （民国）冼宝干：《佛山忠义乡志》卷八《祠祀志二·群庙》。

② （清嘉庆）《重修山陕会馆捐签碑》，广东省社科院历史研究所等：《明清佛山碑刻文献经济资料》，广东人民出版社 1997 年版，第 126～127 页。

③ 1934 年由快子上街、快了直街、万元里、地官里、富路坊等合并而成。这里曾经是佛山镇做筷子等手工业数集中的地方，“筷子”与“快子”谐音，在《佛山忠义乡志》中被称为“快子路”，今称“筷子路”。

影响。宗族文化景观的空间格局也在发生变化，土著宗族的血缘空间逐渐被打破，侨寓宗族景观出现，城市的地缘、业缘空间得到加强，正是佛山城市社会经济发展的写照；在街巷地名所折射的人文景观中，与工商业、民间信仰和宗族聚居有关的地名景观占绝大多数，如铁香炉街、铸钻街、花衫街、豆豉巷、早市大街、江夏祠道、郡马左街、陇西里、洪圣大街、协天胜里等；人口集聚、城市社会经济发展为佛山迎神赛会等民俗活动举行提供了庞大的内在需求和物质基础，各种民俗活动景观丰富了佛山的城市精神生活，加强了对铺区和地方的认同，也成为城市经济发展的一个重要来源。

三、多元文化的相互渗透和交融——融合机制

当具有某种特定文化的人群在迁移时，他们也将原来的文化带到新地区，这些文化特质不仅为移民继承下来，而且还会为当地人所接受，不同文化的相互渗透和融合，进而达到文化汇融，塑造地方文化的新特质。可见，多元文化的相互渗透和交融是城市文化景观形成演变的一种融合机制。

佛山的民间信仰文化景观既有百越古族的遗风，又体现出经过中原文化的洗礼，更有各地文化的相互交融。盘古和盘瓠本来在文化特质上分属汉族和瑶、畲等少数民族的自然图腾，但经过文化的融合，已发展为岭南文化的一部分。[9]佛山镇也有两座盘古庙，清代的骆秉章曾描写了盘古庙的热闹气氛："曾当嘉庆庚申，栋宇巍峨，香火络绎。街则拥六，丁年最富莺花，墟恰齐三，亥日颇繁虾菜，茶棚酒肆，供游赏之流连，舞榭歌台，盛祷禳之报赛。"① 《佛山忠义乡志》将建庙归因于"南海有盘古坟，……后人葬盘古皇也"②，显见佛山镇的盘古崇拜也存留有古越族的影响。宋元以来中原人经过多次大规模的南迁，形成了佛山居民的主体，很多中原的民间神灵也被传入，如关帝、华光、北帝和观音等，成为新土地上凝聚同胞的精神依靠。李世源认为："宋元大战后，数十万南宋军民或亡或散，流徙在南海沿岸。家破国亡，切肤之痛，使得这一批人不得不日夜思念故国，思念家园，思念着远在北方的亲朋故旧。在这样一种情怀和氛围之下，他们利用北帝这样一个尊神，来寄托他们的故国之念，怀家之想，思古之幽情，应该说合情、合理。而在元朝的统治之下，既委婉曲

① （民国）冼宝干：《佛山忠义乡志》卷八《祠祀志二·重修盘古庙碑》。
② （民国）冼宝干：《佛山忠义乡志》卷八《祠祀志二·群庙》。

折，却又是合法的。……应该说，有北帝庙处，就有当年南宋移民的踪迹，就有当年客观上的南北大融合的存在。”① 尽管这种说法过于主观，但随南迁中原移民而产生的民间神灵崇拜的交融是不言而喻的。正如佛山的山陕会馆拜关帝、江西会馆祀许真君一样，各地的商贾们也将不同地域的神灵带到佛山。例如，福建商帮、潮州商帮集聚于汾水铺，这些闽商和潮商带来了天后崇拜，仅佛山镇就有 7 座天后庙。另外，大量货物经西江、北江进入佛山，粤西和粤北商客多聚于佛山，使得很多源于粤西及西江、北江流域的龙母信仰、雷神信仰、三界神信仰和飞云将军信仰等都在佛山安家落户。

清中叶以后，佛山受到外来文化的冲击。一方面表现在西方宗教进入佛山都经过了与传统文化的冲突、融合过程。鸦片战争以后，西方资本大量侵入珠江三角洲，作为南中国手工业中心的佛山，首受其害。“咸丰以后，各国纷请立约，洋货充斥，我国商务愈不可问，而佛山先承其弊，从前通津利步各街，近海行店，多至二百余家，铺尾通海，深二三十丈，货物山积，今皆闭歇。”② 可见，佛山在西方货物倾销的冲击下，昔日的繁荣逐渐远去，显然会激起民众对于西方人的反感。加之基督教和天主教的观念与佛山传统信仰正好相反，反对偶像崇拜，反对宗族观念。第二次鸦片战争结束后，基督教和天主教进入佛山初始，不可避免地要与佛山浓厚的宗族观念、鬼神信仰，乃至世俗的工商业利益存在冲突，教堂空间与宗族空间、神庙空间产生相互排斥，更要承受着佛山镇强烈的排外观念。佛山的中南部是传统宗族、宗教势力范围，民众的排外情绪强烈，时常出现民教冲突。位于中南部的教堂则首当其冲，如中华基督教伦敦会的福宁堂在清同治十年（1871）的“神仙粉”教案中被焚毁。在清光绪十一年（1885）的中法战争期间，佛山镇的福宁堂再次被毁。而最早进入佛山的循道公会就在中西文化冲突中不断进行调适，以取得居民的好感。例如，最初牧师进入惠师礼行旁边的叠滘村传教时，被村里长者粗鲁地赶走。后来，云仁（Charles Wenyon）牧师家的房子重建，村里就有流言说他的房子影响了村子的风水，要求他把房顶用柏油涂黑，云仁爽快地答应了。于是村里的人逐渐对他有了好感，以致后来村里办喜事，都邀请他去参加。③ 民国初期，随着基督教、天主教在佛山的扩展，除了核心文化景观外，还出现很多附属的文化景观，这些医院、学校、慈善会等设施将西方近代先

① 李世源：《珠澳等地北帝庙探秘》，《东南文化》1998 年第 1 期，第 94 ～ 97 页。

② （民国）冼宝干：《佛山忠义乡志》卷六《实业志》。

③ Mrs. Roderick Macdonald, *Roderick Macdonald M. D.* London: Robert Culley, 1908, pp. 3 –4.（转引自张照：《清末民初循道公会在华南地区的发展》，暨南大学博士学位论文，2005 年，第 58 页）

进的医学技术、教育思想传入佛山。另一方面，由于外来文化的冲击，佛山传统产业开始衰落，城市手工业景观急剧减少。但同时又促使佛山开始逐渐接受西方近代文明，催生出近代机器工业景观，成为中国近代民族资本主义工业的重要诞生地[10]，由此带来佛山城市文化景观的变化。

四、官府、士绅的政策制度的推动——制度机制

明清以来，官府的政策、士绅的推动，成为佛山城市文化景观形成和演变的一个重要条件。明清时期，广东官府对佛山冶铁业实行“官准专利”制度，是佛山冶铁业繁荣的保证。平藩之后，清政府采取了一系列安抚、减税政策，更是刺激了佛山经济发展，佛山城市逐渐走向兴盛，城市里充盈着丰富多彩的工商业文化景观。

政策制度机制对宗教文化景观的影响也十分明显。宋元以来，随着官方和士绅的推动，北帝上升为佛山全镇的保护神，得到广泛的认同。元末，佛山镇就有北帝退龙潭贼的传说。① 而北帝的神功在佛山乡民抵御黄萧养的战斗中更得以充分展现。明正统十四年（1449）黄萧养进攻佛山，乡人集于祖庙问神卜吉，神许则出战，战则屡胜。明景泰四年（1454）礼部尚书的四百二十四号堪合曾详细描述了北帝的“助战”之功：“其贼出战之时，常见一人青袍白马走于栅外，又见飞蚊团结成旗，排阵游于空中。贼以北方扬灰，欲伤民目，霎时则转南风吹之，贼反自击。日夜铃锣不息，民将惫倦，贼攻日甚，西北角栅城几陷，乡老奔叩于神，神卜许其勇敌。民遂迎花瓶，长五尺，诡作大铳状，出诳贼，贼疑不敢攻。又见红鸟一队，飞坠于海，贼遂就擒。”② 显然，这些多是佛山乡民的“诱敌”战术，但将其归之于神功，可以在危难之际，借北帝的法力鼓舞乡人，增强内部的凝聚力，达到团结御敌的目的。因而，北帝自然就被赋予了保卫乡土的武力神形象。景泰三年（1453），龙翥祠（祖庙）遂被敕封为灵应祠，被列入官方祀典，春秋致祭，以答神庥。由于官方的推动，促进了北帝信仰得到佛山镇的士绅、乡民和商人的广泛认同，认为北帝是保家安邦的战神，有求必应，无往不胜。而且经过佛山士绅百姓不断演绎出“圣榕复生”、“天降火球”和“白蛇绕梁”等③祖庙北帝灵应的传说，丰富了祖庙神圣空间的文化意涵。因此，北帝的职能也不再限于防水、防火、护航的水神了，而演变成佛山全镇的保护神，是佛山镇的“长资保障”。于是，

---

① （清道光）吴荣光:《佛山忠义乡志》卷十二《金石志上·庆真堂重修记》。

② （民国）冼宝干:《佛山忠义乡志》卷八《祠祀志一·灵应祠》。

③ （清道光）吴荣光:《佛山忠义乡志》卷十二《金石志上·庆真堂重修记》。

灵应祠作为佛山群庙之首，成为佛山神庙空间系统的核心，“廿七铺奉此为祖”[11]，被佛山镇乡民奉作“祖庙”或“祖堂”。

民国元年（1912）颁布《中华民国临时约法》，基督教和天主教从此成了人们合法的信仰，传教活动有了法律的保证。同时，传统的宗族和宗教势力受到了沉重的打击。民国初期，受到新思想的冲击，过去的民间风俗和信仰被视为与现代化相违背的“迷信”行为，“反迷信”运动在各地陆续出现。例如，广东省在广州成立了“风俗改革委员会”，并推动“移风易俗”运动，很多神祠、寺庙或被拆毁或被充公，改建为公共场所。[12]在佛山情况也是如此。民国元年南海县政府从广州迁入佛山，佛山镇成为地方的行政中心。民国 13 年（1924）佛山镇又改为“佛山市”，原来统合佛山社会的大魁堂宗族势力开始衰落，佛山的很多神祠都被市政、企业等机构占用。在这种此消彼长的情势下，基督教和天主教文化景观不断向人口密集、商业繁荣和传统势力集聚的佛山镇中部扩展，成为民国时期佛山主要的城市文化景观。

第二节　佛山城市文化景观的特质

所谓景观特质就是文化景观内涵的核心要素，或体现文化景观特征的主要内容。通过对佛山城市文化景观系统的梳理和分析，在上述形成机制的相互作用下，城市文化景观特质可以概括为三个方面。

一、亲水性

亲水性是城市文化景观对于自然本底环境特征的反映。佛山城镇兴衰与水密切相关。明清时期，水运通畅，佛山工商业发达，城市隆兴，汾江沿岸形成繁华的工商业文化景观。而随着佛山水道的逐渐淤浅，城市经济开始走向衰退。

佛山神庙文化景观的亲水性更是十分明显。如表 4.1 所示，亲水性的神庙景观达到了 50 余间，占神庙总数的近 30%。即使是佛山乡土神梁舍人的崇祀也与水有关。据《佛山忠义乡志》载：“梁舍人，本福禄里梁氏子。年十九，往广西贩柴，归至中途，飓风覆舟死。而现形如生时，雇舟引柴归，且曰：我皋台舍人也。舟不得缓，舟人昼夜趱行，不数日至。急登岸，命舟子随。抵家则先入。舟子久候不出，因呼舍人。门内惊问，具言其故，兼述体貌。举家惶愕，拉往验柴，则果泊岸矣。方悟已溺死而为神也。里人异其事，立庙祀之，祈祷辄应，迄今不衰。”① 明清时期的佛山有大量商人乘船外出经商，他们不仅奉祀天后、北帝、龙母、伏波神和南海神等神灵，从梁舍人成神护航的故事看，他们还创造了属于本土的航运保护神，这反映了佛山深厚的亲水文化根源。

表 4.1　佛山的主要亲水性神庙文化景观　　单位：座

神庙文化景观		主祀神灵	数量
天后庙		天妃	7
北帝神庙系统	北帝庙（真武庙）	北帝	9
	帅府庙	北帝部将（康元帅、赵元帅、石元帅）	5
	太尉庙	北帝部将（石元帅）	3
	赵帅庙	北帝部将（赵元帅）	1
伏波神庙系统	将军庙	伏波将军马援	3
	先锋庙	伏波将军楼船副将杨仆	6
洪圣庙		南海神（即南海广利洪圣大王）	5
龙王庙		龙王	2
龙母庙		龙母温夫人	1
三界圣庙		三界圣神冯克利	3
三官庙		天地水三官	4
舍人庙		梁舍人	1

资料来源：（民国）冼宝干：《佛山忠义乡志》卷八《祠祀志二·群庙》。

佛山城市景观以水称胜，河涌、水塘常常成为城市景观的重要要素。佛山镇许多侨寓、土著在东西环绕的河涌、水塘沿岸，以祠堂为中心，或利用水塘、河涌，或引水入园，依水构筑庄园宅第景观。古洛水更是佛山的一条集休闲、居住和民间活动等为一体的城市景观河流。在明清的佛山八景中，“白马扬波”、“海口浴月”、“石云晚唱”、“汾流古渡”、“南浦客舟”、“村尾垂虹”和“东林拥翠”等景观无不是佛山水环境景观特色的写照。

此外，在街巷地名所折射的自然景观中，与冈丘、石、地等陆域环境有关的地名景观比例远低于与沙洲、河涌、池塘等水环境有关的地名，清乾隆年间两者的比例分别为 6.41% 和 14.96%，清道光年间分别为 5.28%

① （民国）冼宝干：《佛山忠义乡志》卷八《祠祀志二·群庙》。

和15.16%，民国初分别为3.43%和10.79%。由此也反映出佛山街巷地名景观的亲水性。

二、神圣性和世俗性共存

具有超越性精神属性的空间和物体被认为是神圣空间。相对而言，与一般生产、生活相关联的则是所谓的世俗空间。显然，佛山具有神圣空间性质的城市文化景观占有绝对的优势。一般来说，佛山的中心神庙或社坛是各级祭祀圈的神圣空间。民国初，佛山的神庙景观数量有197座，分布密度达28.1座/km^2；里社景观有79个，分布密度达11.3个/km^2。杨千惠认为："神圣空间是集体的认同与投射，强化其集体性的道德与象征表现所构成。透过象征物承载的神圣意涵，信仰人的解读，使其象征符码再现神圣性，充斥在神圣空间，丰厚神圣空间意象，凝聚集体性的归属与认同，并营造出地方文化传承的意涵。"① 所以，从信仰圈来看，形成了以神庙、社坛为主体，信众围绕这个中心散居。庙、社意味着以共同的信仰和对某种神祇的情感依赖为纽带的一个神圣空间中心。[13]

神庙、里社等神圣性文化景观广泛地嵌入佛山社会文化生活之中，增加了与世俗文化接触、交流的机会，从而扩大了神圣空间和世俗空间相互渗透的可能。这样，世俗性的商业空间向神圣空间扩张，丰富了神圣空间的内容。商业渗透至神庙，出现了各种具备祭祀和商业双重性质的"庙市"景观[14]，如盘古墟、太上墟、普君墟和三元市等。同时，神圣性景观更是渗透到世俗空间中，并在世俗性景观中得以体现。北帝坐祠堂和北帝巡游将祖庙的神圣空间延伸至街巷、铺区和血缘空间，民众在巡游的各种活动、仪式的欢娱中加深了对北帝信仰的认同。佛山的春季祭社，除祭祀外，日间还举行"社火"娱乐活动，民众在台上，击锣打鼓、舞龙、舞狮和耍杂技等。[15]佛山的戏曲娱乐空间并非诞生于市廛，更多的是对神圣空间的寄生和依赖。很多神庙每逢岁时节庆或神诞日，都要酬神演戏。佛山镇固定戏台有27座，其中，有21座位于神庙内，占总数近80%。② 据道光《佛山街略》记载，琼花会馆"每逢天贶，各班集众酬恩，或三四班会同演唱，或七八班合演不等，极甚兴闹"③。此外，在木版年画、陶塑等佛山传统的手工艺作品中，民间信仰的诸神佛是主要的创作题材。在会馆、

① 杨千惠：《神圣空间中女性宗教活动研究——家、精舍、禅寺的连结》，台湾大学硕士学位论文，2002年，第10～12页。

② 据佛山广东粤剧博物馆。

③ （清道光）《佛山街略》，禅山怡文堂刻印，佛山市图书馆藏影印本。

作坊和商铺等工商业景观中，大都留有神灵崇拜的空间。而且，神庙、里社等文化景观的神圣空间在街巷地名景观中也打下深刻的烙印。例如，民国初，在反映城市人文景观的街巷地名中，与民间信仰有关的地名景观比例为12%，仅次于与工商业有关的街巷地名景观。

三、城市文化和乡土文化共生

明清以来，佛山城市化的景观特征日趋明显。土地利用景观中桑地、禾田和基塘等农业用地减少，退缩至城市的边缘，而代之以作坊、铺屋等大量的城市设施用地景观；清乾隆以来，具有“街、路、道、巷、里、坊”街巷通名的使用率越来越高，街巷地标名比率逐渐降低，说明街巷地名的趋一性增强，愈加规范，城市化的特征更为明显；佛山城市的变化主要由人口集聚、工商业发展所推动。人口集聚是城市化重要的景观特征。佛山清乾隆年间人口为18万人，人口密度为25714人/km^2；至清道光年间达到60万人，人口密度高达85714人/km^2。不论是土著还是侨寓，集聚在这座城市中忙碌着创造价值。城市里充盈着大量的作坊、商铺和集市，以及各种行业和地缘的会馆。仅清道光年间，佛山就有220多行手工业、70多行商业及服务业，有三四千种商品生产，有3000多家商店。[16]工商业文化景观成为佛山近代城市文化的主要标识。同时，城市还滋生出五花八门的消费文化景观，戏院、酒楼、茶肆、妓院、烟馆和赌馆①等场所林立，亦成为佛山城市文化的重要内容。

佛山的城市文化并没有排斥乡土文化，两者呈和谐共生的二元结构。牟复礼（F. W. Mote）指出，明清时期的中国城市“在心理层面、社会层面和物质层面上，都有一种明显的城乡延续性。中国的城市把乡村的生活和农业的活动包含于其中。城市的特色延伸并影响到了城外，而农村的特色在城里也受到欢迎”②。植根于农村社会的文化，一般被视为乡土文化。其中，家族文化和鬼神崇拜是乡土文化的基础。与民间信仰的神圣空间不同，祠堂为家院神圣空间。以对共同的祖先崇拜为情感纽带，以祖祠、房支祠堂和私祠等祠堂系统为主体，形成各氏族围绕祠堂中心散居的状况。民国初，佛山的祠堂文化景观数量有376座，其密度高达53.7座/km^2。土著和侨寓是佛山社会的两大主体，也是佛山城市经济的两大集团。经过长

① 《佛山赌博甲粤东》。参见（民国）冼宝干：《佛山忠义乡志》卷十五《艺文志二·送陈谨庵少尹乞假回籍省墓诗序》。

② 转引自李伯重、周生春：《江南的城市工业与地方文化（960—1850）》，清华大学出版社2004年版，第13页。

期的调和，侨寓认同了佛山的传统文化价值体系，并取得了佛山社会的共同控制权，为佛山工商业发展营造了相对公平的经济环境，促进了佛山城市的繁荣。因而，佛山的城市文化与乡土文化是杂糅的，工商业景观、祠堂景观和神庙景观成为明清佛山最显著的城市景观符号，佛山成为珠江三角洲最具传统文化特色的城市典范。实际上，进入清中叶以后，随着佛山城市化的发展，传统的血缘空间逐渐被打破，宗族文化开始走向衰落，很多祠堂景观被移作他用。但是，佛山传统的乡土文化价值观却一直保留下来，如敢于开拓、为人诚信、重义忘利而又笃信鬼神等，至今仍影响着佛山的城市社会文化生活，其中一些可以作为城市文化宝贵的遗产。

历史时期佛山城市文化景观的形成演变受到诸多要素的影响，本章归纳为四个方面的形成演变机制：①人类创造文化的行为是以环境感应为基础的，文化也是人类适应环境的一种方式，对于地理环境的感知和适应是城市文化景观形成演变的一种适应机制。明清以来，佛山城市土地利用景观的变化、民间信仰的神格属性和街巷地名景观特征的变化，都体现出对地理环境的感知和适应。②人口集聚和城市社会经济发展促进了各种经济、文化、信息等要素的集聚和流动，是城市文化景观形成和塑造的直接源动力。历史时期佛山宗族、宗教、工商业、街巷地名和民俗等文化景观的形成演变，无不留有人口集聚和城市社会经济影响的烙印。③多元文化的相互渗透和交融是城市文化景观形成演变的一种融合机制。佛山的民间信仰文化景观既有百越古族的遗风，又体现出经过中原文化的洗礼，更有各地文化的相互交融。清中叶以后，西方宗教文化景观侵入，经过中西文化的冲突和融合，使传统宗族、宗教观念深厚的佛山开始接受近代西方文明，城市文化景观也随之发生变化。④官府政策和士绅的推动是历史时期佛山城市文化景观形成和演变的制度机制。明清时期，官府在冶铁业、商贸等诸多方面给佛山以优惠，推动佛山城市迅速发展。北帝也是在官府和士绅共同推动下成为佛山全镇的共同信仰。民国初的政策制度变化，促使基督教和天主教景观得以在佛山扩展。

在上述机制的相互作用下，塑造了佛山丰富多彩的城市文化景观，并具有亲水性、神圣性和世俗性共存，城市文化和乡土文化共生的特征。其中，亲水性是城市文化景观对于自然本底环境特征的反映；神圣性文化景观广泛地嵌入佛山社会文化生活之中，两者相互交融；佛山的城市文化没有排斥乡土文化，二者以不同的形态长期共生，塑造了佛山亦城亦乡的城市景观特质。

参考文献：

[1] 司徒尚纪．广东文化地理［M］．广州：广东人民出版社，2001：5.

[2] 佛山地方志编纂委员会．佛山市志［M］．广州：广东人民出版社，1994：199.

[3]（清道光）佛山街略［M］．禅山怡文堂刻印，佛山市图书馆藏影印本．

[4] 刘东．石湾陶业的火崇拜［J］．佛山陶瓷，2001，11（11）：32－33.

[5] 李计筹．戏神华光考［J］．艺术百家，2006（2）：50－53.

[6] 吴炯坚．琼花会馆拾零录［M］//佛山文史资料：第8辑．1988：7－22.

[7] 王宜娥．中国人对真武的信仰［J］．中国宗教，2001（5）：48－49.

[8] 谢可江．中国历史文化名镇——罗镜［M］．2007：5－6，13－15.

[9] 李燕，司徒尚纪．浅论盘古文化与盘瓠文化关系及其在岭南融合［J］．中国历史地理论丛，2002，17（4）：73－78.

[10] 赵绍祺．珠江文明的沃土——佛山市历史文化概略［M］．香港：香港天马出版有限公司，2004：57－63.

[11] 佛山市博物馆．佛山祖庙［M］．北京：文物出版社，2005：116.

[12] 潘淑华．“建构”政权，“解构”迷信？——1929年至1930年广州市风俗改革委员会的个案［M］//郑振满，陈春声．民间信仰与社会空间．福州：福建人民出版社，2003：108－109.

[13] 傅谨．祠堂与庙宇：民间演剧的空间阐释［J］．民族艺术，2006（2）：34－40.

[14] 刘凤云．市廛、寺观与勾栏在城市空间的交错定位——兼论明清城市文化［J］．中国人民大学学报，1997（5）：51－57.

[15] 刘志文．广东民俗［M］．兰州：甘肃人民出版社，2004：288－289.

[16] 佛山市商业局．佛山市商业志［M］．广州：广东科技出版社，1991：3.

第五章 历史时期佛山城市文化景观的地域差异及其社会文化空间特征

历史时期佛山的城市文化景观多种多样，彼此之间相互交融和渗透，嵌入佛山社会历史的整体脉络之中，投射于城市的不同地域空间，并由此形塑了佛山城市社会文化空间的差异和形态特征。其中，文化区直接揭示文化的空间差异及其分布规律，是文化地理学研究的主要课题和必然结果。[1]城市作为微观的研究区域，借由文化景观的地域组合及其对空间的诠释，可以探讨城市的社会文化空间分异及其特征。

第一节 佛山城市文化景观的地域差异

一、社会文化空间

从地理学角度看，城市空间是各种人类活动与功能组织在城市地域上的空间投影。[2]城市空间原本是自然存在的物质结构，由于不同集团占据了不同区位，将社会差异附加于物质空间，进而形成马赛克一般的社会空间。[3]社会空间可以分为物质空间和文化空间两大部分：物质空间是以自然环境、物质资料为形式的空间，如地理空间、生存空间等；以生产、制度、宗教、伦理、家庭等社会关系为线索的则是文化空间。[4]就传统中国城市来说，以生产、宗教、宗族等社会关系为线索的文化空间更为重要，对于塑造城市地方感意义重大。周毅刚的研究指出，明清珠江三角洲城镇的内部空间组织结构，除商业化等因素的直接影响之外，与之相关联的传统地域文化因素不可忽视，大量的宗祠、墟市、工商业会馆和神庙都是影响内部空间的首要元素。[5]221-226可见，宗教、宗族和工商业文化景观是构成和解读佛山传统城市社会文化空间的主要要素。

二、佛山城市社会文化空间的差异

本书基于民国初《佛山忠义乡志》的 FSHGIS 空间数据库，建立佛山镇工商业文化景观、宗族文化景观（祠堂）、神庙文化景观和基督教、天主教文化景观（教堂）的 Kernel 密度图。从图 5.1（彩图 18）可见，佛山城市的工商业、宗族和宗教文化景观存在明显的地域差异。以工商业、宗族（祠堂）、神庙和教堂文化景观的 GIS 点密度空间差异为基础，并进一步考察工商业文化景观的手工业、商业要素，宗祠文化景观的土著和侨寓等要素（表 5.1），大致可以将佛山的城市社会文化空间划分为三个区域（图 5.2）。

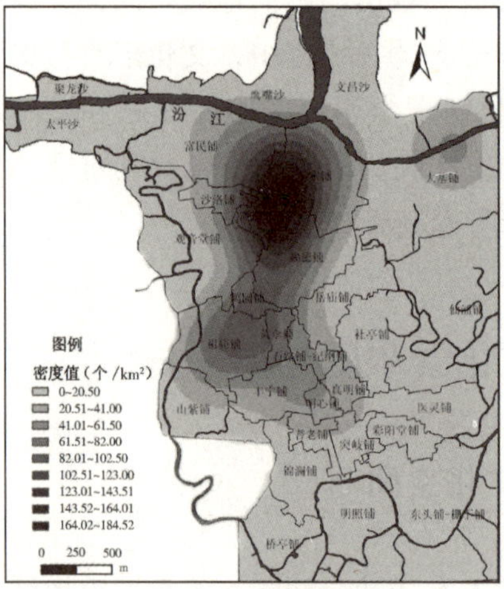

（a）工商业

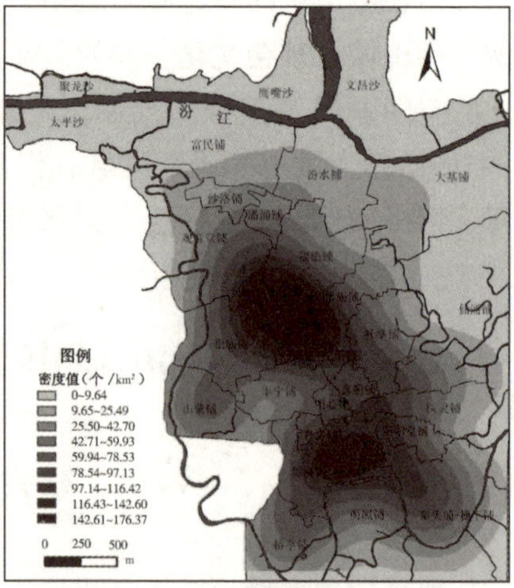

（b）祠堂

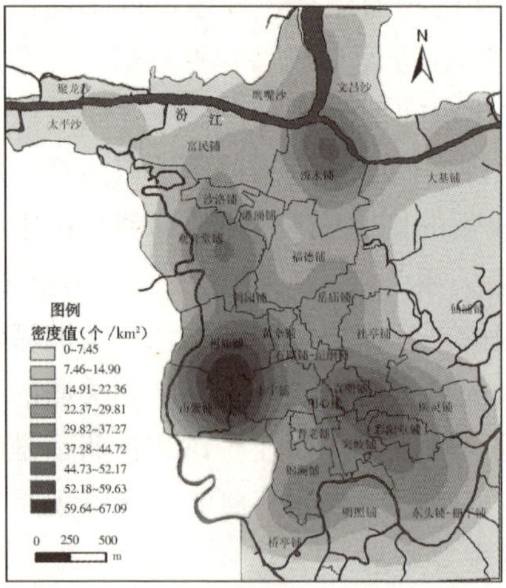

（c）神庙

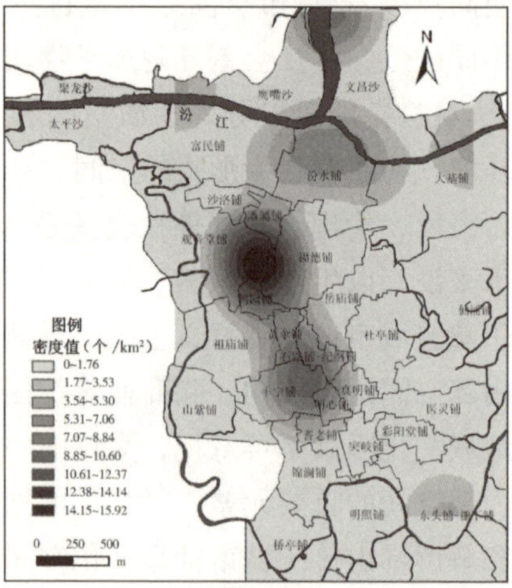

（d）教堂

图 5.1　工商业、宗族和宗教文化景观空间的差异（民国初）

图 5.2 佛山城市社会文化空间的分异

表 5.1 佛山主要城市文化景观的地域组合 单位：个

分区		工商业文化景观（会馆）			宗祠文化景观		宗教文化景观	
		手工业	地缘性	商业	土著	侨寓	神庙	教堂
北部工商业文化区	富文铺	2	3	6		1	6	
	汾水铺	11	1	10	2	2	16	3
	大基铺	4		1	2	3	10	1
	鹰嘴沙						6	
	文昌沙	1					6	1
	太平沙						2	
	聚龙沙							
	合计	18	4	17	4	6	46	5

续表 5.1

分区		工商业文化景观（会馆）			宗祠文化景观		宗教文化景观	
		手工业	地缘性	商业	土著	侨寓	神庙	教堂
中部混合文化区	祖庙铺	11	4	3	21	8	14	
	黄伞铺				12	3		
	福德铺	6		2	20	6	5	
	鹤园铺	1		1	6	2	2	1
	潘涌铺	6		4		3	2	
	观音堂铺	1		1	13	8	14	4
	沙洛铺		1		1	2		
	石路铺				4	1	2	1
	纪纲铺				2	2		
	岳庙铺				8	15	8	
	社亭铺	2			6	8	5	
	合计	27	5	11	93	58	52	6
南部传统文化区	栅下铺	1			27	5	12	1
	东头铺				5		5	
	彩阳堂铺				3	1	1	
	明照铺				7	4	5	
	桥亭铺				13	3	5	
	锦澜铺				17	8	9	
	突岐铺				12	4	3	
	耆老铺				14		4	
	明心铺					1	5	
	真明铺				4	2	2	
	医灵铺				6		10	
	丰宁铺	4		1	1	2	10	1
	山紫铺			1	11	6	22	
	仙涌铺				14		2	
	合计	5		2	134	36	95	2

资料来源：（民国）冼宝干：《佛山忠义乡志》。本书作者整理。

1. 北部工商业文化区

该区域沿汾江两岸，包括北部汾水、富文、大基三铺，以及鹰嘴、文昌、太平和聚龙四沙的范围。从表 5.1 和图 5.3（彩图 19）可见，北部区的工商业文化景观要素占绝对优势，三个铺区的会馆数量占全镇总数的 44%；其中，商业会馆更占全镇商业会馆总数的 57%。以正埠为中心，西至疍家沙，向东至大基尾汛，是汾江沿岸的工商业景观廊道，商业尤其集中。

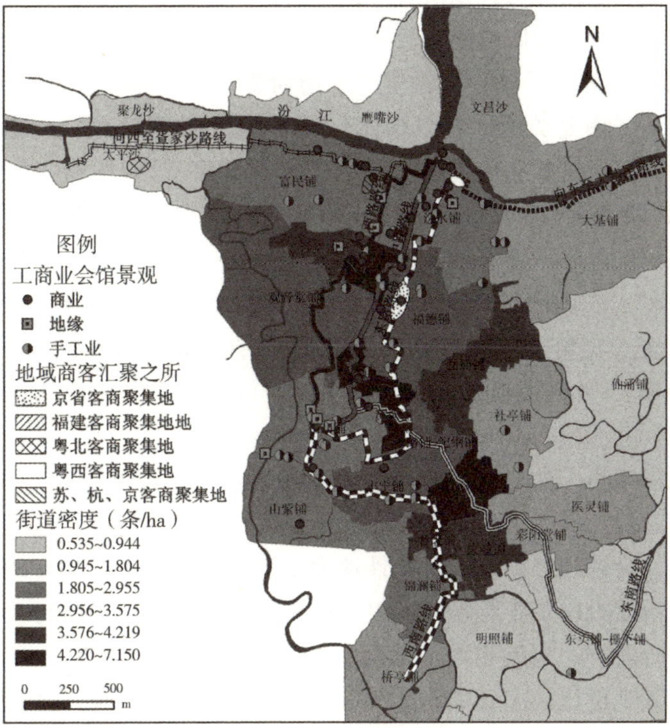

图 5.3 佛山工商业会馆景观分布

接官亭在汾水铺的正埠是佛山的商贸物流核心。同治《南海县志》载："凡舟所泊处曰马（码头），货舟所泊曰埠头。有大马头，汾水接官亭、栅下天妃庙之类是也。"① 明清时期，接官亭（即正埠）是佛山乃至珠江三角洲内河的大码头，也是佛山的官埠。汾水正埠码头是迎送官吏、国内外来往客商登陆上落之处，且有省佛之间的客轮往来。[6] 佛山同知黄兴礼的《汾江亭记》描写了乾隆年间"接官亭"（即汾江亭）周围的景观："珠江九曲环抱如带，仕宦之所往来，商贾之所出入，货贝舟航之所丛聚。……谋构亭江干，以延眺览，且备行旅息肩驻足所。"② 道光年间里人

① （清同治）《南海县志》卷五《建置略二・津渡》。
② （民国）冼宝干：《佛山忠义乡志》卷十《风土志二・园林》。

吴奎光的《佛山正埠酒楼歌》则写道："独处乎百货充斥之区，商贾云集之府，……汝今阅十八省之人物，接一万里之牂牁。"① 可见，通过以正埠码头为中心的汾江码头区的物资交流，促进了汾江沿岸的商贸发展，并在正埠周围形成了佛山商贸繁华的核心。另外，如佛山各街区地价图（图3.36）所示，民国时期的正埠周围的地价大多在三等以上，仍然是佛山地价最高的区域，由此可推知清代佛山镇商贸鼎盛之际的情形。

汾江沿线的商业廊道码头渡口众多，很多省内外客商以地缘为纽带也聚居于此（图5.3），如：富民里"琼南西货行店开在此"，有很多海南客商。太平坊"南龙英源连客多聚此"，即粤北的南雄、龙门、英德、翁源和连州的客商。三界庙后街"苏杭京客多在此聚"。板坊闸"肇高雷廉客多聚此"，即粤西的肇庆、高州、雷州和廉州的客商。排草街"福建行多开于此"，这里是福建客商聚居地。为了便于客商往来，在八间楼还有"麻行栈房"。农副产品和竹木建材等货物需要便利运输，诸如茶、面、米（糙米）、麦、花角、鲜果、槟榔、油豆、生猪、蟹、海参、鱼虾、蛋、杉木和竹器等。[7]此外还有著名的山陕会馆、江西会馆和楚南会馆等地缘性会馆景观。

清乾隆年间，大基铺增加，至道光年间又增加了富文铺。可见，北部铺区是随着汾江沿岸工商业的发展的需要而形成的。所以，这里以手工作坊、商铺、会馆和码头等工商业景观为主，居住区很少，仅有的也是以侨寓为主。汾江沿岸工商业繁荣，四方辐辏，五色杂陈，不同行业、商会都有自己的行业神，也崇祀商业的保护神（如关帝、北帝等）。所以，该区域的神庙景观也比较多，如汾水太上庙、油行关帝庙和富文铺盘古庙等。另外，由于远离了佛山传统的宗教、宗族中心，因而，自清咸丰年间以来，以基督教循道公会为主的教堂景观也逐渐渗透到该区域。

2. 南部传统文化区

该区域位于佛山南部，包括栅下、东头、桥亭、锦澜、明照、山紫和丰宁铺等14个铺区。从表5.1可见，南部区的宗族文化景观、神庙文化景观要素占绝对优势，宗祠数量占全镇祠堂总数的51%，神庙数量占全镇神庙总数的49%，而会馆数量仅占全镇会馆总数的8%。因而，南部区是一个以宗族血缘聚居、民间信仰为主的传统文化区。

南部区是佛山最早得到开发的区域。先有越族土著在栅下大塘涌一带择地而居，开荒种地。东晋时期，以塔坡冈为中心，已经形成了一定的聚落。宋代北方战乱频仍，南迁至佛山的士民很多也是首选进入南部。因而

① （清道光）吴荣光：《佛山忠义乡志》卷十一《艺文志下》。

宋元时期佛山镇修建的祠堂全都集中在该区域，如桥亭铺的水便陈氏大宗祠和宋判院梁公祠、锦澜铺的澳口梁氏祠堂、东头铺的冼氏宗祠和真明铺白磡头冼氏宗祠。而佛山明代及以前修建的祠堂中，也有57%在该区域。明初佛山堡开八图，立户籍后，形成了以八图为代表的佛山新土著。在表5.1中，南部区祠堂有79%为土著祠堂，侨寓祠堂仅占21%。在佛山所有土著祠堂中，南部区占58%；在所有的侨寓祠堂中，南部区占36%。这说明了南部是佛山以八图土著血缘文化为纽带的传统聚居区。其中，一些氏族逐渐成为佛山土著的名门望族，如栅下铺的细巷李氏、仙涌铺的郡马梁氏、耆老铺的金鱼堂陈氏、桥亭铺的水便陈氏和东头冼氏等。

由于南部区工商业以手工业景观为主，很多铺屋是前店后铺，尤其是铸造业和金属加工业。例如，丰宁铺的新安街“卖用（旧）铁器”，尉迟庙“卖铁钉、打铁器家伙”，走马路“炒铁炉开此”，登笼里“卖铜箔、金花”；锦澜铺的铸犁坊“卖犁钯、铁器、钉锤等项”，金瓯里“铸铁钻、秤铊”；真明铺的太上庙“各乡屐钉聚此发卖”；突岐铺的乐平里“卖锡器、秤戥”。[①] 所以，南部区大多以手工业平民的居住区为主。在图3.36中，以普君墟为中心的周围街巷，如普君新圩、普君旧圩、布廊、卖箩巷、京果街和文昌大街等民国时的地价为20.5万元/平方丈。由是推知，清代这些地方应该是南部区商贸比较繁盛的区域。

民间信仰在佛山是根深蒂固的，南部区更是如此，神庙数量占全镇几近一半。据故老传说，在明代佛山镇的八景[②]之中，有五景在南部，其中的“古刹经声”、“庙前鹊歌”、“罗汉朝佛”和“明灯古迹”四景均与神庙文化景观有关。南部区桥亭铺的南济观音庙、山紫铺的南泉观音庙、锦澜铺的大土地庙、明照铺的盘古庙、丰宁铺的国公庙和栅下铺的龙母庙等神庙，在佛山都十分有名，更是各种迎神赛会的中心。四川总督骆秉章所撰的《重修盘古庙碑》描绘了盘古庙及其庙会活动的景象：“曾当嘉庆庚申，栋宇巍峨，香火络绎。街则拥六，丁年最富莺花，墟恰齐三，亥日颇繁虾菜，茶棚酒肆，供游赏之流连，舞榭歌台，盛祈祷之报赛。是虽乡邦习尚，良由神庙英灵已！”[③] 又有“六月十九绅士集南泉庙祀观音大士。妇女竞为观音会，或三五家、或十余家结队，醵金钱，以素馨花为灯，以露头花为献，芬芳浓郁溢户，匝涂遊人缓步过，层层扑袭，归来犹在衣袖间

---

① （清道光）《佛山街略》，禅山怡文堂刻印，佛山市图书馆藏影印本。

② 明代佛山八景为海口浴月、古刹经声、石云晚唱、庙前鹊歌、罗汉朝佛、白马扬波、明灯古迹、莺冈远眺。（区瑞芝：《佛山新语》，1991年版，第279页）

③ （民国）冼宝干：《佛山忠义乡志》卷八《祠祀志二·群庙》。

也。”① 可见，诸多神庙是维系各铺区共同的精神纽带和神圣空间，铺区居民以神庙为中心，所举行的建醮、祭祀、演戏、巡游等宗教仪式和活动，丰富了佛山的民俗文化景观。

3. 中部混合文化区

该区域位于佛山中部，包括祖庙、黄伞、福德、鹤园、潘涌、观音堂和岳庙等11个铺区。由于处于北部工商业文化区和南部传统文化区之间，各种文化景观要素于此交汇。从表5.1可见，中部区的会馆数量占佛山会馆总数的48%，其中，手工业会馆更占全镇的54%，商业会馆占全镇的37%。宗祠数量占全镇的46%，神庙数量占全镇的27%。这些景观要素的比例说明了中部区的工商业景观、宗族景观和宗教景观都高度集聚，而且以祖庙为中心，成为佛山城市社会文化空间的中枢。

由图5.3可见，中轴的正埠至祖庙的工商业廊道景观分为连接“正埠”和“祖庙”之间的中部、西部和东部三条廊道，纵贯了北部商业区的汾水、富文两铺和中部混合区的潘涌、福德、鹤园、黄伞、观音堂、石路、纪纲和祖庙八铺。中轴是佛山镇最为繁华的工商业景观廊道，街道两侧铺屋连片，百货充盈，店铺林立，招牌冲天，极尽眼底。中轴廊道范围内佛山镇的会馆景观高度集聚，如手工业会馆有帽行会馆、酒行会馆、金丝行会馆和金箔行会馆等，地缘性会馆有陕西会馆、浙江会馆和楚北会馆等。在图3.36中，我们还能发现民国时期中轴范围内主要街道的地价很多都在三等以上。例如，位于中路的潘涌大街、公正大街，位于西路的快子大街、快子里的地价都是最高的，即42万元/平方丈；位于东路的福禄大街、水巷大街为三级地价，即27.5万元/平方丈；西路和东路之间的快子正街和三角市的地价为二级，即35.7万元/平方丈。民国时期佛山镇的工商业空间格局没有很大变化，显然中部的该廊道是佛山高地价地带。由此推知，清代这里更应当是佛山相当繁华的工商业景观廊道。

在中部区的祠堂文化景观中，有62%为土著祠堂，侨寓祠堂占38%。在佛山所有土著祠堂中，中部区占40%；在所有的侨寓祠堂中，中部区占58%。由此可见，中部区呈现出土著祠堂景观和侨寓祠堂景观交叉共存的聚合状态，而且是佛山镇的高级居住区，很多土著和侨寓望族大户、富商官宦都在这里居住，建有他们的庄园宅第。先看土著聚居区。鹤园铺是鹤园冼氏聚居区，建有别驾冼祠，鹤园遗址还是兵部主事冼桂奇的故居。黄伞铺是佛山霍氏的主要聚居区，更楼脚有霍氏大宗祠。观音堂铺有大墟莲花地的黄氏聚居区，建有黄氏大宗祠。再看侨寓士绅聚居区。先锋古道、

① （清道光）吴荣光：《佛山忠义乡志》卷五《乡俗志》。

松桂里的梁氏聚居区，建有刺史家庙，由群星草堂、汾江草庐和寒香馆等组成的梁园。地官里是庞氏聚居区，建有庞氏大宗祠。吴氏家族聚居在大树堂，由大树堂坊和高第坊组成，有花园别院，濒临洛水，林木森森，堪称都市洞天。洛水以西的西园则是高氏家族居住的庄园。① 黄伞铺的东华里，清初是杨氏、伍氏的聚居区，清嘉、道年间成为骆氏家族（骆秉章）的聚居区，清末华侨富商招氏家族又迁入该里。东华里花岗石铺砌的街道洁净整齐，宽阔畅顺。街道两旁为三进的住宅，排列整齐，格式统一，均为镬耳式封火山墙。街内宅第建筑形式及装修极其讲究，成为佛山最为著名的街巷。[8]

祖庙是佛山全镇的信仰中心，祖庙周围的中部各铺区也是神庙景观高度集中的区域。如祖庙铺协天里的文昌庙、福德铺的舍人庙、鹤园铺的洪圣庙和石路头铺的花王庙等，这些神庙大多都是建醮、祭祀、演戏、巡游等宗教仪式和活动的文化空间。由于中部区祖庙的核心功能，这里的各种民俗活动也比较频繁。乾隆《佛山忠义乡志》所载："灵应祠前，纪纲里口，行者如海，立者如山，柚灯纱笼，沿途交映，直尽三鼓乃罢"②，反映了祖庙、黄伞和纪纲等铺的民俗景象。陈捷扬所写的《佛山竹枝词》："不到鸡鸣不肯休，纪纲街口闹中秋。齐看环佩三更月，道是花神夜出游"③，描绘了纪纲街口的巡游场面。

值得注意的是，中部区处于传统宗族血缘空间和工商业地缘空间的结合部，教堂景观是各区中最多的。清代，中部区的教堂不多，基督教和天主教在此发展也并不顺利。直到民国以后，中部区的教堂才逐渐增加。但是，由此也可以反映出该区域社会文化空间的交融特点。

第二节　佛山城市社会文化空间特征

工商业、宗族和宗教（民间信仰）文化景观要素是影响佛山城市社会文化空间分异的重要因素。宗族文化景观是血缘聚居所形成的，带有一定的局限性。明清时期的佛山"笃信鬼神"，民间信仰在佛山社会文化中的地位相当重要，它不仅限于某一宗族同姓的共同祭祀，甚至超出宗族聚居的范围，对塑造社区地方感、整合佛山的社会文化空间形态起到重要的作

---

① （清道光）吴荣光：《佛山忠义乡志》卷五《乡俗志·氏族》。
② （清乾隆）陈炎宗：《佛山忠义乡志》卷五《乡俗志·习尚》。
③ （清道光）吴荣光：《佛山忠义乡志》卷十一《艺文志下》。

用。所以，可以从民间信仰文化景观的视角，探讨城市的社会文化空间形态特征。

一、佛山的祭祀圈空间结构

日本学者冈田谦在研究台湾乡村社会时，提出祭祀圈的概念来分析宗教与社会组织的关系，以共同奉祀某一主祭神的居民的居住地域为祭祀圈。[9]台湾的学者施振民、许嘉明、林美容等都在此基础上对祭祀圈的定义重新做了界定。虽然众说纷纭，但大体上祭祀圈的内涵都离不开一个主祭神，在一定地域范围内被民众信仰并祭祀。[10]林美容提出了划定祭祀圈的六个指标：建（修）庙共同出资，有收丁钱及募捐，有头家炉主，有演公戏，有巡境，有其他共同的祭祀活动。[11]由此可见，祭祀圈实际上就是地域文化的具现，它对塑造社区地方感、整合区域内民众的凝聚力起到了相当大的作用。明清时期的佛山是由乡村成长起来的岭南工商业巨镇，带有典型的乡土特性，众多的神庙系统与血缘组织、铺区组织联系密切，形成了以神庙为中心的各级祭祀圈。从地理学的空间观点出发，透过对佛山祭祀圈的研究，有助于解析该地的社会文化空间结构。

罗一星将佛山神庙的祭祀圈划分为主庙、公庙和街庙三个层级的空间结构。[12]435肖海明根据林美容的划分指标，进一步将佛山的民间信仰系统大致划分为六个层次的祭祀圈空间结构[13]（图 5.4）：最高层（第六层）

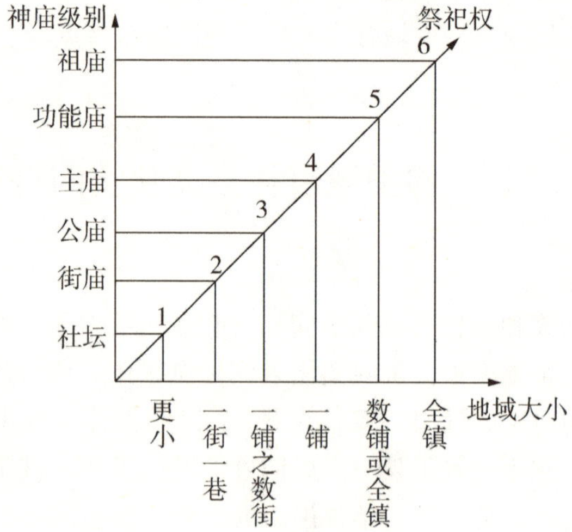

图 5.4　佛山镇祭祀圈空间结构

资料来源：肖海明：《佛山的北帝崇拜初探》，佛山市博物馆编：《佛山祖庙》，文物出版社 2005 年版，第 216 页。

是祖庙，为合镇的主神庙和祭祀中心。第五层是按行业或阶层划分出来的功能性祭祀群体，可称之为功能层。其信仰范围或为数铺，或为全镇。如帽绫行的博望侯（张骞）、铸冶行的太尉、读书人的文昌帝君等。民国时期关于佛山市寺庙的调查表中有如下记载：“北城侯庙，在观澜大街，板箱行公业，本行轮值管理。”① 可见，北城侯庙是板箱行的功能庙。第四层是主神庙，它们是一铺的主庙，具有合铺香火庙的条件，素著灵响，远近皆知，无论住家、店铺均前往拜祭，其范围与铺的面积相当。第三层是铺内几条街的公庙，其祭祀范围就是这几条街的居民。第二层是一条街道或里巷祭祀的街庙。最基层（第一层）就是祀社神的社坛。

佛山最基层的社坛在明初有九社，清代中叶的里社就增加到65个，民国《佛山忠义乡志》中记载的里社达到了79个。清代中叶，佛山有神庙109座，至清末民初神庙数量达到了183座。从一些文献记载中可知，佛山的神庙有街庙、公庙和主庙的区分。例如，观音堂铺低街的华光庙为“大墟五街公产”②，大墟五街有沙塘坊、豆腐巷、莲花地、张家巷、快子街，华光庙是这几条街巷的公庙。每年农历九月十五日在此办醮、唱戏，烧炮酬神。③ 观音堂铺低街的天后庙则为“大墟直街公产”，圣母巷的“圣母庙”、富文铺盘古直街的“盘古庙”、观音堂铺大湾里的“医灵庙”等均为“坊众公产，轮值管理”④。这些神庙都是祭祀范围为一街一巷的街庙。佛山街庙、公庙的数量应该是十分多的，也难以将所有神庙的类型按祭祀圈进行归并。但是，通过罗一星的研究，我们还是能够清楚地了解佛山各铺、沙的主庙，共有29个[12]432-433（表5.2）。本书利用FSHGIS的神庙文化景观空间数据库，应用ArcGIS 9.0的ArcToolbox Buffer工具，通过对主庙的缓冲区分析，模拟各主庙祭祀圈的空间范围。由于各主庙所在铺、沙的面积不同，有的铺区面积较大，如栅下、富文、观音堂等铺，有的则面积较小，如沙洛、鹤园、潘涌、石路和纪纲等铺，所以，以铺区作为范围的主庙祭祀圈大小不一。为了便于作图，均取400 m作为各主庙的缓冲区半径⑤，模拟祭祀圈的空间范围（图5.5、图5.6）。

---

① 《佛山市寺庙调查表》，（民国）《南海县政季报》1930年第2期，第442页。

② 《佛山市寺庙调查表》，（民国）《南海县政季报》1930年第2期，第442页。

③ 佛山市博物馆文物普查资料，朱洁文（78岁）访问记录（转引自罗一星：《明清佛山经济发展与社会变迁》，广东人民出版社1994年版，第438页）。

④ 《佛山市寺庙调查表》，（民国）《南海县政季报》1930年第2期，第442页。

⑤ 主庙是合铺的香火庙，以铺区为祭祀圈的范围。以历史数据中有确定边界的铺区为参考，如富文铺、汾水铺、福德铺和社亭铺等，400米半径基本能覆盖面积较大的铺区，故以400米作为缓冲区参考半径，模拟主神庙的祭祀圈空间。

表 5.2　清代佛山各铺、沙的主庙

铺、沙	汾水铺	富文铺	大基铺	潘涌铺	福德铺	观音堂铺	沙洛铺	鹤园铺
主庙	太上庙	洪圣庙	帅府庙	先锋庙	舍人庙	南善观音庙	将军庙	洪圣庙
铺、沙	岳庙铺	祖庙铺	黄伞铺	社亭铺	仙涌铺	医灵铺	彩阳堂铺	真明铺
主庙	关帝庙	桂香宫（文昌庙）	孖庙（天后、华光）	药王庙	关帝庙	医灵庙	真君庙	三圣宫
铺、沙	石路（纪纲）铺	丰宁铺	山紫铺	明心铺	突岐铺	耆老铺	锦澜铺	桥亭铺
主庙	花王庙	国公庙	南泉观音庙	太上庙	金花庙	东岳庙（普君庙）	大土地庙	南济观音庙
铺、沙	明照铺	东头铺	鹰嘴沙	文昌沙	聚龙沙			
主庙	盘古庙	关帝庙	临海庙（飞云庙）	关帝庙	伏波庙			

资料来源：罗一星：《明清佛山经济发展与社会变迁》，广东人民出版社 1994 年版，第 432 ～ 433 页。

祭祀圈的大小也是社会关系的反映。祭祀圈的层级越低，其祭祀组织的血缘性就越强，如《南海佛山霍氏族谱》中的《重修忠义第一社记》、《岭南冼氏宗谱》的《缸瓦社纪》就说明了霍氏、冼氏宗族在忠义第一社、缸瓦社修建、祭祀中的地位。随着祭祀圈的增大，覆盖的街巷愈多，单一的血缘性（同姓同宗）的祭祀空间被打破，这些神庙作为“坊众公产”，参与管理的群体既包括了八图土著宗族，也有新兴的侨寓宗族势力，他们透过轮祀、迎请等宗教活动共同参与及合作来建立彼此间的社会关系。如图 5.5 和图 5.6（彩图 20 和彩图 21）所示，佛山主神庙的祭祀空间已基本覆盖到全镇的范围，特别是佛山宗族高度聚居的中、南部地区，主神庙数量多，祭祀圈重叠率高，反映出在佛山社会文化空间中，民间信仰的神圣空间与宗族聚居空间的一致性。

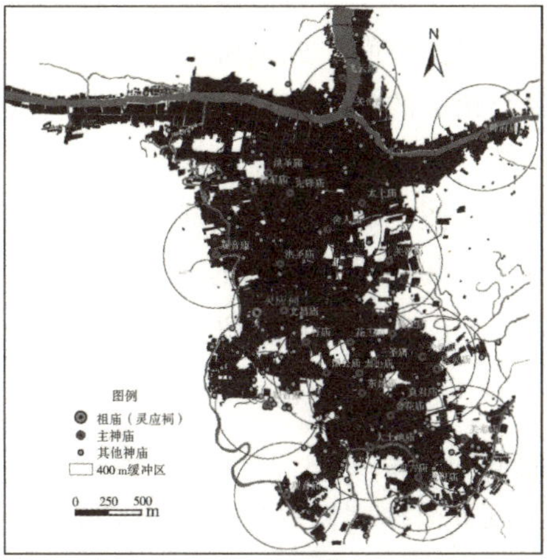

图5.5　佛山主庙的祭祀圈与神庙分布

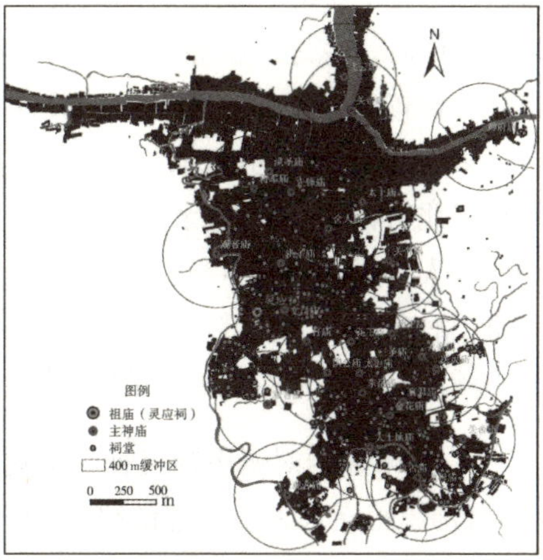

图5.6　佛山主庙的祭祀圈与祠堂分布

最后，佛山祭祀圈最顶层是祖庙（灵应祠），它是全镇神圣空间的中心、联系佛山人精神世界的纽带，它整合了佛山社会文化空间，塑造了佛山的地方感，凝聚了佛山人民的集体认同。

二、北帝信仰对佛山社会文化空间的整合

1. 北帝神圣空间的形成

北帝作为水神，是佛山民众对于地理环境认知的反映。随着佛山社会经济的发展，在实用的功利主义心理驱动下，北帝神逐渐演变为航运和商贸保护神，即佛山商人的保护神。由于佛山祖庙的特殊地位，通过官方的介入和士绅的演绎，北帝最终成为佛山全镇的保护神。明洪武八年（1375）在祖庙左建崇正社学，“俾乡之秀者，咸率教焉”①，是八图土著的教育中心。明朝后期，佛山的名宦李待问等建立了“乡仕会馆”（即嘉会堂），设在灵应祠右的崇正社学内，嘉会堂遂成为佛山由地方宗族势力控制的民间自治机构，对佛山全镇进行管理。进入清代，佛山侨寓人士在社会、文化和经济等领域的成就日盛，八图土著宗族势力相对衰落，侨寓人士积极捐款参与祖庙的各种活动。乾隆三年（1738），佛山侨寓士绅积极参与组织大魁堂，取代了原由八图土著控制的嘉会堂，获得了控制佛山的话语权。

综上所述，佛山祖庙显然已经不单纯是全镇的祭祀中心，还是八图土

① （民国）冼宝干：《佛山忠义乡志》卷十《风土志一·乡饮酒礼》。

著血缘崇祀的中心，是佛山民众的教育中心，是土著与侨寓共同管理佛山的权力中心。总之，祖庙作为佛山顶级的神圣空间，成为所有佛山人共同崇祀、依赖和守护的心灵家园，被称为全镇人的“祖堂”、“家庙”。佛山有许多与北帝相关的活动，如北帝坐祠堂、乡饮酒礼和颁胙等。北帝坐祠堂是把北帝神像（俗称行宫）逐日安放在八图土著各宗族的祠堂内，供该宗族的人拜祭的仪式。每逢春秋二祭，八图土著70岁以上的老人可以到祖庙祭祀后参加宴饮，并能领到北帝所颁胙福。尤以北帝巡游最能体现出对佛山城市社会文化空间的整合作用。

2. 北帝巡游对佛山铺区社会文化空间的整合

《佛镇祖庙玄天上帝巡游路径》① （以下简称《路径》）是一张刻印的公告，宽52厘米，长57厘米，为清中叶后物。据罗一星考证，大致在咸丰、同治年间。[12]447,454该公告记载了一次祭祀北帝的巡游活动，公告右首第一行写有：“凡各街道，巡游所经，瓦砾秽物，一概扫清，闸门修好，预备过亭，谅有同志，先此声明。”右首第二行写：“诹十月二十六日恭随帝尊巡游阖镇，至十一月初三日卯时，俟候崇升。谨将路径胪列于左。祈俟随神各绅耆衣冠者行后可放炮。”左首最后一行则写：“凡有诚心，摆列华筵，顺道采鉴，恕不停銮。观音堂铺銮舆、岳庙铺一狮随行，所有各盛会火篮、狮子一概恭辞。”这些是巡游前的准备工作、巡游中的注意事项。告示将路径列出，晓谕沿途街巷要进行打扫，保持洁净。而且各街道所摆列的华筵，北帝仅是顺道采鉴，并不停銮。与北帝随行的都是佛山的士绅、耆老，而且要他们行过后，才能烧炮。只用观音堂铺的銮驾、岳庙铺的狮队随行，尽管其他铺区也比较踊跃，但“各盛会火篮、狮子一概恭辞”。北帝巡游的时间是从十月二十六日“恭随帝尊巡游阖镇”，到十一月初三日卯时“俟候崇升”，一共八天，至于其中原因，已不得而知。但可知此次北帝巡游颇具规模，而且《路径》中详细列出了北帝所经街巷地名，对于探讨北帝巡游的空间范围及其意义价值极大。

《路径》中列出了北帝巡游八天的每一天从北帝起马到驻跸所经过的街道。根据《路径》所列的北帝巡游八天所过街道地名，利用FSHGIS的清代佛山镇街道空间数据库，建立起北帝巡游路径空间数据库，应用ArcGIS 9.0绘制北帝巡游路径图，再使用ArcGIS 9.0的ArcToolbox Buffer工具，做佛山北帝巡游路径的150 m② 缓冲区，并与其他文化景观要素进行

① 《佛镇祖庙玄天上帝巡游路径》，收藏于佛山市博物馆。

② 根据现在人步行的平均速度为5 km/h，150 m是人步行2分钟可以到达的范围，以显示北帝巡游路径沿途的范围。

叠加，以分析社会文化空间的特征。经分析，如图 5.7（彩图 22）所示，北帝巡游路径具有如下的空间特征：

（1）北帝巡游遍及佛山镇及北部四沙的街巷，体现了对佛山城市空间范围的整合。

第一天（十月二十六日）北帝行宫在祖庙起马，经祖庙铺、山紫铺的街道向南巡游，至南泉观音庙后，再折返向北巡游，经丰宁铺、祖庙铺、鹤园铺、潘涌铺、汾水铺，北至油行关帝庙后，向东行至大基铺，再折返向西经汾水铺、富民铺，直到太平沙，最后在升平坊的观音庙驻跸。这一天主要是沿佛山的中部路径、沿江路径进行巡游，如图 5.7（a）所示。

第二天（十月二十七日）在观音庙起马，继续在太平沙、富文铺内巡游，西至太平沙的永和圩，然后坐船“过海”（即过汾江），在鹰嘴沙沿汾江的街道巡游，过桥至缸瓦栏，再沿汾江到三圣庙后，转向北巡游至长船屋过海，进入文昌沙，顺汾江沿岸的街道南行至鲤鱼沙，再次过海入大基铺，南行经汾水铺、福德铺，至观音堂铺莲花地的黄氏大宗祠驻跸。这一天北帝主要沿汾江两岸的铺沙巡游，如图 5.7（b）所示。

第三天（十月二十八日）在黄氏大宗祠起马，往复在观音堂铺、潘涌铺、福德铺、汾水铺、富文铺内巡游，再从观音堂铺向东南，经祖庙铺、黄伞铺、纪纲铺、岳庙铺、社亭铺，直到仙涌铺的郡马梁氏大宗祠驻跸。这一天北帝巡游中部、北部各铺区，再沿东南线路南下，如图 5.7（c）所示。

第四天（十月二十九日）在郡马梁氏大宗祠起马，往南经医灵铺、栅下铺，沿大塘涌行至天后庙后，向西北进入栅下铺、东头铺、突岐铺，从突岐铺凤鸣里折向东，至彩阳堂铺的江边巷后，再向北行，复经郡马梁祠，绕行至社亭铺的舒步街后，向北经社亭铺、岳庙铺，直至大基铺的琼芝社，然后再南下经大基铺、岳庙铺、石路铺、真明铺、社亭铺、仙涌铺，再经郡马梁祠向东行至石角坊后，折向西经医灵铺、彩阳堂铺、突岐铺、明心铺、耆老铺、锦澜铺、桥亭铺、明照铺、栅下铺，至陇西里尚书李公祠下马驻跸。这一天北帝主要巡游佛山镇东面的各铺区，如图 5.7（d）所示。

第五天（十月三十日）在李氏大宗祠起马，在东头铺、栅下铺、突岐铺境内绕行两次，复经尚书祠后，向西北进入彩阳堂铺、医灵铺、真明铺、石路铺、纪纲铺、黄伞铺、福德铺、鹤园铺、观音堂铺、汾水铺，至新涌口后东转经富文铺、汾水铺，到佛山正埠后，再向南折回，经汾水铺、福德铺、岳庙铺、纪纲铺、黄伞铺、丰宁铺、耆老铺，直至锦澜铺的澳口梁氏大宗祠下马驻跸。这一天北帝主要沿东南至西北各铺区街道进行巡游，如图5.7（e）所示。

第六天（十一月初一）在澳口梁氏大宗祠起马，向南出锦澜铺，进入桥亭铺后绕行一周，先经会真堂，沿洛水行至通济桥，过桥至永安社学，复折回过桥至澳口梁祠，向北行至长塘边后，再沿沙滘大街、晚市，再次经过澳口梁祠后向北绕行，出锦澜铺，北行进入山紫铺、丰宁铺、祖庙铺、鹤园铺、福德铺，至汾水铺的东宁街、太平街后，向南折回，经汾水铺、潘涌铺、观音堂铺、祖庙铺，沿洛水一直到山紫铺的宝山社，再北行至祖庙铺的高第坊、天祐里后，又向南折回，经祖庙铺、鹤园铺、黄伞铺、丰宁铺，直到耆老铺金鱼堂的陈氏大宗祠下马驻跸。这一天北帝主要沿西南至东北的中部各铺区街道进行巡游，如图5.7（f）所示。

第七天（十一月初二）在金鱼堂陈氏大宗祠起马，向北出耆老铺，经丰宁铺、黄伞铺、鹤园铺，至祖庙铺的大树堂，复向南折回，经端肃门，从祖庙的南面经过，再折向东南，经祖庙铺、丰宁铺、锦澜铺、耆老铺，再经陈氏大宗祠，在锦澜铺、耆老铺和突岐铺内沿街道南北绕行，出突岐铺向西北，经明心铺、丰宁铺、黄伞铺，至祖庙铺的霄紫坊、居义里后，向东行进，经纪纲铺、岳庙铺，到仙涌铺的黎巷后，复向东至石路铺后，南行进入真明铺、明心铺、耆老铺，再经过陈氏大宗祠、田心书院，在进殿会（设在田心书院）下马驻跸。这一天北帝反复巡游的主要是中、南部的各个铺区，如图5.7（g）所示。

第八天（初二晚至初三卯时）在进殿会起马，向北经耆老铺金鱼堂陈大宗祠，南下锦澜铺、桥亭铺，至南济观音庙口东转，经桥亭铺、锦澜铺、明照铺、栅下铺，沿大塘涌而行，复向西行至陇西里，北上突岐铺、彩阳堂铺、医灵铺、仙涌铺、社亭铺、岳庙铺，直至大基铺的大基头后，向西转进入汾水铺、富文铺、太平沙，在太平沙的金兰地折向东南，经观音堂铺、鹤园铺、黄伞铺、石路铺、真明铺，经线香大街、卖箩巷再向西北折回明心铺、丰宁铺、祖庙铺，经麒麟社、隔塘大街、八图祖祠、万福台，至祖庙。北帝于此在初三卯时崇升。这一晚北帝主要绕巡佛山一周，如图5.7（h）所示。

佛山北帝巡游路径与一般乡村不同。很多乡村的出神巡游大多依次至各庄巡境，而北帝巡游路径并非按铺区依次进行，而是铺区交错，依一定方向沿街道巡游。从北帝巡游的街道中可见，都是一条街道走到底，没有走回头路的，由于佛山有许多断头里巷，为了巡游至这些街巷，北帝巡游采用多次绕圈而行的方式，所以，在北帝巡游路径中出现来回往复的现象。这在一定程度上也反映了佛山城市化的特点。

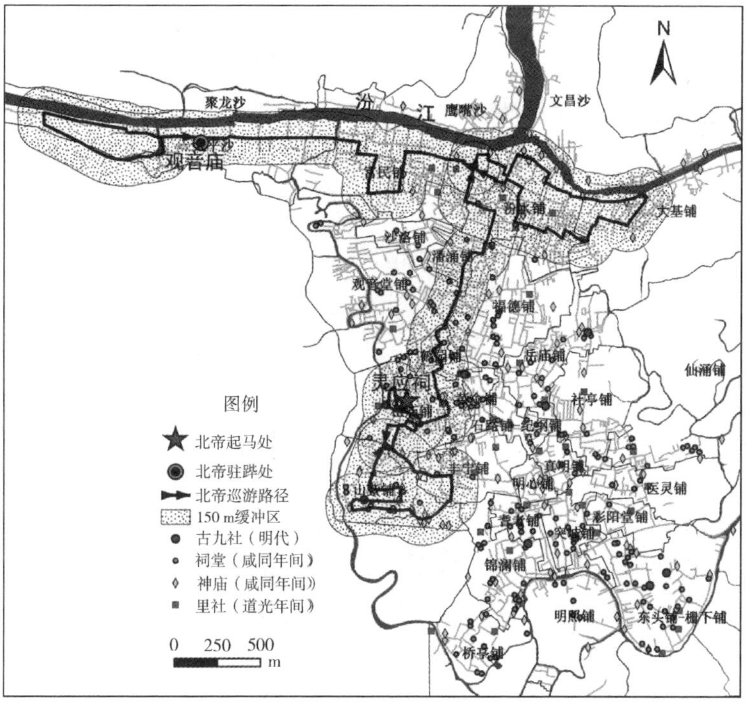

（a）第一天（十月二十六日）的巡游路径

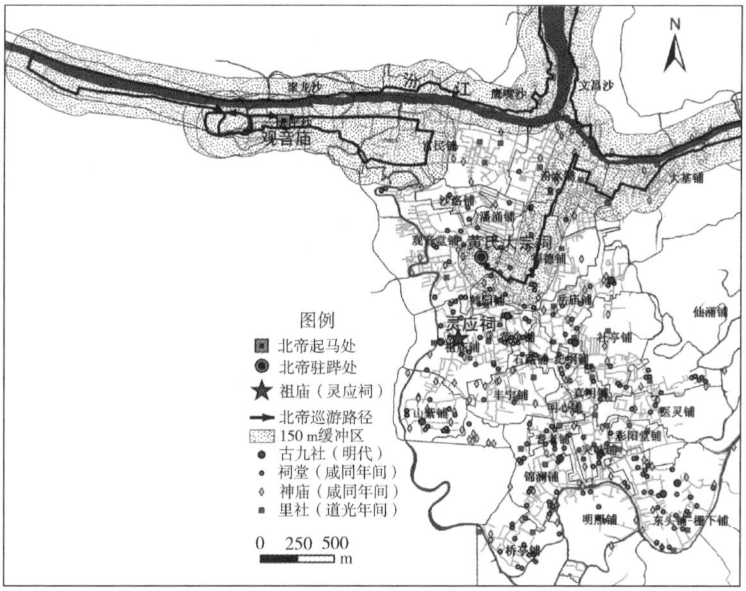

（b）第二天（十月二十七日）的巡游路径

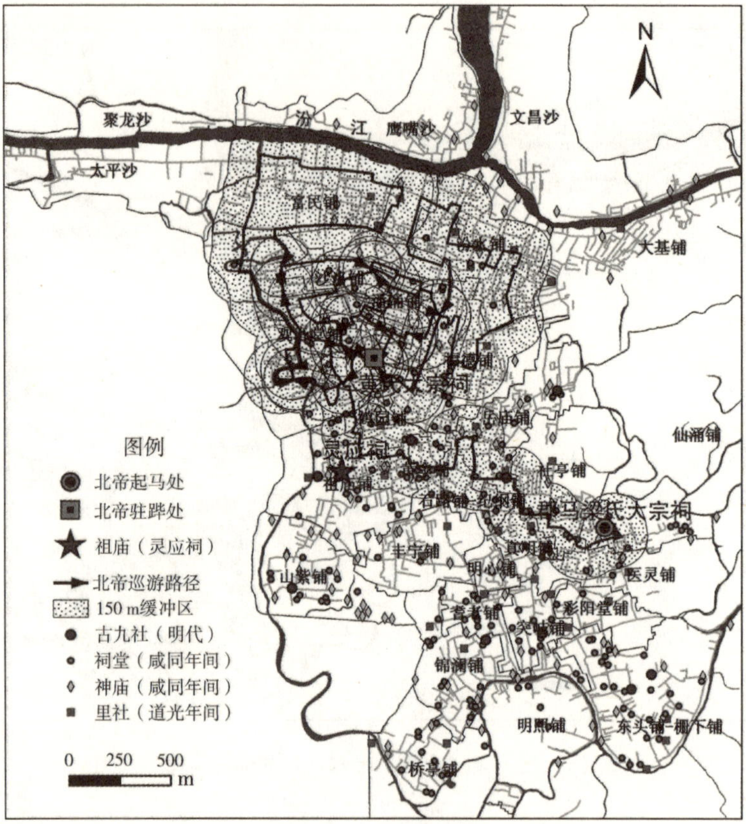

（c）第三天（十月二十八日）的巡游路径

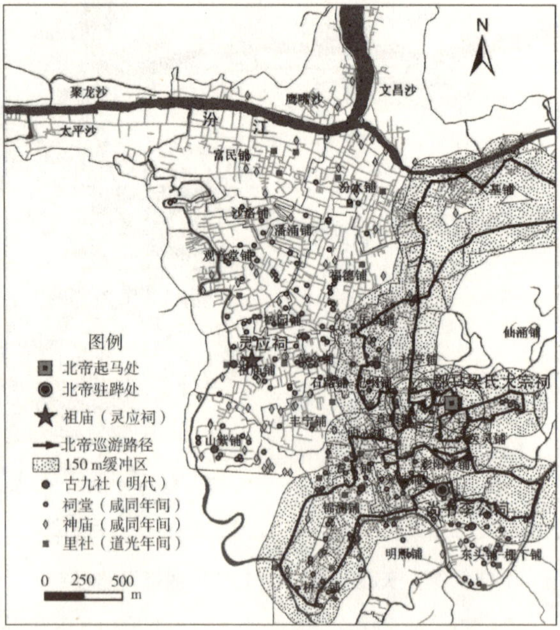

（d）第四天（十月二十九日）的巡游路径

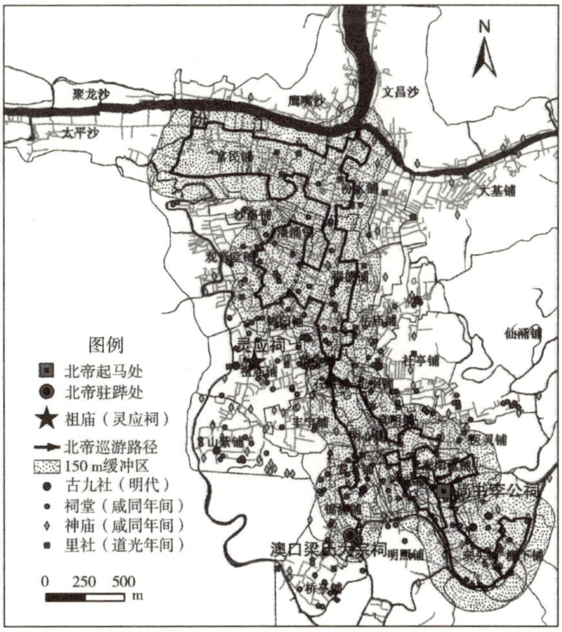

（e）第五天（十月三十日）的巡游路径

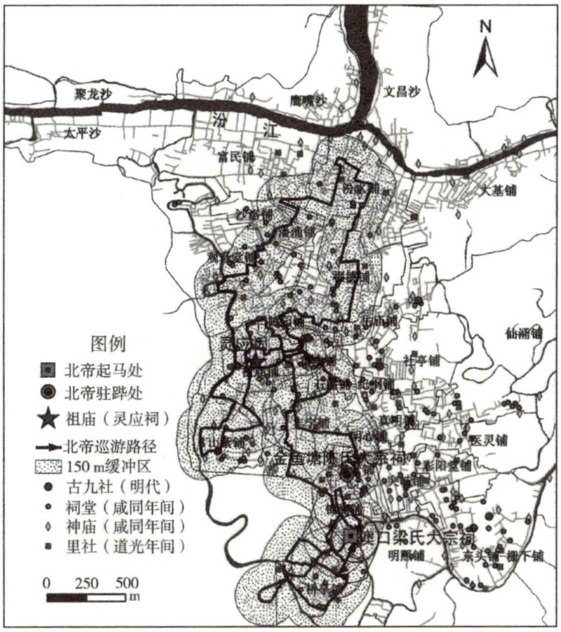

（f）第六天（十一月初一）的巡游路径

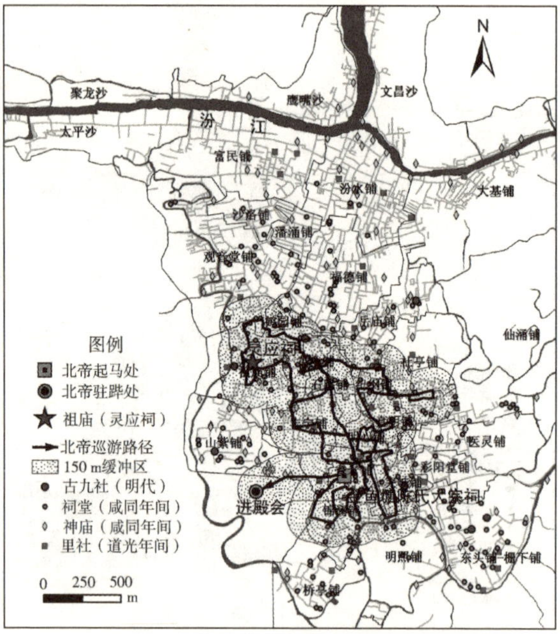

（g）第七天（十一月初二）的巡游路径

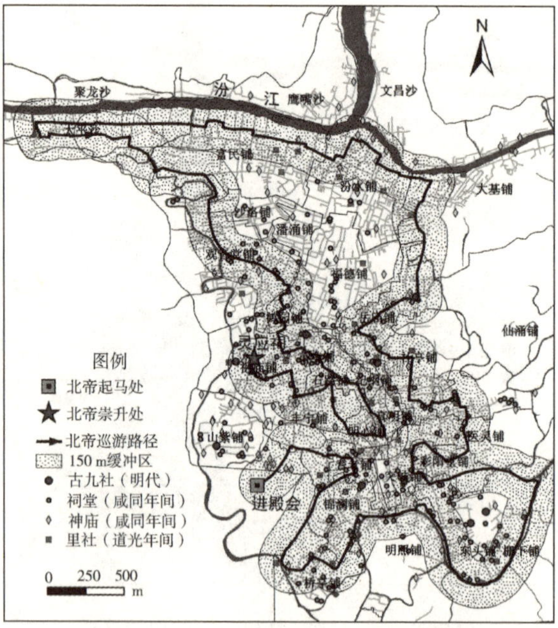

（h）第八天（十一月初二晚至初三卯时）的巡游路径

图5.7　清代佛山镇北帝巡游的路径

《南海佛山霍氏族谱》中亦称："每岁灵应祠神巡游各社。"① 显然，当时北帝巡游主要是在明初古九社所在的中南部各铺区的八图土著聚居空间。由图5.7可见，北帝巡游已经不限于此，而是遍及整个佛山的空间范围。尤其是北帝巡游的空间范围已经突破了佛山镇的二十七铺界限，第一天就巡游至太平沙，第二天则过海在聚龙沙、鹰嘴沙和文昌沙境内巡游。太平沙、聚龙沙原属张槎堡，鹰嘴沙以河西基围分界分属佛山堡和西隆堡，文昌沙则属叠滘堡。据民国《佛山忠义乡志》称："四沙俱在大河（汾江）以北，……四沙屏列，实佛山北路之保障，而四沙有事亦倚佛山为声援。故称佛镇四沙。鹰、文二沙咸丰以来已设立分局，受成于佛山团防总局，太平、聚龙合为一局，称平聚局。其主席由坊众公推，亦驻佛军官巡防所及。皆行政区域范围也。四沙商务以文沙为盛，鹰沙以西木商最多，亦自成一市。"② 可见，尽管四沙地属邻堡，但从治安、行政和商业联系上，四沙已经纳入佛山的地域空间范围内。那么，北帝是佛山全镇的保护神，从北帝过海遍巡四沙诸街巷中，既昭示了四沙是北帝的保护对象，也反映出北帝已成为四沙和佛山各铺区居民共同的精神寄托。因而，北帝八天的巡游，遍及佛山镇各铺区、四沙的街巷，这种巡游方式往复不断的展现，实际上整合了佛山地域空间范围，形成了共同的地域认同感。

（2）北帝巡游经由大量的庙社、祠堂、墟市及商铺，整合了佛山镇的社会文化空间。

本书根据北帝巡游路径图，对巡游途径的主要文化景观要素进行统计，主要情况如表5.3所示。按《佛镇祖庙玄天上帝巡游路径》告示中标明所经过的神庙有64座，通过复原北帝巡游路径及其所经街巷的统计，北帝巡游途经的神庙数量更多，大致有126座，占咸丰、同治年间佛山神庙总数的86%，其中，除了位于大塘涌外的明照铺盘古庙，北帝巡游遍及了所有各铺、沙的主庙。巡游经过的里社有49座，占道光年间里社数量的72%。巡游经过的祠堂有155座，占咸丰、同治年间祠堂数量的76%，尤其是巡游路径几乎覆盖了佛山八图土著的祖祠，有八图合族的忠义流芳祠、八图祖祠，有土著地望佛山霍、细巷李、澳口梁、郡马梁、金鱼堂陈、纲华陈、水便陈、东头冼、白磡冼、莲花地黄等，还有区氏、何氏、卢氏、岑氏、高氏和简氏等八图氏族的祖祠。北帝巡游路径还经过当时所有的13个墟市，以及8个地缘性会馆、54个工商业会馆，占会馆总数量的76%。另外，从北帝巡游所经各铺景观类型的差异中，也能反映各铺区

---

① 《南海佛山霍氏族谱》卷十一《重修忠义第一社记》。

② （民国）冼宝干：《佛山忠义乡志》卷一《舆地志・四沙》。

的社会文化空间特征。如巡游途经祠堂最多的是中南部的栅下、祖庙、锦澜和山紫等铺，会馆商铺较多的则集中在北部的汾水、富文和中部的祖庙等铺。

表5.3　清代佛山镇北帝巡游途经的主要文化景观

铺沙	类型	途经的主要文化景观
祖庙铺（5）、	庙社	祖庙（3）、亲庙（2）、圣乐宫（2）、金花庙（3）、斗姥庙（3）、观音庙（3）、帅府庙（2）、列圣古庙、**文昌庙（桂香宫）**（2）、关帝庙（2）、太尉庙，古洛社（2）、麒麟社（3）
	祠堂	**冼氏家庙**（2）、忠义流芳祠（4）、八图祖祠（3）、霍大夫祠（2）、陈琼就书舍（2）、冼氏世祠（2）、隔塘霍公祠（3）、明殿黄公祠（3）、黄氏二世祠（3）、慧用谭公祠（2）、翰林家庙（2）、方伯家庙（2）、夹江莫侯祠、冼甘合祠、云客区公祠
	会馆、墟市	三元市（2），陕西会馆（3）、浙江会馆（3）、源流会馆（2），成衣行轩辕会馆（3）、蜡笺行胜宝堂、油烛行会馆、金箔行会馆、铸发行既济堂（2）、铁镬行既济堂（东家会馆）（2）、纽扣行东家会馆、客家布行广泰堂（3）、鼓乐行会馆（2）、泥水行荣盛会馆（东家会馆）、道巫行会馆（2）、苏扇行旧会馆（2）、蒸酒行会馆（2）
山紫铺（3）	庙社	**南泉观音庙**、华光庙（2）、将军庙（2）、二仙庙、天后庙、花王庙（2）、普庵庙、圣亲宫、谭仙庙、东岳庙、地藏庙（2）、痘母庙、玄坛庙、北城侯庙，北约社（2）、宝山社（2）
	祠堂	**岑氏大宗祠**、**谭氏大宗祠**、太盛陈公祠（2）、霍氏书舍、梁氏宗祠、浩山陈公祠、封君劳公祠、莱洲李公祠、李氏金房祠、忠勇祠（2）、报恩祠（2）、怀亭陈公祠、日仰钟公祠
	会馆、墟市	肩舆行意敬会馆
鹤园铺（4）	庙社	**洪圣庙**（3）、先锋庙（3）、鹤园社（3）
	祠堂	**梁氏宗祠**（2）、霁山书舍
	会馆、墟市	香行会馆（3）、饼食行籍绫堂（3）

续表5.3

铺沙	类型	途经的主要文化景观
潘涌铺(4)	庙社	**先锋庙**(3)
	祠堂	农官家庙
	会馆、墟市	三角市(快子市)(3),金丝行会馆(3)、铸发行江济堂(3)、西货行会馆、唐鞋行福履堂(东家会馆)(2)、唐鞋行儒履堂(西家会馆)(2)、绒线行会馆
汾水铺(6)	庙社	**太上庙**、关帝庙(3)、天后庙(3)、华光庙(甘水渡头)(2)、华光庙(正埠)、南擎观音庙(3)、北帝庙(3)、圣权宫(2),显应社、安宁社、到向社(2)、东胜社
	祠堂	冼氏世祠(2)、桂芳冼公祠(4)、书堂周公祠、霍氏宗祠
	会馆、墟市	官厅脚市,绸缎行阐义会馆(4)、京布行乐和会馆(3)、南洋染料行裕安公所(3)、糕粉行会馆(2)、顾绣行锦绣堂(4)、土颜料行五云会馆(3)、福建纸行莲峰会馆(3)、苏扇行新会馆
富文铺(6)	庙社	**洪圣庙**、三界圣庙(4)、南胜观音庙(2)、盘古庙、车公庙、先锋庙(3)、鬼谷庙(2),富文社(3)、北胜社(3)、灵应社(3)、西胜社(2)、朝阳社
	祠堂	
	会馆、墟市	盘古墟,江西会馆、楚南会馆(3)、山陕会馆(3),生药行会馆(4)、熟药行会馆(4)、西土药材行敬安堂(3)、漆盒行彩联堂(西家会馆)(3)、漆盒行同志堂(东家会馆)(3)、槟榔行会馆(3)
大基铺(3)	庙社	**帅府庙**、真君庙、大王庙、三界圣庙,真君庙、华光庙、三圣庙、北城侯庙(鲤鱼沙),琼芝社、兴民社(2)
	祠堂	
	会馆、墟市	大基头市(3),泥水行桂泽堂(西家会馆)、大料行广善堂(东家会馆)(2)、宰猪行絜全堂、琼花会馆,鲤鱼沙拆船行会馆
鹰嘴沙(1)	庙社	**飞云庙**、乌利庙、张公庙、华佗庙、三圣庙
文昌沙(1)	庙社	**关帝庙**、太保庙、观音庙

续表5.3

铺沙	类型	途经的主要文化景观
福德铺（4）	庙社	**舍人庙**（4）、天后庙（3）、华光庙、关帝庙，乐霖社、福德社（2）
	祠堂	**梁氏大宗祠**（2）、霍氏宗祠、锦城霍公祠、懋高霍公祠、北宪霍公祠、惺台霍公祠、桐江霍公祠、诒齐吴公祠、云堂梁公祠
	会馆、墟市	硃砂年红染纸行至宾祖社（西家会馆）（4）、硃砂年红染纸行同志堂（东家会馆）（4）、文具行近文堂（2）、洋纸行华德堂（2）、帽行会馆、金花行广怡会馆（2）、棉绫行安乐堂（2）
观音堂铺（6）	庙社	**南善观音庙、**花王庙（2）、医灵庙（3）、天后庙（4）、三官庙、华光庙（2）、医灵庙、将军庙，滘边社
	祠堂	**莲花地黄氏大宗祠**（3）、**陈氏大宗祠、庞氏大宗祠**（3）、**黄氏宗祠**、作竹黄公祠（3）、庞氏宗祠（2）、东明陈公祠、黄氏附祠、学屏曹公祠、何氏序思祠（2）、区氏九世祠、履斋冼公祠
	会馆、墟市	表冈墟（大墟）（3）、公正市，楚北会馆，一字铜行会馆、豆腐行会馆
黄伞铺（4）	庙社	**孖庙（天后庙、华光庙）**（3）
	祠堂	**霍氏大宗祠**、元吉黄公祠（2）、乡仕祠（2）、福举黄公祠（2）、太原书室（2）
	会馆、墟市	早市（冈心墟）（2）
丰宁铺（4）	庙社	**国公庙**（2）、四圣庙（2）、字祖庙（2）、医灵庙，坐地社、沐恩社（3）、新安社
	祠堂	彭氏宗祠、粤敏彭公祠
	会馆、墟市	铸钉行会馆（2）、新钉行金玉堂（2）、熟铁行会馆（3）
明心铺（3）	庙社	**太上庙**、文昌庙（3）、东岳庙（塔坡庙）（3），宜兴社（3）、明安社
	祠堂	
	会馆、墟市	
真明铺（3）	庙社	**三圣庙**（2）、真君庙（2），青云社、真明社、平乐社、白云社
	祠堂	**冼氏宗祠（白磡头）**（2）、世荣郑公祠、荣斋冼公祠
	会馆、墟市	普君新墟

续表5.3

铺沙	类型	途经的主要文化景观
石路铺（5）	庙社	**花王庙**（4）、三官庙（4），兴隆社（4）、仁兴社（2）
石路铺（5）	祠堂	何氏书舍、颍川宗祐（2）、思铭霍公祠
石路铺（5）	会馆、墟市	
纪纲铺（3）	庙社	镇安社
纪纲铺（3）	祠堂	**简氏宗祠**、存仁梁公祠（2）、文光蔡公祠（4）
纪纲铺（3）	会馆、墟市	
岳庙铺（5）	庙社	**关帝庙**（2）、花王庙（禄丰社前）（2）、花王庙（永丰社前）（2）、字祖庙、南荫观音庙、洪圣庙、吕祖庙，弼头社（2）、六村社（2）
岳庙铺（5）	祠堂	**陈氏宗祠**（2）、杨氏宗祠、十五世庞公祠（2）、福贤书舍（侯氏祠）（2）、霍氏宗祠（2）、邱氏宗祠（2）、茂山黄公祠（2）、南田冯公祠（2）、黎氏世祠
岳庙铺（5）	会馆、墟市	
社亭铺（4）	庙社	**药王庙**（2）、南禅观音庙（2）、先锋庙、关帝庙（2），太平社、石亭社（2）、大富社（3）、接龙社
社亭铺（4）	祠堂	**梁氏宗祠**（2）、朝修梁公祠（2）、梁氏世祠（2）、菊庄梁公祠（3）、旭正张公祠（2）、冼良楚公祠（2）、昌宁张公祠
社亭铺（4）	会馆、墟市	朱紫市（朝市），机房土布行兴仁堂（3）
仙涌铺（3）	庙社	**关帝庙**（2）、文武庙，仙涌社（3）
仙涌铺（3）	祠堂	**郡马梁大宗祠**（3）、介轩梁公祠、陈氏宗祠（2）、松坡梁公祠、悟轩梁公祠（3）
仙涌铺（3）	会馆、墟市	
医灵铺（3）	庙社	**医灵庙（万寿坊）**（2）、洪圣庙、圣亲宫（2）、医灵庙（司马坊）
医灵铺（3）	祠堂	慧甫霍公祠（2）、陈氏宗祠、职方祠（2）
医灵铺（3）	会馆、墟市	

续表 5.3

铺沙	类型	途经的主要文化景观
耆老铺（5）	庙社	**东岳庙（普君庙）**、华光庙（3），朝北社
	祠堂	**金鱼堂陈氏大宗祠**（4）、陈粹文祠（3）、南溪陈公祠（4）、静恒陈公祠（4）、玉京陈公祠（5）、平心何公祠（4）、纯峰何公祠（4）、鹤洲陈公祠、梁氏宗祠、佛照陈公祠
	会馆、墟市	晚市、普君墟
突岐铺（4）	庙社	**金花庙、**柳氏夫人庙（2），癸向社（3）、巷心社（3）、细巷社、中正社
	祠堂	**高氏宗祠**（3）、去非李公祠（2）、瑶勤何公祠（2）、光禄李公祠、元贞黄公祠（2）
	会馆、墟市	
彩阳堂铺（3）	庙社	**真君庙**、登阁社（3）
	祠堂	霍氏宗祠（2）、东日何公祠
	会馆、墟市	
东头至栅下铺（3）	庙社	**龙母庙**（2）、天后庙（3）、青龙庙、先锋庙（2）、二帝庙（2）、太尉庙（2）、关帝庙（东头）、张仙庙，义榕社、会源社（2）
	祠堂	**李氏大宗祠**（3）、**冼氏宗祠（东头）、冼氏宗祠（栅下）、区氏大宗祠、何氏大宗祠**（2）、梁氏宗祠（3）、罗氏宗祠、连宇梁公祠、正诚冼公祠、文通陈公祠、李氏十五世祠、汪海区公祠、清斯何公祠、介庵梁公祠、陈氏宗祠（2）、挺峰陈公祠（2）、陈氏宗祠、赠户部尚书李公祠（3）、李氏宗祠、八郎何公祠（2）
	会馆、墟市	细桥头市，铁镬行陶全会馆（西家会馆）（2）
明照铺（3）	庙社	文武庙（3）
	祠堂	叶氏书室（2）、泉州书屋（2）
	会馆、墟市	

续表 5.3

铺沙	类型	途经的主要文化景观
锦澜铺（5）	庙社	**大土地庙**（3）、文武庙（3）、关帝庙（3）、天后庙（3）、观音庙（澳口）（3）、观音庙（铸钻街）、真君庙、二圣庙(3)、雷公庙，报恩社、宝贤社、君臣社
	祠堂	**澳口梁氏大宗祠**（4）、**陈氏大宗祠（纲华陈）**、**霍氏大宗祠**（4）、**卢氏大宗祠**、潘氏宗祠（4）、梁宝贤祠（3）、厚所梁公祠（3）、柏庭梁公祠（3）、怀德卢公祠、明德卢公祠（2）、东林霍公祠（2）、清源黄公祠（2）
	会馆、墟市	晚市
桥亭铺（3）	庙社	**南济观音庙**（3）、张王爷庙（3）、北帝庙；会真社（3）
	祠堂	**陈氏大宗祠（水便）**、东居陈公祠、畦乐陈公祠、永寿书舍（2）、景明梁公祠（2）、帅魁梁公祠、宋判官梁公祠（2）、梁氏七世祠
	会馆、墟市	

说明：黑体字者为各铺沙的主庙、宗族氏系的祖祠。括号内的数字为北帝巡游七天一夜过程中，经过某一地物景观、铺、沙的次数，但同一天往返某一地物景观的次数没有计算在内。

北帝是佛山居民和商人共同的保护神，其巡游所经的祠堂、神庙、会馆等处，或准备祭品，或摆列华筵，恭迎北帝以佑平安。北帝的巡境反映了佛山民间信仰场域的构成，明确了诸庙对祖庙的归属和依附关系，昭示了佛山顶级祭祀圈的空间范围。并以北帝信仰为纽带，叠合民间信仰、宗族和工商业等景观要素，形成了以祖庙为中心，具有“中心—四方”特征的社会文化空间。

三、佛山城市社会文化空间形态特征

有学者称类似明清时期佛山这样的大城镇为“自然城市”，其特点是“无规划而散乱延伸”。周毅刚则认为佛山更倾向于城市有机体模式[5]210，城市像有机体一样有着自然生长的过程，享有自我确定和内部调节的整体性发展。街巷大多是沿着水道、陆路，绕过小丘或此前已经存在的重要建筑（如庙宇、祠堂）而展开。所以，城市形态不规则，街道屈曲不整齐。不过“自然城市”的称谓对佛山这种以有机体模式为主的城镇来说还比较贴切。只是通过我们前面的研究，佛山虽然没有整体规划，但城市发展绝非散乱的。佛山城市内部空间组织结构受到神庙、宗祠、墟市和工商业会馆等文化要素的影响，形成了古佛山社会文化空间形式。

自明代至民国初年，佛山不同的文化要素都具有一定的空间形式。民间信仰方面，佛山形成了以祖庙及其周围地带为核心的神庙文化景观空间格局。宗族方面，祠堂景观也形成了以“忠义流芳祠”、“八图祖祠”为中心，集中于佛山中南部各铺的空间格局。工商业方面，本书以 FSHGIS 的《佛山街略》商贸线路空间数据库为基础，同前方法，做佛山商贸路线 150 m 缓冲区，并与其他工商业文化景观、码头景观、宗教文化景观等要素进行叠加，如图 5.8（彩图 23）所示。显然，佛山主要的工商业文化景观，以及其他社会文化景观几乎都落在该缓冲区范围内。其中，北部的接官亭（正埠）和中部的祖庙为各商贸线路的节点，由此我们可以看出佛山镇的空间形态基本呈以正埠和祖庙为轴心的点轴式的曲折“T”形结构。①

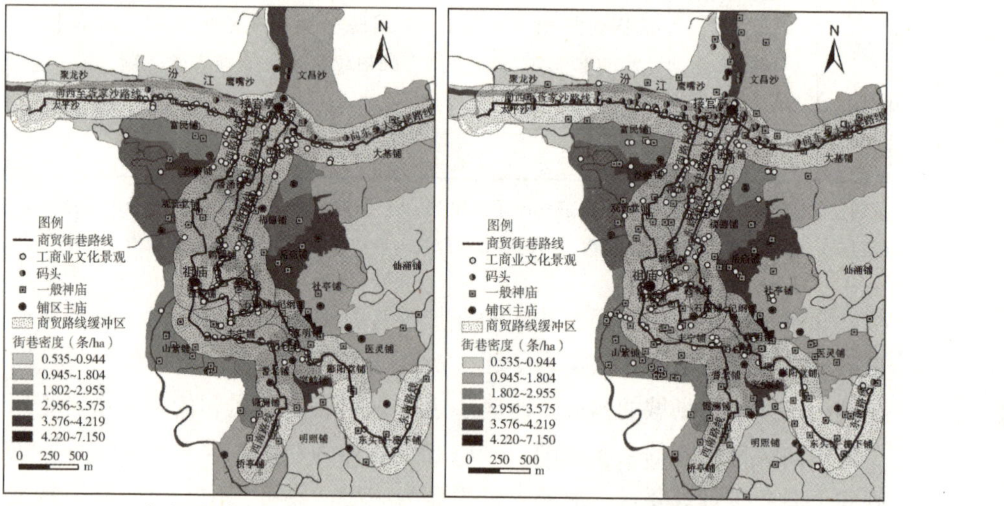

（a）清道光　（b）民国初

图 5.8　佛山商贸路线的缓冲区

从图 5.7 可见，在北帝八天的巡游过程中，有五天一夜都经过佛山商业最集中的汾水铺、富文铺，是各铺中经过次数最多的。而且，作为佛山商业中心的汾水正埠及其周围街道，也是北帝巡游往来次数最多的地区之一。清代以来，佛山商人是祖庙尝产的主要来源，“迄今梯山航海而来者，香烟血食，靡不望祖庙荐享而输诚”②，所以，祖庙既是合镇之祖庙，更是

① 周毅刚将明清时期佛山镇的工商业空间称为双核双轴“T”形结构，本书借鉴了周毅刚的提法。（周毅刚：《明清时期珠江三角洲的城镇发展及其形态研究》，华南理工大学博士学位论文，2004 年，第 255 ～ 256 页）

② （清道光）吴荣光：《佛山忠义乡志》卷十三《乡禁志 · 禁颁胙碑示》。

天下商民之祖庙。另外，佛山镇“凡迎神赛祷，类皆商贾之为，或市里之饶者耳！纠铢黍以成庆会”①。商人捐资是佛山很多酬神赛会资金的主要来源。由此可见正埠及其周围铺区在佛山的社会文化空间中的意义。

佛山的城市空间形状呈南北延伸的长方形，社会文化空间存在北部工商业文化区、中部混合文化区和南部传统文化区的分异，通过工商业景观要素、民间信仰和宗族景观要素的耦合，以佛山正埠和祖庙作为两个组织核心，构成了点轴式的曲折“T”形社会文化空间结构。其中，社会文化空间拥有一个共同的核心——佛山祖庙。

凯文·林奇（Kevin Lynch）提出过城市形态的宇宙模式，认为：“从城市象征的社会精神属性出发，认为城市是一个仪典中心，是用来进行宗教仪式、诠释自然并控制其力量以造福人类的地方。由于被宗教神圣的力量所吸引，农民们心甘情愿地支持着城市。城市的宗教仪式及其物质空间形态是主要手段，而且这种手段的心理作用大于其物质作用。”② 我国台湾学者潘朝阳从中国传统“五行”哲学的观念出发，指出聚落的“中心—四方”空间形式是一种长久稳定的文化历史脉络，认为“中心—四方”的空间是以“中心”形成的“向心性”之凝聚，则自然产生“内部”和“外部”。由“中心”向外扩散，必有一外围之境界，遂促成聚落“存在空间”的形成。而人之所营建的“中心—四方”的聚落，不但指身体在此安居，也必须是指心灵的安居。所以，这种“存在空间”的中心就具有“神圣向度”。他还应用“中心—四方”空间形式思想研究了台湾村庙祭祀空间结构。[14]

明清时期的佛山是从传统农村聚落发展起来的工商业巨镇，在城市化发展过程中，存有浓厚的乡土文化元素。从对佛山祭祀圈空间结构及北帝信仰的研究中可知，民间信仰在佛山社会文化中的地位相当重要。它不限于某一宗族同姓的共同祭祀，甚至超出宗族聚居的范围。它的信众也不限于土著氏族，包括了佛山全镇土著和侨寓的士农工商。因而对塑造社区地方感、整合佛山的社会文化空间形态起到重要的作用。显然，佛山祖庙就是这样一个佛山全镇居民的精神家园和社会文化中心。结合前面的这些理论，根据佛山镇社会文化要素的特点，本书认为佛山镇的城市社会文化空间应该是具有宇宙模式特征的“中心—四方”空间形式，祖庙是“神圣向度”的中心，并通过物质和非物质文化形式，统合和形塑了佛山的社会文化空间。

---

① （清乾隆）陈炎宗：《佛山忠义乡志》卷六《乡俗志》。

② 凯文·林奇：《城市形态》，邓华译，华夏出版社2001年版，第53～65页。

美国历史学家施坚雅（G. William Skinner）曾指出清代中国城市具有“商业区、署衙”双中心的模式。[15] 佛山在民国之前，一直不是行政中心地。清代设置的文武四衙对佛山的影响有限，正如1870年来佛山的传教士司多马（Thomas G. Selby）在他的书 *Chinamen at Home* 中所说：“佛山的高官并不被尊重，老百姓只做他们自己认为对的事。政府的控制力在这里的影响不到在城市的影响的十分之一。”① 通过前面的分析，明清时期佛山的城市社会文化空间形态亦存在双中心的特点，但不是“商业区—署衙”，而是以佛山正埠、祖庙为核心的“商业—文化”双中心形态（图5.9、彩图24）。

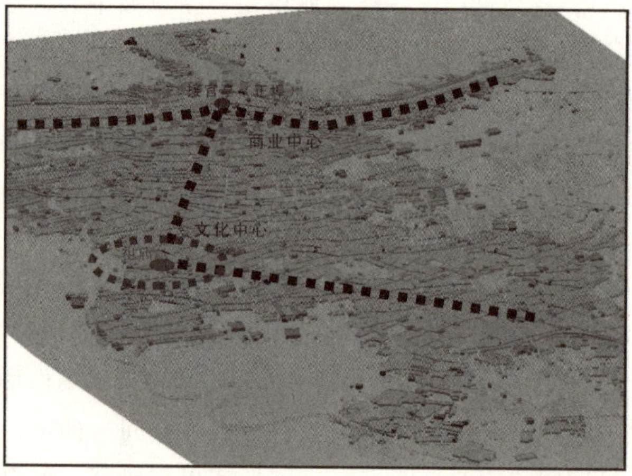

图5.9　清代佛山点轴式的曲折“T”形城市社会文化空间形态

综上所述，佛山城市从来都是民间信仰、宗族和工商业要素发挥重要作用，官方行政功能十分有限。所以，明清以来，一方面，佛山城市化进程加快，逐渐成为岭南大都市；另一方面，佛山根深蒂固地保持着浓厚的乡土文化特征。而且这两者之间又是相互促进的。因而，历史时期的佛山都市与乡村相互交融，在繁华城市的背后，多元文化融合，充满着庙庵、祠堂、酬神、巡游、作坊、商铺和会馆等丰富多彩的文化景观。

宗教、宗族和工商业文化景观是构成佛山传统城市社会文化空间的主要要素。本章以工商业、宗族（宗祠）、神庙和教堂文化景观的空间差异

---

① Thomas G. Selby, *Chinamen at Home*, *London*, *Hodder and Stoughton*, Paternoster Row, 1900, p. 194（转引自张照：《清末民初循道公会在华南地区的发展》，暨南大学博士学位论文，2005年，第38页）.

为基础，并进一步考察工商业文化景观的手工业、商业要素，宗祠文化景观的土著和侨寓等要素，将佛山城市社会文化空间划分为三个区域：①北部工商业文化区，以正埠为中心，沿汾江两岸分布，是佛山工商业最繁华的区域。以手工作坊、商铺、会馆和码头等工商业景观为主，居住区很少，仅有的也是以侨寓为主。神庙景观也比较多，自清中叶以来，以基督教循道公会为主的教堂景观逐渐渗透到该区。②南部传统文化区，包括栅下、桥亭等南部14个铺区。宗族、神庙文化景观要素占绝对优势，是一个以宗族血缘聚居、民间信仰为主的传统文化区。工商业以手工业景观为主，尤其是铸造业和金属加工业，因而，以手工业平民的居住区为主。③中部混合文化区，包括祖庙、福德等中部11个铺区。由于中部区处于北部工商业文化区和南部传统文化区之间，各种文化景观要素于此交汇。特别是工商业景观、宗族景观和宗教景观都高度集聚，并以祖庙为中心，成为佛山镇城市社会文化空间的中枢。很多土著和侨寓望族大户、富商官宦都在中部区居住，建有他们的庄园宅第，为佛山镇的高级居住区。中部区作为全镇信仰的核心，各种迎神赛会等民俗活动也十分频繁。

祖庙是全镇神圣空间的中心、联系佛山人精神世界的纽带。北帝巡游是每年佛山最重要的民俗活动。本书利用GIS复原了清代北帝巡游的空间路径，并做巡游路线缓冲区。通过对路径空间的解读，反映出佛山镇民间信仰场域的构成，明确了诸庙对祖庙的归属和依附关系。并以北帝信仰为纽带，叠合民间信仰、宗族和工商业等景观要素，形成了以祖庙为中心，具有“中心—四方”特征的社会文化空间。再与清代佛山商贸路线150 m缓冲区进行叠加，显见佛山的城市社会文化空间是具有宇宙模式特征的“中心—四方”结构以及点轴式的曲折“T”形空间形态。由于政府的影响力有限，与施坚雅所提出的清代中国城市“商业区、署衙”双中心模式有所不同，佛山的社会文化空间存在以佛山正埠、祖庙为核心的“商业—文化”双中心形态特征。

参考文献：

[1] 司徒尚纪．广东文化地理［M］．广州：广东人民出版社，2001：409.

[2] 柴彦威．城市空间［M］．北京：科学出版社，2000：13.

[3] 王均，祝功武．清末民初时期北京城市社会空间的初步研究［J］．地理学报，1999，54（1）：69－74.

[4] 汪天文．社会时间研究［M］．北京：中国社会科学出版社，2004：59.

[5] 周毅刚．明清时期珠江三角洲的城镇发展及其形态研究［D］．广州：华南理工大学，2004.

[6] 区瑞芝. 佛山新语 [M]. 1992：21－22.

[7]（清道光）佛山街略 [M]. 禅山怡文堂刻印，佛山市图书馆藏影印本.

[8] 佛山市文物管理委员会编. 佛山文物（上篇）[M]. 1992：77－78.

[9] 庄英章. 林圯铺：一个台湾市镇的社会经济发展史 [M]. 上海：上海人民出版社，2000：141，177.

[10] 孙振玉. 台湾民族学的祭祀圈与信仰圈研究 [J]. 中南民族大学学报：人文社会科学版，2002，22（5）：32－36.

[11] 林美容. 由祭祀圈来看草屯镇的地方组织 [J]. "中央研究院"民族学研究所集刊，1986（62）：107.

[12] 罗一星. 明清佛山经济发展与社会变迁 [M]. 广州：广东人民出版社，1994.

[13] 肖海明. 佛山的北帝（玄武）崇拜初探 [M] //佛山市博物馆编. 佛山祖庙. 北京：文物出版社，2005：216.

[14] 潘朝阳. "中间—四方"空间形式及其宇宙论结构 [J].（台北）地理研究，1995（23）：83－105.

[15]（美）施坚雅. 中华帝国晚期的城市 [M]. 北京：中华书局，2000：635.

第六章　佛山城市文化景观集体记忆的分析

城市是靠记忆而存在的。[1]城市的历史、文化、风俗等是城市发展过程中长期沉淀的结果，不同时期城市文化景观的演变就存留于我们现实的环境之中。因而，城市文化景观是历时性与共时性的统一，是城市记忆的符码，是城市文化个性与品位的生动体现。与明清时期相比，当今佛山城市文化景观已经发生了相当大的变化，历史与现代的城市景观相互交融，在市民的集体记忆中打下深刻烙印，并进而影响对城市的地方认同。

第一节　城市文化景观集体记忆的特征

拉普卜特（Amos Rapoport）认为，特定的社会文化空间环境是形成人的认知方式与途径的基础，指出："在许多环境下，环境通过提供线索作用于行为，人们靠这些线索来判断和解释社会脉络或场合，并相应行事。换言之，影响人们行为的是社会场合，而提供线索的却是物质环境"[2]，原因就在于环境的集体记忆功能。环境线索的意象纳入图式，其构建过程必须通过与原有的图式进行比照才得以进行，而这种与过去知觉经验的比照，正是记忆的组织机制（图 6.1）。[3]15 人文地理学则认为环境感应是社会空间行为产生的基础。[4]可见，城市的集体记忆离不开环境背景的影响。

由于城市环境时空变化的特点，建立在城市环境感应基础上的集体记忆相应地具有地域性、连续性、时代性和选择性[3]20-24：①城市记忆的地域性宏观上是指城市由于所处地域的不同而使城市记忆体现出的差异性。例如，岭南和北方的城市由于自然环境和社会文化环境的差异，所形成的城市记忆也不同，这是不同城市个性的体现。微观上是指由于城市内部的不同而使城市记忆体现出的差异性（图 6.2）。例如，同一城市中由于老城区、新城区或者居住区、商业区等不同区域的环境差异，所形成的城市景观记忆也不同，这反映出城市内部社会文化空间结构的多样性。②城市记忆的连续性是指由于城市发展是一个连续的过程，因而城市记忆在某一时间跨度上来说是连续的，即城市记忆之间存在着意义上的关联性，并呈现出相互关联的发展演化脉络。如图 6. 3 所示为佛山自明代以来几个时期的城市空间的演化过程，从原来的佛山镇扩展到现在的佛山市区。在不同时期的佛山城市空间中都存有相应的社会文化印记，经由城市文化景观符号的展现，我们可以获得对城市发展连续的记忆。③城市记忆的时代性是指同一城市空间环境对于不同时代的人们往往具有不同的意义。例如，上年纪的老人经常会讲起当年的城市是如何宁静、空气是如何清新；年轻人对此则比较茫然，他们更热衷于现代城市景观中的各种时尚。这种时代的差异会影响不同群体城市记忆的塑造，使城市记忆产生了选择性。④城市记忆建立在环境感应的基础上，即形成什么样的城市记忆与获得什么样的环境线索密切相关。在某一城市空间的城市记忆形成过程中，人们往往选择那些能够强化环境的意义、使得环境的意义趋向完整并获得认同感、归属感的线索。如图 6. 1 所示，这种记忆的选择性在环境意义产生之初就存在了，并通过一个个过滤器，使环境意象发生了变化，因而形成不同的城市记忆。[3]24 城市记忆的选择性表现在两个方面。一方面，如前所述，个人背景及其偏好是影响记忆选择性的重要因素；另一方面，城市集体记忆的选择性受到政治因素的影响，特别是作为历史文化景观的文化遗产，常被视为“将过去精炼为认同的象征，将我们与先驱和始祖，与稍早的自我，以及可能的子孙连结在一起”，因而，国家和地方政府“便尝试强调文化群体的历史轨迹、保存营造环境元素、奇观和游行、艺术和手工艺，以及博物馆和纪念碑，以便维系这种认同”。[5] 由此可见，政治因素在这里起到记忆过滤器的作用，代表了一定的国家意志，对城市记忆的形成产生影响。

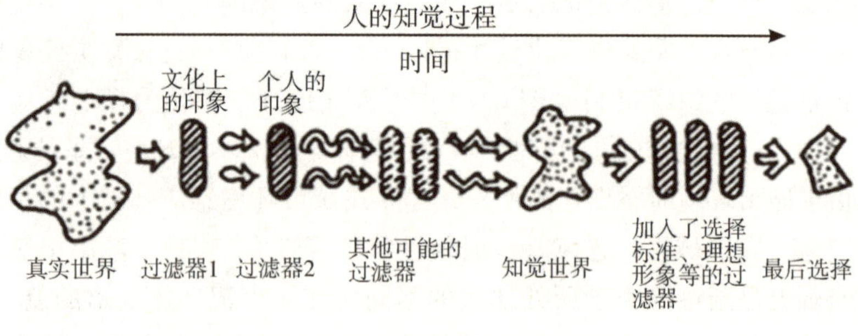

图 6. 1　景观记忆产生的认知过程[3]15

(a)佛山老城传统街巷的景观意象

(b)佛山新城区商业区的景观意象

图 6.2 城市景观记忆所体现的地域性(笔者摄)

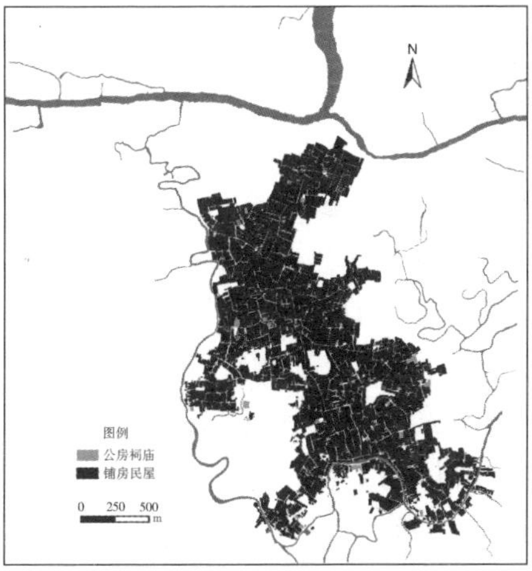

(a)明代

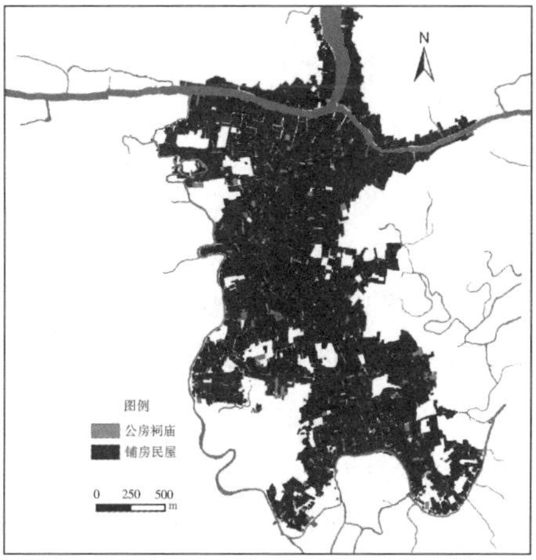

(b)清乾隆时期

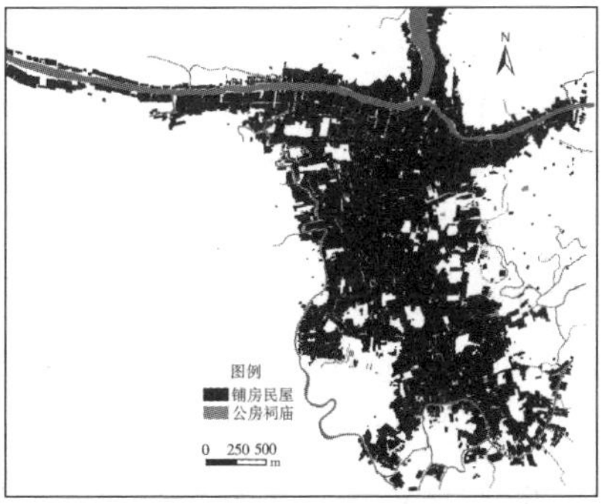

(c)清末

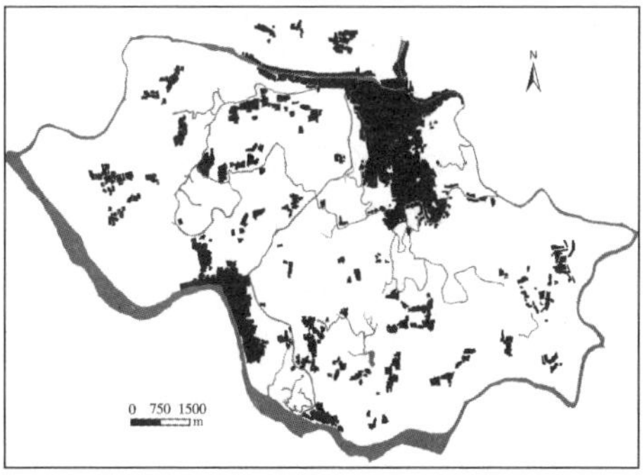

(d)清末民初

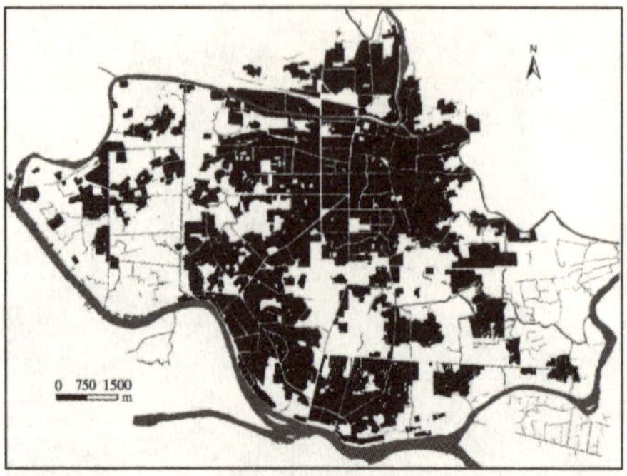

(e) 20世纪90年代

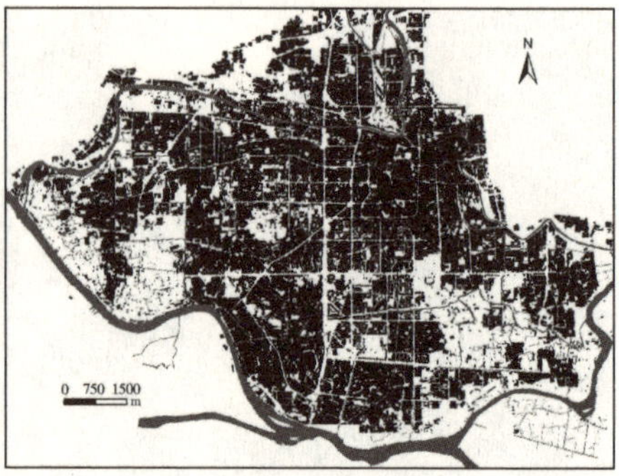

(f) 2005年

图 6.3　佛山城市空间的发展变化

第二节　佛山城市文化景观的集体记忆

一、对佛山历史文化的总体意象

在对佛山城市文化景观集体记忆的问卷调查中，为了解受访者对佛山城市景观的总体意象，设计了如下问题：当提到“佛山”、“佛山历史文化”的时候，您会想到些什么？由于是开放式的问题，受访者的回答内容多样，但总的来看，统计这两个问题的前 5 位的回答，内容比较接近（表 6.1）。受访者回答对“佛山”的意象时前 5 位依次是“祖庙、黄飞鸿、陶瓷、盲公饼、梁园”，回答对“佛山历史文化”的意象时前 5 位依次是“祖庙、黄飞鸿、梁园、陶瓷、南风古灶”。其中，关于“佛山历史文化”意象的回答更为集中，所占的比例也比较高。明清以来，祖庙一直是佛山的文化核心，至今仍然是佛山人们心目中最具代表性的历史文化标志；黄飞鸿是佛山丰富多彩的民间传统技艺（武术、龙狮等）的代表性人物；梁园是清代梁氏家族的群星草堂、寒香馆、十二石斋和刺史家庙等的总称，为现存的岭南四大名园之一；陶瓷业是佛山明清时期重要的传统产业之一，现在仍十分重要；南风古灶是保留至今的明代古龙窑，成为佛山传统陶瓷业的标志；盲公饼则是佛山传统的特色饮食。显然，这些都是佛山标志性的历史文化景观符号，佛山历史时期的城市文化景观构成了人们对“佛山”的总体意象。

表6.1　受访者对佛山历史文化的总体意象

位　　序	1	2	3	4	5
“佛山”意象	祖庙	黄飞鸿	陶瓷	盲公饼	梁园
比例（%）	18.76	8.80	5.02	4.40	4.20
位　　序	1	2	3	4	5
“佛山历史文化”意象	祖庙	黄飞鸿	梁园	陶瓷	南风古灶
比例（%）	45.00	25.70	16.10	14.80	13.00

受访者的背景差异会影响其对佛山历史文化的总体意象。例如，受访群体的年龄结构方面，小于30岁的受访者群体选择“黄飞鸿”、“陶瓷”的比例最多，55岁以上的群体则选择“祖庙”、“南风古灶”的比例较高。这反映出影视媒体塑造的佛山传奇人物黄飞鸿，以及现代佛山陶瓷业对青年群体在佛山认知方面的影响十分显著。又如，在佛山居住少于5年的受访者群体选择“黄飞鸿”、“祖庙”的比例最高，而梁园仅为24.7%，南风古灶为25.6%；居住超过10年的受访群体选择“梁园”、“南风古灶”的比例则分别高达67%、64.1%；居住超过30年的受访者对于佛山及其历史文化的回答更能反映老佛山的意象，如：有回答“四大名镇”、“四大聚”、“铸造业”、“手工业”等传统城市功能和特点的，有回答“佛山粤剧”、“佛山武术”、“佛山剪纸”、“木版年画”、“石湾公仔”等传统艺术形式的，有回答“村尾”、“塔坡街”、“普君墟”、“线香街”等传统街市的，还有回答“行通济”、“出秋色”、“北帝诞”等传统民俗活动的。这说明居住时间影响社会群体对佛山历史文化的认知深度。此外，还有反映出对佛山“亲地情结”的地域认同。例如，佛山三中一位受访家长的回答，由“佛山”而联想起来的依次是“祖庙、家、家人、亲人”。可见祖庙是佛山市民共同的“祖堂”和“心灵家园”，并形成对于佛山“家”的认同。另一位家长则回答道：

当提到“佛山”，就想起昔日的“旧佛山”，繁华热闹的景象，升平路车水马龙，不论白天晚上都热闹非凡，工人电影院、人民电影院场场爆满……。锦华路、公正路商店林立，人来人往。天海酒家、三品楼、英聚酒家、梅园酒家……座无虚席，有讲有笑……。佛山祖庙不但是佛山的祖堂，而且也是佛山人的月老，但凡新婚嫁娶，每对新人都首先必到的地方……。很可惜时到今日，这地方的繁华景象再难以寻找，只能有美好的回忆，当日的三品楼、英聚酒家已经消失得无影无踪。

从这则回答中，显然亦反映出市民对于佛山历史文化的怀旧之情，以及洋溢着对佛山浓浓的乡土情感。

二、基于认知地图的城市文化景观记忆

意象和观念的关系构成了哈布瓦赫集体记忆理论的一个出发点。[6] 从地理学来看，城市意象空间是人的大脑通过想象可以回忆出来的城市意象[7]，是居民集体记忆于城市空间的映射。美国城市学家凯文·林奇（Kevin Lynch）最早采用认知地图（cognitive map）研究居民对各自城市的意象。[8] 认知地图建立在真实可视的城市环境基础上，城市记忆与地方的结构性联系显著表现在物质文化景观方面。所以，通过认知地图可以获取城市居民对于文化景观记忆的特征（图 6.4）。

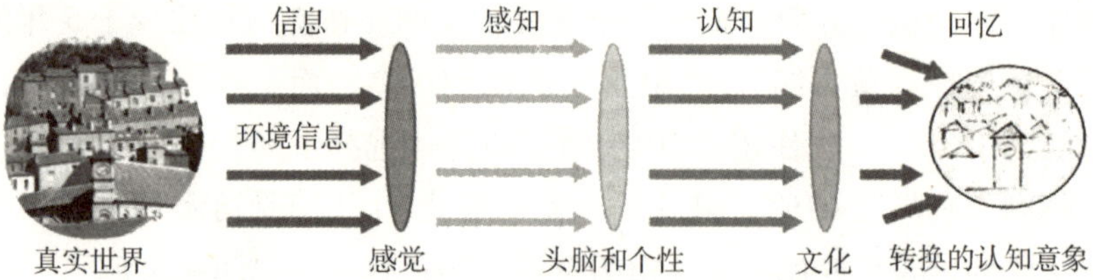

图 6.4　认知地图的形成[9]

认知地图方法已经被广泛采用。陈美云认为都市是各种景观彼此交织错落而组成的城市空间结构，景观元素及空间结构构成都市自明性（即可识别性）的主体，在了解现时景观时，必须先将其置于历史脉络下。陈美云还应用城市意象方法研究了台北市大稻埕不同历史阶段都市景观的自明性，探讨大稻埕历史记忆自明性的形成。[10] 黄服赐在对台南麻豆、台北龙坡的乡土遗产保护人文意涵的研究中，应用认知地图方法绘制遗产意象图，以探讨遗产保护中的环境景观与地方特质的关系。[11] 历史文化景观反映了城市地方特色，由此可以通过林奇的城市意象研究方法获取居民对城市历史文化景观、城市景观等元素的集体记忆信息，并对其所表现的空间性进行探讨，为保护城市历史文化遗产、塑造城市地方感提供理论基础。

在本书回收的 599 份有效问卷中，只有 312 份带有受访者绘制的认知地图，其中，样本大致分为中学生家长 65 份、街区居民 45 份、在校大学生 202 份。对 312 份认知地图逐一仔细判读分析，进行归类，并提取和统计认知地图的构成要素和调查样本的社会属性，相应地建立 GIS 空间数据库，并赋予景观出现频率等属性特征。在此数据库基础上，本书通过对城市景观认知地图的分析，说明佛山城市文化景观记忆的空间特点。

1. 城市文化景观认知地图的类型

城市居民的认知地图一般可以分为序列型、空间型和单体型三大类。其中，序列型地图以路径为主导，又分为线型、段型、链型、支型、环型和网型等亚类。空间型地图以空间片段的区位为主导，又分为散点型、马赛克型和连接型等亚类。[12]不同类型样本所绘出的认知地图的复杂程度不同，说明样本对城市景观认知存在差异，也反映了样本群体对于城市文化景观的记忆程度。本书根据回收的认知地图实际情况，将佛山市民对城市文化景观的认知地图分为以下 8 个类型：

（1）线型认知地图。此类地图一般是受访者仅勾绘出一条交通线，大多是市民记忆深刻的城市重要道路景观（图 6.5（a）），如祖庙路、季华路和升平路等。线型认知地图占样本总数的 28%。

（2）段型认知地图。此类地图中，受访者以城市主要街道为主导，所记忆的景观沿街道向两侧展开，勾绘出其所熟悉的一个城市地段。此类认知地图最多，占样本总数的 41.5%。段型认知地图的繁简程度不同。如图 6.5（b）所示，受访者仅勾绘了其记忆深刻的道路交叉线（升平路、高基路的十字路口），以及两侧的城市文化景观。线型和段型是认知地图中相对比较原始或简单的类型。[12]佛山城市景观的认知地图中，两种类型所占样本比重高达 69.5%，显示了受访者大多是通过简单方式描绘其记忆中的城市空间。

（3）链型认知地图。此类地图是受访者所勾绘的由几条重要交通线与城市景观、标志物和节点等链接起来的呈链条形状的认知空间。如图 6.5（c）所示，受访者以城市历史文化景观为节点，用道路链条将其组织起来。此类地图仅占样本总数的 2.5%。

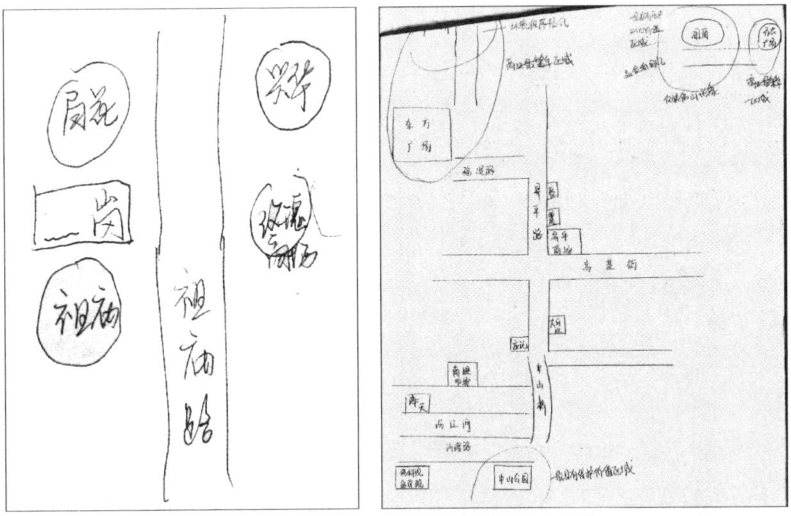

（a）线型（编号：C1–081）　　（b）段型（编号：U2–055）

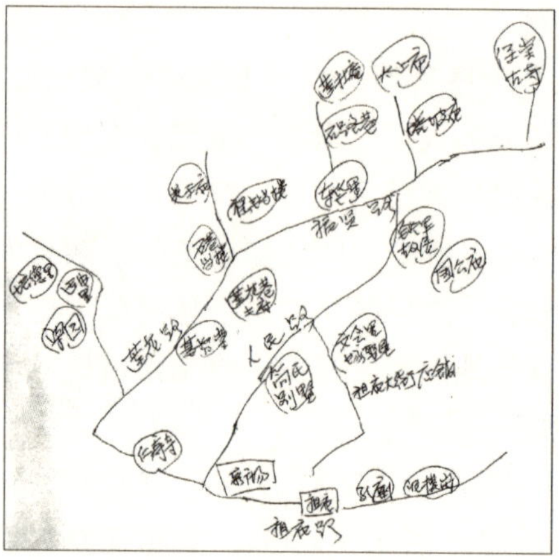

（c）链型（编号：C1-090）

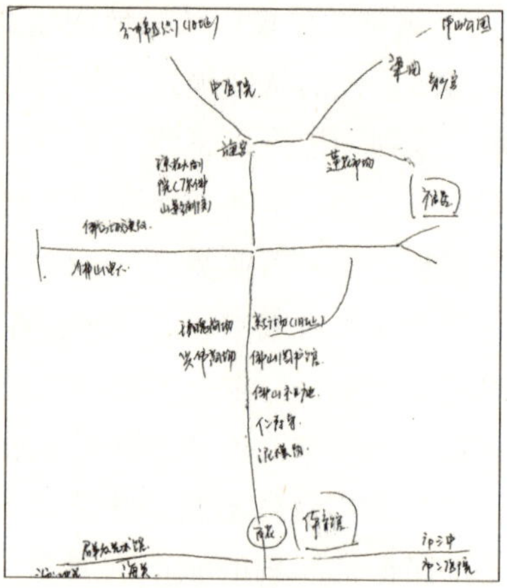

（d）支型（编号：U1-109）

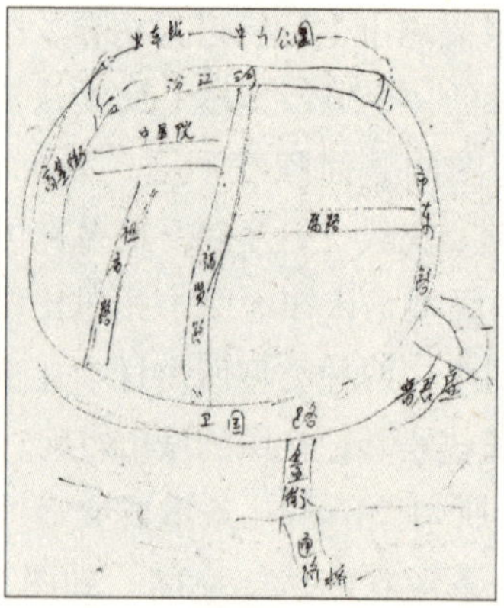

（e）环型（编号：S2-006）

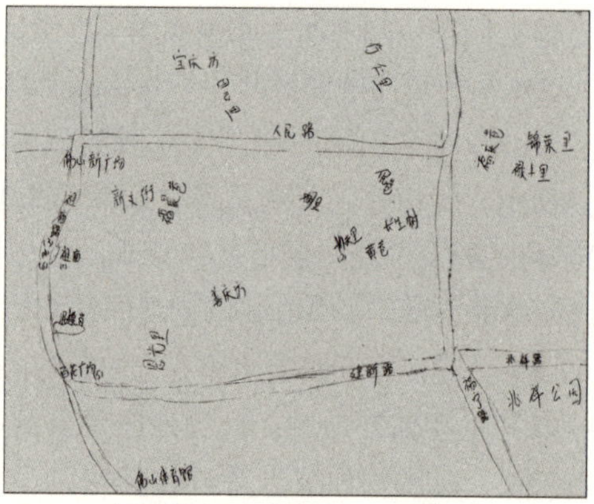

（f）散点型（编号：S3-003）

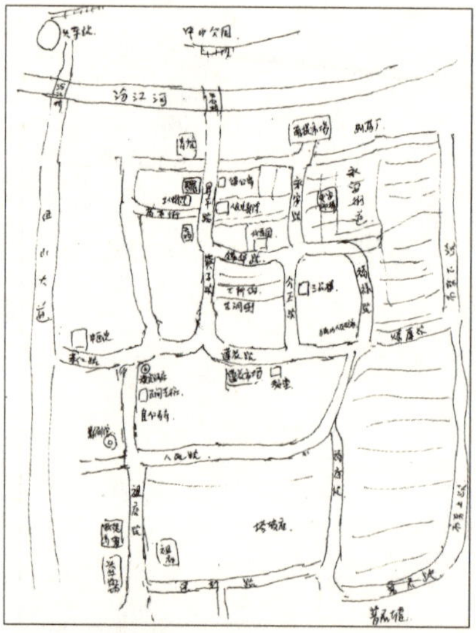

（g）连接型（编号：S3-036）

（h′）单体型（编号：S3-005）

（h_1）单体型（编号：U1-098）

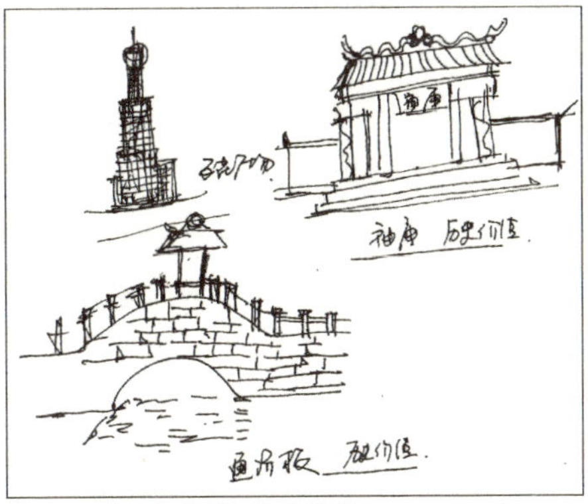

（h_2）单体型（编号：U1-113）

图6.5 佛山市城市景观认知地图的类型①

（4）支型认知地图。此类地图是受访者以城市重要街道以及其连接的次要街道为主导，与其所记忆的街道两侧城市文化景观一起勾绘出树枝型的认知空间（图6.5（d））。该类认知地图所占的比例仅为8.6%。

（5）环型认知地图。此类地图反映出受访者的认知空间是通过环形交通线进行组织和展开，并与环形交通线之间所记忆的城市文化景观共同构成了受访者的认知空间（图6.5（e））。该类地图的数量很少，仅占样本总数的0.9%。佛山市禅城区以格网式道路系统为主，因而居民缺乏对城市环形空间的认知。

（6）散点型认知地图。居民对于城市景观的记忆比较零散，只是通过若干个分散的有区位特征的点的组合，来表达对于城市空间的认知（图6.5（f））。此类地图是较为简单、初级的认知地图，仅占样本总数的0.9%。

（7）连接型认知地图。此类地图以城市重要街道以及其连接的次要街道为主导，与其所记忆的街道两侧城市文化景观构成若干个城市地段，这些地段之间存在有效的连接（图6.5（g））。可以说该类认知地图是支型和段型的综合，说明受访者对于所反映的城市景观及其空间组织的记忆比较深刻，是一种高级别的认知地图，占样本总数的9.5%。

（8）单体型认知地图。此类地图是指受访者通过描绘具体的或抽象的、具有代表意义的城市景观形态，作为其对城市景观记忆的一种反映（图6.5（h_1）、（h_2））。单体型认知地图一般是受访者勾绘其记忆深刻的

① 编号反映调查对象及其样本序号：编号S代表中学家长，编号C代表街区居民，编号U代表佛山科学技术学院学生。

城市景观。在25个样本所描绘的景观中，城市历史文化景观的比例最高，其中68%有祖庙，24%有百花广场，还有南风古灶、通济桥、汾江、佛山广播电视塔等城市景观。另外，还有将单体景观描绘与其他线型、段型、连接型等类型相结合的认知地图（图6.5（h′））。

此外，在调查中，还有居民通过认知地图表达了居民对于往日城市景观的回忆，以及对城市文化景观变化的反映（图6.6）。

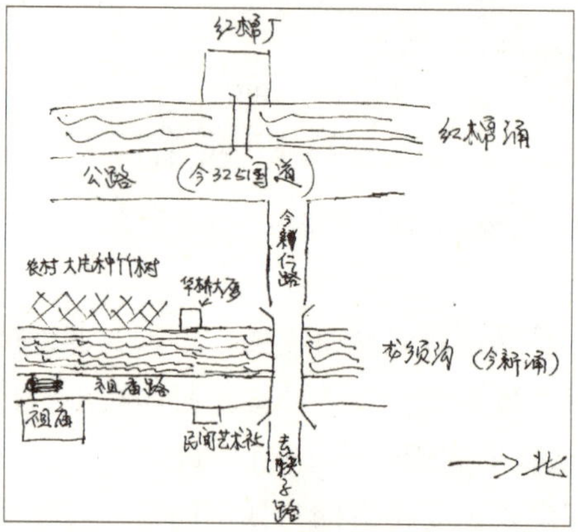

（编号：S5–046）

（编号：S5–011）

图6.6　往日城市景观及其变化的认知地图

2. 城市文化景观集体记忆的空间结构

通过受访者群体勾绘的认知地图，可以提取居民对佛山城市历史文化景观、城市景观等元素的集体记忆的空间信息，其中数据类型分为两种，河流、街道、桥梁为线数据（polyline），其余类型景观用点数据（point）表示，建立GIS认知地图城市景观元素的空间数据库，并赋予相应的属性数据，如景观类型、景观名称、出现次数、出现频率等。在ArcGIS 9.0环境下，绘制佛山城市景观记忆的空间结构图（图6.7）。

由图6.7可见，居民认知地图中出现次数达100次以上的城市景观为佛山祖庙（183次），百花广场（149次），祖庙作为佛山传统文化的标志景观，百花广场则是佛山现代商业的标志景观，两者是佛山市民对于城市景观空间认知结构的核心；居民认知地图中出现次数50次以上的城市景观为祖庙路（90次）、人民路（67次）两者构成了认知空间的记忆廊道，周围的城市景观有中山公园（97次）、东方广场（89次）、佛山科学技术学院（64次）、梁园（53次）；居民认知地图中出现次数35次以上的城市景观记忆廊道从祖庙路、人民路向周围空间扩展，老城区增加了升平路（46次）、高基路（45次），北面则增加了汾江河（43次），向西增加了佛山大道（48次）；居民认知地图中出现次数20次以上的城市景观记忆廊道在老城区增加了建新路（25次）、福贤路（23次），外围则增加了汾江路（30次）、季华路（25次）和河滨路（33次），其他增加的城市景观：交通节点有江湾立交（35次）和城门头广场（26次），人口集散地有火车站（22次）和汽车站（22次），历史文化景观有仁寿寺（25次）、南风古灶（24次）和中山桥（31次），其余的标志性景观有兴华商场（28次）、佛山宾馆（27次）、佛山科学技术学院河滨校区（26次）和佛山市中医院（21次）等。

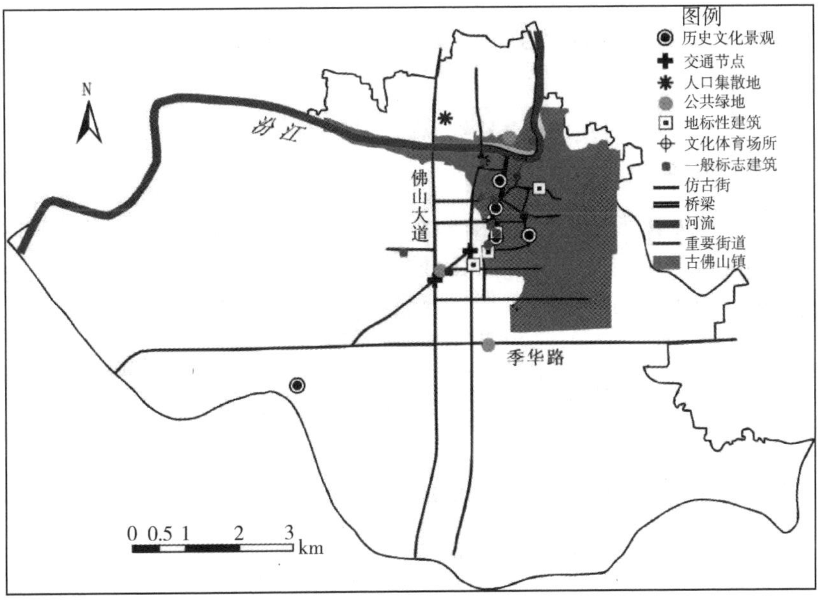

图6.7　佛山城市文化景观集体记忆的空间结构

将认知地图中出现次数5次以上的城市景观，通过GIS将其空间可视化，可得佛山城市景观记忆的空间结构（图6.7）。显然，整体空间结构以“两纵两横”的记忆廊道作为轴线，两纵即汾江路、佛山大道两个纵向轴线，两横即汾江、季华路两个横向轴线，它们在某种程度上具有边界的意义。这表现在居民对于佛山城市景观的记忆空间主要位于季华路以北、佛山大道以东、汾江以南的区域，尤其集中在古佛山镇所在的老城区。由此可将居民认知空间分为老城区、老城区外两部分：①老城区是佛山城市景观空间认知程度最高的地区，以佛山祖庙、百花广场为两个核心，以祖庙路、人民路、升平路、高基路、福贤路、松风路、筷子路、锦华路等作为空间组织的记忆廊道，集聚了祖庙、梁园、仁寿寺、东华里等历史文化景观，以及东方广场、升平商场、福升商厦等商业设施景观。由此说明了历史时期所形成的佛山社会文化空间至今仍在佛山市民集体记忆中存有深刻的烙印。②老城区外的城市景观记忆空间结构中，出现具体的景观要素较少，说明这些区域的景观识别性不强，居民的空间认知程度相对较低。佛山大道、汾江路之间是过渡带，有江湾立交、城门头广场两个市区内重要的交通节点，有佛山火车站、汽车站两个重要的人口集散地。佛山大道以东记忆程度最高的城市景观是南风古灶，季华路沿线的景观也具有一定的认知程度。

值得指出的是，在认知地图中佛山科学技术学院本部、铁军公园、佛山科学技术学院河滨校区、河滨路、中山公园等城市景观的出现次数较多，与调查样本中佛山科学技术学院本部、河滨校区的学生占有较大的比例有关。

另外，根据部分受访者在认知地图中所勾画的区域，在图6.7中可见，祖庙—东华里片区是居民认为最具历史文化价值和保护价值的区域，升平路及其周围片区认为是旧时商业最繁华的区域，佛山汽车站至火车站区间被认为是城市环境和秩序最乱的区域，自季华园始的季华路沿线被认为是最能反映城市形象的区域。

三、基于图片辨识的城市文化景观记忆

将93张城市文化景观图片分为12类，即冈丘、河流、地标性建筑、公共绿地、重要街道、重要桥梁、交通节点、人口集散地、文化体育场所、政治性地标建筑、仿古街、历史文化景观（文化遗产与古迹）。这些城市景观都分布在佛山市禅城区（除南庄镇），基本能够反映佛山城市文化景观的特征。应用ArcGIS 9.0建立图片景观的空间数据库。数据类型分为两种，河流、街道、桥梁为线数据（polyline），其余类型景观用点数据（point）表示。空间属性数据库的字段列包括图片景观的认出人数、辨识率。可通过属性字段的变化，绘制景观辨识的空间分布图（图6.8），反映社会群体对于城市文化景观记忆的空间特征。

从图6.8中可见93处城市景观图片辨识率的空间分布状况。调查样本群体对于佛山城市景观的整体识别基本以线状景观作为骨架，其中，汾江河、东平河、祖庙路、季华路、佛山大道、汾江路和岭南大道的辨识率在30%以上，是整个城市景观认知结构的网络状轴线系统。其中，以季华路和佛山大道为界，将佛山城区划分为传统城区、新城区两个区域。总体上看，佛山城市景观的意象结构比较明显，传统城区的城市景观意象较为清楚，新城区则趋于模糊，只有部分地标性建筑或历史景观的意象较为清

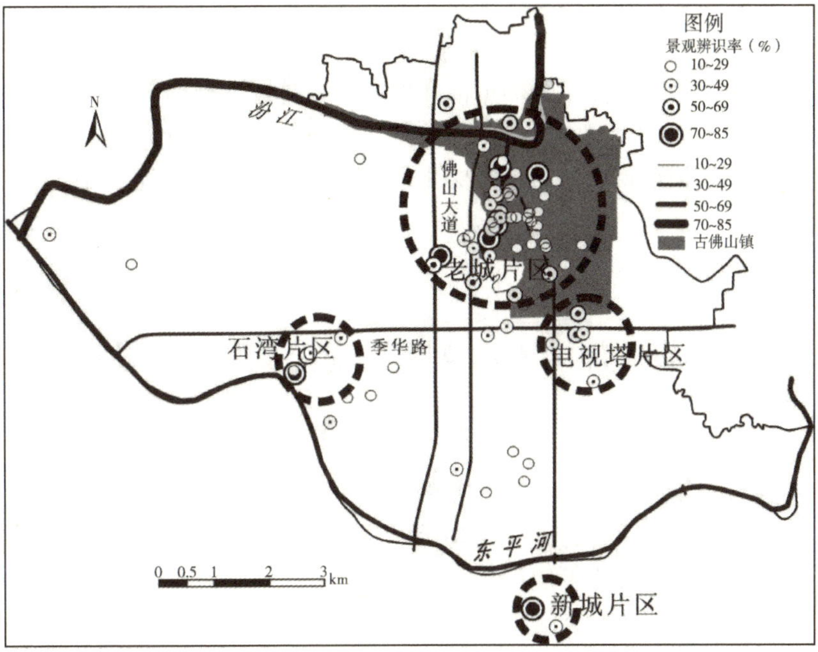

图 6.8　基于图片辨识的佛山城市文化景观记忆的空间特征

晰。值得指出的是，这种空间结构特征是建立在对所给定城市景观图片辨识的基础上，因而一定程度上会受到研究者的主观影响。但与前文通过认知地图对于城市景观记忆的空间结构（图 6.7）相比较，我们发现两者的结果比较相似。所以，城市景观辨识的空间结构客观上还是受访者意象的实际反映。以高辨识的城市景观为核心，可以区分出四个城市文化景观的辨识空间：一是以老城区为中心的高辨识区域，即季华路以北、汾江以南、佛山大道以东的传统佛山城区范围内。辨识率为 50% 以上的景观大多落在该空间内，标志性的景观有佛山祖庙、百花广场、东方广场和梁园等。此外，辨识率为 30%～50% 的景观也大都在这一范围内。该区域既有大量的历史文化景观，又是佛山传统的城市中心和商业中心。所以，样本群体对于该区域内的城市景观的认知度最高。二是以南风古灶、石湾公园为核心，是以传统陶艺景观为标志的区域。三是位于季华路与岭南大道交界处，以佛山广播电视塔、岭南明珠体育馆、亚洲艺术公园等为核心，是以城市生态休闲景观为标志的区域。四是位于东平河南岸，以世纪莲体育中心为核心，是以佛山新城人居景观为标志的区域。

另外，从图 6.8 中可见佛山城市历史文化景观图片辨识率的空间分布状况。辨识率高的历史文化景观除了南风古灶外，大多集中在古佛山镇范围，特别是老城区沿线状景观轴线分布的历史古迹，如祖庙路沿线的佛山祖庙、仁寿寺、泥模冈遗址、梁园、基督教赉恩堂等。但是，位于老城街区内部的大量历史古迹的辨识率都在30%以下。总体上，样本群体的接触机会影响其对历史文化景观的记忆程度，投射在样本群体记忆中的大多是临街区位或知名度较高的历史古迹，而对于其他大量的历史文化景观的认知程度低。这说明佛山城市历史文化景观的整体可识别性差，被关注的程度低。

第三节　佛山城市文化景观记忆与地方认同

历史性城市的集体记忆使市民觉得有一种归属感，这种归属感就像依赖于记忆一样依赖于遗忘，为了保证一个共同构建和维持的城市文化特性，往日被理解为城市发展至今的轨迹。城市的历史遗存、传统仪式等城市历史文化景观成为整理城市往日的重要手段。在全球化、快速都市化背景下，随着佛山城市文化景观的变化，势必牵动在地群体的地方情感，由此带来对地方认同的思考。本节选择宗族文化景观、街巷地名文化景观为例进行探讨。

一、传统宗族文化景观变化与地方认同

清代以降，佛山传统的宗族血缘社会就处于逐渐的瓦解过程中。特别是20世纪中叶，传统宗族组织制度已经基本消亡，但是宗族文化还是存留下来。20世纪80年代以后，随着经济的发展，佛山城区边缘的宗族活动开始复苏，修缮和重建的祠堂逐渐增多，成为地方社区认同显著的景观标志。据笔者实地调查，佛山市[①]现存祠堂141座，主要分布在佛山南部的澜石、城南街道，共有祠堂86座，占祠堂总数的61%；而原古佛山镇范围内的祖庙、普君和升平街道存留的祠堂仅有10座。

当今的宗族文化景观已经发生了明显变化，尤其是随着城市化进程的加快，佛山城市空间逐步向乡村社区扩展，宗族血缘社会又将面临新的挑战，传统宗族文化景观也正处于“地方认同”与“地方消解”之间。首先表现在祠堂文化景观的空间变化方面。城市空间的不断扩张，很多乡村被纳入城区范围之中，已经或将要成为“城中村”。新城迅速地侵蚀传统社

① 仅指佛山市禅城区（不含南庄镇）。

区，一些零散保留下来的祠堂景观孤立地被淹没在现代城市环境中（图6.9）。同时，大量农村用地被开发为商业和工业用地，居住用地不断缩小。在土地有限的条件下，人们只有把祠堂建成现代楼房建筑。另外，现代型民居建筑具有结构、用料简单和工期短等优点。加之人们观念也在转变，认为祠堂建筑的风格应与时代相吻合，不能墨守陈规，应适应现代社会发展的需要。[①] 因而，祠堂景观的建筑风格和形制都产生了变化（图6.10）。其次是祠堂景观的功能日趋多元化。老城区范围内存留的祠堂景观都改作他用，很多被列入文物古迹（表6.2）。而周围乡村社区的祠堂景观在传统祭祀功能基础上，扩展了文化、商业、组织等方面的功能，以适应现实社会需要和居民需要，逐渐成为一个开放的社区公共空间（图6.11）。最后是在宗族活动方面，随着宗族祭祖仪式的程序逐渐简化，宗族文化传播形式日趋多样化，宗族活动正转变为乡村社区集体的狂欢聚会。以祠堂景观作为空间载体，既有日常的、连续的各种文化、商业等活动，又有周期性的各种宗族活动，逐渐强化乡村社区居民对于地方文化的认同，从而塑造了社区的地方感。为了顺应现今社会的发展，宗族祠堂文化景观、宗族活动文化景观都在不断地进行调适，以维系宗族文化和社区的地方性。

图6.9　传统与现代（李凡摄）

（a）中北别墅、仪山祖宇、节庵祖宇原貌

① 笔者有关塘头梁氏宗族文化的访谈录，2007年11月18日。

（b）新建的节庵祖宇　　（c）新建的友澜家塾

图 6.10　塘头村祠堂景观的变化（何伟财摄）

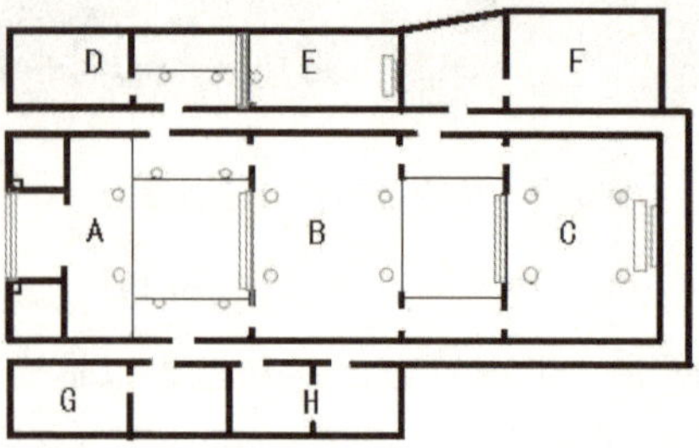

石梁梁式家庙功能

家庙区域	功能
A.宗族文化的宣传曲	文化功能
B.宗族会议区	组织功能
C.祖先祭祀区	祭祀功能
D.粤剧室	文化功能
E.祖先祭祀区	祭祀功能
F.老人娱乐区	文化功能
G.梁氏基金会办公室	组织功能
H.卫生间	

图 6.11　石梁梁氏家庙的内部平面图（作者自绘）

表 6.2　古佛山镇存留的祠堂文化景观及其功能

街道	祠堂名称	年代	祠堂地址	祠堂功能
普君	汪海区公祠	清	崇发里 8 号	祠堂
	李大夫家庙*	清	新风路 33 号	出租屋
	秀岩傅公祠*	清	卫国路 86 号	市三中的乐团活动室
	兆祥黄公祠★	清	建新路	广东粤剧博物馆
	蓝田冯公祠*	清	六村正街 29 号	出租屋
祖庙	傅氏家庙*	清	隔塘大街 28 号	祖庙街道社区居委会
	霍氏家庙*	清	隔塘大街 86 号	居住
	霍氏家庙	清	圣堂村	圣堂居委会
	八图祖祠	清	祖庙大街	出租屋
升平	叶大夫祠*	清	锦华路宝善坊	祠堂

说明：带★者为省级文物保护单位，带＊者为市级文物保护单位。

随着佛山城市化快速发展，城市空间已经或正在逼近这些乡村社区，人口流动增加打破了血缘聚居的纯洁性，年轻人的宗族意识逐渐淡薄，外来文化和现代都市文化大举进入，使传统的宗族文化处于劣势，乡村社区景观日渐雷同，地方性正在逐步消失。以下是笔者对塘头村梁氏族老访谈的部分内容：

笔者：我们在研究的时候，都是使用宗族文化这个词，宗族文化涵盖很多方面……

梁拓成：……我们现在重建曼硕堂，这个祠堂凝聚了我们整个村，它是整个塘头村的凝聚力。没有这个祠堂，凝聚力就散了。有了这个祠堂，在广州、佛山，甚至到了海外的宗亲也会回来，为自己乡土的进步而荣庆，对自己乡土不好的地方做出批评。目的是什么？我们都不希望自己的兄弟变成吸毒鬼，因为他们都是自己的同宗兄弟。所以，只能通过发扬，这样才会进步。

笔者：城市化对你们宗族文化产生怎样的影响？

梁金成：我们现在修族谱、宗祠，就是为了未来的城市化进程搞一点工作，如果现在不搞，城市化以后，历史文化就会出现明显的切断。现在搞，留下的文化，不管以后到哪里，族谱都有个依据，可以查到我们的祖先是怎么来的。

笔者：现在佛山城市化发展很快，很多农村都变成城中村，政府的“三旧”改造，城中村改造是其中之一。深村、石头村都在改造，在石头村有文保单位——霍氏大宗祠，它可能不会动。佛山大多数祠堂都不是文保单位，面临城中村改造，很多祠堂面临着改造。还有城中村改造以后，很多村民搬进农民公寓，不

图6.12 笔者与塘头梁氏族人的合影①

①照片由何伟财摄影，从左至右依次为梁金成（村委会主任，已退休）、梁燕（佛山市图书馆地方文献室馆员，非塘头村人）、梁荣金（南海区医院院长、已退休）、作者、梁拓成（工厂干部，已退休）、梁逢利（非塘头村人，已退休）。

像过去那样以血缘聚族而居，在村民公寓里面，族人可能相对分散了。长期以往，这对宗族文化会产生很大影响。那么，你们有没有考虑过这种情况？

梁金成：现在我们重修的梁氏家庙是按照原貌进行修复的，显示出它的历史文化，同时也会融入现代文化在里面，做到集历史文化与现代文化于一体。希望政府改造的时候，能够考虑它所具有的深厚文化底蕴，希望能够保留它。它实实在在反映了我们现在这个盛世社会。

梁荣新：据我所知，现在很多祠堂都办成了乡村博物馆或展览馆。其实，与我们想的一样，希望保留这些历史文化。以后，我们也准备把祠堂办成村的历史文化展览馆，让大家来了解自己的家乡。虽然我们这个村很大，但对于我们的祖宗，大家都不知道，包括我们也不知道。最近为了修祠堂与族谱，经过我们查资料研究，才知道我们村也不简单，曾经出过很多文化名人。跟村民讲，大家才知道祖宗是这样的。让他们教育后代要有好学的精神。我们村里出过许多文化名人，虽然在全国不是很有名，但在《南海县志》记载的十多个姓梁的名人，我们塘头就有三个。把这些告诉村民，他们十分高兴，了解了自己的乡村历史，激励了我们的后人向先辈学习。①

从以上访谈的内容中，我们可以发现塘头梁氏将修建祠堂作为凝聚族人，进而认同乡土的重要依托。他们也意识到城市化对宗族文化的冲击，希望通过祠堂景观这一集体记忆，展示和保留地方的历史文化。由此可见，在城市化发展的今天，宗族文化景观正在发生演变。佛山宗族文化景观就是在现实困境与调整适应之间不断变化，以保存宗族文化，维系社区的地方性。

二、传统街巷地名文化景观变化与地方认同

本书分别对1923年、1987年和2005年三个时间段佛山传统地名变化进行了统计分析。1923年、1987年的街巷地名资料分别来自民国《佛山忠义乡志》、《佛山市城市建设志》[13]；2005年的街巷地名资料主要来自佛山市禅城区民政局，并结合2005年出版的《佛山新印象地图册》[14]中街巷地名的统

① 笔者有关塘头梁氏宗族文化的访谈录，2007年11月18日。

计，以及笔者对老城区的实地调查。如表 6.3 所示，1923—2005 年间街巷地名的变化如下：①从 1923 年一直保留到 1987 年的地名有 453 条，地名存留率[①]为 28.9%；从 1923 年保留到 2005 年的地名有 425 条，地名存留率仅为 27.16%；1923 年的街巷地名在 1987 年和 2005 年均未出现的数量达到了 1035 条，传统街巷地名的消失率高达 66.13%。②从 1987 年保留至 2005 年的街巷地名有 220 条，地名存留率为 45.9%；2005 年未出现的街巷地名为 45 条，地名消失率只有 9.4%。③2005 年的街巷地名数为 618 条，其中有 139 条是 1987 年后新增的地名，所占比率达 22.5%，新增的街巷地名大部分是随着佛山城市建设的需要而产生的。由此可见，佛山传统街巷地名消失（图 6.13）的速度极快，远高于新增街巷地名的比例。

图 6.13　正在消失的佛山传统街巷及其地名景观

资料来源：梁海坤：《两块“老街额”引出“几段古”》，http：//www.fsonline.com.cn/aaf/foshan/society/bxsc/200508310005.htm。

表 6.3　不同时期佛山街巷地名数量的变化情况[②]

年份	1987 年、2005 年均未出现	1987 年、2005 年均出现	1987 年出现，2005 年未出现	1987 年未出现，2005 年出现
1923 年	1035	348	105	77

① 地名存留率 = 1923—1987 年间共有的街巷地名数量 ÷ 1923 年街巷地名数量 × 100%。与地名存留率相对的，就是地名消失率，即（1 − 地名存留率）。1923—2005 年、1987—2005 年街巷地名变化的统计指标与此相同。

② 每个地名都可以分解为修饰词、专名部和通名部三部分。修饰词是指修饰专名部的方位、程度、状态等的词语。佛山街巷地名中一些由专名衍生的地名，往往都有修饰词，如燎原一巷、燎原四巷、燎原五巷，普君西路、普君北路、普君南路，塔坡街、塔坡横街，达华街、达华横街等。在统计时，只取其中一个具有专名的地名即可。如上述地名可以取：燎原巷、普君路、塔坡街、达华街。由此造成了 1987 年和 2005 年的地名数量部分减少。

续表 6.3

年份	1923 年、2005 年均未出现	1923 年、2005 年均出现	1923 年出现，2005 年未出现	1923 年未出现，2005 年出现
1987	59	220	45	155
年份	1923 年、1987 年均未出现	1923 年、1987 年均出现	1923 年出现，1987 年未出现	1923 年未出现，1987 年出现
2005	45	248	175	150

传统街巷地名是城市长时间发展的历史遗存，也可以说是城市的历史地名。这些传统街巷地名除了基本的空间认知功能外，其延伸功能——“作为地方性的构建要素”逐渐显现出来。历史地名涉及空间的表述、表述的空间两个部分，是地方性的构成要素之一。因此，历史地名的消失可能导致地方性的消弭。历史地名涉及地方的特定意义并且是始终贯穿在地方中的东西，并且建立在地方性之上。[15]实际上，传统的街巷地名凝聚了人们对于城市自然环境与社会环境的认知，是该地域人们内心世界的展示，承载着民众太多的集体记忆，它更是市民情感寄托的空间。Nash Catherine（1999）认为地名是“物质和非物质的，真实的和象征的，是所有关于权利、文化、位置和认同的问题”[16]。由此可见，传统街巷地名背后的历史文化意涵是地方的文化之根，是地方认同的空间表述。但街巷地名是动态的，传统街巷地名的变更势必会唤起市民的集体记忆和地方的认同。

2006 年 9 月 30 日，佛山市民政局发布包括大福路在内的市内 7 条主干路改名方案，该方案将具有 70 多年历史的原大福路、大福南路、大福路南延线统一命名、更名为岭南大道，分岭南大道北、岭南大道南两段。大福路改名引发了网友的热烈讨论。佛山 C2000 沙龙（http://www.c2000.cn/）是佛山人气最旺的城市网络论坛。2006 年 10 月 1—5 日间，C2000 沙龙社区论坛的“话说佛山”版面共发表有关大福路改名的主帖 20 个，主帖帖入数①达 778 人次。本书将主帖的类型按内容分为城市记忆、旧城改造（规划、改造和建设等）、其他，按情感分为反对、质疑、赞同、其他。其中，反对大福路改名的有 12 帖，质疑大福路改名的有 5 帖，占主帖总数的 85%；另外，赞同的有 1 帖，其他的有 2 帖。主帖涉及的主要内容为城市记忆的有 13 帖，占总数的 65%，旧城改造有 2 帖，剩下 5 帖属于其他类型。

① 帖入数是指主帖得到别人的回复数。

可见，佛山市民对于大福路改名的抵触情绪很大。相关政府部门则回应称："这种情节更多是对当年小城生活气息的一种怀念，但如今路拓宽了，两边的建筑也大变样，希望市民能从形象和便利的交通获得新的认知。"[17]

历史时期佛山镇街巷地名所反映的地域文化以城市人文特色景观为主，民国初人文景观和自然景观街巷地名所占的比例分别为74.06%和27.04%。在人文特色景观中，与美好意愿有关的地名景观占有绝对的优势，特别是以"福、安"字的地名景观居多，由此折射出佛山城市人文景观中"祈福文化"的特点。大福路地名来源于1932年明照铺的大桥头街和耆老铺的福庆里的首字合并而成，70多年来这个名字伴随着几代佛山人的成长，既记录了当时的地方特殊地理位置，也反映了当时的历史变迁与风俗民情，人们以"福"字传达一种美好的意愿，以"大福"而名恰好延续了佛山传统街巷地名的"祈福文化"特征，体现出浓郁的地方性，起到了传承与反映地方文化的作用。所以，"大福路"之名深得民心，而缺乏地方性的"岭南大道"却得不到市民认同。

这里摘录佛山C2000沙龙上网名"20050517"的主帖《佛山禅城街道名的身世》（2007年1月28日发布）的一些网友跟帖内容以示说明：

> *Youthbo*：现在的巷里越来越少了，就像北京的胡同一样消失得好快，希望能保留下来。
>
> *Lpet*：从岭南大道开始，具有佛山特色的街道将慢慢不复存在，悲哀啊！
>
> *Nedved*：有人说街巷名系活化石，有它的人文历史内涵，现在动不动就要改名，动不动就要拆！哎……渐渐地，这个城市让我们觉得陌生，我们对这个城市也没有了归属感。
>
> 9009：现在可能无人会对"岭南大道"有归属感！
>
> *su27*：佛山的集体回忆被拆得七零八落了！①

由此可见，关于大福路更名问题，体现了市民与管理者对地方文化认同的矛盾。地名是传承地域文化的载体。文化往往体现在公众符号之中，社会成员通过这些符号交流思想，维系世代。[18]"大福路"这一地名作为一种城市传统文化遗存的符号，既是人们对于城市自然环境与社会环境认知的记录，也折射出地域文化的往昔景象，是传承地域文化的载体。它更承载着市民的情感与对地方文化的认同。从大福路更名的官方态度上，则

① http：//www.c2000.cn/dispbbs.asp？BoardID＝1&ID＝337139。

反映了如何对待城市历史文化景观方面，城市设计者与掌管者的强权属性。他们关注的是现代化大城市形象与建设，以至于认为用“岭南”替代“大福”才能显示出大城市的特征。从网络讨论中，显然“岭南大道”无法得到市民的地方文化价值认同。但是，由于市民普遍缺乏话语权，网络讨论的声音影响很微弱，基本上是毫无作用。

传统街巷地名变更的争论，既能明晰城市的地方文化，又能使城市陷入自我的迷失。“对道路更名的劝阻呼吁牵引出两种潜在的恐惧：一种是对城市可能误入迷途、丧失自我的恐惧；另一种则是作为城市个体，可能面临被丧失自我的整体氛围所淹没的危险，最后也会被拖入丧失自我的深渊。一个后果是，自信心凋零，人们对于城市、对于自我将不再认同。”[19] 城市文化景观不单是城市实体空间所展现的符号系统，更是存于市民心中，由城市历史和城市记忆长久酿造出来的一种文化认同。城市管理者对地方文化的漠视，由官方意志推动所生产的城市空间往往得不到文化认同。随着城市的发展，经常出现大规模的城市改造、修建，他们想方设法地否定自己，让自己改名换姓、改头换面，以至于街道或者区域更名、历史街区拆建等现象更是屡见不鲜。城市历史文化景观显得那么脆弱，被时代车轮无所顾忌地碾过，将城市自己的文化根本轧成一地碎片，城市的地方性亦随之逐渐消亡。因而，对于城市文化景观演变的研究更要关注历史文化景观的保护，以塑造城市地方感，构建一个充满地方人文氛围的城市。

本章通过历史文化景观的认知地图、景观图片辨识的问卷调查，获取城市景观集体记忆的空间信息，再应用 GIS 将其空间可视化，探讨城市文化景观集体记忆的空间特征。研究结果表明：①受访者的认知地图存在多样性，但大多是通过简单的景观记忆方式描绘城市空间。其中，受访者所勾绘的单体型认知地图中，城市历史文化景观的比例最高（主要是代表性的景观，如祖庙、通济桥等）；还有居民通过认知地图表达了居民对于往日城市景观的回忆，以及对城市文化景观变化的反映。②基于认知地图所绘制的城市文化景观记忆空间结构中，以“两纵两横”的记忆廊道作为轴线，将居民认知空间分为老城区、老城区外两部分。老城区是佛山城市景观空间认知程度最高的地区；老城区外的城市景观记忆空间结构中，出现具体的景观要素较少，说明这些区域的景观识别性不强，居民的空间认知程度相对较低。③基于图片辨识的城市景观记忆空间结构以季华路和佛山大道为界，分为传统城区、新城区两个区域。传统城区的城市景观意象较为清楚，新城区则趋于模糊。而以高辨识的城市景观为中心，还可以区分出4个城市文化景观的辨识空间，即老城区的历史文化景观、石湾片区的传统陶艺景观、电视塔片区的生态休闲景观、东平河南岸的新城人居景观。特别是基于图片辨识和认知地图的景观记忆空间结构十分相似，反映历史时期的佛山城市社会文化空间在集体记忆中的深刻烙印。

城市文化景观的变化影响了对城市的地方认同感。本章主要以宗族文化景观、传统街巷地名文化景观为例，研究结论如下：①20世纪80年代以后，佛山城区周围的宗族活动逐渐复苏，但与以往相比，当今的宗族文化景观已经发生了某些变化。尤其是随着城市化进程的加快，佛山城市空间逐步向这些乡村社会扩展，宗族血缘社会又将面临新的挑战，宗族文化景观也正处于“地方认同”与“地方消解”之间。因而，顺应现今社会的发展，宗族祠堂文化景观、宗族活动文化景观都在不断地进行调适，以维系宗族文化和社区的地方性。②传统街巷地名背后的历史文化意涵是地方的文化之根，传统街巷地名的变更势必会唤起市民的集体记忆和地方的认同。佛山大福路地名变更的案例表明，市民与管理者对地方文化认同存在矛盾。历史地名不单是城市实体空间所展现的符号系统，更承载着市民的情感与对地方文化的认同。官方意志则关注的是现代化大城市形象与建设。由于城市管理者对地方文化的漠视，官方意志推动所生产的城市空间往往得不到文化认同。

参考文献：

[1] 刘易斯·芒福德．城市发展史——起源、演变和前景［M］．宋俊峻，等译．北京：中国建筑工业出版社，1989：74.

[2] 拉普卜特．建成环境的意义——非语言表达方法［M］．北京：中国建筑工业出版社，2003：40.

[3] 于波．城市记忆研究［D］．武汉：华中科技大学，2004.

[4] 约翰·劳维，艾尔德·彼得逊．社会行为地理［M］．赫维人，译．成都：四川科学技术出版社，1989：1.

[5] Paul Cloke, Philip Crang, Mark Goodwin. 人文地理概论［M］．王志弘，等译．台北：巨流图书公司，2006：230－231.

[6] 莫里斯·哈布瓦赫．论集体记忆［M］．毕然，郭金华，译．上海：上海人民出版社，2002：41.

[7] 顾朝林，宋国臣．北京城市意象空间及构成要素研究［J］．地理学报，2001，56(1)：64－74.

[8] 凯文·林奇．城市意象［M］．方益萍，何晓军，译．北京：华夏出版社，2001.

[9] Knox P L, Marston S A. Places and Region in Global Context: Human Geography [M]. London: Prentice Hall, 2004: 219.

[10] 陈美云. 台北市大稻埕地区都市景观自明性之研究 [D]. 台北: 台湾师范大学, 2002: 8-11.

[11] 黄服赐. 在地小区领袖参与乡土遗产保护的人文意涵: 以台南麻豆、台北龙坡为例 [D]. 台北: 台湾大学, 2000: 164-183.

[12] 冯健. 北京城市居民的空间感知与意象空间结构 [J]. 地理科学, 2005, 25 (2): 143-154.

[13] 佛山市城乡建设局编志组. 佛山市城市建设志 [M]. 广州: 广东科学技术出版社, 1990.

[14] 广东省地图出版社编. 佛山新印象地图册 [M]. 广州: 广东省地图出版社, 2005.

[15] 周尚意, 吴莉萍, 杨飞, 等. 论城市实体空间变化与历史地名保护的关系——以北京二环以内地区为例 [J]. 中国地名, 2007 (1): 66-67.

[16] Nash Catherine. Irish Placenames: Post-colonial Locations [J]. Transactions of the Institute of British Geographers, 1999 (24): 457.

[17] 曹思诚. "狂顶大福路" [N]. 南方都市报, 2006-10-17 (A41).

[18] 格尔茨. 文化的解释 [M]. 上海: 上海人民出版社, 1999.

[19] 章剑锋. 城市发展要避免丧失自我 [N]. 南方都市报, 2006-10-20 (A34).

第七章　佛山城市历史文化景观保护与地方感的塑造

景观是构建地方的重要内容，爱德华·瑞尔夫（Edward Relph）认为景观不但“可以作为文化和人类价值以及实践的表现”，更直言“地方的精神就在于它的景观”。[1] 历史文化景观作为城市传统文化长期积淀的遗存，既是承载城市历史的载体，又是塑造城市地方感的文化源泉。因而，城市文化景观演变的研究最后还是要归结于对景观保护和地方感塑造的实践之中。

第一节　佛山城市历史文化景观的结构特点

一、佛山城市历史文化景观保护简单回顾

佛山城市历史文化景观通常以“遗产”形式表现出来。民国初年佛山城区（原佛山镇）有大小祠堂 300 多座、庙宇 200 多座，会馆、手工作坊、老铺、古街道、宅院、园林、名人故居、古窑址、当楼、桥梁和码头等，亦为数不少。虽时移俗易，建国后遗留尚多。①“文化大革命”前时期（1950—1965 年），自 1956 年始，修缮祖庙、孔庙，并扩建祖庙公园。1961 年，佛山市公布了第一批市级文物保护单位 10 处，即佛山祖庙、郡马梁祠、经堂古寺、南泉古寺、水上关帝庙、河宕贝丘遗址和南风灶古窑等。1962 年，佛山祖庙成为广东省首批重点文物保护单位。在非物质文化遗产方面，1956 年成立佛山民间艺术研究社，开始对佛山秋色、剪纸、陶瓷、刺绣和版画等民间艺术进行普查、发掘、整理和研究工作。佛山先后举行了多次秋色巡游活动，阵容颇大。②“文化大革命”时期（1966—1976 年），郡马梁祠、南泉古庙、经堂古寺和水上关帝庙等佛山重点文物保护单位均被拆毁或覆盖。祖庙由于在佛山的特殊地位，“文化大革命”期间得到政府及佛山民众封闭性保护。总体上看，“文化大革命”期间，

除了部分文物保护单位外，佛山老城区的古街巷整体肌理没有受到大的破坏，很多会馆、庄园、宅第和祠庙等历史建筑景观的原状仍然保留。③改革开放至今（1977 年至今），佛山城市历史文化景观的保护和破坏并存，而且破坏的程度超过了以往。20 世纪 80 年代以来，一些主要历史景观得到了修复和重建，如梁园、仁寿寺、东华里、通济桥和陶师祖庙等。1984 年开始分四批陆续公布了市级重点文化保护单位，佛山祖庙、东华里古建筑群、南风古灶和高灶成为国家重点文物保护单位，佛山梁园、简氏别墅、兆祥黄公祠、林家厅及古民居群和河宕贝丘遗址成为广东省重点文物保护单位。至今，佛山市的文物保护单位有国家级 3 处、省级 5 处、市级 70 处。在非物质文化遗产方面，20 世纪 80 年代以来，佛山市的民俗文化活动逐渐得到恢复，尤其是传统的秋色巡游、行通济和北帝诞。特别是"行通济"已经成为佛山最重要的民俗活动，从 2004 年开始，"行通济"人数每年有 10% 的增长，2013 年正月十五元宵之夜高达 65 万人次参与"行通济"。[2] 自 2006 年起，佛山开始了对非物质文化遗产的各级保护。目前佛山市有各级非物质文化遗产 19 项，其中，国家级非物质文化遗产有 9 项。

1991 年佛山被列为广东省第一批省级历史文化名城，1994 年又被列为第三批国家级历史文化名城。佛山城市历史文化景观的保护也从单体保护进入了通过规划对历史名城保护的阶段。1996 年和 2004 年佛山两次编制了历史文化名城保护规划①，对历史文化名城保护起到一定指导作用。但是，随着佛山城市社会经济的快速发展，城市空间急剧扩张，城市历史文化景观受到的影响很大，除了少数重要的文物古迹外，大量的文物保护单位长期被荒弃或用作工厂、出租屋，其状况岌岌可危。加之大规模城市建设中的旧城改造，导致原有古城的城市肌理正被逐渐蚕食。而非物质文化景观也面临传承乏人，所依存的传统文化空间正迅速消失等困境。城市大规模建设与传统文化风貌保存的矛盾日趋严重。2004 年规划实施至今，佛山老城的规划思想和原则仍然屡屡被突破，城市传统文化的景观结构和肌理不断被蚕食（图 7.1）。

---

① 1996 年由佛山市建设委员会、西安建筑科技大学、佛山市城乡规划处共同编制《佛山市历史文化名城保护规划》；2004 年由华南理工大学东方建筑文化研究所、佛山市规划局、佛山市文化局共同编制《佛山历史文化名城保护规划》。

图7.1 祖庙—东华里历史街区周围规划中的林立高楼

资料来源:《佛山第一楼或比“百花”高一倍》,《佛山日报》2008年9月12日,第A04版。

实际上,历史文化景观保护以及老城更新改造所涉及的利益主体关系相当复杂,也非本书所要探讨的内容。笔者认为在全球化背景下,佛山老城不论如何更新,塑造城市地方感及认同感是十分重要的。历史文化景观强调城市文化生态环境的整体性,是城市地方文化构建的重要内容。那么,以景观生态和地方感塑造的视角,探讨佛山城市历史文化景观的保护,无疑有利于城市文化的继承与创新。

二、佛山城市历史文化景观的结构

佛山遗存的城市历史文化景观十分丰富。根据其内容属性,本书将这些历史文化景观划分为物质文化景观与非物质文化景观。佛山的各级文物保护单位基本反映了传统佛山的城市文化特征,是典型的城市历史的物质文化景观。截至2006年,佛山有3处国家级、5处省级、70处市级重点文物保护单位,连同一般文物古迹在内,共有103处城市文化遗产景观。2013年,市级以上非物质文化遗产有34项,其中国家级的9项、省级的19项(包括国家级的9项)。本书从自然要素到社会文化要素,从物质实体到精神实体,将佛山城市历史文化景观概括如表7.1所示。

表 7.1　佛山城市历史文化景观类型及要素构成

景观类型		景观要素
自然景观	山岗	王借冈、大雾冈、五峰山、莺冈、蟠冈
	江河	汾江、东平河、佛山涌、大塘涌
非物质文化景观	历史人物	吴趼人、陈启沅、骆秉章、李文田、伦文叙、简文会、梁储、霍韬、庞嵩、庞尚鹏、李待问、吴荣光、戴鸿慈、张荫桓、陈铁军、黄飞鸿、梁赞、叶问、李文茂等
	民间风俗	节庆活动：逛花街、**行通济**、清明行清、端午龙舟赛、**秋色巡游**★、乐安花灯会； 传统风俗：武术（**咏春拳**、洪拳、**蔡李佛拳**等）、舞龙、醒狮★、**春节习俗**、宗族礼仪、自梳女、婚丧习俗、疍家习俗
	民间信仰	**佛山祖庙庙会（北帝诞）**★、观音诞、孔子诞、七姐诞、华光诞、龙母诞、盂兰盆会、关帝诞、南海神诞
	民间工艺	秋色艺术★（扎作、花卉、仿古、果品和鲜蚧工艺品）、**剪纸**★、**彩灯**★、刺绣、**木版年画**★、**彩扎龙狮**★、莨纱工艺、建筑工艺（陶塑、灰塑、砖雕、石雕、**木雕**等）、沙头锣鼓柜、**陶塑技艺—石湾公仔**★、**石湾龙窑**、铸铁、纺织、中成药（**源吉林甘和茶**、梁仲弘"万应抱龙丸"、**冯了性"风湿跌打酒"**、黄恒庵"乌金丸"、黄祥华"如意油"、李众胜"保济丸"等）
	佳肴特产	盲公饼、**石湾玉冰烧酒**、海天酱油、柱候酱、佛山扎蹄、应记云吞等
	戏剧曲艺	**粤剧**★、南音、木鱼、八音锣鼓、**佛山十番**★、粤讴

续表 7.1

景观类型		景观要素
物质文化景观	宗族建筑	**兆祥黄公祠**、傅氏家庙、南田冯公祠、隔塘霍氏家庙建筑群、李大夫家庙、秀岩傅公祠、张氏大宗祠、陈氏宗祠、石头霍氏家庙祠堂群、黎涌陈氏大宗祠、霍氏祠堂、元吉黄公祠、秋官家庙、汪海区公祠、康宁聂公祠、石梁梁氏家庙、大江罗氏宗祠、大沙杨氏大宗祠、平兰陈公祠、庞氏大宗祠、仙槎书院、八图祖祠
	民居建筑	**东华里★**、**简氏别墅**、**林家厅**、任围、叶家庄、区家庄、简照南佛堂、石路巷、适安里、培德里、集贤坊、黎涌简地、廖家围、简照南家族旧居、文明里更楼、文会里嫁娶屋、李可琼故居、陈铁军故居、蕺园、区夏民故居
	作坊商铺	**南风古灶—高灶陶窑★**、莲花巷土府、祖庙大街店铺、李众胜堂祖铺、泰和当铺、黄祥华如意油铺、居仁里土府、忠诚当铺、青云街当楼、李广海医馆、天海酒家、陈太吉酒庄、梁仲弘蜡丸馆、钵行会馆、酒行会馆、恒昇大押、同庆灶、盲公饼祖铺、精神粮食社旧址
	宗教建筑	**祖庙★**、孔庙、国公庙、花王庙、高庙、塔坡庙、经堂古寺、丰宁寺、太上庙、谭仙观、先锋古庙、仁寿寺、基督教赉恩堂、天主堂、东岳庙、水月宫、财神庙
	教育建筑	苏氏书塾、龙塘诗社、莲峰书院、华英中学旧址、季华女子学校旧址、永新社学
	历史遗址	**河宕贝丘遗址**、大雾冈遗址、王借冈古火山遗址、琼花水埠遗址、泥模冈冶铁遗址
	武馆建筑	佛山精武体育会会址、叶问故居、鸿胜祖馆、陈盛故居、梁赞故居
	井泉桥渡	塔坡井、状元井、中山桥、通济桥
	园林建筑	**梁园**、中山公园、绿瓦亭
	碑刻墓葬	东汉墓群遗址、吴勤烈士陵园

说明：以禅城区（不含南庄镇）为主，黑体为“省级非物质文化遗产或文物保护单位”，黑体加“★”为“国家级非物质文化遗产或文物保护单位”。

资料来源：主要根据 2004 年《佛山历史文化名城保护规划》以及本人收集的资料整理。

从景观生态学的观点出发，以佛山城市物质文化遗产景观为城市的历史景观斑点，以历史景观斑点集中的簇群空间为历史景观斑块（相当于城市的历史文化街区）①，构建佛山的城市历史文化景观空间结构。借鉴2004年《佛山历史文化名城保护规划》的研究成果②，可以划分为9个历史文化景观斑块（图7.2和彩图25、图7.3和彩图26），分别是祖庙—东华里、品字街、梁园、莲花南、任围、新安街、南风古灶、黎涌和石头霍氏祠堂群，其中前6个位于古佛山镇的范围内。而且城市历史文化遗产景观也多集中在此范围内，共有68处，占总数的66%。利用FSHGIS空间数据，将佛山城市物质文化遗产景观与历史时期佛山镇空间数据进行叠加，从图7.4（彩图27）可见，古佛山镇的北部、南部各铺区的变动很大，保存的历史景观已经很少了，遗存的历史景观主要分布在中部各铺区。明清时期，这里是佛山镇工商业和宗族聚居的混合区，所以，现在遗存的历史景观以祠堂、作坊商铺、庙宇和民居景观为主。另外，现存的主要传统骑楼景观也基本处于明清时期佛山正埠至祖庙的中心轴线上。

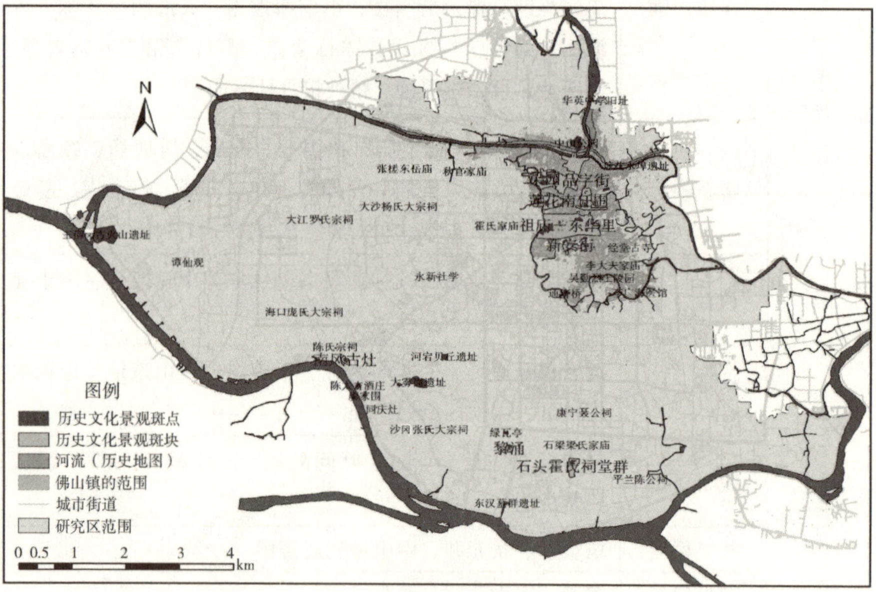

图7.2 佛山城市历史文化景观的空间结构

① 关于城市历史文化景观斑块、斑点的含义在下文中有专节分析，在这里暂不论及。

② 华南理工大学东方建筑文化研究所：《佛山历史文化名城保护规划（文本、总图图则）》，2004年。

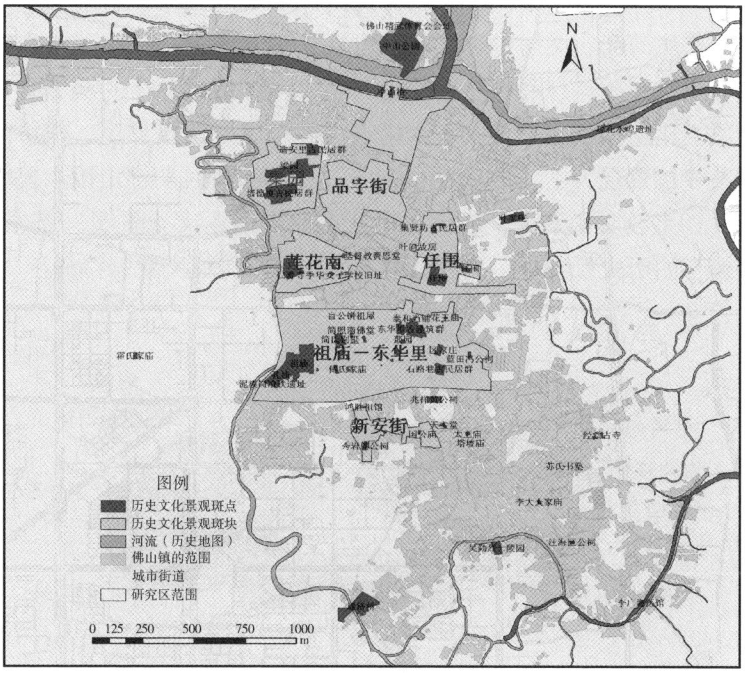

图 7.3　佛山旧城区（佛山镇）城市历史文化景观的空间结构

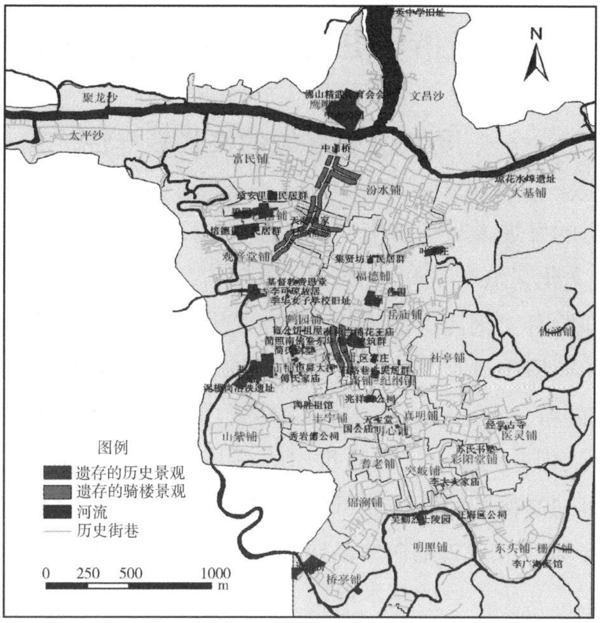

图 7.4　古佛山镇范围内遗存的城市历史文化景观

如表7.1所示，根据城市物质文化遗产景观的性质，将它们划分为历史遗址、作坊商铺、民居建筑、宗教建筑、宗族建筑、武馆建筑、教育建筑、园林建筑、墓葬碑刻和井泉桥渡10个类型。从图7.5可见，在现存的城市物质文化遗产景观中，以宗族建筑景观、民居建筑景观、作坊商铺景观和宗教建筑景观为主，占总数的75%。这与明清时期佛山镇主要城市文化景观（即宗教文化景观、宗族文化景观和工商业文化景观）基本一致。从这些遗存的历史景观中，可以折射出佛山城市传统文化的特征。

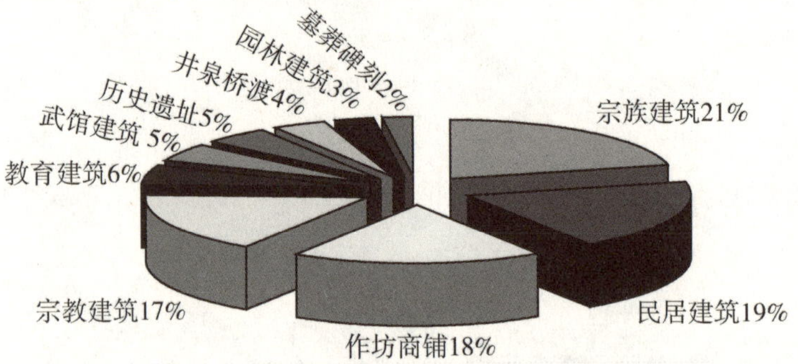

图7.5　佛山城市物质文化遗产景观的组成

第二节　佛山城市历史文化景观文化多样性的保护

一、历史文化名城的文化多样性

城市自身的发展谱写了城市文化的多样性，文化多样性是城市生存的特征。[3]历史文化名城的文化多样性可以包含三个层次的含义：①文化传承多样性，即所有文化传承信息的总和，它存在于文化基因内。文化基因是指每种文化类型中具有遗传密码功能的遗传单位，多指各类文化的“原型”、最本质的特征，通过“符号”的形式由具有某种习俗观念的人所掌握、创造并传承。[4]例如，广府建筑中的镬耳山墙等“符号”传递出广府传统民居建筑的文化基因特征。可见，文化基因决定事物形态特征，是产生文化物种的基础。②文化物种多样性。文化物种是具有相同文化基因的文化类型，它是文化分类的基本单位[4]，如建筑方面的广府建筑和客家建筑，戏曲方面的京剧、粤剧和潮剧等。在一定地域空间内的多个文化物种就构成了一个文化丛。③文化生态系统多样性。从生态学角度上讲，文化生境是文化存在的场所空间及其全部文化生态因子的总和。文化生境亦即文化生态环境，强调文化存在的空间范围和物种的分布，它既可以指单一文化物种的具体生境，也可以泛指某些文化丛的生境。文化生态系统多样化也就是文化生境内生态过程的多样化。

文化景观是文化物种的地理投影，文化物种多样性也就是文化景观多样性。可以从文化多样性的视角，在文化基因、文化物种和文化生境层次上考虑名城历史文化景观的保护。生物特性是通过遗传基因代际传递下去的，文化特征则是通过文化物种的传承而得以流传下去。所以，文化传承是文化多样性保存的主要方式，又是文化多样性的基础。就文化物种个体而言，文化基因多样性与大多数文化物种的适应度呈正相关，当某一文化物种基因多样性消失后，就再不可恢复了。在全球化条件下，不适合的人为干扰是文化多样性丧失的主要因素。如我国一些历史文化名城，在所谓的“旧城改造”的口号下，拆掉了旧城墙、古街巷，代之以宽广笔直的大道。这些活动破坏了传统的城市肌理，导致历史文化景观破碎化，文化景观结构趋于简化，失去了对传统文化物种的传承效应，文化物种趋于濒危。当这种趋势达到一定程度时，对历史文化名城文化多样性的破坏是毁灭性的。

二、文化多样性的城市历史文化景观结构

景观结构是由斑块、廊道和基质等景观要素组成的异质性区域，各要素的数量、大小、类型、形状及在空间上的组合形式构成了景观的空间结构。[5]通过对历史文化名城文化景观结构及其变化的分析，可以诠释历史文化景观保护的特点。

1. 景观斑块与文化多样性

斑块指依赖于尺度的、与周围环境基底在性质上或者外观上不同的空间实体。[6]从文化景观的角度，可以称之为文化斑块，文化斑块具有空间非连续性和内部均质性。斑块具有大小、形状、镶嵌等空间性质。文化斑块的大小影响到文化物种的丰富度，文化物种需要与之相适应的文化生境结构，文化斑块的保护需要重视对斑块的生境结构的营造。例如，在历史文化名城的土地利用过程中，会产生孤立的文化斑块，不同程度地中断了文化丛之间的文化基因流，同时增强了孤立的文化丛内文化传承的“漂变效应”，引起孤立斑块内文化基因的变化，适宜的文化生境丧失，使文化景观结构趋于简化，名城的文化多样性减少。文化斑块的形状和边界特征也强烈影响着斑块内部的文化景观变化，主要是通过影响文化斑块和基质或其他斑块之间的“物质和能量”交换而影响斑块内的文化物种多样性。

例如，在城市自然成长过程中，“紧密型”文化斑块易于保护文化多样性，抗干扰性强，而“狭长松散型”文化斑块容易促进斑块内部与周围环境的相互作用。佛山老城是历史文化名城的核心，是佛山历史文化多样性最丰富的区域，历史文化景观最为集中，也是佛山非物质文化景观最重要的载体。佛山老城范围是：护红路、高基路、南堤路、新堤路以南，建新路、卫国路、普君西路以北，松风路、红路直街、护红巷、祖庙路、卫宁路以东，市东上路、市东下路、普君北路以西。但由于佛山市禅城区用地的局限以及相应的拆旧建新的发展方式，很多大型的商业和居住开发已经侵入老城的核心区，在220 ha的老城核心区内，已经有136 ha的风貌遭到较大改变。① 在GIS和FRAGSTAS景观格局分析软件支持下，得到佛山老城土地利用的景观格局指数，如表7.2所示。从多个景观格局指数看，1994—2005年的10年间，佛山老城的景观斑块密度增大，景观的多样性和破碎度都显著增强，说明老城景观格局发生着很大的变化。现在仅存由祖庙—东华里、品字街、梁园、莲花南、任围和新安街六个孤立的历史文化斑块构成的文化景观结构（图7.6）。表7.3反映了祖庙—东华里、品字街的历史文化斑块内部景观格局指数的差异。祖庙—东华里斑块的面积为38.71 ha，表中数据显示，与品字街相比，祖庙—东华里斑块内部的景观多样性强，但斑块破碎度小，斑块形状比较紧凑，传统街巷的空间肌理比较完整，保存的文化物种丰富，形成以祖庙和东华里为核心的宗教文化、民俗文化和民居文化集聚的景观斑块空间，与其他文化斑块相比受破坏的程度最低。② 而品字街等斑块狭长或松散，受到现

图7.6　佛山老城的历史文化景观空间格局

① 华南理工大学东方建筑文化研究所：《佛山历史文化名城保护规划（文本·总图图则）》，2004年，第4页。

② 在外力（资本、权力等）的强烈介入下，破坏了城市自然生长过程，历史文化斑块的稳定性容易被打破。2008年在政府和房地产企业的推动下，祖庙—东华里历史文化斑块被彻底改造成以商业和房地产为主的岭南天地。

代都市文化斑块的强势侵入，传统文化多样性正面临丧失的危险（图7.7）。

表 7.2　1994—2005 年佛山老城的景观格局指数比较

年份	*NP*	*PD*	*LPI*	*LSI*	*DIVISION*	*SPLIT*	*PR*	*PRD*	*SHDI*	*SHEI*
1994	122	54. 8561	15. 0877	8. 7998	0. 928	13. 8802	13	5. 8453	1. 4636	0. 5706
2005	177	79. 5554	12. 057	10. 4055	0. 9428	17. 4737	15	6. 742	1. 6001	0. 5909

说明：*NP*：斑块数量；*PD*：斑块密度；*LPI*：最大斑块占景观面积比例；*LSI*：景观形状指标；*DIVISION*：分割指数；*SPLIT*：分裂指数；*PR*：斑块多度；*PRD*：斑块多度密度；*SHDI*：香农多样性指标；*SHEI*：香农均匀度指标。

表 7.3　祖庙—东华里、品字街的历史文化斑块内部景观格局指数比较

<table>
<tr><th colspan="2">斑块</th><th>NP</th><th>PD</th><th>LPI</th><th>LSI</th><th>DIVISION</th><th>SPLIT</th><th>PR</th><th>PRD</th><th>SHDI</th><th>SHEI</th></tr>
<tr><td rowspan="2">祖庙—东华里</td><td>1994 年</td><td>41</td><td>91. 517</td><td>35. 3783</td><td>4. 556</td><td>0. 7877</td><td>4. 7102</td><td>6</td><td>13. 3927</td><td>1. 2813</td><td>0. 7151</td></tr>
<tr><td>2005 年</td><td>61</td><td>136. 159</td><td>39. 3175</td><td>5. 406</td><td>0. 7762</td><td>4. 4678</td><td>8</td><td>17. 857</td><td>1. 3431</td><td>0. 6459</td></tr>
<tr><td rowspan="2">品字街</td><td>1994 年</td><td>57</td><td>263. 017</td><td>11. 3531</td><td>6. 367</td><td>0. 9357</td><td>15. 5483</td><td>7</td><td>32. 3003</td><td>1. 1276</td><td>0. 5795</td></tr>
<tr><td>2005 年</td><td>54</td><td>249. 174</td><td>24. 5409</td><td>6. 5011</td><td>0. 8872</td><td>8. 8636</td><td>14</td><td>64. 6007</td><td>1. 2681</td><td>0. 4805</td></tr>
</table>

文化斑块的时空镶嵌使文化景观空间具有异质性，有利于文化物种的保存和延续及文化生态系统的稳定。城市记录了城市文化的发展过程，不同历史时期的文化生境存在差异，文化物种也不完全相同。但是，在城市的某个时空断面上，应保留有历史时期存留的多种文化物种，即保护不同时期的城市文化景观格局及其适应的文化和自然生境。但是，一些历史文化名城存在着对传统文化生境的破坏，所以，在对名城文化多样性保护的过程中，不仅要保护历史文化物种及其景观，更要通过一定的人为措施，如营造、恢复一定的文化生境，有意识地增加和维持景观异质性。当然，其前提是要保持好文化传承，恢复的文化生境应该与文化物种相适应。遗憾的是名城建设过程中往往忽视了这一点，“拆掉真文物，仿建假古董”的现象屡有发生。佛山老城的居住和人口的压力大，传统文化景观的环境空间被严重挤压。很多古建筑和园林的规模一般相对较小，环境承载力低，制约了历史文化资源的充分利用。佛山市对岭南四大名园之一的梁园入口的松风路和高基路进行了改

造，形成仿古一条街，试图改善景观周围的文化生境。但仿古街的建设未能与佛山传统的文化生境相协调，这样反而破坏了原有的骑楼街立面和肌理、空间尺度感、景观色彩和街道氛围（图 7.7）。

（a）福禄路拆前的骑楼街景

（b）福禄路改建后的“盒巷”景观

（c）锦华路拆前的骑楼街景

（d）锦华路改建后的景观

（e）正在拆除的公正路的骑楼景观

（f）拆除前的永安路南段的传统骑楼

（g）拆除后的永安路废墟

（h）被“压迫”的梁园空间

（i）梁园对面的松风路仿古街

图 7.7　佛山老城中历史文化景观的变化

资料来源：(a) ～ (g) 为佛山科学技术学院建筑系陈希平老师提供，(h)、(i) 为笔者摄影。

2. 景观廊道与文化多样性

景观廊道被看作线形或带状的景观斑块，在很大程度上影响着斑块间的连通性，从而影响着斑块间的物质和能量的交流。景观廊道的功能取决于廊道的内环境、宽度、长度、连通性及生物学特性。[6] 针对文化遗产的保护，有学者提出“遗产廊道”概念。[7] 在历史文化名城保护中，河涌、狭长的绿地、道路和街区都可以成为文化遗产廊道，也就是文化景观廊道。景观廊道对文化物种多样性的影响表现在：①为某些文化物种提供特殊生境或文化保留地。如佛山市北江及其支流作为文化景观廊道，可以为疍民文化的延续提供一个自然和文化的生境，成为疍民文化的保留地。②增加斑块的连接性，促进斑块间文化物种流动，通过文化廊道，实现文化物种的空间扩散。廊道还提供了一个连续的栖息生境，增加文化物种重新迁入的机会。可以通过景观规划和设计，在斑块之间通过景观廊道联系、景观廊道的文化生境营造，吸引传统文化物种的回归，如佛山的木版年画、剪纸等传统手工艺作坊等。③景观廊道除了对文化斑块有组织作用外，异质性强的廊道空间分割了文化斑块，通常成为强势文化物种侵入的通道，导致斑块内部的破碎化，威胁乡土文化景观的存在，而使文化物种多样性受到了破坏。佛山市在对梁园街区改造的过程中，破坏了街区原有的街巷肌理，将松风路改建为宽 21 m 的交通干道，使梁园文化斑块一分为二，原来藏在深巷的岭南四大名园之一的梁园直接面向喧嚣的大道，周围的民居建筑将梁园压缩在狭小的空间范围内（图 7.7（h）、（i））。在锦华路的永安街区改造中，沿锦华路将现代化的购物消费中心——东方广场引入老城核心，东方广场及其对面的美食坊尺度和体量巨大，多彩的现代商业景观与老城传统建筑风貌形成鲜明对照，造型突兀，严重破坏了老城肌理和沿街文化景观，对老城的乡土文化生境带来灾难性的影响①（图 7.8）。

（a）东方广场对面的“美食坊”

（b）侵入佛山老城的“东方广场”

（c）老城传统建筑文化景观（兆祥黄公祠）

（d）老城传统建筑文化景观（东华里）

（e）老城筷子路的传统骑楼街景

（f）老城锦华路的传统骑楼街景

图 7.8　佛山老城历史文化景观及其文化生境的冲突（笔者摄）

由此可见，景观廊道与文化斑块功能上的矛盾，要求在历史文化名城保护过程中，谨慎考虑如何使廊道有利于乡土文化物种的保护。其中最重要的一点是必须使廊道具有原始景观自然本底及乡土特性，廊道应是自然的或对原廊道的恢复，任何人为设计的廊道都必须与自然和文化景观格局相适应。

---

① 华南理工大学东方建筑文化研究所：《佛山历史文化名城保护规划（文本·总图图则）》，2004 年。

历史街巷、河涌常常构成了历史文化名城的重要景观廊道。名城文化多样性保护要重视保存廊道历史文化肌理，使其具有原真性和文化适应性。

3. 景观基质与文化多样性

景观基质又被称为景观背景，文化景观基质通常指由名城的生产方式、生活方式、价值观念、民俗风情、宗教信仰、审美观和道德观等制度文化和精神文化等内容与自然环境本底一起所构成的文化生境。景观基质对历史文化名城文化多样性保护的作用表现在：①为文化物种提供一定尺度的文化生境；②作为景观背景，控制、影响着与文化斑块之间的“物质和能量”交换，或缓冲文化斑块的“岛屿化”效应；③控制整个景观的连接度，从而影响斑块间文化物种的扩散。在空间尺度上，文化斑块和文化基质之间相互作用对于文化景观变化有显著影响，从而控制着文化景观的空间格局。

认识景观基质的作用对于保护文化多样性非常重要。“岛屿化”效应是景观生态学的重要概念。历史文化景观的“岛屿化”效应则指当历史文化生境被破坏，文脉被割断，文化斑块破碎，传统文化斑块与周围现代都市文化生境的对比度增高，结果造成传统文化斑块“脱颖而出”，成为散布在现代城市风貌中的个个“孤岛”。这种传统文化景观的“岛屿化”效应已成为许多历史文化名城所共有的现象。[8] 由上而知，基质控制着整个景观的连接度，通过人为活动，既可能使文化基质的异质性加强，强化传统文化斑块的“岛屿化”效应，也可能增强基质的亲和性，减轻文化生境对斑块的压力，起到缓冲“岛屿化”效应的作用。在佛山老城的发展过程中，正是现代都市文化景观对传统街区的强势介入，导致文化基质与传统文化斑块的突兀，形成破碎化的斑块孤岛。由于现代都市文化对传统文化的势能梯度，当这种作用达到一定阈值时，甚至会淹没仅存的“文化孤岛”。所以，对文化基质的营造不能忽视对传统文化的继承，特别要注意传统文化斑块及其周围的文化基质与文化物种之间的协调性。

三、佛山城市文化多样性景观的保护

佛山城市文化多样性保护的景观规划可以分为两种途径：以文化物种为中心的途径和以文化生态系统为中心的途径。前者强调对濒危的文化物种本身的保护；后者则强调景观系统和文化生境的整体保护，力图通过保护文化景观的多样性来实现文化多样性的保护。通过前述分析，显然以文化物种为对象的规划只是片面地考虑了复杂文化生态系统中的一个局部和片段，带来的则是文化斑块的破碎化、文化景观的“孤岛”化、城市文化生境的文脉缺失等问题。所以，文化多样性保护景观规划的途径应由前者转向为后者。在城市化快速发展情况下，存在城市建设与传统文化保护的矛盾，可以通过对文化景观廊道、文化基质等景观系统的整体性布置和管理，使文化多样性保持在很高的程度。历史文化名城景观规划和管理不但要考虑经济效益、美学价值，更要考虑到对文化传承的保护。

所以，从景观规划和管理角度对城市历史文化景观进行保护具有普遍性的意义。民间信仰、宗族和工商业等文化景观是明清时期影响佛山的重要因素，对城市社会文化空间的形成和发展起到控制作用，也形成了多样性的文化景观。既有具有代表性和典型性的物质文化景观，如宗教建筑、宗族建筑、作坊商铺和民居建筑等，又有民间风俗、民间信仰、民间工艺、戏剧曲艺和名人文化等非物质文化景观。物质文化景观构成空间上的景观斑点（或栖息地），非物质文化景观则构成文化生境的重要内容；城市社会文化空间形态方面，形成以佛山正埠和祖庙为核心形成了点轴式的曲折“T”形空间结构，佛山正埠—祖庙—栅下文塔、村尾通济桥成为佛山的传统中轴线。佛山祖庙既是佛山的商业核心，又是佛山的社会文化中心，是集族权、神权和政权于一体，物质文化、精神文化和制度文化空间的高度统一。即使在今天，祖庙仍然具有重要的地位，是佛山城市的象征。所以，佛山城市历史文化景观的空间结构基本是以祖庙为中心展开的，传统工商业文化、宗教文化、宗族文化及其民俗文化既是佛山文化多样性的景观意象，也是景观规划和管理的基本依托。这样，笔者提出了以下的历史文化景观保护的空间战略，形成宏观、中观和微观三个层次上的景观空间格局。

1. 建立绝对保护核

建立绝对保护核是自然保护中最传统的战略。从保护文化多样性角度看，传统文化物种及其栖息地（或空间载体）空间上表现为文化景观斑点，这些斑点要尽量完整地保护起来，并将人类干扰活动排斥在核心区之外。可见，建立绝对保护核心区实际上也就是历史文化名城保护中对文物古迹的保护。研究区内的100余项各级文物古迹、非物质文化遗产及其空间载体是绝对保护的核心区（景观斑点）。对这些文化景观斑点要划定保护范围，并根据实际需要划出建设控制地带，亦即文物保护的紫线范围，对其物质实体及文化生境要做出相应的保护和管理规定，在其保护范围内不得进行各种干扰性的建设，形成微观层次上的文化景观保护的空间格局。

2. 建立文化缓冲区

文化缓冲区的功能是保护核心区的文化物种，减少外界景观人为干扰带来的冲击。生物物种缓冲区的建立是在保护核心区周围划一辅助性保护范围，而文化缓冲区是否就是文化景观保护的紫线范围呢？按国家《文物保护法》规定，建设控制带的控制宽度为：国家级文物保护单位 20 m，省级文物保护单位 15 m，县级文物保护单位 10 m，这显然无法满足文化缓冲区的要求。所以，从文化多样性保护出发，文化缓冲区应与名城中的历史文化街区范围相契合，空间上表现为文化景观斑块。建立文化缓冲区与名城保护中的历史地段保护是一致的，构成中观层次上的文化景观保护的空间格局。佛山依托历史文化街区和重点文化保护区，可以建立起八个文化缓冲区，形成各具特色的文化景观斑块（表 7.4），在景观规划中要充分保护好缓冲区形态风貌的延续性与和谐性，特别是保护好原有的生活空间，使文化物种和文化生境协调适应。

表 7.4　佛山城区文化缓冲区及其特点

文化景观斑块	标志性景观斑点	主要特点
祖庙—东华里	祖庙、东华里、简氏别墅、区家庄、祖庙大街店铺、黄飞鸿纪念馆	佛山历史文化景观最为丰富而集中的空间，佛山传统的宗教、社会和精神活动中心——祖庙，保存完整的东华里古民居群
品字街	骑楼、中山桥、青云街当楼	佛山古八景“汾流古渡”的遗址，传统骑楼街景和商业形态
梁园	梁园、适安里和培德里古民居群	岭南四大名园之一的梁园，传统街巷风貌
莲花南	仁寿寺、基督教贲恩堂、工艺美术社	宗教文化活动空间，传统民间工艺主要场所
任围	任围、叶问故居、集贤坊古民居群	传统民居和街巷风貌
新安街	国公庙、秀严傅公祠、鸿胜祖馆	传统武馆的祖庭，民居与街巷景观
南风古灶	南风古灶、高灶、林家厅古民居群	佛山陶艺文化空间，传统民居和街巷景观
澜石黎涌	霍氏家庙祠堂群、陈氏大宗祠、绿瓦亭、状元井	名人遗迹和传统村落文化景观

3. 建立文化遗产廊道

应对文化景观破碎化和孤岛化的一个重要空间战略是在相对孤立的景观斑块之间建立联系，构建文化遗产廊道是比较好的景观规划方法。在佛山老城区则宜以传统街道作为景观廊道（图 7.6），按照佛山传统城市空间形态，主要有：①升平—筷子路廊道，联系品字街和莲花南文化景观斑块，汾宁路、升平路、筷子路和锦华路是佛山老城保存完好的骑楼街，至今仍保留有一些文化活动的场所，功能与场所建筑均未变；②福贤—公正路廊道，联系品字街、莲花南、祖庙—东华里、任围文化景观斑块，福贤路也是佛山保存较为完整的骑楼街，一些传统文化活动的场所和功能仍然存在。总的来看，佛山老城的景观廊道与明清时期佛山社会文化空间结构的轴线基本吻合。

4. 恢复乡土文化景观

在关键性的部位引入或恢复乡土文化景观斑块或廊道，作为孤立的文化景观斑块之间的“跳板”和文化物种联系的通道，这样可以增强文化多样性保护的效果，也可以提高景观的美学价值。佛山老城区的很多文化景观破坏十分严重，在历史的变迁中，逐渐丧失了原有的使用价值，但其凝聚着较高的艺术价值、考古价值和历史价值，所以，可以通过一定的人为措施，有意识地营造、恢复一定的乡土文化景观。例如，佛山市可以考虑恢复松风路景观廊道和古洛水廊道。松风路联系梁园、品字街和莲花南文化景观斑块。原来松风路有良好的自然生态环境，是老城区重要的街道肌理，具有树木参天的景观意象，如前所述，在松风路的改造中被破坏了。所以，对松风路景观廊道要控制街道宽度，增加道路绿化，恢复老松风路的绿化风貌，控制和改建不合适的建筑，恢复景观廊道的乡土文化生境。佛山老城原来是街巷多依河涌而建的岭南水乡古镇，而今很多水巷已被改建为地下水道。其中古洛水是老城西部重要河涌，联系着梁园、祖庙—东华里文化景观斑块和老城南部的通济桥（图 7.9）。如果能结合老城文化景观规划，恢复古洛水文化景观廊道，也许能唤起人们“树下的佛山老城，河涌边的历史记忆”。

5. 考虑城市文化生态系统动态性

历史文化名城文化生态系统时间结构复杂，城市保存有不同时间断面的文化景观，由于城市文化的活力，不同文化生态系统相互渗透，容易产生新时代的文化景观。所以，要考虑城市文化生态系统的动态性，从宏观上构建文化景观保护的空间格局。

考虑城市空间结构特征及文化生态系统的动态性，以传统文化景观斑

（a）佛山祖庙旁河段

（b）仁寿寺旁河段

图7.9　20世纪60年代的佛山古洛水（新涌）沿岸景观

资料来源：陈维嘉摄于佛山城市规划展览馆。

块为中心，向周围形成以文化适应、文化传承和文化创新为主的景观规划和管理格局：①城市化发展对文化景观斑块的文化生境带来冲击，老城内人口激增，交通拥挤，环境质量下降，文化景观所依托的物质载体无法满足现代城市生活的要求。所以，要有计划地控制交通，疏散人口，完善基础设施的改造和配套，从根本上改善居民生活环境，保持文化景观与传统和现代的文化生境相适应。②文化景观斑块边缘是文化交错带，文化交错带对文化多样性的保护有特别重要的意义。在文化交错带，传统文化和现代都市文化共存、文化冲融，文化物种既有文化传承又有文化创新，往往形成文化多样性显著的景观界面。因而，景观规划时要注意与景观斑块传统文化氛围的过渡。③文化景观斑块的外缘以文化创新为主，在新的城市文化生境下，在文化传承的基础上，创造新时代的城市文化景观，丰富文化多样性。例如，佛山城区传统文化的街头小品，新城区具有陶艺文化特色的亚洲艺术公园之门、岭南明珠体育馆和世纪莲体育中心等，既蕴含佛山传统文脉，又是富有时代气息的城市文化景观（图7.10）。

（a）佛山粤剧陶塑街头小品景观

（b）佛山武术铜塑街头小品景观

（c）陶塑“亚洲之门”

（d）佛山新城区的“岭南明珠体育馆”

（e）佛山新城区的“亚洲艺术公园”景观

图7.10　外缘文化生境下的佛山新城市文化景观

资料来源：（d）引自 http：//www. ccjsj. gov. cn/jsj/jsfcGetArt. jsp？ shedid = 95&artid = 3795，其余由笔者摄影。

第三节　城市历史文化景观保护与地方感塑造

一、全球化与历史城市的地方化

全球化与地方性是相联系的概念。如果说全球化对文化地方性产生冲击，但这种全球化也是以地方性为基础，并得力于地方性动力。任何有生命的、实质性的文化都是地方性的，而地方性的文化又无不充斥着意欲覆盖“他者”的扩张主义冲动。处于强势的文化正在把自己的地方性扩展为全球性，处于弱势的文化也无不潜在地意欲把自己的地方性扩展为全球性。[9]现今文化全球化则主要表现为以资本流动为动力的美国式消费文化的扩张。[10]在文化全球化背景下，作为经济空间、社会空间和文化空间复合体的城市，则应该成为其中最受关注的焦点。[11]在我国，全球化的影响已经渗透至不同尺度的聚落空间，不仅像北京、上海和广州这样的大都市，大量的中小城镇乃至乡村社区都未能幸免。其中，历史性城市的文物古迹特别丰富，文化传统积淀深厚，地方文化特征十分显著，文化全球化与地方性的互动更为典型，值得关注。

全球化与地方化是共存和相互促进的。城市地方文化与全球文化的冲突与碰撞，其结果是文化的多元化，而不是文化的同质化，往往塑造了具有地方特色的多元城市文化景观。根据文化整合理论，当全球文化与地方文化冲融时，城市地方文化可能会产生以下几种变化（图 7.11）：

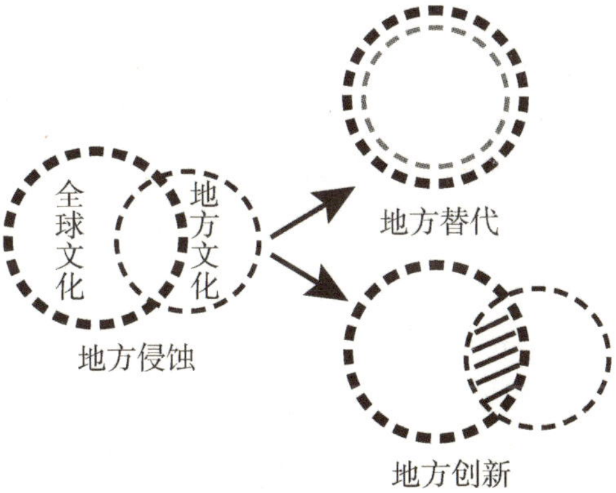

图 7.11 全球文化与地方文化互动示意

（1）地方侵蚀。地方侵蚀是克罗农（William Cronon）提出的，他认为："地方紧系于人群、意义和事物的全球流动方式——致使某些人意识到地方正遭受加速的侵蚀。大众传播、增强的移动力，以及消费社会，三者一起被视为加速世界同质化的元凶。"[12]73 地方侵蚀也是瑞尔夫（Edward Relph）《地方与无地方性》（*Place and Placelessness*）中的主题。他将人类的地方经验分为内在性与外部性，指出："内在于一个地方，就是归属并认同于它，你越深入内在，地方认同感就越强烈。而与此对立的极端，存在的外部性牵涉了与地方的疏离，是源于身为存在之圈内人的不假思索归属感的对立面，亦即'无地方性'。"[12]74-75 城市中的流通空间（高速公路、机场）、消费（百货公司、超市、麦当劳、主题乐园）与传播（电话、传真、有线电视）等经验性非地方的东西不断扩增，乃是当代世界的特色。[13] 这种全球化所伴随的非地方性文化景观的不断扩张，是对城市地方性的侵蚀过程。大卫·哈维（David Harvey）进一步阐释了以资本为动力的地方侵蚀，指出："地方上的人试图区别他们的地方与其他地方，并且变得更有竞争力，以便获得或保住资本投资。……投资于消费奇观、推销地方意象、竞争文化资本和象征资本的定义、与塑造吸引消费者的地方有关的乡土传统振兴，全都卷入了地方之间的竞争。"[14] 由此可见，全球化背景下，我国很多历史城市的传统文化空间不断被全球化所侵蚀，即使是历史文化街区的改造更新，也是以“文化遗产”为吸引资本的卖点，通过商业消费文化的营建，试图重构“地方意象”吸引消费者。因而，城市景观的抄袭、模仿和复制，拆掉真古迹、重建假古董，“千城一面”的现象日趋严重。而这些往往都是由官方意志推动，却忽视了城市地方感的“原真性”和人们内在的地方认同感。地方侵蚀是最普遍、最常见的一种情况，也是全球文化与地方文化相互作用的起始阶段，地方文化经常处于被动的地位。在此过程中，全球化为地方文化增添了一些新的文化特质，但还不至于引起地方文化的重大变化。

（2）地方替代。地方替代是指以全球化的某些文化特质来取代地方文化的文化特征，代替其功能，发挥同样的作用，原有的地方文化的特质被替代了，导致城市的地方性消亡，城市文化景观趋于同质性的全球化景观。地方替代是全球化文化地方侵蚀发展的一个可能结果，但这种情况并不多见。实际上，在全球化地方侵蚀过程中，地方文化也并非完全被动，城市的全球化与地方化往往是共存和相互促进的。

（3）地方创新。地方创新是全球化文化的地方侵蚀过程中逐渐出现的一种趋势。一般认为，在全球文化传播的节奏和水平一定的情况下，我们会看到全球文化的均质化趋势。换句话说，会看到全球文化消除地方传统特征、消费行为以及其他地方文化活动的趋势。然而，城市不是全球文化的被动接受者，全球化时代的城市文化呈现出动态特征，并非被全球化进程全盘改造，即新兴全球文化的传播与地方的适应和抵制并存，全球化与地方化日益强化的相互作用带来地方文化景观在社会文化上的重建。这种重建又以全球化和现代文明的影响同地方传统文化的反应相结合为特征，通过地方文化创新，地方文化景观常常在不断适应全球文化潮流的过程中实现重组，使城市文化景观呈现出更加的多样和复杂。[15]

历史文化景观是构建城市地方性的重要内容，同时也面临着全球化背景，在历史文化景观保护的前提下，更应积极地与全球文化相适应、创新和重组。下文将结合全球化与地方化文化整合的规律，对佛山城市历史文化景观保护和地方感塑造进行探讨。

二、佛山城市历史文化景观保护与地方感塑造的思考

尽管两次编制了历史文化名城保护规划，但是，随着佛山城市化快速发展，全球化和现代化蚕食地方文化的状况并没有减弱，传统文化正面临地方侵蚀、地方替代的危险。然而，任何城市都应该是充满地方感的空间，区域内部民众往往将其热情、才智和能量投入到乡土建设中，将城市

当作地方认同的集体家园。历史文化景观作为城市传统文化长期积淀的遗存，既是承载城市历史的载体，又是塑造城市地方感的文化源泉。结合本书前面几章对佛山城市文化景观的研究，从塑造城市地方感的角度出发，在佛山城市历史文化景观保护方面可以考虑以下几个方面的地方性实践。

1. 从人本主义出发，培养城市地方感的认知

首先，加强地方性知识的教育，培养地方自豪感和认同感。地方感是建立于人本主义之上的，以人类地方体验的主观性为基础，其内涵包括了地方本身的特征与个性，以及人对于地方依附的情感与认同。[16]从文化的角度分析，“地方性知识”是指一种文化系统，它强调“文化持有者的内部视界”，来自人类学对“族内人”（insider）和“外来者”（outsider）如何分别看待他们的思维和解释立场及话语表达的问题。实际上，任何地方性知识是在地方本土文化的情境中生成的，离开这些特定的环境条件，地方性知识就会失去原有的效用。[17]例如，我经常会被外地朋友问道：“佛山有佛吗?”同样的问题我也问过一些佛山籍学生，他们大多回答不了。当我告诉他们“塔坡掘铜佛”佛山得名的故事后，他们都表现出浓厚的兴趣，乃至于有学生追问：“为什么佛山有名的是祖庙，而非有佛的寺庙呢?”显然，这已经激发起学生对佛山社会发展历史的兴趣。实际上，城市内的本籍以及外来民众大都对地方性知识缺乏了解，但同时也表现出对认知的渴望。因此，我们可以考虑在各级学校、社区和媒体，通过多种形式进行佛山传统地方文化的教育和宣传，使民众更加了解所在的城市，从城市的“外来者”转变成“族内人”，形成保护地方文化的文化自觉性，培养地方自豪感和认同感。历史文化景观承担着继承和传播地方性知识的作用。例如，一个城市的地名景观往往表现出不同时期地名层次的累积，形成地名层。透过地名层，人们可以领悟出城市环境与文化的变迁与演进，可以体会出文化的成因与渊源。近年来，佛山老城区大规模拆迁，使很多传统街巷地名逐渐消亡。在捷克首都布拉格，城里每户门旁都挂着蓝色和红色的门牌，蓝色门牌指的是房子在这条街道上的位置。布拉格是座古老的中世纪城市，随着历史的不断推进，城市渐渐地向外围扩展，城市地名景观发生变化，市政当局就根据时间的先后挂上了红色的门牌，每建设一座新房，就按顺序标上新的号码。[18]这些地名景观标识反映出城市空间变化的过程及其文化意涵，并传递了城市变迁中文化层积的地方性知识。这对佛山老城改造中地名景观的保护和传承有借鉴作用。另外，建立历史文化景观的解说系统①也是培养城市地方感认知的重要手段。

其次，尊重民众的集体记忆，体现城市发展的人文关怀。凯文·林奇在《此时何地》（*What Time Is Place*）一书中认为"选择过去可以帮助我们构筑未来"。美国城市学者克里斯汀·波斯尔（Christine Boyer）在《集体记忆的城市》（*The City of Collective Memory*）中指出，"不同于历史，记忆是与人日常生活紧密相连的，是沉淀和传承在人的生活世界的历史"。他们关于城市的记忆的共同点就是城市空间可以唤起人们的记忆，这样的空间是有"场所感"的空间。而城市景观的保护或者重塑就是要首先挖掘这些存在于市民头脑中的集体记忆，即空间的塑造在某种意义上就是城市"时间"脉络的塑造。[19] 本书通过认知地图法和照片确认法，并结合 GIS 技术手段的应用挖掘佛山民众对城市景观的集体记忆空间特征，有助于我们塑造具有地方感的城市空间。但是，这种调查研究经常是由研究者或官方推动的，历史文化景观保护的主导权还是由研究者和官方掌控，因而仍然是一种自上而下的保护形式。

然而，地方魅力实际上要归于那些深以自己所居住的地方为荣，爱惜这些地方的人们的魅力，它是由居住在这片土地上的人的魅力而产生出来的。所以，历史景观保护和城市地方感塑造离不开当地居民。因而，从人本主义出发，城市发展要关心地方居民的感受，尊重居民的集体记忆，由社区民众参与的角度，保护历史文化景观，塑造地方特色，以改善生活环境的品质。这是一种民众参与的自下而上保护形式，作为民众文化自觉性的反映，表现出地方社会的活力与组织能力，是历史文化景观保护的真正基石。万华剥皮寮老街是台北老社区年代最为久远的清代完整街

图 7.12　台北万华区的剥皮寮老街

资料来源：《万华古迹之旅（2）》，http：//www.tonyhuang39.com/tony0151.html。

① 解说（interpret）是地方性知识传递的一种方式。提尔顿（1982）指出："解说是一种教育性活动，通过原始物件、亲身体验、说明性方法或媒体的使用，来解释资源意义及其与游客的关联。"解说系统是通过一种组织形式，把所有和解说服务有关的要素组合成一个整体，以便清楚地显示各个要素之间的关系，并且说明每一个要素在解说服务上所扮演的角色。（保继刚、楚义芳：《旅游地理学》，高等教育出版社 2012 年版，第 337 ～ 338 页）

道，也是清末艋舺（万华）的主要通衢，经日治时期市区改造后，老街没落为后街小巷（图7.12）。剥皮寮老街呈现出100多年来万华地区居民生活的典型，什货铺、薪炭点、裱褙行、私塾和茶馆……这些场所承载着市民的共同记忆，是现在台北人赖以辨认“老台北”的主要人文地景。但是，老街在1999年台北城市改造中几乎拆除殆尽，后因市民的抗议行动，幸运地得以保存。台北万华现存唯一的清代老街和她的历史记忆在市民参与的集体呵护行动中，延续生发出新的生命。[20]日本在第二次世界大战后经济快速发展，由于开发不当，而导致地方日趋没落。正是在此背景下，日本开展了历史保护和“社区营造”运动。即通过草根社区①参与的过程，表现日本地方社会的活力与自我组织的能力，使之在经济全球化力量的拉扯下，成为保存居民的集体记忆，地方得以求存、抵制与自主的根源（图7.13）。总的看来，日本的社区营造和历史保护运动虽然进展缓慢，但为达成共同愿望的不懈努力，人与人之间的信赖和诚意，最终还是给困境中的地方现实带来了变革。这是居民因为眷恋乡土而自发的由下而上的保护运动。[21]7－25

（a）小樽运河及沿岸仓库景观　　（b）由仓库改建的小樽运河食堂

图7.13　由“小樽运河保存协会”发起的保护小樽运河及其沿岸历史景观

资料来源：http：//pc. beareyes. com. cn/bbs1/pc015/2007/04/12_ 394866. htm。

通过上述研究可知，这些佛山城市历史文化景观承载着居民太多的集体记忆，更是市民情感寄托的空间，它们的变迁（如宗族景观、历史地名景观的变迁及历史街区改造等）唤起了市民的集体记忆和地方的认同，并通过各种途径来表达他们对于地方文化的留恋，反映出民间社会对于地方的热爱及其参与的热情。可是，在佛山市历史景观保护过程中，民众基本

① 一些著名的由市民组成的社区营造和历史保护的草根组织，如小樽运河保存协会（北海道小樽市）、函馆历史风土保存协会（北海道函馆市）、足利未来俱乐部（栃木县足利市）、信州须坂屋街协会（长野县须坂市）、足助社区营造协会（爱知县足助町）等。（西村幸夫：《再造魅力的故乡：日本传统街区重生故事》，王惠君译，清华大学出版社2007年版）

缺乏话语权，而由官方确认的保护规划公示后的民众参与，也基本上流于形式。从台北万华剥皮寮老街、日本社区营造等案例中，我们可以得到启示：历史文化景观的保护需要政府和民众的共同努力，以独到的眼光来发掘地方的历史文化资源，以积极的思考方式来评估地方发展方向。民众参与受到尊重，他们不再仅以不满来面对现状，而能平实地、积极地投入历史景观保护、地方文化建设中，实现政府和居民的“双赢”。近年来，广州、佛山两地出现了一批文化保育民间团体，如广州的蓝田计划、恩宁路学术关注组、佛山的口述史小组（图7.14）等，它们积极参与到城市集体记忆的保留和文化保育之中，正在成为城市历史文化景观保护的主要民间力量。

图7.14　佛山口述史小组工作照片

资料来源：《“咏春口述历史项目”第五期工作简报》，2012年12月27日。

2. 从官方意志到民间记忆的历史文化景观视野的转变

历史、遗产与记忆是紧密联系的。科瑞斯威尔（Tim Cresswell）认为创造地方感需要经过历史记忆的选择面向。[12]138 如前所述，城市记忆的选择性表现在两个方面：一是个人背景及其偏好是影响记忆选择性的重要因素；二是城市集体记忆的选择性受到政治因素的影响，特别是作为历史文化景观的文化遗产。因而，从历史文化景观的认知主体看，可以分为两种形式，即官方意志的历史文化景观、民间记忆的历史文化景观。

地方显然有许多记忆，哪些记忆得到宣扬，却根本不再是记忆的问题，而是个政治问题。[12]144 遗产是人类社会积极培育社会记忆的长久历史过程于当代的呈现，具有地方文化的符号意义，因而遗产势必存有官方意志选择的烙印。官方意志的历史文化景观是由官方意志确认的历史文化景观，包括被官方公布确认的各级文物保护单位的物质文化遗产，以及各级非物质文化遗产。它们常被视为“将过去精炼为认同的象征，将我们与先驱和始祖，与稍早的自我，以及可能的子孙连结在一起”，因而，国家和地方政府“便尝试强调文化群体的历史轨迹，保存营造环境元素、奇观和游行、艺术和手工艺，以及博物馆和纪念碑，以便维系这种认同”。[22] 例如，北京的天安门广场、纽约的自由女神像都是官方记忆的遗产。Lester B. Rowntree 和 Margaret W. Conkey（1980）对奥地利萨尔斯堡历史文化景观保护的研究表明，城市的许多历史文化景观所蕴含的符号意义随着历史的推移不断抽象化，最终成为体现国家传统的“符号”，人们通过认同这个符号，进而认同这个城市及国家。[23]通过研究可知，佛山祖庙是不同历史阶段由官方意志所选择的历史记忆，并成为人们认同佛山的典型符号景观（图7.15、图7.16）。然而，如表7.5所示，不同历史时期通过官方意志选择所塑造的祖庙空间文化意涵存在差异。另外，与祖庙类似的具有官方意志特征的历史文化景观还有梁园、南风古灶、仁寿寺和东华里等，它们作为佛山市文化管理部门重点保护的景观，都得到很好的保护与利用，且具有一定的知名度。本章的研究表明，这些景观在市民景观记忆的认知地图和图片辨识中的认知程度比较高。可见，这些由官方意志选择和精炼的历史景观，逐渐成为人们认同佛山地方文化的传统符号。但是，还有大

（a）祖庙前的婚礼　　　　（b）宣传海报中的祖庙景观

图7.15　佛山祖庙成为地方认同的典型景观

资料来源：（a）为笔者摄影，（b）为佛山市创建国家环境保护模范城市办公室提供。

图7.16　清道光年间的佛山祖庙

资料来源：（清道光）吴荣光：《佛山忠义乡志·灵应祠图》。

量知名度低的官方意志的历史文化景观，尽管由于这些景观疏于管理和保护，其品质和印象都比较低，但对于在地群众来说，对其中的多数历史景观都有历史维度和怀旧维度的认同倾向。因而，它们也是构建城市地方文化的重要内容。

表7.5　不同时期由官方意志选择所塑造的祖庙景观及其空间文化意涵演变

时期	官方意志	典型景观	文化意涵
明代以前	民间自发祭祀	龙翥祠，祀真武、观音、龙树诸神	综合性的祭祀中心
明清时期	明景泰三年(1453)，龙翥祠被敕封为灵应祠，旌赏梁广等22人为忠义官，并将灵应祠祀列入官方祀典，春秋致祭，以答神庥	①灵应祠（正中）：灵应牌坊、万福台、锦香池、庆真楼、灵应祠中座、香厅和正殿内祀北帝及其诸将。②忠义流芳祠（左）：内祀梁广等22个忠义官，为全镇合族祠。③崇正社学（右）：内设乡士会馆（嘉会堂），后改为大魁堂，为佛山乡学，以及乡绅议事管理全镇的场所（图7.16）	①佛山全镇“神圣空间”核心，即神权、族权和管理中心。②“乡人目灵应祠为祖堂，是直以神为大父母也。”① 祖庙成为佛山全镇居民的精神家园和社会文化中心
新中国成立以后	国家重点文物保护单位、佛山市博物馆、佛山市祖庙博物馆	①灵应祠：灵应牌坊、万福台、锦香池、庆真楼、灵应祠中座、香厅和正殿内祀北帝及其诸将。②忠义流芳祠内出售旅游工艺品，崇正社学内空置。③祖庙公园、历史文物展览厅、叶问堂、孔庙、黄飞鸿武术纪念馆	①“东方民间艺术之宫”、“岭南建筑艺术之宫”；②国家重点文保单位；③佛山市文物管理中心；④佛山市重要旅游景点；⑤佛山老城居民精神家园和传统文化标志景观

民间记忆的历史文化景观，是指散落在街区、乡野之间，未被列入官方确认保护的历史文化景观。这些景观存在于民间记忆之中，是民众乡土

① （清乾隆）陈炎宗：《佛山忠义乡志》卷五《乡俗志》。

认同的文化源泉。它们大多不受到政治因素的影响，可能是老建筑、古街巷、老地名，还可能是祠堂、庙宇乃至于大榕树下的土地公，这些景观往往才是反映乡土历史与美的基本文化元素。在佛山，民间力量一直在历史文化景观保护中发挥着积极、健康的作用，如很多祠堂、庙宇都能得到乡村社区的政府、宗族及其他组织的很好的维护、维修。但是，在城市化发展的拆旧建新过程中，由于历史景观保护通常只重视遗产单体，缺乏历史环境整体保护的理念，这些未能得到官方保护的历史文化景观面临大量消亡的危险。例如，1984 年佛山市对市辖区（现禅城区）进行文物普查，市辖区内有祠堂、寺庵、街市、庙宇和庄园等 542 个文物点，已毁 462 个，仅存 80 个[24]，目前除了被列为文物保护单位的还保留外，其他的文物点大都被破坏了。而实际上，民间记忆的历史文化景观的数量还有更多，所面临的威胁也是最大的。如日本过去的“文化财”① 保存以历史悠久、艺术价值高者为主，17 世纪以后的建筑较少被列入，然而这些历史景观是日本人记忆中深刻的一部分。日本通过草根社区组织发起的“社区营造”运动，使这些历史景观得以保存，并焕发出地方魅力。[21]14－15 同样，台北的剥皮寮老街也是没有被官方认定的历史古迹。[25]

综上所述，与官方意志选择的历史文化景观相比，大量存于民间记忆的历史文化景观在塑造城市地方感中更为重要，然而它们也是最容易被官方意志所忽视的。因而，我们在保护佛山历史文化景观过程中，应强调从官方意志到民间记忆的历史文化景观视野的转变，同时充分发挥民间草根力量，共同参与和推动历史文化景观的保护。

3. 继承与创新的历史文化景观保护方式

地方文化的继承与创新是历史文化景观保护、塑造城市地方感的重要方式，地方文化的继承是历史文化景观保护的基础，是城市历史记忆的延续和再现，也是抵制地方侵蚀、地方替代的主要手段。

继承城市地方文化，首先就要了解城市过去，对历史时期城市空间及景观有所认知，因而，需要加强地方性知识的教育，培养地方自豪感和认同感。其次，地方文化的继承要更具有包容性。民间信仰、祖先崇拜是植根于民间的传统文化，也是地方认同的重要内容和载体，除了老街巷、老地名和老建筑等遗产景观外，对于很多散落于街区、乡野的民间信仰、祖先崇拜等传统形式的民间记忆的历史文化景观，应摆脱意识形态的束缚，在城市发展中留给它们存在的空间。例如，新加坡是一座多元文化的城市，有鱼尾狮公园、滨海艺术中心等现代化都市景观，还有唐人街、小印

① 日本、韩国都称文化遗产为文化财。

度等历史景观，但散落在这座花园城市中的各种中式、西式建筑景观，基督教、印度教、伊斯兰教、佛教、道教和华人民间信仰的教堂、寺庙、道观、祠堂等民间记忆的历史文化景观更具城市地方感，反映了城市文化的多元性（图7.17）。

（a）鱼尾狮公园

（b）滨海艺术中心

（c）唐人街的中式建筑景观

（d）西式建筑景观

（e）不同信仰的文化景观并存：德普路（Depot Road）
自左向右分别有印度庙、北帝庙、三江公祠

图7.17　新加坡的城市多元文化景观（笔者摄）

由此可见，在佛山城市发展中，对于很多民间记忆的历史文化景观应给予更多的关注和包容。以佛山传统宗族文化景观为例，传统文化的生存都需要一个文化空间，文化空间消除了，传统文化也很难生存下去。像宗族文化这样的传统文化的保存需要特定的文化空间，宗族文化并非孤立的，而是与乡村社区的祠庙、民俗等联系在一起的。很多这些民间记忆历史文化景观都由民间组织进行维护，成为乡村社区重要的公共活动空间，维系了乡土的地方认同。所以，在佛山的城中村改造、新农村建设的过程中，不能忽视对历史文化的保护、继承和延续，尤其是对具有村落特色的景观，应延续和合理利用这些历史文化景观，塑造具有地方感的新乡土社区。但是，在佛山现有的旧村居改造方案中，几乎都没有考虑到这些民间记忆的历史文化景观保护和利用问题。因而，像塘头村梁氏族人那样，很多乡村社区民众也深恐传统地方文化戛然消失。其实，合理地、建设性地保护这些民间记忆历史文化景观，不仅不与城市现代化背道而驰，而且有助于促进历史文化名城的多元化文化建设，塑造城市地方感，构建和谐佛山。这不仅是政府管理及规划设计者要考虑的问题，更要充分发挥民间社会的力量。例如，宗族的聚族而居是宗族文化存在的前提基础，可以考虑农民公寓的建设以祠堂为中心，向四周展开。同时，以村内的一些祠堂和庙宇为核心，改建成乡土文化公园及休闲绿地，既可保存这些历史景观，延续村民的历史记忆，又可以为居民增加公共活动和绿地空间。这样便于组织开展传统民俗活动，如祭祖活动、村庆、赛龙舟、北帝坐祠等，进而在城市化的新乡村社区里，构建具有地方感的文化空间和人居空间。

任何地方都不是僵化和一成不变的，地方意义处在一个不断动态变化的过程中，地方感是不断重构的过程，多琳·马西（Doreen Masscy）称之为“进步的地方感（progressive sense of place）”[26]。城市不是全球文化的被动接受者，全球化时代的城市文化呈现出动态特征，并非被全球化进程全盘改造，即新兴全球文化的传播与地方的适应和抵制并存，全球化与地方化日益强化的相互作用带来地方文化景观在社会文化上的重建，地方文化在原有传统文化特质的基础上创造出一些新的文化特质，以实现地方创新，使城市文化景观呈现出更加复杂多样的形态。近年来，利用传统文化空间或依托地方文化而发展起来的创意产业，成为地方创新的典型。例如，北京的798艺术区、观音堂文化一条街、通州宋庄等著名的美术创意产业集中区，就是美术产业对地方文化的“嵌入”，丰富和创新了地方文化，塑造了城市新的地方感。[27]佛山市也在南风古灶成立了国内首个陶瓷文化创意产业园（图7.18），产业园依托国家重点文物保护单位——有500年历史的南风古灶窑址，通过对陶瓷企业旧厂房的改造，在传统陶瓷产业和佛山深厚的地方文化底蕴基础上，将陶瓷艺术与陶瓷工业结合起来，推动佛山陶瓷向高端的创意产业发展，包括现有的国际艺术家村、石湾公仔街，以及重新规划改建的佛山日用陶瓷三厂等。[28]同样，佛山其他丰富的非物质文化遗产（如佛山剪纸、木版年画、粤剧、彩灯、狮头等）都可以依托传统文化空间，构建岭南传统文化创意空间，将现代艺术嵌入地方文化中，在继承中创新地方文化。

图7.18　南风古灶陶瓷文化创意产业园（笔者摄）

历史文化景观作为城市传统文化长期积淀的遗存，既是承载城市历史的载体，又是塑造城市地方感的文化源泉。但是佛山历史城市保护规划的思想和原则屡屡被突破，历史文化景观仍然面临城市发展所带来的威胁。因而，在全球化、城市化背景下，更应注重历史文化景观的文化多样性保护，以塑造城市的地方感。

文化景观实际上就是文化物种的地理投影，文化物种多样性也就是文化景观多样性。城市历史文化景观空间呈一定的景观结构，它由文化景观斑块、廊道和基质构成。由于文化景观与文化生境是相互依存的，历史文化景观的景观结构的组成及其变化对于佛山城市的文化传承、文化物种和文化生态多样性都会产生影响。所以，佛山历史文化景观的保护要强调景观系统和文化生境的整体保护，从宏观、中观和微观三个层次上建立景观空间的保护格局。同时，从城市文化生态系统动态性的角度，在城市的时空尺度上，从文化景观的文化适应、文化传承到文化创新进行景观规划和管理。

城市地方文化与全球文化的冲突与碰撞，往往塑造了具有地方特色的多元城市文化景观。根据文化整合理论，当全球文化与地方文化冲融时，城市地方文化可能会产生地方侵蚀、地方替代和地方创新等变化。从塑造城市地方感的角度出发，在佛山历史文化景观保护可以考虑以下几个方面的实践：①从人本主义出发，培养城市地方感的认知。一要加强地方性知识的教育，培养地方自豪感和认同感。二要尊重民众的集体记忆，体现城市发展的人文关怀。历史文化景观的保护需要政府和民众的共同努力，以独到的眼光来发掘地方的历史文化资源，以积极的思考方式来评估地方发展方向。②从官方意志到民间记忆的历史文化景观视野的转变。与官方意志选择的历史文化景观相比，大量存于民间记忆的历史文化景观在塑造城市地方感中更为重要，然而它们也是最容易被官方意志所忽视的。因而，我们在保护佛山历史文化景观的过程中，应强调从官方意志到民间记忆的历史文化景观视野的转变，同时充分发挥民间草根力量，共同参与和推动历史文化景观的保护。③继承与创新的历史文化景观保护方式。一方面，地方文化的继承是历史文化景观保护的基础，是城市历史记忆的延续和再现，也是抵制地方侵蚀、地方替代的主要手段。尤其是对于很多散落于街区、乡野的民间信仰、祖先崇拜等传统形式的民间记忆的历史文化景观，应摆脱意识形态的束缚，在城市发展中留给它们存在的空间。另一方面，新兴全球文化的传播与地方的适应和抵制并存，全球化与地方化日益强化的相互作用带来地方文化景观在社会文化上的重建，地方文化在原有传统文化特质的基础上创造出一些新的文化特质，以实现地方创新，使城市文化景观呈现出更加复杂多样的形态。近年来，利用传统文化空间或依托地方文化而发展起来的创意产业成为地方创新的典型。

参考文献：

[1] 廖依俐．桃园都市景观的诠释——以巨蛋、景福宫为例［J］．（台北）地理研究，2002（37）：73－94.

[2] 廖银洁，杨博，张涨．65 万人行通济　生菜清出 15 吨［N］．广州日报，2013－02－26（A15）．

[3] 刘红婴．世界遗产精神［M］．北京：华夏出版社，2006：96－157.

[4] 刘敏，李先逵．历史文化名城物种多样性初探［J］．城市规划汇刊，2002（6）：55－56.

[5] 傅伯杰，陈利顶，马克明，等．景观生态学原理及应用［M］．北京：科学出版社，2001：42－70.

[6] 邬建国．景观生态学——格局、过程、尺度与等级［M］．北京：高等教育出版社，2000：17.

[7] 王志芳，孙鹏．遗产廊道——一种较新的遗产保护方法［J］．中国园林，2001，17（5）：85－88.

[8] 安定．探析西部名城中历史遗产的“孤岛化”现象［J］．城市规划学刊，2005（4）：56－59.

[9] 周尚意，吴莉萍．地域文化、地方性知识对区域发展的影响（上）［J］．地理教育，2007（3）：4－5.

[10] Paul L Knox，Sallie A Marston．Places and Regions in Global Context：Human Geography［M］．New Jersey：Pearson Education，INC，2004：207.

[11] 单霁翔．从功能城市走向文化城市［M］．天津：天津大学出版社，2007：27－146.

[12] Tim Cresswell. 地方：记忆、想象与认同［M］．徐苔玲，王志弘，译．台北：群学出版有限公司，2004：73.

[13] Marc Augé. Non-Places：Introduction to Anthropology of Supermodernity Verso［M］．New York：London，1995：119.

[14] David Harvey. Justice，Nature and Geography of Difference［M］．Cambridge：Blackwell Publishers，1996：298.

[15] 安东尼·奥罗姆，陈向明．城市的世界——对地点的比较分析和历史分析[M]．曾茂娟，任远，译．上海：上海人民出版社，2005：120－127.

[16] 朱竑，刘博．地方感、地方依恋与地方认同等概念的辨析及研究启示［J］．华南师范大学学报：自然科学版，2011，43（1）：1－8.

[17] 周尚意，吴莉萍．地域文化、地方性知识对区域发展的影响（下）［J］．地理教育，2007（5）：4－5.

[18] 七月．门牌铭记历史［J］．视野，2010（24）：43.

[19] 成砚．读城——艺术经验与城市空间［M］．北京：中国建筑工业出版社，2004：131－136.

[20] 徐裕健．历史街区空间文化意义的重构——台北“剥皮寮老街”人文生命力的发掘与实践［J］．城市建筑，2006（2）：25－29.

[21] 西村幸夫．再造魅力的故乡：日本传统街区重生故事［M］．王惠君，译．北京：清华大学出版社，2007.

[22] Paul Cloke，Philip Crang，Mark Goodwin. 人文地理概论［M］．王志弘，等译．台北：巨流图书公司，2006：230－231.

[23] Lester B Rowntree，Margaret W Conkey. Symbolism and the Cultural Landscape［J］．Annals of the Association of American Geographers，1980，70（4）：459－474.

[24] 佛山市文化局编．佛山市文化志［M］．广州：广东科技出版社，1991：196－197.

[25] 万华古迹之旅（2）[EB/OL]．[2008－08－20]．http：//www.tonyhuang39.com/tony0151.html.

[26] 钱俊希，钱丽芸，朱竑．全球的地方感理论述评与广州案例解读［J］．人文地理，2011，26（6）：40－44.

[27] 周尚意，沈小平．北京美术产业对地方文化的嵌入性程度分析［J］．人文地理，2008，23（2）：26－32.

[28] 吴淑华，李惠红．马桶上绘青花售价翻几倍——佛山陶瓷文化创意产业园挂牌［N］．南方都市报，2007－06－28（A48）.

附录 佛山历史GIS数据库[①]的建立

一、空间数据获取

1. 基础空间数据

基础空间数据主要包括现状和历史时期两个部分。佛山市、禅城区现状基本空间数据主要来自2003年佛山市1∶50000数字化地图（SHP格式）、2003年禅城区1∶500数字化地图（SHP格式）和禅城区1∶10000地形图（1986年和1996年），并根据禅城区QuickBird卫星影像[②]进行现状修正。佛山历史时期基本空间数据从收集到的佛山古旧地图中获取，主要包括清乾隆、清道光和民国初年三个时期《佛山忠义乡志》所载的方志地图、民国《南海县政季报》所载地图和佛山市档案馆藏清光绪三十四年（1908年）测绘的佛山地形图。《佛山忠义乡志》载有多幅古佛山地图（表1）。其中，清乾隆《忠义乡全图》、清道光《忠义乡域图》和民国初《各铺街道图》均为记录佛山镇范围地理信息的地图。清乾隆《忠义乡全图》和清道光《忠义乡域图》没有采用中国传统地图绘制的“制图六体”和“计里画方”的方法，是一种传统山水画形式的认知地图，缺乏科学性和准确性，仅能反映地理事物的相对位置（图1、图2）。

表1 《佛山忠义乡志》所载地图

《佛山忠义乡志》	地图名称	图幅数
清乾隆版	忠义乡全图	1
清道光版	忠义乡域图	2
	五斗口司属全图	2
	佛山形势龙脉图	2
	佛山八景全图	16

① 佛山历史GIS数据库在文中简称为“FSHGIS（Foshan historical GIS）”

② 禅城区QuickBird卫星影像主要参数为：成像时间2005年11月21日，云量0%，图像分辨率（全色）0.67 m，图像分辨率（多光谱）2.66 m，最大视角18°。

续表 1

《佛山忠义乡志》	地图名称	图幅数
民国初版	佛山封域图	2
	五斗口司图	2
	山川形势图	2
	各铺街道图	12
	三江源委图	4
	内外基围图	2

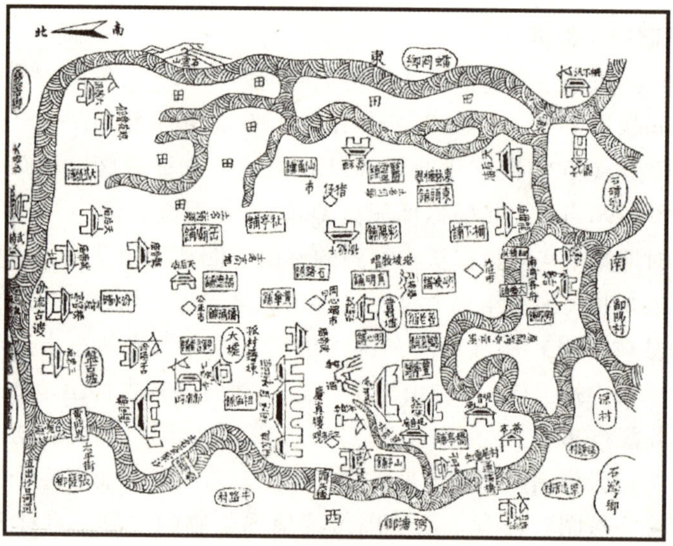

图 1　清乾隆《忠义乡全图》

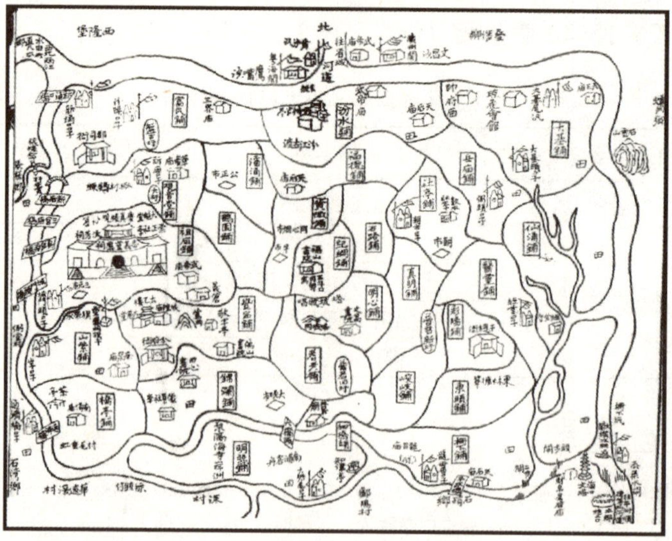

图 2　清道光《忠义乡域图》

自清康熙年间，西方绘图技术开始传入中国，至清末民初大量全国性的现代测绘机构相继成立，绘制了为数不少的现代地图。[①] 清道光《南海县志》中的南海县境全图，以及所属司、堡地图已经采用了经纬度和“计里画方”并用的方法。民国初年《佛山忠义乡志》所载的《各铺街道图》也采用了详细测绘的街道地图，其科学性和精确度得到提高，为进行 GIS 研究提供了基本的历史地理底图。图中的文字注记写道：“图为测绘局缩本，兼收四沙、外河、内涌及铁路。一切建置，无不备载，街道尤详。原本一大幅，以摺钉不便，做一统志例，分部立图。”可见，该图是由当时测绘局统一编制的现代地图，详细记载了佛山镇的街道、河涌、房屋等地理信息，由于编制《乡志》的需要，将原图按佛山镇的北部、中部和南部拆分成五张分图，每张又分为两页。书中没有注明该地图的测绘时间，由于该《乡志》编纂于民国 12 年（1923），该图应当是在之前已经绘制完成。广东省的现代测绘发展始于清同治年间（1862），为修编《大清一统舆图》，广东设立舆图局。民国元年（1912）成立广东陆军测量局，在 1912—1914 年前后测绘了大量地图。民国 15 年（1926）广东成立地土厅，旋即大量修改、翻印了 1912 年以来广东陆军测量局测绘地图。除此之外，20 世纪 30 年代之前广东没有大规模的测量记载，由此可以推断该图的底稿是在民国初立之后测绘，只是在印刷的时候对若干标注或有修改。加之民国时期佛山城市改造开始于 1929 年跨江的中山桥的修建，之前佛山的部分建筑尽管或有改建、新建，但对佛山城市的整体空间形态影响微弱。可以说《各铺街道图》反映了清末民初佛山镇的空间形态[②]。而且，以之对照乾隆和道光年间的佛山镇的空间形态（图 3），基本没有太大的变化。所以，本系统选择《各铺街道图》作为历史 GIS 基本空间数据的地理底图。首先将这 10 幅分图扫描为 TIF 格式图像后，再拼接为一份整体的地图[③]（图 4）。在民国 19 年（1930）的《南海县政季报》中，收录有《南海县佛山市街道全图》，该图与《各铺街道图》的制图方法和资料内容有极高的同质性，应该都是在相同的测绘地图基础上编绘的，但是图幅更加清晰，而且增补了西边的聚龙沙、拆船栏等处。所以，将其作为历史 GIS 基

---

① 阙维民：《中国古代志书地图绘制准则初探》，《自然科学史研究》1996 年第 4 期，第 334～342 页。

② 周毅刚：《明清时期珠江三角洲的城镇发展及其形态研究》，华南理工大学博士学位论文，2004 年，第 179 页。

③ 佛山市城市建设展览馆中保存有整张的原图复印件，比例尺为 1:2500，但是无法借出复制。另外，笔者最初从华南理工大学东方建筑文化研究所获得他们拼接的图像，但是图像的细部模糊，很多地物无法分辨。最后，还是在广东省立中山图书馆，将民国《佛山忠义乡志》中的原图扫描后，再进行拼接的。

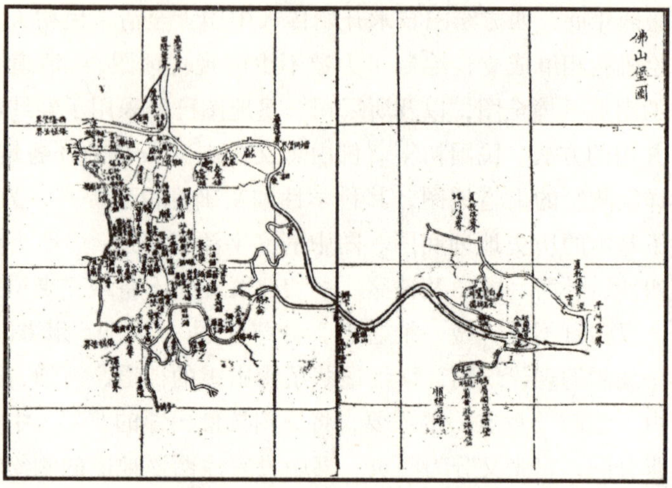

图3　清道光年间《佛山堡图》

资料来源：（清道光）《南海县志》卷一《图说》。

本空间数据的补充。另外，笔者从佛山市档案馆收集了1908年由广东陆军测绘的地形图（1∶50000），将佛山和官山墟两幅地形图扫描为TIF格式图像后，也拼接为一个整体地图，作为禅城区范围（研究区）的历史GIS基本空间数据的地理底图（图5）。

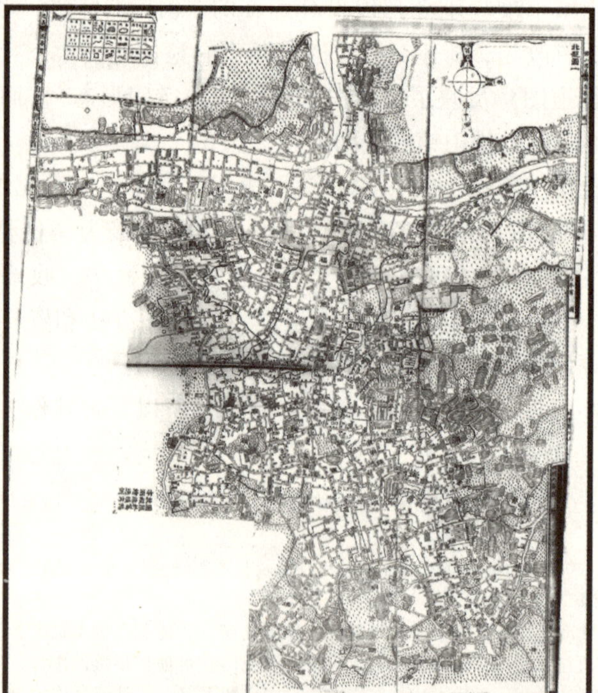

图4　拼接后的佛山镇街道图

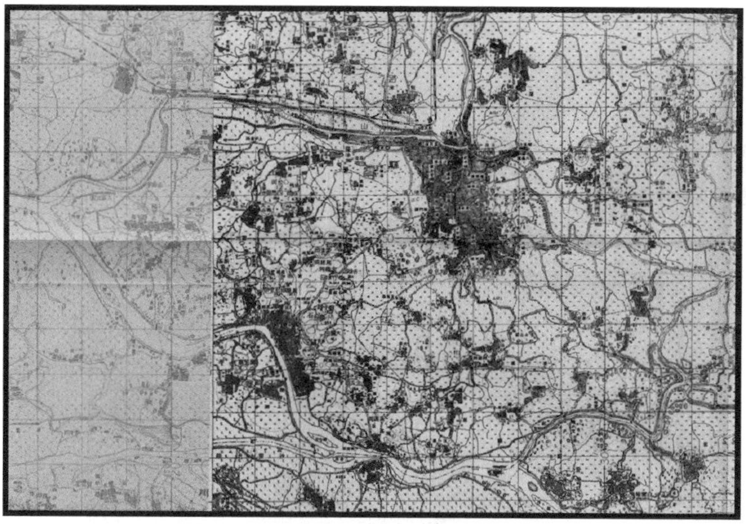

图5 拼接后的研究区地图（1908 年）

2. 坐标转换

以 1:500 禅城区数字化地图为基准，利用 ArcGIS 9.0 软件，打开 arc-toolbox 中的 Data management tools，添加 projections and transformations 模块，通过该模块将系统的各种栅格数据和矢量数据转换成统一的投影坐标：椭球体 WGS1984，横轴墨卡托投影，单位为米。

3. 图形校正

本书主要通过选取一定数量的控制点，应用 ArcGIS 9.0 软件，添加 georeference 模块，利用该模块对佛山古旧地图进行校正，实现古地图与今地图的配准，最大程度地保留古地图上的原始信息。

（1）佛山镇各铺街道图的校正。以 1:500 数字化地图和 1996 年禅城区 1:10000 地形图为基准，选取的基本控制点为 9 个，对于局部校正不准确地区适当增加一些控制点，最后共选取控制点为 15 个。主要选取一些古建筑物和道路的交叉路口，由于古地图上城区周边地区建筑物及道路较少，所以取少量河流交汇点作为控制点。具体控制点为：祖庙、庆宁路和永安路交点、大新街和筷子路交点、亲仁路和莲花路交点、近思里与田心里交点、文明里与臣总里交点、隔塘大街与隔塘上街交点、普君北路与舒步路交点、市东下路与道姑园交点、新风路和走马灯交点，此外，还选取了一些河流的交点及支流。校正后的地图如图 6 所示。

（2）研究区范围地图（1908 年）的校正。以 1:500 数字化地图及佛山镇各铺街道图为基准，共选取 9 个控制点。首先在地图四周分别选取 5 个控制点，由于1908年古地图上可以作为控制点的建筑及道路很少，因而选取了河流的交点作为控制点，在选取河流交点时尽量避免那些河道变化较大的河流。另外，在1908年及佛山镇街道图的老城区内分别选取4个控制点，具体为：三圣古道与新华街交点、豆豉巷口和旧槟榔街交点、通胜街和麒麟里交点、纪纲大街和早市交点。校正后的地图如图7所示。

图6　校正后佛山镇街道

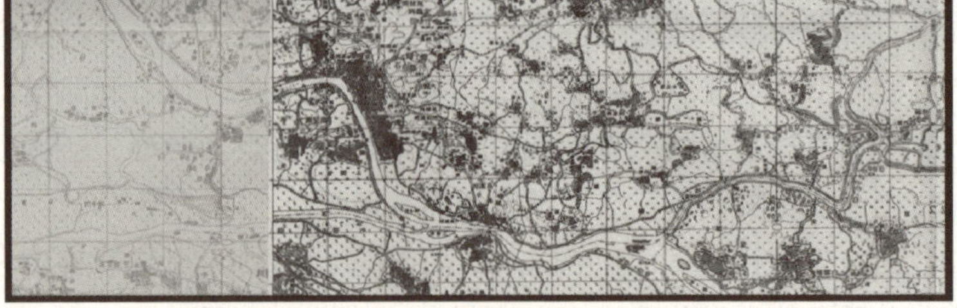

图7　校正后的研究区地图（1908）

在古地图校正过程中，佛山镇街道图没有固定的坐标和投影，地图本身在绘制时也存在着误差。另外，由于古地图与现代地图差别较大，只有部分老城区内存在着较多可以作为控制点的建筑及道路，但老城区周围的一些地方基本都是田地，这些地区很少有固定的建筑物或道路，控制点较难选取，因而在这些地区只能通过选取一些河流的交汇点作为控制点。但是经过较长时间后，河流的河道往往会发生一些变化，这会给校正的结果带来一定的误差。例如，北面的汾江和佛山水道存在较大偏移，最大差距为70 m，灵应祠偏移的差距20 m。但是，古地图的主要街道和南部的大塘涌基本与现状地图能够配准（图8、彩图28）。

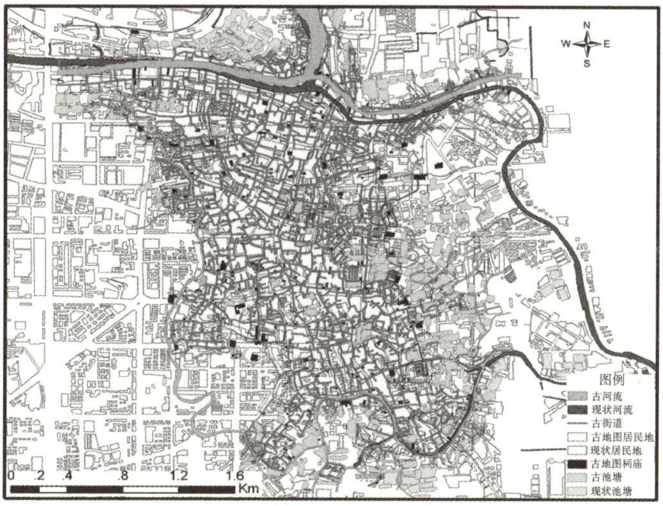

图8　古地图与现状地图的叠加

4. 地图数字化

在 Arcinfo/Workstation 支持下，对经扫描、拼接和配准校正后的佛山古地图影像进行数字化工作，将古地图的各种点、线、面资料按类别分别提取出，建立数据库表格，然后将古地图上各图层要素数字化为 SHP 矢量数据。文档数据是以文字形式提供的与历史文化景观相关的文史资料，如碑刻、铭记、诗歌和辞赋等。大量的图像照片等资料经文件压缩后，和文档数据一起通过关键字输出到空间数据库中，以关系数据库存贮，在对象属性数据库中给出相应的路径，以便于提取、检索和显示，存贮的目录名采用图像所描述的空间对象，即相应历史文化景观的编号。具体的系统数据处理及获取的流程如图9所示。

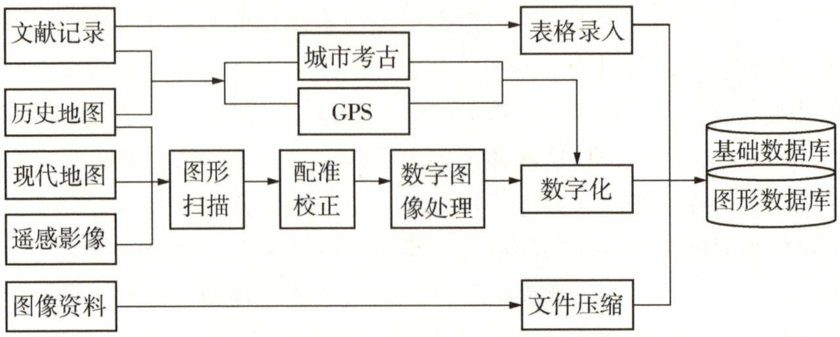

图9　数据采集与数据库建立模块结构

二、历史文献所提供的地理信息的挖掘

1.《佛山忠义乡志》等文献所提供的历史地理信息

历史 GIS 的数据需要从历史文献中挖掘。佛山的一些古文献中蕴含着文化要素的地理信息，这些古文献主要包括乡志、古地图及其他一些历史资料。

现存的佛山古地图有清乾隆、道光年间的《忠义乡域图》，清道光《五斗口司属全图》、《佛山形势龙脉图》，民国初年的《各铺街道图》、《山川形势图》和《内外基围图》，民国十九年《南海县政季报》中的《南海县佛山市街道全图》，民国初年的《佛山地形图》（1∶50000），等等。清代的古地图基本是采用中国传统的山水画法，空间缺乏准确性。但是，民国时期的历史地图大多使用现代测绘技术绘制，如《各铺街道图》的说明中写道："图为测绘局缩本，兼收四沙、外河、内涌及铁路。一切建置，无不备载，街道尤详。"①《南海县佛山市街道全图》则由"南海县民政局督察员梁宝琛查考，南海县民政局户籍员曹兆熊绘制"②。这些古地图详细记载了佛山镇文化景观的地理信息，而且具有较准确的空间属性。据笔者统计，在《各铺街道图》中记载的各类文化景观如表2所示。

表2　《各铺街道图》记载的主要文化景观

类　型	主要文化景观	数量/处
宗教文化景观	神庙、寺庵、道观、教堂、里社	142
宗族文化景观	祠堂、家庙	101

① （民国）冼宝干：《佛山忠义乡志》卷首二《舆地图说》。

② （民国）《南海县政季报》1930年第1期，第13页。

续表2

类　型	主要文化景观	数量/处
工商业文化景观	会馆、工厂等	26
教育文化景观	书院、学校等	8
行政及公共事业景观	警局、军政、内政和慈善机构等	42
街巷地名文化景观	街巷地名	1183

说明：部分街巷地名根据《南海县佛山市街道全图》进行补充。

古佛山文字记载的古文献有清乾隆、清道光和民国初年三个时期的《佛山忠义乡志》、清道光十年的《佛山街略》、清代《佛镇祖庙玄天上帝巡游路径》，以及明代至清代的《南海县志》、《广州府志》。此外，还有民国时期的《南海县政季报》等近代的文献记录等。通过对这些文献的分析，可以挖掘出古佛山各类文化景观的属性特征，以及具有相对空间意义的地理信息。本书古佛山文化景观的地理信息主要来自《佛山忠义乡志》。《佛山忠义乡志》原有四个版本，清康熙年间李待问编撰的《佛山忠义乡志》早已失传，现存的从清乾隆至民国初各时期的《佛山忠义乡志》中记录的内容越来越详细。特别是民国初年的《佛山忠义乡志》。例如，在卷八《祠祀志》中，记录的官祠、群庙、寺、观和各国教堂等宗教文化景观有233处；在卷九《氏族志》中，记录的祠堂、家庙等宗族文化景观有368处；在卷一《舆地志》记录的街巷地名有1565个。这些文献记录大大丰富了《各铺街道图》中的文化景观内容（表3），而且从中可以挖掘出构建历史文化GIS所需要的空间数据和属性数据库的地理信息。

表3　《各铺街道图》与《佛山忠义乡志》记载的主要文化景观比较

类　型	主要文化景观	数　量/处	
		《各铺街道图》	民国《佛山忠义乡志》
宗教文化景观	神庙、寺庙、道观、教堂	137	233
宗族文化景观	祠堂、家庙	101	368
街巷地名文化景观	街巷地名	1183	1565

说明：部分街巷地名根据《南海县佛山市街道全图》进行补充。

以民国《佛山忠义乡志》祠祀志中所载的“关帝庙”为例：

关帝庙。一在祖庙铺协天胜里，乾隆癸丑年重修，道光九年拓宽庙前余地。一在东头铺，雍正四年建，嘉庆甲戌年重修，光绪年续修。一在锦澜铺忠义里，乾隆庚戌年重修。一在仙涌铺仙涌上街，嘉庆乙亥年重修。一在社亭铺朝市街，嘉庆丁卯年重修。一在岳庙铺永丰大街，乾隆二年重修，乾隆三十年续修。一在汾水铺永兴街，顺治八年建，道光庚寅年重修。一在汾水铺正埠对海，旧志宝洲寺。一在高地下巷。一在鹰沙尾海边。一在福德铺高地里，名铁佛庙。

重修佛山汾水关圣大帝庙

……乡有帝庙，顺治八年建，嘉庆十年重修，后至今又二十有六年。地枕江干，沙水所啮，墙基柱础渐就倾圮。道光庚寅正月，里人倡议重修，捐输麕至，得银一万一千余两，添购庙旁梁姓排草街铺地，兼葺庙后华光殿大慈阁，经营求度，越八月告成。栋宇用壮，金碧交辉，蝴蜎蠖濩之中，神实凭焉。夫佛山自前明里社，同心捍贼，以忠义名乡，生聚日蕃，风俗日厚。今乡人又能知作善降祥之理，事正神以求福，无惭衾影，各凛旦明，将见忠义之气，毓为嘉征，贷隧骈罗。居民康阜，以遵道、遵路为忠，以睦姻、任恤为义，庶几罔怨、罔恫，千百年承帝之休于无斁也。是为记。里人吴荣光撰。[1]

从上述记载中可提取出宗教文化景观的地理信息（表4）。一是佛山镇的9座关帝庙及其地理位置的空间信息。其中，有7座在《各铺街道图》中有确定的空间位置，2座在《各铺街道图》中没有，根据上面记载的所属铺及街道可以确定其相对位置。二是关于关帝庙的属性数据，包括所在的铺区和街道、始建时间、重修时间等。而且从清道光年间吴荣光撰写的《重修佛山汾水关圣大帝庙》碑文中，亦可知汾水关帝庙的复建过程。

表4 《佛山忠义乡志》中关于“关帝庙”的主要地理信息

所属铺沙	所在街巷	始建时间	重修时间	其他名称
祖庙铺	协天胜里		乾隆癸丑年重修，道光九年拓宽	
东头铺	庙巷上街	雍正四年建	嘉庆甲戌年重修，光绪年续修	
锦澜铺	忠义里		乾隆庚戌年重修	
仙涌铺	仙涌上街		嘉庆乙亥年重修	
社亭铺	朝市街		嘉庆丁卯年重修	
岳庙铺	永丰大街		乾隆二年重修，乾隆三十年续修	

① （民国）冼宝干:《佛山忠义乡志》卷八《祠祀志二·群庙》。

续表4

所属铺沙	所在街巷	始建时间	重修时间	其他名称
汾水铺	永兴街	顺治八年建	道光庚寅年重修	
	高地下巷			
福德铺	高地里			铁佛庙
文昌沙	正埠对海			宝洲寺
鹰嘴沙	海边			

佛山镇的祠堂在清乾隆、道光《佛山忠义乡志》中都是按照所属铺区进行编列，而在民国《佛山忠义乡志》中则以姓统祠，以氏系为次进行编目，这样对于各祠堂所属氏系及空间位置就更加清楚。下面以李氏的祠堂为例，由表5可见，民国《佛山忠义乡志》中记载李氏祠堂有24座，分为两个氏系，氏系1的李氏为明代迁至佛山，位于栅下铺陇西里的李氏大宗祠为该氏系的大宗祠，祀始迁祖广成公，有刑部尚书胡应台题额榜曰“敦睦堂”。氏系2的李氏迁居的时间较晚，位于岳庙铺桂园的李氏家庙为该氏系的大宗祠，祀始祖中宪大夫纫兰公。每个祠堂都有相应的所属氏系、铺沙、街巷和始建时间等地理信息。其中，有10座祠堂在《各铺街道图》上有确定的空间位置；11座在《各铺街道图》上没有，但根据上面记载的所属铺及街道，可以确定该庙宇的相对位置。

表5 《佛山忠义乡志》中关于“李氏祠堂”的主要地理信息

氏系	祠堂名称	所属铺沙	所在街巷	始建时间
氏系1	李氏大宗祠	栅下铺	陇西里	明天启六年建
	赠户部尚书李公祠	栅下铺	陇西里	明天启六年建
	李氏五世祖祠	明照铺	大塘尾	明崇祯年建
	李氏六世祖祠	明照铺	大桥头	康熙四十六年建
	李氏七世祖祠	明照铺	大桥头	明万历十七年建
	参军李公祠	栅下铺	崇庆里	明崇祯丁丑年建
	光禄李公祠	突岐铺	细巷	
	去非李公祠	突岐铺	细巷	康熙五十八年建
	李氏十五世祠	栅下铺	忠义里	
	李氏宗祠	栅下铺	乐善里	
	柔庵李公祠	突岐铺	集贤里	乾隆年建
	李氏金房祠	山紫铺	南馨里	
	莱洲李公祠	山紫铺	南馨里	
	耕野李公祠	突岐铺	岐安里	

续表5

氏系	祠堂名称	所属铺沙	所在街巷	始建时间
氏系2	李氏家庙	岳庙铺	桂园	光绪庚辰年建
	李氏宗祠	突岐铺	细巷流芳祠道	
	李氏宗祠	明照铺	大塘尾口	
	李氏宗祠	明照铺	清洲社	
	李氏家庙	真明铺	水圳大街	
	李赤周别墅	医灵铺	司马坊	民国十一年建
	李大夫家庙	栅下铺	天官坊	光绪二十三年建
	李氏书塾	栅下铺	大塘涌	
	李氏宗祠	山紫铺	南馨里	
	景辉李公祠	岳庙铺	日月巷	
	赠大夫李公祠	明照铺	—	

从祠堂的碑记中也可以提取关于该氏系的迁徙、发展的相关属性。例如，在潘涌铺松桂里《梁氏家庙记》中记载：

> 松桂梁氏，其著者也。其先有嵩山公者，隐士也，避元末之乱，偕其子缔杰、祖杰两公，由南雄迁顺德福岸，四传至西陇公，再迁麦村。当时开辟村落，创造艰难，且丁口无多。是以列祖注意农桑，不遑禄仕，故明代无显者。迨国朝子姓日繁，业儒者众，至戢莽公，以进士起家，作闽省罗源令，多惠政民户，祝之号梁公祠，犹赫赫也。嘉庆初，朴斋公商于佛山，构屋松桂里，遂家焉。无何，厥子青厓公成进士，官中书，曾孙伯乞公接踵以进士，官礼曹，仕至翰林院侍读学士。其余缀科第登仕籍者，簪组相望，为佛山右族。先是朴斋公即世，曾在麦村建立专祠，迄今累叶，人丁数百，四时祭祀，不能尽返故乡，伯乞父福草公深以为憾。因将初构松桂里之房屋，听事前后三栋，于光绪五年改建家庙，奉祀朴斋公暨何夫人两主。①

佛山澳口梁氏、郡马梁氏等都是佛山土著地望。而松桂里梁氏本不是佛山土著，为避元末之乱，由南雄迁居顺德的福岸，后再迁到麦村，开村立业。至清嘉庆初年，梁朴斋才到佛山经商，并侨寓定居于此。后来，朴斋公的子孙相继中进士，科第登仕者众，逐渐成为佛山的名门望族，并于光绪五年改建家庙以祀祖先。

① （民国）冼宝干：《佛山忠义乡志》卷九《氏族志》。

除宗教和祠堂景观外，从民国《佛山忠义乡志》中的舆地志、建置志、实业志、教育志、风土志、艺文志和金石志等编目中，同样还可以获取关于交通、工商业、教育、名胜等方面文化景观的地理信息。其他的历史文献可以作为地理信息数据的补充。例如，道光十年《佛山街略》是佛山镇最早的“商贸购物导游指南”，为了方便“来往客商买什物者依街道宜行”[①] 而编印，它详细记载了清代佛山市街巷名称和经营的工商业范围；《佛镇祖庙玄天上帝巡游路径》详细记载了北帝巡游八天所经过的街巷及驻跸地；《南海县政季报》详细记录了民国初年佛山的街巷名称、人口统计以及寺庙庵堂调查统计资料等。另外，在《明清佛山碑刻文献经济资料》、《佛山文物志》、区瑞芝老人编写的《佛山新语》、《佛山街道回忆录》、《石湾史简介》等文史资料，以及罗一星、谭棣华和叶显恩等学者对佛山史的研究成果中，也都可以搜集到与文化景观相关的历史地理信息。

2. 佛山镇的城市文化景观结构

佛山镇城市文化景观的结构是历史 GIS 数据库设计的基础。根据历史文献的记载和佛山镇文化景观的特点，将城市文化景观划分为土地利用景观、宗教文化景观、宗族文化景观、工商业文化景观、街巷地名文化景观、交通文化景观、教育文化景观、行政及公共文化景观和娱乐文化景观等类型，基本涵盖了佛山镇的各个方面，同时，也突出了佛山镇“宗教、宗族和工商业”方面的城市景观特征（表6）。

表6　佛山镇的城市文化景观结构

序号	景观类型	主要景观要素
1	土地利用景观	公房祠庙、铺屋民房、禾田、桑地、草地、树木、果木、池塘等
2	宗教文化景观	神庙、寺庵、道观、教堂、里社
3	宗族文化景观	祠堂、家庙
4	工商业文化景观	行业、会馆、地域商客聚集地、墟市、商贸路线
5	街巷地名文化景观	地名
6	交通文化景观	街道、河涌、码头、桥梁
7	教育文化景观	学堂、学校、社学、书院
8	行政及公共文化景观	军政设施、内政设施、慈善设施、邮政等
9	民俗文化景观	北帝巡游路径等

① （清道光）《佛山街略》，禅山怡文堂刻印，佛山市图书馆藏影印本。

三、历史 GIS 数据库的建立

1. 空间与时间的处理

空间与时间是构成历史文化 GIS 的两个重要属性。但是由于历史 GIS 数据来源的不确定性，对于空间和时间需要进行模糊处理。

空间上，本书将历史景观的位置划分为确定位置和相对位置两种。确定位置是从古旧地图中提取的地理信息空间位置，通过对古旧地图的校正配准，尽管还存在一些误差，但其空间位置是确定的，相对还比较准确。相对位置是从历史文献和其他研究成果的文档文件中提取的地理信息，这些地理信息对于空间位置的描述往往缺乏确定性。例如，民国《佛山忠义乡志》中描述有关帝庙在锦澜铺的忠义里，尽管可以在古旧地图中找到忠义里的位置，可是图上没有该地物的标注，无法确定该关帝庙到底在街道的哪个位置。通过对 137 处有确定位置的宗教文化景观的观察，发现大多位于在与其他街道交汇的街口处。这样，在系统中，一般用街口或街道中间位置来表示不确定地理信息的相对位置，通过对不确定性宗教文化景观的测算，平均误差在 60 m 左右，故带有一定的模糊性，但是基本可以清晰地呈现其空间变化的图像。

时间维度是历史 GIS 的重要属性，时间变动一般有连续模式和间隔模式。例如，CHGIS 采用以“年”为单位的连续时间模式①，台湾的 CCTS 采用以“朝代”为间隔的时间模式②，THCTS 也是依台湾历史发展过程分为荷西时期、明郑时期、清朝时期、日治时期和战后时期五个时间间隔③。本书根据历史资料的来源，对于历史数据的时间处理也采用断代模式，以三个版本《佛山忠义乡志》的时间为时间间隔，即清乾隆、清道光和民国初年（图 10）。并以民国初年的历史景观空间数据为基准，其余两个时期的空间数据在此基础上进行增减。同时，增加历史景观的时间属性数据。这样，通过对时间属性数据的查询和检索，也可以显示清代以前的历史景观。

---

① 中国历史地理信息系统（CHGIS）是复旦大学历史地理研究中心和美国哈佛大学等机构的国际合作项目。参见 http：//yugong. fudan. edu. cn/ichg_ database/index. asp。

② 中国历史文化地图系统（CCTS）是台湾“中央研究院”计算中心 GIS 技术小组的研究成果。参见 http：//ccts. ascc. net/。

③ 台湾历史文化地图系统（THCTS）是台湾“中央研究院”计算中心 GIS 技术小组的研究成果。参见 http：//thcts. ascc. net/。

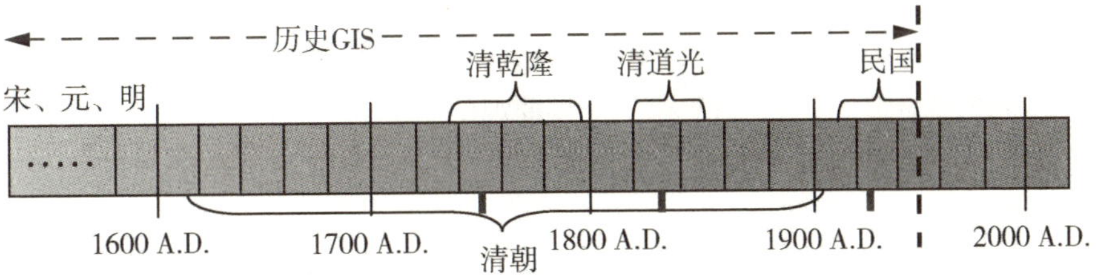

图10　FSHGIS历史数据的时间尺度示意

2. 空间数据库的建立

（1）基础空间数据库。在Arcinfo/Workstation支持下，将经扫描、拼接和配准校正后的佛山古地图的各种点、线、面地理信息按类别分别提取出，以SHP数据格式存储。《各铺街道图》中的图例符号有20种，街道、围墙、基围、高等路、铁路、区界为线数据（polyline），其中街道是由民房框起来的，为了便于反映街道及其地名属性，故作线数据表示；河流、池塘、桑地、禾田、果木、树木、草地、坟地、晒布地、高地、公房祠庙和铺户民房等都用面数据（polygon）表示；只有桥梁用点数据（point）表示。1908年地形图的图例符号有15种，基围、等高线、小路、高等路和铁路以线数据表示，房屋、河涌、池塘、果木、树木、桑地和禾田等以面数据表示（图11）。由此建立起历史时期佛山的基本空间数据库。

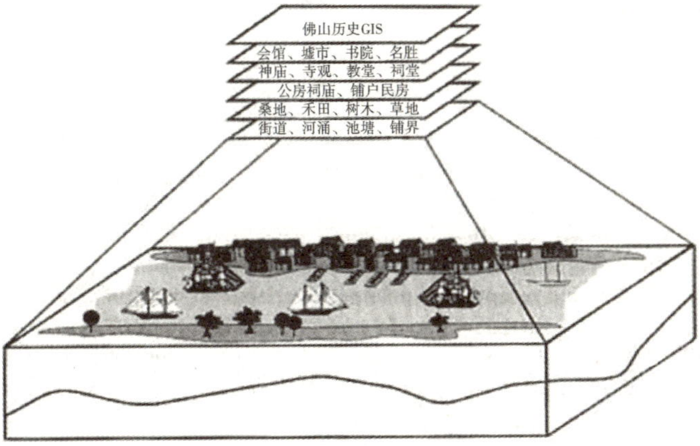

图11　佛山历史GIS的空间数据层示意

资料来源：Gregory I. N.，*A Place in History：A Guide to Using GIS in Historical Research*，Oxford：Oxbow，2003. 有修改。

（2）历史景观数据库。根据佛山镇城市文化景观结构的主要景观要素，从《各铺街道图》和《佛山忠义乡志》等历史文献和相关佛山史研究成果中提取历史景观的空间特征，以点、线和面数据类型表示。其中，从各种文档资料中提取的历史景观的空间信息以点数据（point）表示，如神庙、祠堂和会馆等。如前所述，这些景观的空间位置属于相对位置。对于所获得的历史景观矢量数据分别按照表 6 所示的景观类型存储为历史景观数据库。

（3）属性数据库的建立。空间数据建立后，需要建立其对应的属性数据。首先建立属性数据存储的属性表字段列（Fields）的数据类型，如数据长度（Length）、精度（Precision）、形态（Type）等，接着进行数据的输入、修正及编辑工作。FSHGIS 定义空间属性数据库的字段列根据不同的历史景观而有所差别，但一般都有名称、类型、所属铺名、地址、始建时期、始建时间、重修时间等（图 12）。其中，佛山镇历史景观的始建时期包括了民国、清代、明代、元代、宋代和近代，以清代为主，最远可以

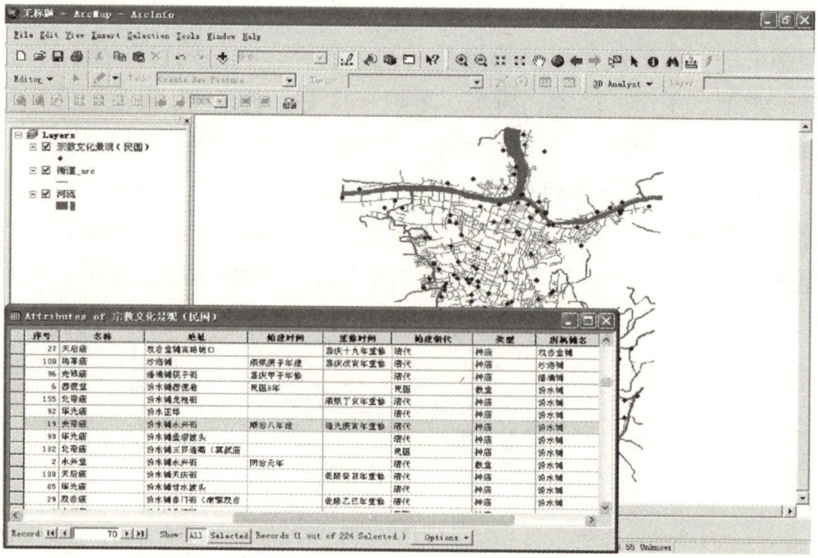

图 12　佛山历史 GIS 的属性数据

追溯到东晋始建的塔坡寺。通过时间属性可以显示不同历史时期的景观变化。对这些属性数据按景观类别进行编码、整理，将编码作为和历史文本、图像库相关联的公共项，建立属性数据库，最终以 *. DBF 格式存贮。在 FSHGIS 中，则用 MapObjects 编写应用程序，在特征表和属性表之间建立一种关系纽带，以便于利用主字段进行查询。

后 记

当置身于西便巷瓦砾遍布的废墟之中时，我不禁感到一丝茫然。就在几天前，佛山首家民间西医院崇德医院在铲车声中轰然倒下。短短五年间，佛山老城区内成片的历史街区、历史建筑就这样消失了，不幸应验了五年前我在博士学位论文后记中所言，也感觉将我的研究成果付诸出版，更有它的现实意义了。

我是佛山的“新客家人”，1996 年来到佛山工作，对佛山的印象都是从历史教科书和影视片中得来的，知道佛山是“四大名镇”之一，有个“佛山黄飞鸿”。但始终不能将这个已经有些现代化了的小城与“四大名镇”挂上钩。当我无意中走进了旧城曲折幽深的小巷时，顿感远离了城市的喧嚣，踏进历史的隧道。穿行在古老的建筑群中，循着悠悠的粤曲声，仿佛体验到古镇的历史脉动，给我带来极大的文化震撼。遗憾的是以前我所去过的小巷已经在城市建设中被拆掉了，许多类似的街巷也许会成为城市逝去的记忆。现实的困惑，点燃了我对佛山历史城市的研究欲望。

2004 年我进入中山大学，有幸在著名史地学家司徒尚纪教授指导下攻读博士学位。先生博学多才，学贯古今，有着敏捷的思维和看问题的独特视角。而他那种甘于寂寞、淡泊名利的精神境界，那种秉承“破履仍思上远峰”座右铭的对学术孜孜不倦的追求，以及严谨的治学思想，都使我印象深刻，受益匪浅！司徒老师善于因材施教，他建议我以佛山作为研究对象。2005 年我获得了广东省科技计划项目“基于 GIS 的区域历史文化资源管理研究”，由于有项目的资助，使我能够全力投入到研究之中。从论文的选题、论文设计、论文写作到论文定稿，一直得到老师的悉心指导和关怀；论文初稿完成后，老师又不厌其烦地审阅和校准。对于老师这些年的心血，只言片语岂能表达得了？

中山大学城市与区域研究中心有着良好的学术氛围和学习条件，使我获益颇多。在学习期间，我有幸聆听了保继刚教授、朱竑教授等多位老师的课程或讲座，拓宽了我的知识结构，扩大了学科视野。从许学强教授、闫小培教授、周春山教授和薛德升教授等老师的研究中，我学到了更多的学术研究规范。我更要感谢的是朱竑教授，与朱老师的交谈经常会点燃我的思维火花，很多问题茅塞顿开。我还要感谢地理科学与规划学院及中心办公室、资料室等其他老师的支持和帮助，他们为在学院学习的学生创造了良好的环境的条件。

感谢同学王彬、郭盛晖、吴水田、岳辉，在论文选题、提纲拟定、论文开题等阶段，以及每次聚会，同学们在讨论中都提出宝贵的意见和建议，给我很大的启发。特别是师弟王彬，帮助我审校论文初稿，给我提出了很好的修改意见。另外，还要感谢师姐蔡晓梅、任泉香、梁璐、彭静和师弟薛熙明等，每次与他们交谈，我都会从中得到启发。

在论文调研和写作过程中，本人得到了佛山市民族宗教事务局黄泽熙局长和梁礼臻科长、佛山市博物馆原馆长肖海明博士和张雪莲女士、佛山市档案馆麦炎祥馆长和黎杰科长、佛山市规划局渠铮科长、佛山市禅城区民政局叶善文先生、华南理工大学东方建筑文化研究所冯江博士、佛山市政策研究室唐秀云女士等的支持和帮助。中山大学遥感与地理信息科学系的研究生齐志新、符国强和刘波等帮助进行了 GIS 数字化工作。佛山科学技术学院陈维嘉、刘书安、伍兆强、黄维和梁钊雄等老师，何伟财、张庆、江鸿雁等同学参加了本课题的问卷调查、野外调查和访谈等工作，在此表示衷心的感谢！

经过近两年多的艰辛工作，论文终于初成。记得初入中山大学时，女儿还读幼儿园，而我毕业之时她已经是小学三年级学生了！对于当时已经步入不惑的我，个中滋味难以用只言片语表达！感谢佛山科学技术学院环境与土木建筑学院的领导、同事这些年给予我很多的帮助。特别感谢李森教授在我的学术生涯中所给予的关怀和引领，还有黄耀丽教授、郑坚强副教授、杨俭波副教授、汪清蓉副教授和关共凑老师给予的理解和支持，他们帮我分担了行政、教学和实验室的很多工作。我尤其要感谢我的家人！我在中山大学学习期间，年迈的母亲负责照顾瘫痪的父亲，承担了很多家务工作，爱人冯燕承担了辅导孩子的任务，很多节假日也没有时间陪女儿出去旅游。没有他们的默默的奉献、真情的理解和支持，我很难完成博士学位论文的写作。

本书是在博士学位论文基础上修改而成。做历史文化地理研究的总喜欢梳理历史，当然，从一个人的学术生涯来看，也有个历史过程。博士学位论文是我真正走上文化地理研究之路的学术开端，尽管还存在诸多瑕疵，但它真实反映了我在该领域学术研究的起步水平。同时，它也引领我进入了一个新的研究历程。十分感谢博士学位论文答辩委员会的许学强教授、高松凡研究员、朱竑教授、周春山教授、薛德升教授，以及至今我仍不知道名字的论文外审专家们，他们对我的论文提出了宝贵的修改意见，为我后续的研究和改进起到重要指导作用。正是基于在博士学位论文研究中关于城市记忆和认同的思考，2011 年我申报的国家自然科学基金项目"全球化背景下城市怀旧空间演变的研究：记忆、想象和地方认同——以广州、佛山为例"获得批准（项目批准号：41171128），使得我能够以历史和现实的视角，更深入地思考佛山历史城区变化所带来的社会文化空间重构等问题。本书也是该基金项目的阶段成果。博士毕业已近五年，感谢佛山市委宣传部《佛山市人文和社科研究丛书》所给予的资助，使得研究成果得以出版。特别要感谢中共佛山市委宣传部副部长、佛山市社科联主席商学兵，佛山科学技术学院科研处副处长陈恩维教授等对于本人及佛山人文和社会科学研究的支持，感谢佛山市社科联副主席邓翔、佛山市委宣传部方华刚等人对本书稿的校对工作。本书付梓之际，心存不安，由于本人才疏学浅，错谬之处难免，希望各位老师、同仁不吝赐教。但自己博士学习阶段的成果仍愿意拿出与大家分享，也希望对当前佛山历史城市的发展有一定的参考价值。

李　凡

2014 年 1 月 28 日

于佛山东逸轩